U0922165

# 2014

# 中国文化及相关产业统计年鉴

## China Statistical Yearbook on Culture and Related Industries

国家统计局社会科技和文化产业统计司
中宣部文化体制改革和发展办公室 编

*Compiled by*
Department of Social, Science and Technology, and Cultural Statistics
National Bureau of Statistics of China
Cultural Reform and Development Office
Publicity Department of CPC Central Committee

图书在版编目（CIP）数据

中国文化及相关产业统计年鉴. 2014 : 汉英对照 / 国家统计局社会科技和文化产业统计司，中宣部文化体制改革和发展办公室编.
-- 北京 : 中国统计出版社, 2014.12
ISBN 978-7-5037- 7325-9

Ⅰ. ①中… Ⅱ. ①国… ②中… Ⅲ. ①文化产业－中国－2014－年鉴－汉、英 Ⅳ. ①①G124-54

中国版本图书馆 CIP 数据核字(2014)第 232725 号

中国文化及相关产业统计年鉴—2014

作　　者/国家统计局社会科技和文化产业统计司，中宣部文化体制改革和发展办公室
责任编辑/徐　涛
封面设计/李雪燕
出版发行/中国统计出版社
通信地址/北京市丰台区西三环南路甲 6 号　邮政编码/100073
电　　话/邮购（010）63376909　书店（010）68783171
网　　址/http://csp.stats.gov.cn
印　　刷/河北天普润印刷厂
经　　销/新华书店
开　　本/880mm×1230mm　1/16
字　　数/632 千字
印　　张/19.75
版　　别/2014 年 12 月第 1 版
版　　次/2014 年 12 月第 1 次印刷
定　　价/280.00 元

本书附同版本 CD-ROM 一张，光盘内容以书面文字为准。
如有印装差错，由本社发行部调换。

# 《中国文化及相关产业统计年鉴-2014》
# 编辑委员会和编辑部

## 编辑委员会



## 编　辑　部

# China Statistical Yearbook on Culture and Related Industries-2014

## Editorial Board and Editorial Staff

# 编者说明

《中国文化及相关产业统计年鉴-2014》是国家统计局和中宣部共同编辑的反映我国文化发展和文化体制改革情况的统计资料书。本年鉴收录了2013年全国和各省、自治区、直辖市与文化产业相关的统计数据，以及2005-2012年全国主要统计数据，是一部全面反映我国文化及相关产业发展情况的资料性年刊。

本年鉴内容分为六个部分。第一部分为经济和社会发展概况；第二部分为文化及相关产业发展情况；第三部分为文化及相关产业法人单位发展情况；第四部分为主要文化行业发展情况；第五部分为港台地区统计资料；第六部分为国际统计资料。最后附录了中国入选世界文化遗产项目、主要统计指标解释和文化及相关产业分类（2012）。

本年鉴中部分总计和分项因小数取舍而产生了误差，均未做配平处理。年鉴各表中的“空格”表示该统计指标数据不足本表最小单位数、数据不详或无该项数据；“#”表示其中的主要项。

参与本年鉴编辑的部门还有：工业和信息化部、民政部、财政部、住房和城乡建设部、商务部、文化部、国家工商总局、国家新闻出版广电总局、国家知识产权局和国家档案局。我们对上述部门有关人员在本年鉴编辑过程中给予的大力支持，表示衷心地感谢！

# EDITOR'S NOTES

Ⅰ.China Statistical Yearbook on Culture and Related Industries 2014 is compiled by National Bureau of Statistics of China and Publicity Department of CPC Central Committee, reflecting cultural development and reform of China. It covers data relevant with cultural industries for 2013 at national level and local level of province, autonomous region and municipality directly under the Central Government, and national key statistical data from 2005 to 2012. The yearbook is an annual statistical publication reflecting comprehensively the development of culture and related industries of China.

Ⅱ.The yearbook contains six chapters: 1. Economic and Social Development; 2. Development of Culture and Related Industries; 3. Condition on Legal Entities of Culture and Related Industries; 4. Development of Main Cultural Industries; 5. Statistical Indicators of Hongkong and Taiwan, China; 6. International Statistical Indicators. Items Listing in World Cultural Heritage of China, Explanatory Notes on Main Statistical Indicators, Classification of Culture and Related Industries (2012) are listed as Appendices.

Ⅲ.Statistical discrepancies on totals and relative figures due to rounding are not adjusted in the yearbook. Notations used in the yearbook: (blank space) indicates that the figure is not large enough to be measured with the smallest unit in the table, or data are unknown, or are not available; "#" indicates a major breakdown of the total.

Ⅳ. Data in the yearbook are also source from the following departments: Ministry of Industry and Information Technology, Ministry of Civil Affairs, Ministry of Finance, Ministry of Housing and Urban-Rural Development, Ministry of Commerce, Ministry of Culture, State Administration for Industry & Commerce, State Administration of Press, Publication, Radio, Film and Television, State Intellectual Property Office and the State Archives Administration. Here we want to express our deep appreciation to these departments!

# 目 录

# Contents

## 一、经济和社会发展概况

## Economic and Social Development

## 二、文化及相关产业发展情况
## Development of Culture and Related Industries

### (一) 文化及相关产业发展规模
### Overall Condition of Culture and Related Industries

（二）文化及相关产业固定资产投资

**Investment in Fixed Assets of Culture and Related Industries**



（三）居民文化消费

**Culture Expenditure of Rural and Urban Households**



（四）文化产品进出口

**Imports and Exports of Cultural Commodities**

(五) 公共财政文化支出
**Culture Expenditure of Government Revenue**



(六) 文化及相关产业专利
**Patent Applications on Culture and Related Industries**



## 三、文化及相关产业法人单位发展情况
## Condition on Legal Entities of Culture and Related Industries

(一) 文化制造业
**Cultural Manufacturing Industry**

(二) 文化批发和零售业

**Cultural Wholesale and Retail Industry**



(三) 文化服务业

**Cultural Service Industry**

## 四、主要文化行业发展情况
## Development of Main Cultural Industries

### (一)新闻出版发行
### News, Publishing and Issuing Service

(二)广播电视电影

**Radio, TV and Films Service**

## (三) 文化艺术和文化遗产保护
## Culture, Arts and Cultural Heritage Protection

**（四）文化娱乐休闲**

**Culture Leisure and Entertainment**



**（五）文化创意和设计及其他**

**Culture Originality, Design and Others**



## 五、港台地区统计资料

## Statistical Indicators of Hong Kong and Taiwan, China

## 六、国际统计资料

## International Statistical Indicators

# 1

# 经济和社会发展概况

Economic and Social Development

# 1-1 国内生产总值
# Gross Domestic Product

单位：亿元 (100 million yuan)

| 年份 Year | 国内生产总值 Gross Domestic Product | 第一产业 Primary Industry | 第二产业 Secondary Industry | #工业 Industry | #制造业 Manufacturing | 第三产业 Tertiary Industry | #批发零售业 Wholesale and Retail Trades |
|---|---|---|---|---|---|---|---|
| 2005 | 184937.4 | 22420.0 | 87598.1 | 77230.8 | 60118.0 | 74919.3 | 13966.2 |
| 2006 | 216314.4 | 24040.0 | 103719.5 | 91310.9 | 71212.9 | 88554.9 | 16530.7 |
| 2007 | 265810.3 | 28627.0 | 125831.4 | 110534.9 | 87465.0 | 111351.9 | 20937.8 |
| 2008 | 314045.4 | 33702.0 | 149003.4 | 130260.2 | 102539.5 | 131340.0 | 26182.3 |
| 2009 | 340902.8 | 35226.0 | 157638.8 | 135239.9 | 110118.5 | 148038.0 | 28984.5 |
| 2010 | 401512.8 | 40533.6 | 187383.2 | 160722.2 | 130325.0 | 173596.0 | 35746.1 |
| 2011 | 473104.1 | 47486.2 | 220412.8 | 188470.2 | 150597.2 | 205205.0 | 43445.2 |
| 2012 | 519470.1 | 52373.6 | 235162.0 | 199670.7 | 161326.1 | 231934.5 | 49394.4 |
| 2013 | 568845.2 | 56957.0 | 249684.4 | 210689.4 | | 262203.8 | |

注：本表按当年价格计算(以下相关表同)。
a)Data in this table are calculated at current prices.The same applies to the relevant tables following.

# 1-2 国内生产总值构成
# Composition of Gross Domestic Product

单位：% (%)

| 年份 Year | 国内生产总值 Gross Domestic Product | 第一产业 Primary Industry | 第二产业 Secondary Industry | #工业 Industry | #制造业 Manufacturing | 第三产业 Tertiary Industry | #批发零售业 Wholesale and Retail Trades |
|---|---|---|---|---|---|---|---|
| 2005 | 100.00 | 12.12 | 47.37 | 41.76 | 32.51 | 40.51 | 7.55 |
| 2006 | 100.00 | 11.11 | 47.95 | 42.21 | 32.92 | 40.94 | 7.64 |
| 2007 | 100.00 | 10.77 | 47.34 | 41.58 | 32.91 | 41.89 | 7.88 |
| 2008 | 100.00 | 10.73 | 47.45 | 41.48 | 32.65 | 41.82 | 8.34 |
| 2009 | 100.00 | 10.33 | 46.24 | 39.67 | 32.30 | 43.43 | 8.50 |
| 2010 | 100.00 | 10.10 | 46.67 | 40.03 | 32.46 | 43.24 | 8.90 |
| 2011 | 100.00 | 10.04 | 46.59 | 39.84 | 31.83 | 43.37 | 9.18 |
| 2012 | 100.00 | 10.09 | 45.32 | 38.48 | 31.06 | 44.59 | 9.52 |
| 2013 | 100.00 | 10.01 | 43.89 | 37.04 | | 46.09 | |

# 1-3 地区生产总值
# Gross Regional Product

单位：亿元 (100 million yuan)

| 地 区 | Region | 2005 | 2006 | 2007 | 2008 | 2009 | 2010 | 2011 | 2012 | 2013 |
|---|---|---|---|---|---|---|---|---|---|---|
| 北 京 | Beijing | 6969.5 | 8117.8 | 9846.8 | 11115.0 | 12153.0 | 14113.6 | 16251.9 | 17879.4 | 19500.6 |
| 天 津 | Tianjin | 3905.6 | 4462.7 | 5252.8 | 6719.0 | 7521.9 | 9224.5 | 11307.3 | 12893.9 | 14370.2 |
| 河 北 | Hebei | 10012.1 | 11467.6 | 13607.3 | 16012.0 | 17235.5 | 20394.3 | 24515.8 | 26575.0 | 28301.4 |
| 山 西 | Shanxi | 4230.5 | 4878.6 | 6024.5 | 7315.4 | 7358.3 | 9200.9 | 11237.6 | 12112.8 | 12602.2 |
| 内蒙古 | Inner Mongolia | 3905.0 | 4944.3 | 6423.2 | 8496.2 | 9740.3 | 11672.0 | 14359.9 | 15880.6 | 16832.4 |
| 辽 宁 | Liaoning | 8047.3 | 9304.5 | 11164.3 | 13668.6 | 15212.5 | 18457.3 | 22226.7 | 24846.4 | 27077.7 |
| 吉 林 | Jilin | 3620.3 | 4275.1 | 5284.7 | 6426.1 | 7278.8 | 8667.6 | 10568.8 | 11939.2 | 12981.5 |
| 黑龙江 | Heilongjiang | 5513.7 | 6211.8 | 7104.0 | 8314.4 | 8587.0 | 10368.6 | 12582.0 | 13691.6 | 14382.9 |
| 上 海 | Shanghai | 9247.7 | 10572.2 | 12494.0 | 14069.9 | 15046.5 | 17166.0 | 19195.7 | 20181.7 | 21602.1 |
| 江 苏 | Jiangsu | 18598.7 | 21742.1 | 26018.5 | 30982.0 | 34457.3 | 41425.5 | 49110.3 | 54058.2 | 59161.8 |
| 浙 江 | Zhejiang | 13417.7 | 15718.5 | 18753.7 | 21462.7 | 22990.4 | 27722.3 | 32318.9 | 34665.3 | 37568.5 |
| 安 徽 | Anhui | 5350.2 | 6112.5 | 7360.9 | 8851.7 | 10062.8 | 12359.3 | 15300.7 | 17212.1 | 19038.9 |
| 福 建 | Fujian | 6554.7 | 7583.9 | 9248.5 | 10823.0 | 12236.5 | 14737.1 | 17560.2 | 19701.8 | 21759.6 |
| 江 西 | Jiangxi | 4056.8 | 4820.5 | 5800.3 | 6971.1 | 7655.2 | 9451.3 | 11702.8 | 12948.9 | 14338.5 |
| 山 东 | Shandong | 18366.9 | 21900.2 | 25776.9 | 30933.3 | 33896.7 | 39169.9 | 45361.9 | 50013.2 | 54684.3 |
| 河 南 | Henan | 10587.4 | 12362.8 | 15012.5 | 18018.5 | 19480.5 | 23092.4 | 26931.0 | 29599.3 | 32155.9 |
| 湖 北 | Hubei | 6590.2 | 7617.5 | 9333.4 | 11328.9 | 12961.1 | 15967.6 | 19632.3 | 22250.5 | 24668.5 |
| 湖 南 | Hunan | 6596.1 | 7688.7 | 9439.6 | 11555.0 | 13059.7 | 16038.0 | 19669.6 | 22154.2 | 24501.7 |
| 广 东 | Guangdong | 22557.4 | 26587.8 | 31777.0 | 36796.7 | 39482.6 | 46013.1 | 53210.3 | 57067.9 | 62164.0 |
| 广 西 | Guangxi | 3984.1 | 4746.2 | 5823.4 | 7021.0 | 7759.2 | 9569.9 | 11720.9 | 13035.1 | 14378.0 |
| 海 南 | Hainan | 918.8 | 1065.7 | 1254.2 | 1503.1 | 1654.2 | 2064.5 | 2522.7 | 2855.5 | 3146.5 |
| 重 庆 | Chongqing | 3467.7 | 3907.2 | 4676.1 | 5793.7 | 6530.0 | 7925.6 | 10011.4 | 11409.6 | 12656.7 |
| 四 川 | Sichuan | 7385.1 | 8690.2 | 10562.4 | 12601.2 | 14151.3 | 17185.5 | 21026.7 | 23872.8 | 26260.8 |
| 贵 州 | Guizhou | 2005.4 | 2339.0 | 2884.1 | 3561.6 | 3912.7 | 4602.2 | 5701.8 | 6852.2 | 8006.8 |
| 云 南 | Yunnan | 3462.7 | 3988.1 | 4772.5 | 5692.1 | 6169.8 | 7224.2 | 8893.1 | 10309.5 | 11720.9 |
| 西 藏 | Tibet | 248.8 | 290.8 | 341.4 | 394.9 | 441.4 | 507.5 | 605.8 | 701.0 | 807.7 |
| 陕 西 | Shaanxi | 3933.7 | 4743.6 | 5757.3 | 7314.6 | 8169.8 | 10123.5 | 12512.3 | 14453.7 | 16045.2 |
| 甘 肃 | Gansu | 1934.0 | 2277.4 | 2704.0 | 3166.8 | 3387.6 | 4120.8 | 5020.4 | 5650.2 | 6268.0 |
| 青 海 | Qinghai | 543.3 | 648.5 | 797.4 | 1018.6 | 1081.3 | 1350.4 | 1670.4 | 1893.5 | 2101.1 |
| 宁 夏 | Ningxia | 612.6 | 725.9 | 919.1 | 1203.9 | 1353.3 | 1689.7 | 2102.2 | 2341.3 | 2565.1 |
| 新 疆 | Xinjiang | 2604.2 | 3045.3 | 3523.2 | 4183.2 | 4277.1 | 5437.5 | 6610.1 | 7505.3 | 8360.2 |

# 1-4 按三次产业分地区生产总值(2013年)

## Gross Regional Product by Three Strata of Industry (2013)

单位：亿元 (100 million yuan)

| 地区 | Region | 地区生产总值 Gross Regional Product | 第一产业 Primary Industry | 第二产业 Secondary Industry | #工业 Industry | 第三产业 Tertiary Industry |
|---|---|---|---|---|---|---|
| 北京 | Beijing | 19500.6 | 161.8 | 4352.3 | 3536.9 | 14986.4 |
| 天津 | Tianjin | 14370.2 | 188.5 | 7276.7 | 6678.6 | 6905.0 |
| 河北 | Hebei | 28301.4 | 3500.4 | 14762.1 | 13194.8 | 10038.9 |
| 山西 | Shanxi | 12602.2 | 773.8 | 6792.7 | 6033.0 | 5035.8 |
| 内蒙古 | Inner Mongolia | 16832.4 | 1599.4 | 9084.2 | 7944.4 | 6148.8 |
| 辽宁 | Liaoning | 27077.7 | 2321.6 | 14269.5 | 12510.3 | 10486.6 |
| 吉林 | Jilin | 12981.5 | 1509.3 | 6858.2 | 6033.4 | 4613.9 |
| 黑龙江 | Heilongjiang | 14382.9 | 2516.8 | 5918.2 | 5090.3 | 5947.9 |
| 上海 | Shanghai | 21602.1 | 129.3 | 8027.8 | 7236.7 | 13445.1 |
| 江苏 | Jiangsu | 59161.8 | 3646.1 | 29094.0 | 25612.2 | 26421.6 |
| 浙江 | Zhejiang | 37568.5 | 1784.6 | 18446.7 | 16368.4 | 17337.2 |
| 安徽 | Anhui | 19038.9 | 2348.1 | 10404.0 | 8928.0 | 6286.8 |
| 福建 | Fujian | 21759.6 | 1936.3 | 11315.3 | 9455.3 | 8508.0 |
| 江西 | Jiangxi | 14338.5 | 1636.5 | 7671.4 | 6434.4 | 5030.6 |
| 山东 | Shandong | 54684.3 | 4742.6 | 27422.5 | 24222.2 | 22519.2 |
| 河南 | Henan | 32155.9 | 4059.0 | 17806.4 | 15960.6 | 10290.5 |
| 湖北 | Hubei | 24668.5 | 3098.2 | 12171.6 | 10531.4 | 9398.8 |
| 湖南 | Hunan | 24501.7 | 3099.2 | 11517.4 | 10001.0 | 9885.1 |
| 广东 | Guangdong | 62164.0 | 3047.5 | 29427.5 | 27426.3 | 29689.0 |
| 广西 | Guangxi | 14378.0 | 2343.6 | 6863.0 | 5749.7 | 5171.4 |
| 海南 | Hainan | 3146.5 | 756.5 | 871.3 | 551.1 | 1518.7 |
| 重庆 | Chongqing | 12656.7 | 1016.7 | 6397.9 | 5249.7 | 5242.0 |
| 四川 | Sichuan | 26260.8 | 3425.6 | 13579.0 | 11578.6 | 9256.1 |
| 贵州 | Guizhou | 8006.8 | 1029.1 | 3243.7 | 2686.5 | 3734.0 |
| 云南 | Yunnan | 11720.9 | 1895.3 | 4927.8 | 3767.6 | 4897.8 |
| 西藏 | Tibet | 807.7 | 86.8 | 292.9 | 61.2 | 427.9 |
| 陕西 | Shaanxi | 16045.2 | 1526.1 | 8911.6 | 7507.3 | 5607.5 |
| 甘肃 | Gansu | 6268.0 | 879.4 | 2821.0 | 2225.2 | 2567.6 |
| 青海 | Qinghai | 2101.1 | 207.6 | 1204.3 | 970.5 | 689.2 |
| 宁夏 | Ningxia | 2565.1 | 223.0 | 1265.0 | 944.5 | 1077.1 |
| 新疆 | Xinjiang | 8360.2 | 1468.3 | 3766.0 | 3024.3 | 3126.0 |

# 1-5 按三次产业分地区生产总值构成(2013年)

# Composition of Gross Regional Product by Three Strata of Industry(2013)

单位：% (%)

| 地区 | Region | 地区生产总值 Gross Regional Product | 第一产业 Primary Industry | 第二产业 Secondary Industry | #工业 Industry | 第三产业 Tertiary Industry |
|---|---|---|---|---|---|---|
| 北京 | Beijing | 100.00 | 0.83 | 22.32 | 18.14 | 76.85 |
| 天津 | Tianjin | 100.00 | 1.31 | 50.64 | 46.48 | 48.05 |
| 河北 | Hebei | 100.00 | 12.37 | 52.16 | 46.62 | 35.47 |
| 山西 | Shanxi | 100.00 | 6.14 | 53.90 | 47.87 | 39.96 |
| 内蒙古 | Inner Mongolia | 100.00 | 9.50 | 53.97 | 47.20 | 36.53 |
| 辽宁 | Liaoning | 100.00 | 8.57 | 52.70 | 46.20 | 38.73 |
| 吉林 | Jilin | 100.00 | 11.63 | 52.83 | 46.48 | 35.54 |
| 黑龙江 | Heilongjiang | 100.00 | 17.50 | 41.15 | 35.39 | 41.35 |
| 上海 | Shanghai | 100.00 | 0.60 | 37.16 | 33.50 | 62.24 |
| 江苏 | Jiangsu | 100.00 | 6.16 | 49.18 | 43.29 | 44.66 |
| 浙江 | Zhejiang | 100.00 | 4.75 | 49.10 | 43.57 | 46.15 |
| 安徽 | Anhui | 100.00 | 12.33 | 54.65 | 46.89 | 33.02 |
| 福建 | Fujian | 100.00 | 8.90 | 52.00 | 43.45 | 39.10 |
| 江西 | Jiangxi | 100.00 | 11.41 | 53.50 | 44.88 | 35.08 |
| 山东 | Shandong | 100.00 | 8.67 | 50.15 | 44.29 | 41.18 |
| 河南 | Henan | 100.00 | 12.62 | 55.38 | 49.64 | 32.00 |
| 湖北 | Hubei | 100.00 | 12.56 | 49.34 | 42.69 | 38.10 |
| 湖南 | Hunan | 100.00 | 12.65 | 47.01 | 40.82 | 40.34 |
| 广东 | Guangdong | 100.00 | 4.90 | 47.34 | 44.12 | 47.76 |
| 广西 | Guangxi | 100.00 | 16.30 | 47.73 | 39.99 | 35.97 |
| 海南 | Hainan | 100.00 | 24.04 | 27.69 | 17.52 | 48.27 |
| 重庆 | Chongqing | 100.00 | 8.03 | 50.55 | 41.48 | 41.42 |
| 四川 | Sichuan | 100.00 | 13.04 | 51.71 | 44.09 | 35.25 |
| 贵州 | Guizhou | 100.00 | 12.85 | 40.51 | 33.55 | 46.64 |
| 云南 | Yunnan | 100.00 | 16.17 | 42.04 | 32.14 | 41.79 |
| 西藏 | Tibet | 100.00 | 10.75 | 36.27 | 7.57 | 52.98 |
| 陕西 | Shaanxi | 100.00 | 9.51 | 55.54 | 46.79 | 34.95 |
| 甘肃 | Gansu | 100.00 | 14.03 | 45.01 | 35.50 | 40.96 |
| 青海 | Qinghai | 100.00 | 9.88 | 57.32 | 46.19 | 32.80 |
| 宁夏 | Ningxia | 100.00 | 8.69 | 49.32 | 36.82 | 41.99 |
| 新疆 | Xinjiang | 100.00 | 17.56 | 45.05 | 36.17 | 37.39 |

# 1-6 人口数及城乡构成
## Population in Urban and Rural Areas

单位：万人，%　　(10 000 persons,%)

| 年 份 Year | 总人口(年末) Total Population (year-end) | 城镇 Urban | 乡村 Rural | 构成 Composition 城镇 Urban | 乡村 Rural |
|---|---|---|---|---|---|
| 2005 | 130756 | 56212 | 74544 | 42.99 | 57.01 |
| 2006 | 131448 | 58288 | 73160 | 44.34 | 55.66 |
| 2007 | 132129 | 60633 | 71496 | 45.89 | 54.11 |
| 2008 | 132802 | 62403 | 70399 | 46.99 | 53.01 |
| 2009 | 133450 | 64512 | 68938 | 48.34 | 51.66 |
| 2010 | 134091 | 66978 | 67113 | 49.95 | 50.05 |
| 2011 | 134735 | 69079 | 65656 | 51.27 | 48.73 |
| 2012 | 135404 | 71182 | 64222 | 52.57 | 47.43 |
| 2013 | 136072 | 73111 | 62961 | 53.73 | 46.27 |

# 1-7 人口数及年龄结构
## Population and Age Composition

单位：万人，%　　(10 000 persons,%)

| 年 份 Year | 总人口(年末) Total Population (year-end) | 按年龄组分 by Age 0-14岁 Aged 0-14 | | 15-64岁 Aged 15-64 | | 65岁及以上 Aged 65 and Over | |
|---|---|---|---|---|---|---|---|
| | | 人口数 Population | 比重 Proportion | 人口数 Population | 比重 Proportion | 人口数 Population | 比重 Proportion |
| 2005 | 130756 | 26504 | 20.3 | 94197 | 72.0 | 10055 | 7.7 |
| 2006 | 131448 | 25961 | 19.8 | 95068 | 72.3 | 10419 | 7.9 |
| 2007 | 132129 | 25660 | 19.4 | 95833 | 72.5 | 10636 | 8.1 |
| 2008 | 132802 | 25166 | 19.0 | 96680 | 72.7 | 10956 | 8.3 |
| 2009 | 133450 | 24659 | 18.5 | 97484 | 73.0 | 11307 | 8.5 |
| 2010 | 134091 | 22259 | 16.6 | 99938 | 74.5 | 11894 | 8.9 |
| 2011 | 134735 | 22164 | 16.5 | 100283 | 74.4 | 12288 | 9.1 |
| 2012 | 135404 | 22287 | 16.5 | 100403 | 74.1 | 12714 | 9.4 |
| 2013 | 136072 | 22329 | 16.4 | 100582 | 73.9 | 13161 | 9.7 |

# 1-8 分地区年末人口数
# Population at Year-end by Region

单位：万人 (10 000 persons)

| 地 区 | Region | 2005 | 2006 | 2007 | 2008 | 2009 | 2010 | 2011 | 2012 | 2013 |
|---|---|---|---|---|---|---|---|---|---|---|
| 全 国 | **National Total** | **130756** | **131448** | **132129** | **132802** | **133450** | **134091** | **134735** | **135404** | **136072** |
| 北 京 | Beijing | 1538 | 1581 | 1633 | 1695 | 1755 | 1962 | 2019 | 2069 | 2115 |
| 天 津 | Tianjin | 1043 | 1075 | 1115 | 1176 | 1228 | 1299 | 1355 | 1413 | 1472 |
| 河 北 | Hebei | 6851 | 6898 | 6943 | 6989 | 7034 | 7194 | 7241 | 7288 | 7333 |
| 山 西 | Shanxi | 3355 | 3375 | 3393 | 3411 | 3427 | 3574 | 3593 | 3611 | 3630 |
| 内蒙古 | Inner Mongolia | 2403 | 2415 | 2429 | 2444 | 2458 | 2472 | 2482 | 2490 | 2498 |
| 辽 宁 | Liaoning | 4221 | 4271 | 4298 | 4315 | 4341 | 4375 | 4383 | 4389 | 4390 |
| 吉 林 | Jilin | 2716 | 2723 | 2730 | 2734 | 2740 | 2747 | 2749 | 2750 | 2751 |
| 黑龙江 | Heilongjiang | 3820 | 3823 | 3824 | 3825 | 3826 | 3833 | 3834 | 3834 | 3835 |
| 上 海 | Shanghai | 1890 | 1964 | 2064 | 2141 | 2210 | 2303 | 2347 | 2380 | 2415 |
| 江 苏 | Jiangsu | 7588 | 7656 | 7723 | 7762 | 7810 | 7869 | 7899 | 7920 | 7939 |
| 浙 江 | Zhejiang | 4991 | 5072 | 5155 | 5212 | 5276 | 5447 | 5463 | 5477 | 5498 |
| 安 徽 | Anhui | 6120 | 6110 | 6118 | 6135 | 6131 | 5957 | 5968 | 5988 | 6030 |
| 福 建 | Fujian | 3557 | 3585 | 3612 | 3639 | 3666 | 3693 | 3720 | 3748 | 3774 |
| 江 西 | Jiangxi | 4311 | 4339 | 4368 | 4400 | 4432 | 4462 | 4488 | 4504 | 4522 |
| 山 东 | Shandong | 9248 | 9309 | 9367 | 9417 | 9470 | 9588 | 9637 | 9685 | 9733 |
| 河 南 | Henan | 9380 | 9392 | 9360 | 9429 | 9487 | 9405 | 9388 | 9406 | 9413 |
| 湖 北 | Hubei | 5710 | 5693 | 5699 | 5711 | 5720 | 5728 | 5758 | 5779 | 5799 |
| 湖 南 | Hunan | 6326 | 6342 | 6355 | 6380 | 6406 | 6570 | 6596 | 6639 | 6691 |
| 广 东 | Guangdong | 9194 | 9442 | 9660 | 9893 | 10130 | 10441 | 10505 | 10594 | 10644 |
| 广 西 | Guangxi | 4660 | 4719 | 4768 | 4816 | 4856 | 4610 | 4645 | 4682 | 4719 |
| 海 南 | Hainan | 828 | 836 | 845 | 854 | 864 | 869 | 877 | 887 | 895 |
| 重 庆 | Chongqing | 2798 | 2808 | 2816 | 2839 | 2859 | 2885 | 2919 | 2945 | 2970 |
| 四 川 | Sichuan | 8212 | 8169 | 8127 | 8138 | 8185 | 8045 | 8050 | 8076 | 8107 |
| 贵 州 | Guizhou | 3730 | 3690 | 3632 | 3596 | 3537 | 3479 | 3469 | 3484 | 3502 |
| 云 南 | Yunnan | 4450 | 4483 | 4514 | 4543 | 4571 | 4602 | 4631 | 4659 | 4687 |
| 西 藏 | Tibet | 277 | 283 | 287 | 292 | 297 | 301 | 303 | 308 | 312 |
| 陕 西 | Shaanxi | 3690 | 3699 | 3708 | 3718 | 3727 | 3735 | 3743 | 3753 | 3764 |
| 甘 肃 | Gansu | 2545 | 2547 | 2548 | 2551 | 2555 | 2560 | 2564 | 2578 | 2582 |
| 青 海 | Qinghai | 543 | 548 | 552 | 554 | 557 | 563 | 568 | 573 | 578 |
| 宁 夏 | Ningxia | 596 | 604 | 610 | 618 | 625 | 633 | 639 | 647 | 654 |
| 新 疆 | Xinjiang | 2010 | 2050 | 2095 | 2131 | 2159 | 2185 | 2209 | 2233 | 2264 |

注：2005年起各地区数据为常住人口口径。其中2010年数据为当年人口普查数据推算数，其余年份数据为年度人口抽样调查推算数据。

a)Since 2005,data by region are of usual residents.Data of 2010 are the census year estimates;the rest are the estimates from the annual national sample survey of population.

# 1-9 分地区人口数及城乡构成(2013年)

# Population at Year-end in Urban and Rural Areas by Region (2013)

单位：万人，% (10 000 persons,%)

| 地 区 | Region | 总人口(年末) Total Population (year-end) | 城镇人口 Urban Population | | 乡村人口 Rural Population | |
|---|---|---|---|---|---|---|
| | | | 人口数 Population | 比重 Proportion | 人口数 Population | 比重 Proportion |
| **全 国** | **National Total** | **136072** | **73111** | **53.73** | **62961** | **46.27** |
| 北 京 | Beijing | 2115 | 1825 | 86.30 | 290 | 13.70 |
| 天 津 | Tianjin | 1472 | 1207 | 82.01 | 265 | 17.99 |
| 河 北 | Hebei | 7333 | 3528 | 48.12 | 3804 | 51.88 |
| 山 西 | Shanxi | 3630 | 1908 | 52.56 | 1722 | 47.44 |
| 内蒙古 | Inner Mongolia | 2498 | 1466 | 58.71 | 1031 | 41.29 |
| 辽 宁 | Liaoning | 4390 | 2917 | 66.45 | 1473 | 33.55 |
| 吉 林 | Jilin | 2751 | 1491 | 54.20 | 1260 | 45.80 |
| 黑龙江 | Heilongjiang | 3835 | 2201 | 57.40 | 1634 | 42.60 |
| 上 海 | Shanghai | 2415 | 2164 | 89.60 | 251 | 10.40 |
| 江 苏 | Jiangsu | 7939 | 5090 | 64.11 | 2849 | 35.89 |
| 浙 江 | Zhejiang | 5498 | 3519 | 64.00 | 1979 | 36.00 |
| 安 徽 | Anhui | 6030 | 2886 | 47.86 | 3144 | 52.14 |
| 福 建 | Fujian | 3774 | 2293 | 60.77 | 1481 | 39.23 |
| 江 西 | Jiangxi | 4522 | 2210 | 48.87 | 2312 | 51.13 |
| 山 东 | Shandong | 9733 | 5232 | 53.75 | 4502 | 46.25 |
| 河 南 | Henan | 9413 | 4123 | 43.80 | 5290 | 56.20 |
| 湖 北 | Hubei | 5799 | 3161 | 54.51 | 2638 | 45.49 |
| 湖 南 | Hunan | 6691 | 3209 | 47.96 | 3482 | 52.04 |
| 广 东 | Guangdong | 10644 | 7212 | 67.76 | 3432 | 32.24 |
| 广 西 | Guangxi | 4719 | 2115 | 44.81 | 2604 | 55.19 |
| 海 南 | Hainan | 895 | 472 | 52.74 | 423 | 47.26 |
| 重 庆 | Chongqing | 2970 | 1733 | 58.34 | 1237 | 41.66 |
| 四 川 | Sichuan | 8107 | 3640 | 44.90 | 4467 | 55.10 |
| 贵 州 | Guizhou | 3502 | 1325 | 37.83 | 2177 | 62.17 |
| 云 南 | Yunnan | 4687 | 1897 | 40.48 | 2789 | 59.52 |
| 西 藏 | Tibet | 312 | 74 | 23.71 | 238 | 76.29 |
| 陕 西 | Shaanxi | 3764 | 1931 | 51.31 | 1833 | 48.69 |
| 甘 肃 | Gansu | 2582 | 1036 | 40.13 | 1546 | 59.87 |
| 青 海 | Qinghai | 578 | 280 | 48.51 | 298 | 51.49 |
| 宁 夏 | Ningxia | 654 | 340 | 52.01 | 314 | 47.99 |
| 新 疆 | Xinjiang | 2264 | 1007 | 44.47 | 1257 | 55.53 |

注：1.本表数据根据2012年人口变动情况抽样调查数据推算。全国总人口根据抽样误差和调查误差进行了修正，分地区人口未作修正。

2.全国总人口包括现役军人数，分地区数字中未包括。

a) Data in the table are estimates from the 2012 National Sample Survey on Population Changes. The national total population was adjusted on the basis of sampling errors and survey errors. Similar adjustments were not made to regional figures.

b) The military personnel were included in the national total population, but were not included in the population by region.

## 1-10 按三次产业分就业人员数及构成（年底数）
## Number of Employed Persons at Year-end and Composition by Three Strata of Industry

单位：万人，% (10 000 persons,%)

| 年份 Year | 经济活动人口 Economically Active Population | 就业人员 Total Employed Persons | 第一产业 Primary Industry | 第二产业 Secondary Industry | 第三产业 Tertiary Industry | 构成 Composition 第一产业 Primary Industry | 第二产业 Secondary Industry | 第三产业 Tertiary Industry |
|---|---|---|---|---|---|---|---|---|
| 2005 | 76120 | 74647 | 33442 | 17766 | 23439 | 44.8 | 23.8 | 31.4 |
| 2006 | 76315 | 74978 | 31941 | 18894 | 24143 | 42.6 | 25.2 | 32.2 |
| 2007 | 76531 | 75321 | 30731 | 20186 | 24404 | 40.8 | 26.8 | 32.4 |
| 2008 | 77046 | 75564 | 29923 | 20553 | 25087 | 39.6 | 27.2 | 33.2 |
| 2009 | 77510 | 75828 | 28890 | 21080 | 25857 | 38.1 | 27.8 | 34.1 |
| 2010 | 78388 | 76105 | 27931 | 21842 | 26332 | 36.7 | 28.7 | 34.6 |
| 2011 | 78579 | 76420 | 26594 | 22544 | 27282 | 34.8 | 29.5 | 35.7 |
| 2012 | 78894 | 76704 | 25773 | 23241 | 27690 | 33.6 | 30.3 | 36.1 |
| 2013 | 79300 | 76977 | 24171 | 23170 | 29636 | 31.4 | 30.1 | 38.5 |

## 1-11 按城乡分就业人员数（年底数）
## Number of Employed Persons at Year-end in Urban and Rural Areas

单位：万人 (10 000 persons)

| 年份 Year | 合计 Total | 城镇小计 Subtotal of Urban Areas | 内资单位 Domestic Units | #国有单位 State-owned Units | #私营企业 Private Enterprises | 港澳台商投资单位 Units with Funds from Hong Kong, Macao and Taiwan | 外商投资单位 Foreign Funded Units | 个体 Self-employed Individuals | 乡村小计 Subtotal of Rural Areas | #私营企业 Private Enterprises | #个体 Self-employed Individuals |
|---|---|---|---|---|---|---|---|---|---|---|---|
| 2005 | 74647 | 28389 | 24366 | 6488 | 3458 | 557 | 688 | 2778 | 46258 | 2366 | 2123 |
| 2006 | 74978 | 29630 | 25210 | 6430 | 3954 | 611 | 796 | 3012 | 45348 | 2632 | 2147 |
| 2007 | 75321 | 30953 | 26060 | 6424 | 4581 | 680 | 903 | 3310 | 44368 | 2672 | 2187 |
| 2008 | 75564 | 32103 | 26872 | 6447 | 5124 | 679 | 943 | 3609 | 43461 | 2780 | 2167 |
| 2009 | 75828 | 33322 | 27379 | 6420 | 5544 | 721 | 978 | 4245 | 42506 | 3063 | 2341 |
| 2010 | 76105 | 34687 | 28396 | 6516 | 6071 | 770 | 1053 | 4467 | 41418 | 3347 | 2540 |
| 2011 | 76420 | 35914 | 28538 | 6704 | 6912 | 932 | 1217 | 5227 | 40506 | 3442 | 2718 |
| 2012 | 76704 | 37102 | 29244 | 6839 | 7557 | 969 | 1246 | 5643 | 39602 | 3739 | 2986 |
| 2013 | 76977 | 38240 | 29135 | 6365 | 8242 | 1397 | 1566 | 6142 | 38737 | 4279 | 3193 |

# 1-12 按行业分城镇单位就业人员数(年底数)

## Number of Employed Persons in Urban Units at Year-end by Sector

单位：万人 (10 000 persons)

| 年份 Year / 地区 Region | | 合计 Total | 农、林、牧、渔业 Agriculture, Forestry, Animal Husbandry and Fishery | 采矿业 Mining | 制造业 Manufacturing | 电力、热气、燃气及水生产和供应业 Production and Supply of Electricity, Heat, Gas and Water |
|---|---|---|---|---|---|---|
| | 2005 | 11404.0 | 446.3 | 509.2 | 3210.9 | 299.9 |
| | 2006 | 11713.2 | 435.2 | 529.7 | 3351.6 | 302.5 |
| | 2007 | 12024.4 | 426.3 | 535.0 | 3465.4 | 303.4 |
| | 2008 | 12192.5 | 410.1 | 540.4 | 3434.3 | 306.5 |
| | 2009 | 12573.0 | 373.7 | 553.7 | 3491.9 | 307.7 |
| | 2010 | 13051.5 | 375.7 | 562.0 | 3637.2 | 310.5 |
| | 2011 | 14413.3 | 359.5 | 611.6 | 4088.3 | 334.7 |
| | 2012 | 15236.4 | 338.9 | 631.0 | 4262.2 | 344.6 |
| | 2013 | 18108.4 | 294.8 | 636.5 | 5257.9 | 404.5 |
| 北京 | Beijing | 742.3 | 3.1 | 6.8 | 103.5 | 8.7 |
| 天津 | Tianjin | 302.4 | 0.5 | 7.6 | 122.3 | 4.5 |
| 河北 | Hebei | 653.4 | 5.2 | 28.3 | 150.3 | 19.6 |
| 山西 | Shanxi | 464.0 | 2.2 | 103.0 | 73.1 | 11.5 |
| 内蒙古 | Inner Mongolia | 303.8 | 24.1 | 21.5 | 47.5 | 13.4 |
| 辽宁 | Liaoning | 689.1 | 23.3 | 34.0 | 179.5 | 16.5 |
| 吉林 | Jilin | 338.4 | 13.7 | 15.4 | 88.4 | 14.0 |
| 黑龙江 | Heilongjiang | 467.8 | 79.9 | 38.4 | 65.0 | 18.3 |
| 上海 | Shanghai | 618.8 | 1.3 | 0.1 | 211.8 | 5.2 |
| 江苏 | Jiangsu | 1503.3 | 6.6 | 13.6 | 555.4 | 18.1 |
| 浙江 | Zhejiang | 1071.6 | 0.8 | 1.0 | 357.9 | 13.5 |
| 安徽 | Anhui | 519.7 | 4.9 | 33.1 | 120.4 | 12.0 |
| 福建 | Fujian | 644.0 | 4.5 | 2.8 | 252.6 | 8.9 |
| 江西 | Jiangxi | 445.0 | 5.6 | 8.3 | 125.8 | 13.2 |
| 山东 | Shandong | 1290.6 | 1.8 | 74.6 | 437.2 | 23.9 |
| 河南 | Henan | 1076.0 | 5.2 | 62.6 | 312.7 | 24.6 |
| 湖北 | Hubei | 696.5 | 9.1 | 8.9 | 190.9 | 18.1 |
| 湖南 | Hunan | 601.0 | 2.3 | 15.5 | 134.2 | 16.6 |
| 广东 | Guangdong | 1967.0 | 6.2 | 2.9 | 1020.2 | 32.2 |
| 广西 | Guangxi | 403.0 | 9.1 | 4.4 | 80.8 | 14.7 |
| 海南 | Hainan | 98.8 | 4.8 | 0.8 | 10.6 | 2.2 |
| 重庆 | Chongqing | 402.0 | 1.1 | 10.1 | 86.4 | 7.0 |
| 四川 | Sichuan | 846.2 | 3.7 | 23.2 | 204.6 | 27.2 |
| 贵州 | Guizhou | 296.7 | 1.6 | 18.4 | 46.4 | 13.5 |
| 云南 | Yunnan | 428.1 | 7.1 | 22.9 | 74.0 | 10.3 |
| 西藏 | Tibet | 31.0 | 0.8 | 0.6 | 1.1 | 1.0 |
| 陕西 | Shaanxi | 505.3 | 2.6 | 36.3 | 107.9 | 12.2 |
| 甘肃 | Gansu | 256.6 | 5.2 | 10.6 | 39.2 | 10.0 |
| 青海 | Qinghai | 64.2 | 1.4 | 4.4 | 11.8 | 1.9 |
| 宁夏 | Ningxia | 72.2 | 2.0 | 6.6 | 12.6 | 3.4 |
| 新疆 | Xinjiang | 309.5 | 54.9 | 19.7 | 33.7 | 8.3 |

注：本表数据不含私营单位。
a) Data of employed persons in urban units do not include those of private enterprises.

1-12 续表 1 continued

单位：万人 (10 000 persons)

| 年 份 Year<br>地 区 Region | | 建筑业<br>Construction | 批发和零售业<br>Wholesale and Retail Trades | 交通运输、仓储和邮政业<br>Transport, Storage and Post | 住宿和餐饮业<br>Hotels and Catering Services | 信息传输、软件和信息技术服务业<br>Information Transmission, Software and Information Technology |
|---|---|---|---|---|---|---|
| | 2005 | 926.6 | 544.0 | 613.9 | 181.2 | 130.1 |
| | 2006 | 988.7 | 515.7 | 612.7 | 183.9 | 138.2 |
| | 2007 | 1050.8 | 506.9 | 623.1 | 185.8 | 150.2 |
| | 2008 | 1072.6 | 514.4 | 627.3 | 193.2 | 159.5 |
| | 2009 | 1177.5 | 520.8 | 634.4 | 202.1 | 173.8 |
| | 2010 | 1267.5 | 535.1 | 631.1 | 209.2 | 185.8 |
| | 2011 | 1724.8 | 647.5 | 662.8 | 242.7 | 212.8 |
| | 2012 | 2010.3 | 711.8 | 667.5 | 265.1 | 222.8 |
| | 2013 | 2921.9 | 890.8 | 846.2 | 304.4 | 327.3 |
| 北 京 | Beijing | 43.9 | 68.8 | 59.2 | 31.0 | 58.2 |
| 天 津 | Tianjin | 31.0 | 17.2 | 14.3 | 6.6 | 3.6 |
| 河 北 | Hebei | 90.6 | 28.9 | 27.6 | 6.9 | 8.6 |
| 山 西 | Shanxi | 38.4 | 21.2 | 23.6 | 5.6 | 6.0 |
| 内蒙古 | Inner Mongolia | 25.5 | 11.4 | 21.7 | 4.6 | 5.9 |
| 辽 宁 | Liaoning | 112.1 | 27.7 | 37.7 | 8.1 | 12.7 |
| 吉 林 | Jilin | 33.9 | 12.9 | 17.2 | 3.3 | 6.7 |
| 黑龙江 | Heilongjiang | 37.2 | 19.7 | 28.1 | 4.9 | 7.1 |
| 上 海 | Shanghai | 37.2 | 66.9 | 49.2 | 21.1 | 21.7 |
| 江 苏 | Jiangsu | 420.5 | 61.4 | 48.4 | 19.2 | 30.5 |
| 浙 江 | Zhejiang | 303.2 | 40.2 | 31.4 | 14.7 | 15.4 |
| 安 徽 | Anhui | 99.7 | 22.6 | 22.0 | 5.8 | 6.2 |
| 福 建 | Fujian | 146.2 | 26.4 | 24.3 | 9.8 | 7.0 |
| 江 西 | Jiangxi | 91.3 | 15.6 | 21.2 | 4.7 | 6.3 |
| 山 东 | Shandong | 188.6 | 67.3 | 50.6 | 19.3 | 17.5 |
| 河 南 | Henan | 189.5 | 52.7 | 43.6 | 11.8 | 9.5 |
| 湖 北 | Hubei | 140.4 | 41.7 | 33.2 | 12.2 | 9.1 |
| 湖 南 | Hunan | 107.4 | 23.3 | 24.5 | 9.5 | 7.3 |
| 广 东 | Guangdong | 162.3 | 95.5 | 83.3 | 39.3 | 33.3 |
| 广 西 | Guangxi | 60.9 | 14.1 | 21.2 | 5.4 | 5.2 |
| 海 南 | Hainan | 7.7 | 12.8 | 5.4 | 6.8 | 1.3 |
| 重 庆 | Chongqing | 103.6 | 22.1 | 26.1 | 7.1 | 4.9 |
| 四 川 | Sichuan | 177.8 | 33.2 | 39.4 | 12.5 | 15.6 |
| 贵 州 | Guizhou | 39.5 | 14.0 | 11.3 | 4.1 | 3.4 |
| 云 南 | Yunnan | 73.7 | 25.5 | 16.8 | 9.6 | 6.6 |
| 西 藏 | Tibet | 1.8 | 0.9 | 0.7 | 0.6 | 0.5 |
| 陕 西 | Shaanxi | 72.1 | 26.0 | 25.0 | 12.6 | 9.5 |
| 甘 肃 | Gansu | 46.1 | 7.7 | 12.7 | 3.5 | 3.1 |
| 青 海 | Qinghai | 7.3 | 2.4 | 4.8 | 0.6 | 1.0 |
| 宁 夏 | Ningxia | 6.2 | 2.7 | 4.0 | 0.6 | 0.8 |
| 新 疆 | Xinjiang | 26.3 | 8.3 | 17.5 | 2.8 | 2.9 |

1-12 续表 2 continued

单位：万人 (10 000 persons)

| 年 份 地 区 | Year Region | 金融业 Financial Intermediation | 房地产业 Real Estate | 租赁和商务服务业 Leasing and Business Services | 科学研究和技术服务业 Scientific Research and Technical Services | 水利、环境和公共设施管理业 Management of Water Conservancy, Environment and Public Facilities |
|---|---|---|---|---|---|---|
| | 2005 | 359.3 | 146.5 | 218.5 | 227.7 | 180.4 |
| | 2006 | 367.4 | 153.9 | 236.7 | 235.5 | 187.0 |
| | 2007 | 389.7 | 166.5 | 247.2 | 243.4 | 193.5 |
| | 2008 | 417.6 | 172.7 | 274.7 | 257.0 | 197.3 |
| | 2009 | 449.0 | 190.9 | 290.5 | 272.6 | 205.7 |
| | 2010 | 470.1 | 211.6 | 310.1 | 292.3 | 218.9 |
| | 2011 | 505.3 | 248.6 | 286.6 | 298.5 | 230.3 |
| | 2012 | 527.8 | 273.7 | 292.3 | 330.7 | 243.8 |
| | 2013 | 537.9 | 373.7 | 421.9 | 387.8 | 259.2 |
| 北 京 | Beijing | 39.1 | 40.6 | 66.2 | 59.7 | 9.8 |
| 天 津 | Tianjin | 8.1 | 9.1 | 5.8 | 10.7 | 4.1 |
| 河 北 | Hebei | 25.6 | 9.1 | 11.5 | 14.0 | 11.5 |
| 山 西 | Shanxi | 15.6 | 3.2 | 7.3 | 7.0 | 8.8 |
| 内蒙古 | Inner Mongolia | 11.1 | 4.8 | 4.4 | 6.1 | 8.2 |
| 辽 宁 | Liaoning | 23.2 | 14.0 | 13.3 | 16.9 | 15.9 |
| 吉 林 | Jilin | 11.0 | 5.7 | 5.5 | 8.0 | 8.3 |
| 黑龙江 | Heilongjiang | 15.9 | 6.0 | 5.9 | 11.2 | 10.2 |
| 上 海 | Shanghai | 30.0 | 24.0 | 42.1 | 20.4 | 8.1 |
| 江 苏 | Jiangsu | 30.8 | 21.2 | 31.9 | 19.2 | 14.0 |
| 浙 江 | Zhejiang | 36.3 | 17.9 | 28.8 | 16.0 | 11.7 |
| 安 徽 | Anhui | 17.2 | 9.4 | 7.1 | 8.3 | 7.8 |
| 福 建 | Fujian | 15.1 | 12.6 | 11.4 | 7.7 | 5.5 |
| 江 西 | Jiangxi | 11.3 | 5.4 | 5.5 | 5.7 | 7.4 |
| 山 东 | Shandong | 34.8 | 23.7 | 20.8 | 16.9 | 14.9 |
| 河 南 | Henan | 24.1 | 15.8 | 12.5 | 14.8 | 12.4 |
| 湖 北 | Hubei | 17.3 | 12.0 | 9.0 | 15.1 | 9.3 |
| 湖 南 | Hunan | 21.2 | 11.2 | 9.0 | 12.4 | 9.6 |
| 广 东 | Guangdong | 43.3 | 52.5 | 55.8 | 29.5 | 16.3 |
| 广 西 | Guangxi | 11.6 | 7.8 | 9.8 | 9.4 | 9.6 |
| 海 南 | Hainan | 2.8 | 5.8 | 2.0 | 2.0 | 3.1 |
| 重 庆 | Chongqing | 13.1 | 10.1 | 10.9 | 6.4 | 5.0 |
| 四 川 | Sichuan | 24.1 | 15.7 | 12.2 | 19.9 | 12.1 |
| 贵 州 | Guizhou | 8.0 | 6.9 | 4.6 | 6.5 | 4.6 |
| 云 南 | Yunnan | 9.9 | 10.1 | 9.4 | 9.2 | 7.8 |
| 西 藏 | Tibet | 1.0 | 0.13 | 0.5 | 1.1 | 0.2 |
| 陕 西 | Shaanxi | 15.0 | 8.7 | 7.6 | 16.7 | 8.9 |
| 甘 肃 | Gansu | 7.2 | 3.9 | 2.7 | 6.9 | 5.4 |
| 青 海 | Qinghai | 2.2 | 0.8 | 0.7 | 2.3 | 1.0 |
| 宁 夏 | Ningxia | 3.1 | 1.4 | 2.0 | 1.4 | 2.1 |
| 新 疆 | Xinjiang | 8.7 | 4.0 | 5.9 | 6.5 | 5.5 |

1-12 续表 3 continued

单位：万人 (10 000 persons)

| 年 份 地 区 | Year Region | 居民服务、修理和其他服务业 Services to Households, Repair and Other Services | 教 育 Education | 卫生和社会工作 Health and Social Service | 文化、体育和娱乐业 Culture, Sports and Entertainment | 公共管理、社会保障和社会组织 Public Management, Social Security and Social Organization |
|---|---|---|---|---|---|---|
| | 2005 | 53.9 | 1483.2 | 508.9 | 122.5 | 1240.8 |
| | 2006 | 56.6 | 1504.4 | 525.4 | 122.4 | 1265.6 |
| | 2007 | 57.4 | 1520.9 | 542.8 | 125.0 | 1291.2 |
| | 2008 | 56.5 | 1534.0 | 563.6 | 126.0 | 1335.0 |
| | 2009 | 58.8 | 1550.4 | 595.8 | 129.5 | 1394.3 |
| | 2010 | 60.2 | 1581.8 | 632.5 | 131.4 | 1428.5 |
| | 2011 | 59.9 | 1617.8 | 679.1 | 135.0 | 1467.6 |
| | 2012 | 62.1 | 1653.4 | 719.3 | 137.7 | 1541.5 |
| | 2013 | 72.3 | 1687.2 | 770.0 | 147.0 | 1567.0 |
| 北 京 | Beijing | 9.1 | 46.1 | 24.8 | 18.1 | 45.5 |
| 天 津 | Tianjin | 10.8 | 18.9 | 9.3 | 2.3 | 15.5 |
| 河 北 | Hebei | 1.4 | 89.7 | 33.7 | 5.3 | 85.4 |
| 山 西 | Shanxi | 1.5 | 52.4 | 18.8 | 4.7 | 60.1 |
| 内蒙古 | Inner Mongolia | 1.0 | 35.1 | 13.9 | 3.5 | 40.3 |
| 辽 宁 | Liaoning | 2.8 | 59.1 | 33.4 | 5.5 | 53.5 |
| 吉 林 | Jilin | 1.3 | 37.1 | 17.4 | 3.6 | 35.1 |
| 黑龙江 | Heilongjiang | 4.7 | 45.2 | 22.3 | 4.6 | 43.3 |
| 上 海 | Shanghai | 5.1 | 29.5 | 18.8 | 5.9 | 20.5 |
| 江 苏 | Jiangsu | 3.6 | 89.5 | 43.9 | 7.7 | 67.7 |
| 浙 江 | Zhejiang | 2.2 | 68.4 | 39.4 | 7.2 | 65.6 |
| 安 徽 | Anhui | 0.9 | 63.7 | 27.2 | 3.4 | 48.1 |
| 福 建 | Fujian | 1.4 | 48.2 | 19.8 | 4.0 | 35.9 |
| 江 西 | Jiangxi | 0.6 | 45.8 | 19.7 | 3.3 | 48.3 |
| 山 东 | Shandong | 3.3 | 120.1 | 56.2 | 7.2 | 112.1 |
| 河 南 | Henan | 2.0 | 116.9 | 48.4 | 8.5 | 108.5 |
| 湖 北 | Hubei | 1.7 | 68.1 | 37.2 | 5.6 | 57.5 |
| 湖 南 | Hunan | 1.9 | 72.2 | 36.4 | 5.1 | 81.5 |
| 广 东 | Guangdong | 7.3 | 118.6 | 55.9 | 10.9 | 101.7 |
| 广 西 | Guangxi | 0.6 | 61.8 | 28.0 | 3.3 | 45.2 |
| 海 南 | Hainan | 0.4 | 12.5 | 5.3 | 1.3 | 11.3 |
| 重 庆 | Chongqing | 1.3 | 39.1 | 16.2 | 2.6 | 28.9 |
| 四 川 | Sichuan | 1.7 | 90.9 | 42.7 | 5.9 | 83.9 |
| 贵 州 | Guizhou | 1.3 | 47.6 | 16.7 | 1.9 | 46.4 |
| 云 南 | Yunnan | 1.4 | 58.0 | 22.2 | 3.5 | 50.2 |
| 西 藏 | Tibet | 0.1 | 4.4 | 1.7 | 0.7 | 13.2 |
| 陕 西 | Shaanxi | 2.0 | 58.5 | 23.4 | 4.6 | 55.7 |
| 甘 肃 | Gansu | 0.3 | 36.5 | 12.8 | 2.5 | 40.4 |
| 青 海 | Qinghai | 0.1 | 7.6 | 3.7 | 0.8 | 9.4 |
| 宁 夏 | Ningxia | 0.1 | 8.8 | 4.1 | 0.8 | 9.3 |
| 新 疆 | Xinjiang | 0.7 | 37.0 | 16.7 | 3.0 | 47.2 |

# 1-13 全社会固定资产投资实际到位资金及构成
# Actual Funds for Investment in Fixed Assets in the Whole Country and Composition

| 年 份<br>Year | 实际到位资金小计<br>Subtotal of Actual Funds for Investment | 国家预算资金<br>State Budget | 国内贷款<br>Domestic Loans | 利用外资<br>Foreign Investment | 自筹和其他资金<br>Self-raising Fund and Others |
|---|---|---|---|---|---|
| **总量(亿元)**<br>**Total (100 million yuan)** | | | | | |
| 2005 | 94590.8 | 4154.3 | 16319.0 | 3978.8 | 70138.7 |
| 2006 | 118957.0 | 4672.0 | 19590.5 | 4334.3 | 90360.2 |
| 2007 | 150803.6 | 5857.1 | 23044.2 | 5132.7 | 116769.7 |
| 2008 | 182915.3 | 7954.8 | 26443.7 | 5311.9 | 143204.9 |
| 2009 | 250229.7 | 12685.7 | 39302.8 | 4623.7 | 193617.4 |
| 2010 | 285779.2 | 13012.7 | 44020.8 | 4703.6 | 224042.0 |
| 2011 | 345984.2 | 14843.3 | 46344.5 | 5062.0 | 279734.4 |
| 2012 | 409675.6 | 18958.7 | 51593.5 | 4468.8 | 334654.7 |
| 2013 | 491612.5 | 22305.3 | 59442.0 | 4319.4 | 405545.8 |
| **构成(%) Percentage** | | | | | |
| 2005 | 100.0 | 4.4 | 17.3 | 4.2 | 74.1 |
| 2006 | 100.0 | 3.9 | 16.5 | 3.6 | 76.0 |
| 2007 | 100.0 | 3.9 | 15.3 | 3.4 | 77.4 |
| 2008 | 100.0 | 4.3 | 14.5 | 2.9 | 78.3 |
| 2009 | 100.0 | 5.1 | 15.7 | 1.8 | 77.4 |
| 2010 | 100.0 | 4.7 | 15.2 | 1.6 | 78.5 |
| 2011 | 100.0 | 4.3 | 13.4 | 1.5 | 80.9 |
| 2012 | 100.0 | 4.6 | 12.6 | 1.1 | 81.7 |
| 2013 | 100.0 | 4.5 | 12.1 | 0.9 | 82.5 |

# 1-14 分地区全社会固定资产投资实际到位资金(2013年)

# Actual Funds for Investment in Fixed Assets in the Whole Country by Region(2013)

单位：亿元 (100 million yuan)

| 地区 | Region | 本年实际到位资金 Subtotal of Actual Funds for Investment | 国家预算资金 State Budget | 国内贷款 Domestic Loans | 利用外资 Foreign Investment | 自筹资金 Self-raising Funds | 其他资金 Others |
|---|---|---|---|---|---|---|---|
| **全 国** | **National Total** | **491612.5** | **22305.3** | **59442.0** | **4319.4** | **334280.0** | **71265.8** |
| 北 京 | Beijing | 10452.5 | 841.3 | 2512.4 | 23.5 | 3547.6 | 3527.7 |
| 天 津 | Tianjin | 10446.0 | 119.0 | 2161.4 | 84.2 | 6642.4 | 1439.0 |
| 河 北 | Hebei | 23431.8 | 559.0 | 1551.0 | 88.8 | 19349.2 | 1883.8 |
| 山 西 | Shanxi | 9883.2 | 636.9 | 777.8 | 26.4 | 7590.5 | 851.7 |
| 内蒙古 | Inner Mongolia | 14146.3 | 534.4 | 1525.5 | 8.8 | 11384.9 | 692.6 |
| 辽 宁 | Liaoning | 27321.3 | 1251.7 | 3726.5 | 372.9 | 19247.8 | 2722.3 |
| 吉 林 | Jilin | 10374.0 | 298.4 | 587.2 | 27.9 | 8677.0 | 783.5 |
| 黑龙江 | Heilongjiang | 12286.8 | 417.7 | 480.9 | 10.4 | 10368.9 | 1008.9 |
| 上 海 | Shanghai | 7828.2 | 368.3 | 1782.4 | 172.5 | 3284.4 | 2220.7 |
| 江 苏 | Jiangsu | 43403.1 | 529.2 | 5092.8 | 1127.5 | 29797.7 | 6855.8 |
| 浙 江 | Zhejiang | 23966.8 | 1187.8 | 3199.8 | 244.2 | 14290.6 | 5044.4 |
| 安 徽 | Anhui | 20466.2 | 939.5 | 1510.4 | 107.4 | 14851.2 | 3057.7 |
| 福 建 | Fujian | 17234.6 | 1282.7 | 1894.5 | 256.1 | 10374.6 | 3426.7 |
| 江 西 | Jiangxi | 14431.9 | 513.0 | 941.9 | 86.0 | 11167.0 | 1724.1 |
| 山 东 | Shandong | 40329.0 | 707.0 | 3960.7 | 378.9 | 31137.0 | 4145.4 |
| 河 南 | Henan | 26530.6 | 578.3 | 3275.8 | 86.9 | 20361.6 | 2228.1 |
| 湖 北 | Hubei | 20641.6 | 730.8 | 2700.3 | 63.3 | 14884.0 | 2263.1 |
| 湖 南 | Hunan | 19582.3 | 924.5 | 1760.6 | 120.1 | 14173.6 | 2603.5 |
| 广 东 | Guangdong | 26850.8 | 1073.5 | 3884.0 | 655.4 | 14829.2 | 6408.7 |
| 广 西 | Guangxi | 12717.3 | 704.6 | 1598.7 | 15.2 | 8716.7 | 1682.0 |
| 海 南 | Hainan | 4743.8 | 148.0 | 829.4 | 31.5 | 2084.4 | 1650.6 |
| 重 庆 | Chongqing | 12667.9 | 701.5 | 2333.7 | 94.1 | 6588.4 | 2950.1 |
| 四 川 | Sichuan | 22188.8 | 1674.7 | 2360.9 | 96.7 | 14416.9 | 3639.7 |
| 贵 州 | Guizhou | 7834.9 | 401.1 | 1256.3 | 4.5 | 4742.9 | 1430.2 |
| 云 南 | Yunnan | 9499.5 | 717.9 | 1389.3 | 24.2 | 5912.0 | 1456.1 |
| 西 藏 | Tibet | 1016.8 | 575.4 | 16.1 | 1.9 | 360.2 | 63.3 |
| 陕 西 | Shaanxi | 15414.2 | 817.9 | 1037.2 | 45.8 | 11755.2 | 1758.0 |
| 甘 肃 | Gansu | 7393.0 | 928.5 | 901.7 | 30.3 | 4718.5 | 814.0 |
| 青 海 | Qinghai | 2343.6 | 377.3 | 537.3 | 9.1 | 1231.1 | 188.7 |
| 宁 夏 | Ningxia | 2639.7 | 240.5 | 555.7 | 2.9 | 1476.3 | 364.2 |
| 新 疆 | Xinjiang | 8218.9 | 924.1 | 1033.1 | 3.7 | 5248.5 | 1009.5 |
| 不分地区 | Not Classified by Region | 5327.1 | 600.7 | 2266.7 | 18.3 | 1069.8 | 1371.7 |

# 1-15 按主要行业分全社会固定资产投资

## Total Investment in Fixed Assets in the Whole Country by Sector

单位：亿元 (100 million yuan)

| 年份 地区 | Year Region | 合计 Total | 农、林、牧、渔业 Agriculture, Forestry, Animal Husbandry and Fishery | 采矿业 Mining | 制造业 Manufacturing | 电力、燃气及水生产和供应业 Production and Supply of Electricity, Heat, Gas and Water |
|---|---|---|---|---|---|---|
| | 2005 | 88773.6 | 2323.7 | 3587.4 | 26576.0 | 7554.4 |
| | 2006 | 109998.2 | 2749.9 | 4678.4 | 34089.5 | 8585.7 |
| | 2007 | 137323.9 | 3403.5 | 5878.8 | 44505.1 | 9467.6 |
| | 2008 | 172828.4 | 5064.5 | 7705.8 | 56702.4 | 10997.2 |
| | 2009 | 224598.8 | 6894.9 | 9210.8 | 70612.9 | 14434.6 |
| | 2010 | 278121.9 | 7923.1 | 11000.9 | 88619.2 | 15679.7 |
| | 2011 | 311485.1 | 8757.8 | 11747.0 | 102712.9 | 14659.7 |
| | 2012 | 374694.7 | 10996.4 | 13300.8 | 124550.0 | 16672.7 |
| | 2013 | 446294.1 | 13478.8 | 14650.8 | 147705.0 | 19634.7 |
| 北京 | Beijing | 6847.1 | 175.5 | 9.1 | 451.7 | 259.9 |
| 天津 | Tianjin | 9130.2 | 226.1 | 328.4 | 2548.7 | 327.0 |
| 河北 | Hebei | 23194.2 | 901.3 | 691.0 | 9566.5 | 785.8 |
| 山西 | Shanxi | 11031.9 | 766.2 | 1475.0 | 2538.8 | 687.0 |
| 内蒙古 | Inner Mongolia | 14217.4 | 799.7 | 1587.2 | 4516.0 | 1296.4 |
| 辽宁 | Liaoning | 25107.7 | 575.5 | 650.3 | 8632.1 | 823.5 |
| 吉林 | Jilin | 9979.3 | 472.4 | 414.5 | 4410.2 | 447.9 |
| 黑龙江 | Heilongjiang | 11453.1 | 922.3 | 634.1 | 3518.4 | 451.3 |
| 上海 | Shanghai | 5647.8 | 18.4 | 0.2 | 1072.2 | 164.0 |
| 江苏 | Jiangsu | 36373.3 | 253.3 | 91.0 | 17320.5 | 960.3 |
| 浙江 | Zhejiang | 20782.1 | 269.4 | 45.1 | 6150.5 | 846.0 |
| 安徽 | Anhui | 18621.9 | 481.2 | 338.6 | 7272.9 | 523.3 |
| 福建 | Fujian | 15327.4 | 323.4 | 236.0 | 4648.2 | 747.2 |
| 江西 | Jiangxi | 12850.3 | 337.8 | 252.2 | 6561.3 | 326.0 |
| 山东 | Shandong | 36789.1 | 1064.4 | 592.5 | 15308.4 | 978.2 |
| 河南 | Henan | 26087.5 | 962.0 | 602.9 | 11810.5 | 725.6 |
| 湖北 | Hubei | 19307.3 | 538.8 | 307.0 | 8050.5 | 495.3 |
| 湖南 | Hunan | 17841.4 | 604.5 | 585.8 | 6290.0 | 565.7 |
| 广东 | Guangdong | 22308.4 | 398.5 | 157.5 | 5622.8 | 1061.8 |
| 广西 | Guangxi | 11907.7 | 562.8 | 345.2 | 3890.0 | 549.6 |
| 海南 | Hainan | 2697.9 | 26.5 | 22.2 | 225.2 | 107.8 |
| 重庆 | Chongqing | 10435.2 | 410.7 | 203.3 | 2671.4 | 446.2 |
| 四川 | Sichuan | 20326.1 | 527.6 | 443.2 | 4940.7 | 1378.9 |
| 贵州 | Guizhou | 7373.6 | 88.3 | 328.6 | 1077.0 | 323.5 |
| 云南 | Yunnan | 9968.3 | 338.4 | 458.9 | 1454.9 | 953.5 |
| 西藏 | Tibet | 876.0 | 39.3 | 63.2 | 47.4 | 170.6 |
| 陕西 | Shaanxi | 14884.1 | 682.5 | 1268.7 | 2882.8 | 579.7 |
| 甘肃 | Gansu | 6527.9 | 253.0 | 453.6 | 1110.4 | 770.3 |
| 青海 | Qinghai | 2361.1 | 98.5 | 134.0 | 631.9 | 307.1 |
| 宁夏 | Ningxia | 2651.1 | 88.9 | 171.7 | 789.5 | 246.0 |
| 新疆 | Xinjiang | 7732.3 | 271.5 | 899.9 | 1693.5 | 1225.1 |
| 不分地区 | Not Classified by Region | 5655.4 | | 860.0 | | 104.4 |

1-15 续表 1 continued

单位: 亿元 (100 million yuan)

| 年份 地区 | Year Region | 建筑业 Construction | 批发和零售业 Wholesale and Retail Trades | 交通运输、仓储和邮政业 Transport, Storage and Post | 住宿和餐饮业 Hotels and Catering Services | 信息传输、软件和信息技术服务业 Information Transmission, Software and Information Technology |
|---|---|---|---|---|---|---|
| | 2005 | 1119.0 | 1716.4 | 9614.0 | 808.8 | 1581.8 |
| | 2006 | 1125.5 | 2265.3 | 12138.1 | 1095.7 | 1875.9 |
| | 2007 | 1302.3 | 2880.3 | 14154.0 | 1519.4 | 1848.1 |
| | 2008 | 1555.9 | 3741.8 | 17024.4 | 1959.2 | 2162.6 |
| | 2009 | 1992.5 | 5132.8 | 24974.7 | 2625.4 | 2589.0 |
| | 2010 | 2802.2 | 6032.2 | 30074.5 | 3366.8 | 2454.5 |
| | 2011 | 3357.1 | 7439.4 | 28291.7 | 3956.6 | 2174.4 |
| | 2012 | 3739.0 | 9810.7 | 31444.9 | 5153.5 | 2692.0 |
| | 2013 | 3669.8 | 12720.5 | 36790.1 | 6041.1 | 3084.9 |
| 北京 | Beijing | 7.7 | 51.4 | 656.8 | 78.2 | 191.4 |
| 天津 | Tianjin | 139.6 | 299.5 | 603.1 | 72.8 | 70.8 |
| 河北 | Hebei | 17.4 | 848.7 | 2123.6 | 273.0 | 115.6 |
| 山西 | Shanxi | 11.7 | 248.9 | 956.3 | 82.2 | 63.3 |
| 内蒙古 | Inner Mongolia | 93.8 | 388.6 | 1272.3 | 123.9 | 110.9 |
| 辽宁 | Liaoning | 253.0 | 1040.5 | 1582.4 | 498.3 | 122.5 |
| 吉林 | Jilin | 117.7 | 424.1 | 586.7 | 82.6 | 60.2 |
| 黑龙江 | Heilongjiang | 383.6 | 620.1 | 544.8 | 138.1 | 136.0 |
| 上海 | Shanghai | 5.7 | 52.0 | 499.0 | 34.1 | 112.4 |
| 江苏 | Jiangsu | 44.5 | 836.3 | 1685.9 | 508.4 | 381.6 |
| 浙江 | Zhejiang | 37.6 | 413.9 | 1454.7 | 229.3 | 136.0 |
| 安徽 | Anhui | 119.3 | 470.7 | 830.2 | 273.3 | 114.9 |
| 福建 | Fujian | 83.4 | 295.1 | 1572.6 | 219.9 | 136.5 |
| 江西 | Jiangxi | 77.3 | 502.3 | 488.9 | 271.8 | 48.4 |
| 山东 | Shandong | 450.2 | 1624.2 | 2055.8 | 384.2 | 107.5 |
| 河南 | Henan | 15.9 | 724.3 | 1201.5 | 286.0 | 74.7 |
| 湖北 | Hubei | 103.8 | 434.7 | 1634.9 | 215.1 | 96.4 |
| 湖南 | Hunan | 149.4 | 546.8 | 1251.2 | 223.1 | 84.6 |
| 广东 | Guangdong | 71.6 | 615.5 | 2444.4 | 440.7 | 301.8 |
| 广西 | Guangxi | 41.6 | 381.6 | 1121.2 | 233.0 | 109.7 |
| 海南 | Hainan | 79.8 | 32.8 | 278.7 | 175.7 | 28.1 |
| 重庆 | Chongqing | 4.3 | 177.9 | 1012.7 | 106.2 | 87.0 |
| 四川 | Sichuan | 14.4 | 449.1 | 2131.7 | 356.4 | 103.3 |
| 贵州 | Guizhou | 0.6 | 90.0 | 1020.0 | 73.9 | 8.0 |
| 云南 | Yunnan | 7.5 | 253.7 | 1135.2 | 182.2 | 76.3 |
| 西藏 | Tibet | | 18.8 | 165.0 | 25.0 | 4.5 |
| 陕西 | Shaanxi | 290.4 | 449.2 | 900.8 | 266.3 | 85.6 |
| 甘肃 | Gansu | 875.7 | 219.9 | 434.2 | 78.9 | 49.8 |
| 青海 | Qinghai | 82.8 | 17.4 | 290.4 | 20.1 | 3.5 |
| 宁夏 | Ningxia | 20.1 | 51.2 | 154.2 | 19.9 | 12.4 |
| 新疆 | Xinjiang | 69.5 | 141.1 | 551.6 | 68.6 | 50.9 |
| 不分地区 | Not Classified by Region | | | 4149.6 | | |

1-15 续表 2 continued

单位：亿元 (100 million yuan)

| 年份 地区 | Year Region | 金融业 Financial Intermediation | 房地产业 Real Estate | 租赁和商务服务业 Leasing and Business Services | 科学研究和技术服务业 Scientific Research and Technical Services | 水利、环境和公共设施管理业 Management of Water Conservancy, Environment and Public Facilities |
|---|---|---|---|---|---|---|
| | 2005 | 109.5 | 19505.3 | 549.6 | 435.1 | 6274.3 |
| | 2006 | 121.4 | 24524.4 | 725.6 | 495.3 | 8152.7 |
| | 2007 | 157.6 | 32438.9 | 949.3 | 560.0 | 10154.3 |
| | 2008 | 260.6 | 40441.8 | 1355.9 | 782.0 | 13534.3 |
| | 2009 | 360.2 | 49358.5 | 2036.2 | 1200.8 | 19874.4 |
| | 2010 | 489.4 | 64877.3 | 2692.6 | 1379.3 | 24827.6 |
| | 2011 | 638.7 | 81686.1 | 3382.8 | 1679.8 | 24523.1 |
| | 2012 | 923.9 | 99159.3 | 4700.4 | 2475.8 | 29621.6 |
| | 2013 | 1242.0 | 118809.4 | 5893.2 | 3133.2 | 37663.9 |
| 北京 | Beijing | 48.2 | 3880.6 | 50.5 | 108.0 | 463.8 |
| 天津 | Tianjin | 41.2 | 2207.9 | 590.1 | 74.8 | 1146.2 |
| 河北 | Hebei | 44.7 | 4888.5 | 339.0 | 150.6 | 1496.4 |
| 山西 | Shanxi | 3.9 | 2480.7 | 58.3 | 39.3 | 1246.6 |
| 内蒙古 | Inner Mongolia | 28.3 | 2043.2 | 57.4 | 61.3 | 1216.9 |
| 辽宁 | Liaoning | 159.5 | 6910.3 | 400.5 | 194.9 | 2233.4 |
| 吉林 | Jilin | 20.9 | 1507.2 | 69.8 | 80.4 | 826.0 |
| 黑龙江 | Heilongjiang | 26.2 | 2136.6 | 165.6 | 122.6 | 949.9 |
| 上海 | Shanghai | 15.2 | 2835.1 | 161.1 | 41.5 | 421.5 |
| 江苏 | Jiangsu | 116.6 | 9165.9 | 691.9 | 369.2 | 2571.4 |
| 浙江 | Zhejiang | 94.8 | 8003.9 | 340.1 | 86.7 | 1759.2 |
| 安徽 | Anhui | 90.1 | 5360.4 | 201.1 | 149.8 | 1539.7 |
| 福建 | Fujian | 55.1 | 4656.7 | 180.9 | 37.0 | 1356.1 |
| 江西 | Jiangxi | 31.4 | 2086.7 | 160.2 | 51.3 | 1028.9 |
| 山东 | Shandong | 61.7 | 8418.7 | 533.7 | 663.8 | 1837.1 |
| 河南 | Henan | 21.3 | 6719.4 | 179.1 | 109.8 | 1688.8 |
| 湖北 | Hubei | 75.9 | 4498.8 | 276.4 | 85.0 | 1593.9 |
| 湖南 | Hunan | 51.9 | 3796.2 | 342.1 | 129.3 | 1984.7 |
| 广东 | Guangdong | 75.2 | 8180.0 | 252.1 | 155.6 | 1688.5 |
| 广西 | Guangxi | 39.1 | 2450.9 | 151.8 | 50.3 | 1237.9 |
| 海南 | Hainan | 5.5 | 1405.3 | 8.6 | 8.2 | 186.3 |
| 重庆 | Chongqing | 3.5 | 3708.7 | 91.9 | 17.5 | 1033.4 |
| 四川 | Sichuan | 62.5 | 6479.1 | 135.6 | 38.2 | 2361.6 |
| 贵州 | Guizhou | 2.1 | 2518.3 | 36.9 | 20.5 | 1526.0 |
| 云南 | Yunnan | 6.3 | 3530.0 | 58.6 | 36.3 | 847.1 |
| 西藏 | Tibet | 9.2 | 79.9 | 10.2 | 9.6 | 81.8 |
| 陕西 | Shaanxi | 34.4 | 4655.0 | 174.9 | 162.1 | 1640.4 |
| 甘肃 | Gansu | 9.6 | 1176.6 | 58.0 | 39.1 | 481.0 |
| 青海 | Qinghai | 3.2 | 385.5 | 71.1 | 3.5 | 112.0 |
| 宁夏 | Ningxia | 1.7 | 789.2 | 12.5 | 5.9 | 179.1 |
| 新疆 | Xinjiang | 2.9 | 1854.0 | 33.5 | 8.5 | 523.3 |
| 不分地区 | Not Classified by Region | | | | 22.3 | 404.9 |

1-15 续表 3 continued

单位：亿元 (100 million yuan)

| 年份 地区 | Year Region | 居民服务、修理和其他服务业 Services to Households, Repair and Other Services | 教育 Education | 卫生和社会工作 Health and Social Service | 文化、体育和娱乐业 Culture, Sports and Entertainment | 公共管理、社会保障和社会组织 Public Management, Social Security and Social Organizations | 国际组织 International Organization |
|---|---|---|---|---|---|---|---|
| | 2005 | 363.5 | 2209.2 | 661.8 | 857.0 | 2926.8 | 0.2 |
| | 2006 | 389.5 | 2270.2 | 769.0 | 955.4 | 2990.5 | 0.1 |
| | 2007 | 434.7 | 2375.6 | 885.0 | 1243.4 | 3166.1 | |
| | 2008 | 522.0 | 2523.8 | 1155.6 | 1589.9 | 3748.5 | 0.3 |
| | 2009 | 801.9 | 3521.2 | 1858.6 | 2383.4 | 4735.9 | 0.2 |
| | 2010 | 1114.1 | 4033.6 | 2119.0 | 2959.4 | 5676.6 | |
| | 2011 | 1443.3 | 3894.6 | 2330.3 | 3162.0 | 5647.8 | |
| | 2012 | 1905.0 | 4613.0 | 2617.1 | 4271.3 | 6047.4 | |
| | 2013 | 2099.3 | 5433.0 | 3139.3 | 5231.1 | 5874.1 | |
| 北京 | Beijing | 14.7 | 142.7 | 60.9 | 111.6 | 84.2 | |
| 天津 | Tianjin | 109.2 | 98.0 | 62.9 | 103.4 | 80.7 | |
| 河北 | Hebei | 56.8 | 206.1 | 149.6 | 342.9 | 196.8 | |
| 山西 | Shanxi | 23.3 | 152.2 | 56.2 | 87.3 | 54.8 | |
| 内蒙古 | Inner Mongolia | 36.3 | 93.9 | 70.2 | 127.6 | 293.5 | |
| 辽宁 | Liaoning | 208.1 | 236.2 | 144.8 | 280.7 | 161.2 | |
| 吉林 | Jilin | 55.5 | 76.0 | 71.7 | 92.8 | 162.9 | |
| 黑龙江 | Heilongjiang | 76.6 | 186.0 | 130.9 | 114.6 | 195.3 | |
| 上海 | Shanghai | 4.9 | 71.9 | 39.9 | 86.8 | 12.0 | |
| 江苏 | Jiangsu | 140.3 | 330.1 | 207.3 | 424.4 | 274.4 | |
| 浙江 | Zhejiang | 30.6 | 253.3 | 148.2 | 270.1 | 212.5 | |
| 安徽 | Anhui | 65.0 | 229.9 | 130.8 | 185.7 | 244.8 | |
| 福建 | Fujian | 38.2 | 185.9 | 109.3 | 207.1 | 238.8 | |
| 江西 | Jiangxi | 70.4 | 176.4 | 86.9 | 143.3 | 148.8 | |
| 山东 | Shandong | 416.7 | 452.9 | 244.6 | 699.4 | 895.0 | |
| 河南 | Henan | 167.7 | 290.4 | 167.0 | 262.2 | 78.4 | |
| 湖北 | Hubei | 93.5 | 136.7 | 144.7 | 177.0 | 348.7 | |
| 湖南 | Hunan | 81.3 | 262.9 | 151.3 | 189.6 | 551.1 | |
| 广东 | Guangdong | 45.7 | 308.8 | 169.9 | 226.2 | 91.9 | |
| 广西 | Guangxi | 72.1 | 251.0 | 116.6 | 127.7 | 175.7 | |
| 海南 | Hainan | 1.6 | 23.1 | 13.3 | 60.6 | 8.7 | |
| 重庆 | Chongqing | 44.5 | 134.6 | 71.8 | 91.5 | 118.0 | |
| 四川 | Sichuan | 37.2 | 301.9 | 167.3 | 194.4 | 203.2 | |
| 贵州 | Guizhou | 7.0 | 123.6 | 20.0 | 74.6 | 34.6 | |
| 云南 | Yunnan | 41.2 | 208.8 | 83.9 | 147.8 | 147.6 | |
| 西藏 | Tibet | 4.2 | 30.6 | 6.9 | 21.4 | 88.2 | |
| 陕西 | Shaanxi | 54.2 | 201.8 | 181.4 | 146.7 | 227.2 | |
| 甘肃 | Gansu | 72.1 | 92.6 | 52.4 | 121.0 | 179.8 | |
| 青海 | Qinghai | 2.8 | 49.6 | 10.9 | 36.2 | 100.6 | |
| 宁夏 | Ningxia | 13.2 | 28.9 | 16.9 | 16.3 | 33.7 | |
| 新疆 | Xinjiang | 14.5 | 96.3 | 50.9 | 60.2 | 116.6 | |
| 不分地区 | Not Classified by Region | | | | | 114.2 | |

# 1-16 城乡居民人均收入

## Per Capita Annual Income of Urban and Rural Households

| 年份<br>Year | 城镇居民人均可支配收入<br>Per Capita Annual Disposable<br>Income of Urban Households | | 农村居民人均纯收入<br>Per Capita Annual Net<br>Income of Rural Households | |
|---|---|---|---|---|
| | 绝对数(元)<br>Value (yuan) | 指数(2005=100)<br>Index | 绝对数(元)<br>Value (yuan) | 指数(2005=100)<br>Index |
| 2005 | 10493 | 100.0 | 3255 | 100.0 |
| 2006 | 11760 | 112.1 | 3587 | 110.2 |
| 2007 | 13786 | 131.4 | 4140 | 127.2 |
| 2008 | 15781 | 150.4 | 4761 | 146.3 |
| 2009 | 17175 | 163.7 | 5153 | 158.3 |
| 2010 | 19109 | 182.1 | 5919 | 181.8 |
| 2011 | 21810 | 207.9 | 6977 | 214.4 |
| 2012 | 24565 | 234.1 | 7917 | 243.2 |
| 2013 | 26955 | 256.9 | 8896 | 273.3 |

# 1-17 城乡居民人均消费支出及恩格尔系数

## Per Capita Annual Consumption Expenditure and Engle's Coefficient of Urban and Rural Households

| 年份<br>Year | 城镇居民<br>Urban Households | | 农村居民<br>Rural Households | | |
|---|---|---|---|---|---|
| | 人均现金消费支出(元)<br>Per Capita Annual Cash Consumption Expenditure (yuan) | 恩格尔系数(%)<br>Engle's Coefficient (%) | 人均消费支出(元)<br>Per Capita Annual Living Expenditure (yuan) | #现金消费支出<br>Cash Consumption Expenditure | 恩格尔系数(%)<br>Engle's Coefficient (%) |
| 2005 | 7943 | 36.7 | 2555 | 2135 | 45.5 |
| 2006 | 8697 | 35.8 | 2829 | 2416 | 43.0 |
| 2007 | 9997 | 36.3 | 3224 | 2767 | 43.1 |
| 2008 | 11243 | 37.9 | 3661 | 3159 | 43.7 |
| 2009 | 12265 | 36.5 | 3993 | 3505 | 41.0 |
| 2010 | 13471 | 35.7 | 4382 | 3859 | 41.1 |
| 2011 | 15161 | 36.3 | 5221 | 4733 | 40.4 |
| 2012 | 16674 | 36.2 | 5908 | 5414 | 39.3 |
| 2013 | 18023 | 35.0 | 6626 | 6113 | 37.7 |

# 1-18 分地区城乡居民人均收入与消费(2013年)

# Per Capita Income and Consumption Expenditure of Urban and Rural Households by Region (2013)

单位：元 (yuan)

| 地区 | Region | 城镇居民 Urban Households | | 农村居民 Rural Households | | |
|---|---|---|---|---|---|---|
| | | 人均可支配收入 Per Capita Annual Disposable Income | 人均现金消费支出 Per Capita Annual Cash Consumption Expenditure | 人均纯收入 Per Capita Annual Net Income | 人均消费支出 Per Capita Annual Living Expenditure | #现金消费支出 Cash Consumption Expenditure |
| **全国** | **National Total** | **26955** | **18023** | **8896** | **6626** | **6113** |
| 北京 | Beijing | 40321 | 26275 | 18337 | 13553 | 13470 |
| 天津 | Tianjin | 32294 | 21712 | 15841 | 10155 | 10089 |
| 河北 | Hebei | 22580 | 13641 | 9102 | 6134 | 5970 |
| 山西 | Shanxi | 22456 | 13166 | 7154 | 5813 | 5463 |
| 内蒙古 | Inner Mongolia | 25497 | 19249 | 8596 | 7268 | 6763 |
| 辽宁 | Liaoning | 25578 | 18030 | 10523 | 7159 | 6865 |
| 吉林 | Jilin | 22275 | 15932 | 9621 | 7380 | 6828 |
| 黑龙江 | Heilongjiang | 19597 | 14162 | 9634 | 6814 | 6542 |
| 上海 | Shanghai | 43851 | 28155 | 19595 | 14235 | 13873 |
| 江苏 | Jiangsu | 32538 | 20371 | 13598 | 9910 | 9487 |
| 浙江 | Zhejiang | 37851 | 23257 | 16106 | 11760 | 11541 |
| 安徽 | Anhui | 23114 | 16285 | 8098 | 5725 | 5345 |
| 福建 | Fujian | 30816 | 20093 | 11184 | 8151 | 7552 |
| 江西 | Jiangxi | 21873 | 13851 | 8781 | 5654 | 4910 |
| 山东 | Shandong | 28264 | 17112 | 10620 | 7393 | 7184 |
| 河南 | Henan | 22398 | 14822 | 8475 | 5628 | 5353 |
| 湖北 | Hubei | 22906 | 15749 | 8867 | 6280 | 5531 |
| 湖南 | Hunan | 23414 | 15887 | 8372 | 6610 | 5854 |
| 广东 | Guangdong | 33090 | 24133 | 11669 | 8343 | 7881 |
| 广西 | Guangxi | 23305 | 15418 | 6791 | 5206 | 4547 |
| 海南 | Hainan | 22929 | 15593 | 8343 | 5466 | 5091 |
| 重庆 | Chongqing | 25216 | 17814 | 8332 | 5796 | 5058 |
| 四川 | Sichuan | 22368 | 16343 | 7895 | 6309 | 5406 |
| 贵州 | Guizhou | 20667 | 13703 | 5434 | 4740 | 3888 |
| 云南 | Yunnan | 23236 | 15156 | 6141 | 4744 | 3953 |
| 西藏 | Tibet | 20023 | 12232 | 6578 | 3574 | 2661 |
| 陕西 | Shaanxi | 22858 | 16680 | 6503 | 5724 | 5421 |
| 甘肃 | Gansu | 18965 | 14021 | 5108 | 4850 | 4394 |
| 青海 | Qinghai | 19499 | 13540 | 6196 | 6060 | 5507 |
| 宁夏 | Ningxia | 21833 | 15321 | 6931 | 6490 | 5942 |
| 新疆 | Xinjiang | 19874 | 15206 | 7296 | 6119 | 5520 |

# 1-19 货物进出口总额
## Total Value of Imports and Exports

| 年 份 Year | 人民币（亿元） CNY 100 million | | | | 美元（亿美元） USD 100 million | | | |
|---|---|---|---|---|---|---|---|---|
| | 进出口总 额 Total Imports & Exports | 出口总额 Total Exports | 进口总额 Total Imports | 差 额 Balance | 进出口总 额 Total Imports & Exports | 出口总额 Total Exports | 进口总额 Total Imports | 差 额 Balance |
| 2005 | 116921.8 | 62648.1 | 54273.7 | 8374.4 | 14219.1 | 7619.5 | 6599.5 | 1020.0 |
| 2006 | 140974.0 | 77597.2 | 63376.9 | 14220.3 | 17604.4 | 9689.8 | 7914.6 | 1775.2 |
| 2007 | 166863.7 | 93563.6 | 73300.1 | 20263.5 | 21765.7 | 12204.6 | 9561.2 | 2643.4 |
| 2008 | 179921.5 | 100394.9 | 79526.5 | 20868.4 | 25632.6 | 14306.9 | 11325.7 | 2981.2 |
| 2009 | 150648.1 | 82029.7 | 68618.4 | 13411.3 | 22075.4 | 12016.1 | 10059.2 | 1956.9 |
| 2010 | 201722.1 | 107022.8 | 94699.3 | 12323.5 | 29740.0 | 15777.5 | 13962.4 | 1815.1 |
| 2011 | 236402.0 | 123240.6 | 113161.4 | 10079.2 | 36418.6 | 18983.8 | 17434.8 | 1549.0 |
| 2012 | 244160.2 | 129359.3 | 114801.0 | 14558.3 | 38671.2 | 20487.1 | 18184.1 | 2303.1 |
| 2013 | 258168.9 | 137131.4 | 121037.5 | 16094.0 | 41589.9 | 22090.0 | 19499.9 | 2590.1 |

注：本表为海关进出口统计数(下表同)。
a)Data in this table are from Customs statistics. The same applies to the table following.

# 1-20 分地区货物进出口总额(2013年)
# Total Value of Imports and Exports by Region (2013)

单位：万美元 (USD 10 000)

| 地 区 | Region | 按经营单位所在地分 By Location of Importers/Exporters | | | 按境内目的地和货源地分 By Place of Destination or Origin in China | | |
|---|---|---|---|---|---|---|---|
| | | 进出口 Total | 出 口 Exports | 进 口 Imports | 进出口 Total | 出 口 Exports | 进 口 Imports |
| **全 国** | **National Total** | **415899347** | **220900400** | **194998947** | **415899347** | **220900400** | **194998947** |
| 北 京 | Beijing | 42899581 | 6309756 | 36589825 | 13156078 | 3322140 | 9833938 |
| 天 津 | Tianjin | 12850179 | 4900494 | 7949685 | 13460007 | 4892996 | 8567011 |
| 河 北 | Hebei | 5491157 | 3096061 | 2395096 | 9021936 | 4084405 | 4937531 |
| 山 西 | Shanxi | 1579098 | 799557 | 779541 | 1716093 | 974937 | 741156 |
| 内蒙古 | Inner Mongolia | 1199457 | 409256 | 790201 | 1438946 | 525553 | 913393 |
| 辽 宁 | Liaoning | 11447819 | 6452201 | 4995618 | 12136051 | 5340791 | 6795260 |
| 吉 林 | Jilin | 2583174 | 673891 | 1909283 | 2519066 | 569895 | 1949170 |
| 黑龙江 | Heilongjiang | 3887909 | 1623173 | 2264737 | 2739638 | 1223890 | 1515748 |
| 上 海 | Shanghai | 44126822 | 20418003 | 23708819 | 43427799 | 18878591 | 24549208 |
| 江 苏 | Jiangsu | 55080227 | 32880175 | 22200052 | 59329528 | 33380420 | 25949109 |
| 浙 江 | Zhejiang | 33578871 | 24874624 | 8704246 | 36550758 | 26241357 | 10309401 |
| 安 徽 | Anhui | 4551897 | 2825131 | 1726766 | 3892753 | 2246022 | 1646731 |
| 福 建 | Fujian | 16932090 | 10647442 | 6284648 | 15448303 | 9431370 | 6016932 |
| 江 西 | Jiangxi | 3674663 | 2816665 | 857998 | 3365242 | 2330062 | 1035181 |
| 山 东 | Shandong | 26653153 | 13419013 | 13234141 | 31494209 | 14154610 | 17339599 |
| 河 南 | Henan | 5995687 | 3598710 | 2396977 | 6277358 | 3857779 | 2419580 |
| 湖 北 | Hubei | 3638008 | 2283621 | 1354387 | 3563528 | 2098600 | 1464929 |
| 湖 南 | Hunan | 2517531 | 1482120 | 1035411 | 2431607 | 1440297 | 991310 |
| 广 东 | Guangdong | 109158144 | 63636385 | 45521759 | 128119159 | 73176341 | 54942818 |
| 广 西 | Guangxi | 3282750 | 1869326 | 1413424 | 3869607 | 939561 | 2930046 |
| 海 南 | Hainan | 1498543 | 370649 | 1127895 | 1475804 | 317293 | 1158511 |
| 重 庆 | Chongqing | 6869216 | 4679590 | 2189627 | 5878523 | 3821140 | 2057384 |
| 四 川 | Sichuan | 6457466 | 4194906 | 2262560 | 5509468 | 3276046 | 2233422 |
| 贵 州 | Guizhou | 829010 | 688598 | 140413 | 475700 | 320949 | 154751 |
| 云 南 | Yunnan | 2530356 | 1567138 | 963218 | 1582430 | 876855 | 705576 |
| 西 藏 | Tibet | 331941 | 326905 | 5036 | 210415 | 204923 | 5492 |
| 陕 西 | Shaanxi | 2012806 | 1022566 | 990240 | 2021975 | 1022410 | 999565 |
| 甘 肃 | Gansu | 1023611 | 467732 | 555879 | 684156 | 142943 | 541213 |
| 青 海 | Qinghai | 140274 | 84726 | 55548 | 85572 | 35071 | 50501 |
| 宁 夏 | Ningxia | 321769 | 255216 | 66553 | 260828 | 179874 | 80954 |
| 新 疆 | Xinjiang | 2756139 | 2226774 | 529366 | 3756811 | 1593282 | 2163529 |

# 1-21 公共财政收入及增速

## Public Government Revenue and Its Increase Rate

| 年 份 Year | 公共财政收入(亿元) Public Government Revenue (100 million yuan) | 中央 Central Government | 地方 Local Governments | 构成 (%) Composition (%) 中央 Central Government | 地方 Local Governments | 财政收入增长速度(%) Increase Rate (%) |
|---|---|---|---|---|---|---|
| 2005 | 31649.3 | 16548.5 | 15100.8 | 52.3 | 47.7 | 19.9 |
| 2006 | 38760.2 | 20456.6 | 18303.6 | 52.8 | 47.2 | 22.5 |
| 2007 | 51321.8 | 27749.2 | 23572.6 | 54.1 | 45.9 | 32.4 |
| 2008 | 61330.4 | 32680.6 | 28649.8 | 53.3 | 46.7 | 19.5 |
| 2009 | 68518.3 | 35915.7 | 32602.6 | 52.4 | 47.6 | 11.7 |
| 2010 | 83101.5 | 42488.5 | 40613.0 | 51.1 | 48.9 | 21.3 |
| 2011 | 103874.4 | 51327.3 | 52547.1 | 49.4 | 50.6 | 25.0 |
| 2012 | 117253.5 | 56175.2 | 61078.3 | 47.9 | 52.1 | 12.9 |
| 2013 | 129209.6 | 60198.5 | 69011.2 | 46.6 | 53.4 | 10.2 |

注：财政收入中不包括国内外债务收入。

a) Government Revenue does not include the receipts of domestic and foreign debts.

# 1-22 公共财政支出及增速

## Public Government Expenditure and Its Increase Rate

| 年 份 Year | 公共财政支出(亿元) Public Government Expenditure (100 million yuan) | 中央 Central Government | 地方 Local Governments | 构成 (%) Composition (%) 中央 Central Government | 地方 Local Governments | 财政支出增长速度(%) Increase Rate (%) |
|---|---|---|---|---|---|---|
| 2005 | 33930.3 | 8776.0 | 25154.3 | 25.9 | 74.1 | 19.1 |
| 2006 | 40422.7 | 9991.4 | 30431.3 | 24.7 | 75.3 | 19.1 |
| 2007 | 49781.4 | 11442.1 | 38339.3 | 23.0 | 77.0 | 23.2 |
| 2008 | 62592.7 | 13344.2 | 49248.5 | 21.3 | 78.7 | 25.7 |
| 2009 | 76299.9 | 15255.8 | 61044.1 | 20.0 | 80.0 | 21.9 |
| 2010 | 89874.2 | 15989.7 | 73884.4 | 17.8 | 82.2 | 17.8 |
| 2011 | 109247.8 | 16514.1 | 92733.7 | 15.1 | 84.9 | 21.6 |
| 2012 | 125953.0 | 18764.6 | 107188.3 | 14.9 | 85.1 | 15.3 |
| 2013 | 140212.1 | 20471.8 | 119740.3 | 14.6 | 85.4 | 11.3 |

注：财政支出中包括国内外债务付息支出。

a) Government expenditures include the interest payment on domestic and foreign debts.

# 1-23 分地区公共财政收入和支出（2013年）

# Public Government Revenue and Expenditure by Region (2013)

单位：亿元 (100 million yuan)

| 地区 | Region | 地方公共财政收入 Public Budgetary Revenue | 税收收入 Tax Revenue | 非税收入 Non-tax Revenue | 地方公共财政支出 Public Budgetary Expenditure |
|---|---|---|---|---|---|
| **地方合计** | **Region Total** | **69011.16** | **53890.88** | **15120.28** | **119740.34** |
| 北京 | Beijing | 3661.11 | 3514.52 | 146.59 | 4173.66 |
| 天津 | Tianjin | 2079.07 | 1310.66 | 768.41 | 2549.21 |
| 河北 | Hebei | 2295.62 | 1724.87 | 570.75 | 4409.58 |
| 山西 | Shanxi | 1701.62 | 1136.89 | 564.74 | 3030.13 |
| 内蒙古 | Inner Mongolia | 1720.98 | 1215.20 | 505.79 | 3686.52 |
| 辽宁 | Liaoning | 3343.81 | 2521.62 | 822.20 | 5197.42 |
| 吉林 | Jilin | 1156.96 | 856.41 | 300.55 | 2744.81 |
| 黑龙江 | Heilongjiang | 1277.40 | 912.82 | 364.58 | 3369.18 |
| 上海 | Shanghai | 4109.51 | 3797.16 | 312.35 | 4528.61 |
| 江苏 | Jiangsu | 6568.46 | 5419.49 | 1148.98 | 7798.47 |
| 浙江 | Zhejiang | 3796.92 | 3545.66 | 251.26 | 4730.47 |
| 安徽 | Anhui | 2075.08 | 1520.22 | 554.86 | 4349.69 |
| 福建 | Fujian | 2119.45 | 1723.28 | 396.16 | 3068.80 |
| 江西 | Jiangxi | 1621.24 | 1178.74 | 442.49 | 3470.30 |
| 山东 | Shandong | 4559.95 | 3533.49 | 1026.46 | 6688.80 |
| 河南 | Henan | 2415.45 | 1764.71 | 650.74 | 5582.31 |
| 湖北 | Hubei | 2191.22 | 1604.85 | 586.37 | 4371.65 |
| 湖南 | Hunan | 2030.88 | 1299.15 | 731.73 | 4690.89 |
| 广东 | Guangdong | 7081.47 | 5767.94 | 1313.53 | 8411.00 |
| 广西 | Guangxi | 1317.60 | 875.74 | 441.86 | 3208.67 |
| 海南 | Hainan | 481.01 | 411.63 | 69.38 | 1011.17 |
| 重庆 | Chongqing | 1693.24 | 1112.62 | 580.63 | 3062.28 |
| 四川 | Sichuan | 2784.10 | 2103.51 | 680.59 | 6220.91 |
| 贵州 | Guizhou | 1206.41 | 839.67 | 366.75 | 3082.66 |
| 云南 | Yunnan | 1611.30 | 1215.66 | 395.64 | 4096.51 |
| 西藏 | Tibet | 95.02 | 71.54 | 23.49 | 1014.31 |
| 陕西 | Shaanxi | 1748.33 | 1256.24 | 492.09 | 3665.07 |
| 甘肃 | Gansu | 607.27 | 417.73 | 189.55 | 2309.62 |
| 青海 | Qinghai | 223.86 | 175.05 | 48.81 | 1228.05 |
| 宁夏 | Ningxia | 308.34 | 237.49 | 70.85 | 922.48 |
| 新疆 | Xinjiang | 1128.49 | 826.34 | 302.15 | 3067.12 |

# 1-24　旅游业发展情况
## Development of Tourism

| 年　份<br>Year | 国际旅游(外汇)收入(亿美元)<br>Foreign Exchange Earnings from International Tourism (100 million USD) | 国内旅游收　入(亿元)<br>Earnings from Domestic Tourism (100 million yuan) | 国内游客(亿人次)<br>Number of Domestic Visitors (100 million person-times) | 入境游客(万人次)<br>Number of Overseas Visitors Arrivals (10 000 person-times) | 国内居民出境人数(万人次)<br>Number of Chinese Outbound Visitors (10 000 person-times) | 旅行社数(个)<br>Number of Travel Agencies (unit) |
|---|---|---|---|---|---|---|
| 2005 | 293.0 | 5285.9 | 12.1 | 12029.2 | 3102.6 | 16245 |
| 2006 | 339.5 | 6229.7 | 13.9 | 12494.2 | 3452.4 | 17957 |
| 2007 | 419.2 | 7770.6 | 16.1 | 13187.3 | 4095.4 | 18943 |
| 2008 | 408.4 | 8749.3 | 17.1 | 13002.7 | 4584.4 | 20110 |
| 2009 | 396.8 | 10183.7 | 19.0 | 12647.6 | 4765.6 | 20399 |
| 2010 | 458.1 | 12579.8 | 21.0 | 13376.2 | 5738.7 | 22784 |
| 2011 | 484.6 | 19305.4 | 26.4 | 13542.4 | 7025.0 | 23690 |
| 2012 | 500.3 | 22706.2 | 29.6 | 13240.5 | 8318.2 | 24944 |
| 2013 | 516.6 | 26276.1 | 32.6 | 12907.8 | 9818.5 | |

# 1-25　国内旅游情况
## Domestic Tourism

| 年　份<br>Year | 国内游客(百万人次)<br>Domestic Tourists (million person-times) | 城镇居民<br>Urban Residents | 农村居民<br>Rural Residents | 旅游总花费(亿元)<br>Tourism Expenditure (100 million yuan) | 城镇居民<br>Urban Residents | 农村居民<br>Rural Residents | 人均花费(元)<br>Per Capita Expenditure (yuan) | 城镇居民<br>Urban Residents | 农村居民<br>Rural Residents |
|---|---|---|---|---|---|---|---|---|---|
| 2005 | 1212 | 496 | 716 | 5285.9 | 3656.1 | 1629.7 | 436.1 | 737.1 | 227.6 |
| 2006 | 1394 | 576 | 818 | 6229.7 | 4414.7 | 1815.0 | 446.9 | 766.4 | 221.9 |
| 2007 | 1610 | 612 | 998 | 7770.6 | 5550.4 | 2220.2 | 482.6 | 906.9 | 222.5 |
| 2008 | 1712 | 703 | 1009 | 8749.3 | 5971.7 | 2777.6 | 511.0 | 849.4 | 275.3 |
| 2009 | 1902 | 903 | 999 | 10183.7 | 7233.8 | 2949.9 | 535.4 | 801.1 | 295.3 |
| 2010 | 2103 | 1065 | 1038 | 12579.8 | 9403.8 | 3176.0 | 598.2 | 883.0 | 306.0 |
| 2011 | 2641 | 1687 | 954 | 19305.4 | 14808.6 | 4496.8 | 731.0 | 877.8 | 471.4 |
| 2012 | 2957 | 1933 | 1024 | 22706.2 | 17678.0 | 5028.2 | 767.9 | 914.5 | 491.0 |
| 2013 | 3262 | 2186 | 1076 | 26276.1 | 20692.6 | 5583.5 | 805.5 | 946.6 | 518.9 |

# 1-26 分地区接待入境过夜游客
# Number of Overseas Visitor Arrivals by Region

单位：万人次 (10 000 person-times)

| 地区 | Region | 2010 | | 2011 | | 2012 | | 2013 | |
|---|---|---|---|---|---|---|---|---|---|
| | | 总计 Total | #外国人 Foreigners | 总计 Total | #外国人 Foreigners | 总计 Total | #外国人 Foreigners | 总计 Total | #外国人 Foreigners |
| 北京 | Beijing | 490.1 | 421.6 | 520.4 | 447.4 | 500.9 | 434.4 | 450.1 | 387.6 |
| 天津 | Tianjin | 166.1 | 153.0 | 73.1 | 63.6 | 73.8 | 63.7 | 75.9 | 66.0 |
| 河北 | Hebei | 97.7 | 85.3 | 114.1 | 98.3 | 129.3 | 106.7 | 84.3 | 70.0 |
| 山西 | Shanxi | 130.3 | 82.1 | 155.3 | 98.3 | 189.2 | 120.4 | 53.8 | 38.9 |
| 内蒙古 | Inner Mongolia | 142.8 | 140.0 | 151.5 | 147.6 | 159.2 | 151.5 | 161.6 | 155.3 |
| 辽宁 | Liaoning | 361.8 | 307.0 | 405.3 | 339.4 | 473.1 | 388.6 | 256.0 | 173.6 |
| 吉林 | Jilin | 82.0 | 72.2 | 99.3 | 85.5 | 118.3 | 100.9 | 124.3 | 107.6 |
| 黑龙江 | Heilongjiang | 172.4 | 164.8 | 206.5 | 197.8 | 207.6 | 194.7 | 152.9 | 145.0 |
| 上海 | Shanghai | 733.7 | 593.1 | 668.6 | 555.0 | 651.2 | 539.6 | 614.1 | 511.1 |
| 江苏 | Jiangsu | 653.5 | 473.5 | 737.3 | 537.9 | 791.5 | 575.2 | 288.0 | 193.4 |
| 浙江 | Zhejiang | 684.7 | 447.4 | 773.7 | 515.0 | 865.9 | 570.5 | 337.6 | 252.1 |
| 安徽 | Anhui | 198.4 | 117.4 | 262.9 | 151.7 | 331.5 | 190.4 | 272.0 | 167.1 |
| 福建 | Fujian | 368.1 | 115.3 | 427.4 | 140.0 | 493.7 | 167.0 | 294.0 | 114.5 |
| 江西 | Jiangxi | 114.0 | 39.9 | 135.8 | 44.0 | 156.2 | 50.4 | 123.9 | 40.3 |
| 山东 | Shandong | 366.8 | 277.9 | 424.2 | 312.3 | 469.9 | 342.2 | 286.0 | 206.1 |
| 河南 | Henan | 146.8 | 96.1 | 168.3 | 104.3 | 190.8 | 118.7 | 127.4 | 73.0 |
| 湖北 | Hubei | 181.7 | 138.5 | 213.5 | 160.1 | 264.7 | 193.0 | 268.0 | 204.7 |
| 湖南 | Hunan | 189.9 | 103.3 | 227.6 | 119.8 | 224.6 | 90.6 | 230.7 | 87.7 |
| 广东 | Guangdong | 3140.9 | 733.3 | 3331.6 | 749.3 | 3489.4 | 773.1 | 3397.9 | 760.5 |
| 广西 | Guangxi | 250.2 | 141.4 | 302.8 | 171.5 | 350.3 | 192.7 | 281.7 | 150.9 |
| 海南 | Hainan | 66.3 | 47.4 | 81.4 | 56.2 | 81.6 | 52.0 | 75.6 | 50.1 |
| 重庆 | Chongqing | 137.0 | 104.0 | 186.4 | 132.6 | 224.3 | 152.6 | 115.2 | 77.0 |
| 四川 | Sichuan | 104.9 | 75.0 | 164.0 | 113.7 | 227.3 | 151.3 | 209.6 | 147.3 |
| 贵州 | Guizhou | 50.0 | 18.6 | 58.5 | 23.6 | 70.5 | 30.4 | 62.4 | 27.2 |
| 云南 | Yunnan | 329.2 | 231.2 | 395.4 | 281.0 | 457.8 | 329.8 | 287.9 | 212.5 |
| 西藏 | Tibet | 22.8 | 21.4 | 27.1 | 24.9 | 19.5 | 17.5 | 22.3 | 18.7 |
| 陕西 | Shaanxi | 212.2 | 155.2 | 270.4 | 189.9 | 335.2 | 233.7 | 253.5 | 178.9 |
| 甘肃 | Gansu | 7.0 | 5.0 | 9.1 | 5.5 | 10.2 | 6.7 | 9.8 | 6.3 |
| 青海 | Qinghai | 4.7 | 3.4 | 5.2 | 4.1 | 4.7 | 3.8 | 4.7 | 4.1 |
| 宁夏 | Ningxia | 1.8 | 1.3 | 1.9 | 1.4 | 1.9 | 1.4 | 2.5 | 1.5 |
| 新疆 | Xinjiang | 50.9 | 45.4 | 56.4 | 48.8 | 62.5 | 49.0 | 68.9 | 60.1 |

# 1-27 分地区国际旅游(外汇)收入

## Foreign Exchange Earnings from International Tourism by Region

单位：百万美元 (USD million)

| 地 区 | Region | 2008 | 2009 | 2010 | 2011 | 2012 | 2013 |
|---|---|---|---|---|---|---|---|
| 北 京 | Beijing | 4459.1 | 4356.7 | 5044.6 | 5416.0 | 5149.0 | 4794.7 |
| 天 津 | Tianjin | 1001.4 | 1182.6 | 1419.5 | 1755.5 | 2226.4 | 2591.3 |
| 河 北 | Hebei | 274.0 | 307.8 | 350.7 | 447.7 | 544.9 | 585.8 |
| 山 西 | Shanxi | 300.7 | 377.9 | 464.6 | 567.2 | 720.2 | 822.7 |
| 内蒙古 | Inner Mongolia | 577.2 | 558.3 | 601.9 | 671.0 | 772.0 | 962.3 |
| 辽 宁 | Liaoning | 1526.2 | 1856.2 | 2259.3 | 2713.1 | 3263.7 | 3477.1 |
| 吉 林 | Jilin | 211.4 | 242.9 | 304.9 | 385.3 | 494.8 | 552.4 |
| 黑龙江 | Heilongjiang | 870.0 | 638.7 | 762.5 | 917.6 | 835.5 | 604.4 |
| 上 海 | Shanghai | 4971.7 | 4744.0 | 6340.9 | 5751.2 | 5493.2 | 5244.7 |
| 江 苏 | Jiangsu | 3880.2 | 4016.0 | 4783.4 | 5653.0 | 6299.7 | 2379.9 |
| 浙 江 | Zhejiang | 3024.1 | 3223.6 | 3930.2 | 4541.7 | 5151.7 | 5392.9 |
| 安 徽 | Anhui | 454.5 | 565.8 | 709.0 | 1179.2 | 1562.7 | 1660.4 |
| 福 建 | Fujian | 2393.5 | 2599.2 | 2978.2 | 3634.4 | 4225.7 | 4573.4 |
| 江 西 | Jiangxi | 251.7 | 289.8 | 346.0 | 415.0 | 484.7 | 525.1 |
| 山 东 | Shandong | 1391.1 | 1765.3 | 2155.0 | 2550.8 | 2923.7 | 2731.2 |
| 河 南 | Henan | 374.4 | 433.0 | 498.8 | 549.0 | 611.4 | 660.0 |
| 湖 北 | Hubei | 442.6 | 510.2 | 751.2 | 940.2 | 1203.0 | 1218.9 |
| 湖 南 | Hunan | 617.4 | 672.7 | 906.2 | 1014.3 | 928.4 | 822.7 |
| 广 东 | Guangdong | 9175.0 | 10028.1 | 12382.6 | 13906.2 | 15610.7 | 16278.1 |
| 广 西 | Guangxi | 601.7 | 643.3 | 806.2 | 1051.9 | 1278.9 | 1547.3 |
| 海 南 | Hainan | 313.9 | 276.7 | 322.4 | 376.2 | 348.0 | 337.5 |
| 重 庆 | Chongqing | 449.8 | 537.2 | 703.2 | 968.1 | 1168.3 | 1268.3 |
| 四 川 | Sichuan | 153.9 | 288.6 | 354.1 | 593.8 | 798.2 | 764.8 |
| 贵 州 | Guizhou | 117.0 | 110.4 | 129.6 | 135.1 | 168.9 | 201.4 |
| 云 南 | Yunnan | 1007.6 | 1172.2 | 1323.7 | 1608.6 | 1947.1 | 2418.2 |
| 西 藏 | Tibet | 31.1 | 78.7 | 103.6 | 129.6 | 105.7 | 127.9 |
| 陕 西 | Shaanxi | 660.1 | 771.1 | 1016.0 | 1295.1 | 1597.5 | 1676.2 |
| 甘 肃 | Gansu | 16.0 | 12.5 | 14.8 | 17.4 | 22.4 | 20.4 |
| 青 海 | Qinghai | 10.2 | 15.4 | 20.5 | 26.6 | 24.3 | 19.4 |
| 宁 夏 | Ningxia | 3.0 | 4.4 | 6.0 | 6.2 | 5.5 | 12.1 |
| 新 疆 | Xinjiang | 135.8 | 136.6 | 185.4 | 465.2 | 550.6 | 585.0 |

# 2

# 文化及相关产业发展情况

Development of Culture and Related Industries

# 2-1-1　文化及相关产业法人单位数
# Number of Legal Entities Engaged in Culture and Related Industries

| 年　份 | Year | 法人单位数 Number of Legal Entities | 文化制造业 Culture Manufacture | 文化批发和零售业 Culture Wholesale and Retail Trade | 文化服务业 Culture Service |
|---|---|---|---|---|---|
| 绝对数(万个) | Number (10 000 units) | | | | |
| | 2004 | 31.79 | 6.89 | 5.11 | 19.79 |
| | 2008 | 46.08 | 8.88 | 5.53 | 31.66 |
| | 2012 | 66.30 | 13.30 | 11.34 | 41.66 |
| | 2013 | 91.85 | 16.25 | 13.99 | 61.61 |
| 构成(%) | Composition(%) | | | | |
| | 2004 | 100.00 | 21.67 | 16.07 | 62.25 |
| | 2008 | 100.00 | 19.27 | 12.00 | 68.71 |
| | 2012 | 100.00 | 20.06 | 17.10 | 62.84 |
| | 2013 | 100.00 | 17.69 | 15.23 | 67.08 |

注：1.2004年和2008年数据分别来自第一、第二次全国经济普查，统计范围为2004年《文化及相关产业分类》规定的行业范围。

2.2012年数据来自国家统计局2012年文化及相关产业法人单位核查认定结果，统计范围为《文化及相关产业分类(2012)》规定的行业范围。

3.2013年数据来自第三次全国经济普查，统计范围为《文化及相关产业分类(2012)》规定的行业范围。

a)Data of 2004 and 2008 are based on the first and second National Economic Census,and the statistical scope of data follows Classification of Culture and Related Industries issued in 2004.

b)Data of 2012 are based on the verification of legal entities of culture and related industries in 2012,... and the statistical scope of data follows Classification of Culture and Related Industries (2012).

c)Data of 2013 are based on the third National Economic Census, and the statistical scope of data follows Classification of Culture and Related Industries(2012).

# 2-1-2　文化及相关产业法人单位数(2013年)
# Number of Legal Entities Engaged in Culture and Related Industries (2013)

单位：个，%　　(unit,%)

| 类　别 | Category | 法人单位数 Number of Legal Entities | 构成 Composition |
|---|---|---|---|
| **合　计** | **Total** | **918482** | **100.0** |
| 一、新闻出版发行服务 | News,Publishing and Issuing Service | 22925 | 2.5 |
| 二、广播电视电影服务 | Radio,TV and Films Service | 18912 | 2.1 |
| 三、文化艺术服务 | Culture and Arts | 123062 | 13.4 |
| 四、文化信息传输服务 | Transmission of Culture Information | 23594 | 2.6 |
| 五、文化创意和设计服务 | Culture Originality and Design | 248416 | 27.0 |
| 六、文化休闲娱乐服务 | Culture Leisure and Entertainment | 176022 | 19.2 |
| 七、工艺美术品的生产 | Manufacture of Arts and Crafts Products | 45966 | 5.0 |
| 八、文化产品生产的辅助生产 | Supplementary Manufacture of Culture Products | 133075 | 14.5 |
| 九、文化用品的生产 | Manufacture of Culture Article | 114024 | 12.4 |
| 十、文化专用设备的生产 | Manufacture of Culture Equipment | 12486 | 1.4 |

注：具体类别参见附录三：《文化及相关产业分类(2012)》(以下相关表同)。

a)Details on more categories refer to Appendix 3: Classification of Culture and Related Industries (2012). The same applies to the relevant tables following.

# 2-1-3 分地区文化及相关产业法人单位数(2013年)

# Number of Legal Entities Engaged in Culture and Related Industries by Region (2013)

单位：个 (unit)

| 地区 | Region | 法人单位数 Number of Legal Entities | 文化制造业 Culture Manufacture | 文化批发和零售业 Culture Wholesale and Retail Trade | 文化服务业 Culture Service |
|---|---|---|---|---|---|
| **全国** | **National Total** | **918482** | **162478** | **139885** | **616119** |
| 北京 | Beijing | 97752 | 2418 | 16200 | 79134 |
| 天津 | Tianjin | 19912 | 3134 | 4164 | 12614 |
| 河北 | Hebei | 28826 | 5286 | 5238 | 18302 |
| 山西 | Shanxi | 14227 | 1075 | 1843 | 11309 |
| 内蒙古 | Inner Mongolia | 9396 | 572 | 1391 | 7433 |
| 辽宁 | Liaoning | 26565 | 3226 | 3677 | 19662 |
| 吉林 | Jilin | 7920 | 916 | 861 | 6143 |
| 黑龙江 | Heilongjiang | 9673 | 1029 | 952 | 7692 |
| 上海 | Shanghai | 38551 | 4232 | 7823 | 26496 |
| 江苏 | Jiangsu | 94856 | 22880 | 15712 | 56264 |
| 浙江 | Zhejiang | 85683 | 30320 | 13292 | 42071 |
| 安徽 | Anhui | 35100 | 4846 | 4512 | 25742 |
| 福建 | Fujian | 34194 | 8283 | 4979 | 20932 |
| 江西 | Jiangxi | 15969 | 4116 | 1050 | 10803 |
| 山东 | Shandong | 59169 | 12924 | 13188 | 33057 |
| 河南 | Henan | 35082 | 5249 | 4735 | 25098 |
| 湖北 | Hubei | 33683 | 2856 | 5473 | 25354 |
| 湖南 | Hunan | 35978 | 6180 | 3422 | 26376 |
| 广东 | Guangdong | 104311 | 29538 | 15903 | 58870 |
| 广西 | Guangxi | 17464 | 1787 | 2224 | 13453 |
| 海南 | Hainan | 3566 | 227 | 463 | 2876 |
| 重庆 | Chongqing | 21110 | 2014 | 2999 | 16097 |
| 四川 | Sichuan | 26339 | 2633 | 1713 | 21993 |
| 贵州 | Guizhou | 9941 | 1910 | 1121 | 6910 |
| 云南 | Yunnan | 14200 | 986 | 1830 | 11384 |
| 西藏 | Tibet | 846 | 104 | 130 | 612 |
| 陕西 | Shaanxi | 17118 | 1571 | 2214 | 13333 |
| 甘肃 | Gansu | 8859 | 1033 | 1236 | 6590 |
| 青海 | Qinghai | 2162 | 241 | 263 | 1658 |
| 宁夏 | Ningxia | 2756 | 241 | 416 | 2099 |
| 新疆 | Xinjiang | 7274 | 651 | 861 | 5762 |

## 2-1-4 文化及相关产业增加值及占GDP比重

## Value-added of Culture and Related Industries and Its Percentage to GDP

| 年 份<br>Year | 增加值<br>(亿元)<br>Value-added<br>(100 million yuan) | 增长<br>(现价，%)<br>Increase<br>Rate<br>(current price,%) | 占GDP比重<br>(%)<br>as Percentage of<br>GDP<br>(%) |
|---|---|---|---|
| 2004 | 3440 | | 2.15 |
| 2005 | 4253 | 37.1 | 2.30 |
| 2006 | 5123 | 20.5 | 2.37 |
| 2007 | 6455 | 26.0 | 2.43 |
| 2008 | 7630 | 18.2 | 2.43 |
| 2009 | 8786 | 22.6 | 2.52 |
| 2010 | 11052 | 25.8 | 2.75 |
| 2011 | 13479 | 22.0 | 2.85 |
| 2012 | 18071 | 16.5 | 3.48 |

注：1. 2004-2011年按2004年《文化及相关产业分类》规定的行业范围进行测算，2012年按《文化及相关产业分类(2012)》规定的行业范围进行测算(下表同)。
2. 2004年、2008年根据经济普查数据测算，其他年份根据年报数据测算(下表同)。
3. 2009-2012年仅包括法人单位数据(下表同)。
4. 2011年按新标准调整为15516亿元、占GDP比重修正为3.28%。2012年的增长速度按新标准进行测算。

a) Data of 2004-2011 are caculated according to the scope of Classification of Culture and Related Industries issued in 2004, and data of 2012 is calculated accoring to new Classfication of Culture and Relate Industries (2012).The same applies to the table following.

b)Data of 2004 and 2008 are based on National Economic Census, and other data are base on annual report.The same applies to the table following.

c)Data of 2009-2012 only include legal entities. The same applies to the table following.

d)Following the new Classification of Culture and Related Industries(2012),value-added of culture and related industry in 2011 is revised as 1551600 million yuan, and its percentage to GDP is revised as 3.28%.The increase rate of 2012 is calculated with the revised data.

## 2-1-5 文化及相关产业法人单位增加值及构成

## Value-added and Composition of Culture and Related Industries

单位：亿元，% (100 million yuan,%)

| 年 份<br>Year | 增加值<br>Total<br>Value-added | 文化<br>制造业<br>Culture<br>Manufacture | 文化批发<br>和零售业<br>Culture Wholesale<br>and Retail<br>Trade | 文化<br>服务业<br>Culture<br>Service | 构 成 Composition<br>文化<br>制造业<br>Culture<br>Manufacture | 构 成 Composition<br>文化批发<br>和零售业<br>Culture Wholesale<br>and Retail<br>Trade | 构 成 Composition<br>文化<br>服务业<br>Culture<br>Service |
|---|---|---|---|---|---|---|---|
| 2004 | 3102 | 1481 | 328 | 1241 | 47.7 | 10.6 | 40.0 |
| 2008 | 7166 | 2945 | 527 | 3639 | 41.1 | 7.4 | 50.8 |
| 2009 | 8786 | 3555 | 522 | 4642 | 40.5 | 5.9 | 52.8 |
| 2010 | 11052 | 4391 | 638 | 5937 | 39.7 | 5.8 | 53.7 |
| 2011 | 13479 | 5123 | 725 | 7536 | 38.0 | 5.4 | 55.9 |
| 2012 | 18071 | 7253 | 1187 | 9631 | 40.1 | 6.6 | 53.3 |

注：由于无财务数据单位无法归类，增加值分项合计略小于总计。

a)The sub-total of value-added by sector don't equal to total value-added because some units without financial data can't be grouped by sector.

# 2-1-6 分地区文化及相关产业法人单位主要指标(2004年)

# Basic Statistics on Legal Entities Engaged in Culture and Related Industries by Region (2004)

| 行 业<br>地 区 | Sector<br>Region | 法人单位数 (万个)<br>Number of Legal Entities (10 000 units) | 从业人员 (万人)<br>Number of Engaged Persons (10 000 persons) | 资产总计 (亿元)<br>Total Assets (100 million yuan) |
|---|---|---|---|---|
| **全 国** | **National Total** | **31.79** | **873.26** | **18316.6** |
| 文化制造业 | Culture Manufacture | 6.89 | 500.29 | 7862.6 |
| 文化批发和零售业 | Culture Whole and Retail Trade | 5.11 | 71.50 | 2778.2 |
| 文化服务业 | Culture Service | 19.79 | 301.47 | 7675.9 |
| 北 京 | Beijing | 3.03 | 55.51 | 2942.4 |
| 天 津 | Tianjin | 0.58 | 15.10 | 389.8 |
| 河 北 | Hebei | 0.71 | 25.53 | 360.5 |
| 山 西 | Shanxi | 0.57 | 14.42 | 142.9 |
| 内蒙古 | Inner Mongolia | 0.32 | 10.11 | 78.1 |
| 辽 宁 | Liaoning | 1.20 | 28.25 | 551.0 |
| 吉 林 | Jilin | 0.41 | 12.29 | 155.4 |
| 黑龙江 | Heilongjiang | 0.45 | 15.94 | 190.2 |
| 上 海 | Shanghai | 3.00 | 50.12 | 1747.5 |
| 江 苏 | Jiangsu | 2.66 | 71.57 | 1349.8 |
| 浙 江 | Zhejiang | 3.13 | 79.22 | 1523.3 |
| 安 徽 | Anhui | 0.68 | 21.61 | 286.7 |
| 福 建 | Fujian | 1.27 | 48.33 | 675.0 |
| 江 西 | Jiangxi | 0.50 | 15.69 | 162.0 |
| 山 东 | Shandong | 1.72 | 75.17 | 1268.3 |
| 河 南 | Henan | 0.93 | 36.93 | 366.2 |
| 湖 北 | Hubei | 0.74 | 24.88 | 369.7 |
| 湖 南 | Hunan | 0.75 | 25.76 | 438.6 |
| 广 东 | Guangdong | 3.63 | 231.14 | 3428.6 |
| 广 西 | Guangxi | 0.80 | 19.14 | 226.9 |
| 海 南 | Hainan | 0.18 | 4.62 | 152.8 |
| 重 庆 | Chongqing | 0.43 | 14.26 | 204.3 |
| 四 川 | Sichuan | 1.57 | 36.97 | 729.5 |
| 贵 州 | Guizhou | 0.30 | 7.69 | 74.4 |
| 云 南 | Yunnan | 0.61 | 14.66 | 240.5 |
| 西 藏 | Tibet | 0.03 | 1.50 | 8.5 |
| 陕 西 | Shaanxi | 0.58 | 16.35 | 229.0 |
| 甘 肃 | Gansu | 0.37 | 8.50 | 78.1 |
| 青 海 | Qinghai | 0.10 | 2.93 | 16.3 |
| 宁 夏 | Ningxia | 0.14 | 3.88 | 61.8 |
| 新 疆 | Xinjiang | 0.39 | 8.30 | 104.2 |

注：本表数据根据第一次全国经济普查数据测算。
a)Data in the table above are based on the first National Economic Census.

2-1-6 续表 continued

| 行 业<br>地 区 | Sector<br>Region | 营业收入(亿元)<br>Business Revenue (100 million yuan) | #主营业务收入<br>Revenue from Principal Business | 增加值(亿元)<br>Value-added (100 million yuan) | 占GDP比重(%)<br>as Percentage of GDP (%) |
|---|---|---|---|---|---|
| **全 国** | **National Total** | **16561.5** | **16225.2** | **3101.7** | **1.94** |
| 文化制造业 | Culture Manufacture | 8911.2 | 8720.0 | 1480.7 | 0.93 |
| 文化批发和零售业 | Culture Whole and Retail Trade | 4227.0 | 4169.2 | 327.8 | 0.21 |
| 文化服务业 | Culture Service | 3423.3 | 3336.0 | 1293.1 | 0.81 |
| 北 京 | Beijing | 1749.2 | | 385.9 | 6.37 |
| 天 津 | Tianjin | 331.4 | | 62.1 | 2.00 |
| 河 北 | Hebei | 256.2 | | 75.0 | 0.89 |
| 山 西 | Shanxi | 107.7 | | 36.4 | 1.02 |
| 内蒙古 | Inner Mongolia | 85.7 | | 32.3 | 1.07 |
| 辽 宁 | Liaoning | 406.3 | | 89.6 | 1.34 |
| 吉 林 | Jilin | 102.2 | | 40.6 | 1.30 |
| 黑龙江 | Heilongjiang | 139.2 | | 47.8 | 1.01 |
| 上 海 | Shanghai | 1782.3 | | 269.5 | 3.34 |
| 江 苏 | Jiangsu | 1570.4 | | 258.6 | 1.72 |
| 浙 江 | Zhejiang | 1366.6 | | 273.1 | 2.34 |
| 安 徽 | Anhui | 217.3 | | 55.5 | 1.17 |
| 福 建 | Fujian | 727.7 | | 137.6 | 2.39 |
| 江 西 | Jiangxi | 130.1 | | 42.0 | 1.22 |
| 山 东 | Shandong | 1628.6 | | 286.9 | 1.91 |
| 河 南 | Henan | 381.3 | | 101.4 | 1.19 |
| 湖 北 | Hubei | 231.1 | | 71.3 | 1.27 |
| 湖 南 | Hunan | 318.9 | | 108.8 | 1.93 |
| 广 东 | Guangdong | 4286.2 | | 698.9 | 3.70 |
| 广 西 | Guangxi | 163.0 | | 51.1 | 1.49 |
| 海 南 | Hainan | 51.7 | | 13.4 | 1.68 |
| 重 庆 | Chongqing | 163.5 | | 37.6 | 1.40 |
| 四 川 | Sichuan | 484.5 | | 85.4 | 1.34 |
| 贵 州 | Guizhou | 58.7 | | 24.1 | 1.43 |
| 云 南 | Yunnan | 157.3 | | 47.3 | 1.54 |
| 西 藏 | Tibet | 4.6 | | 4.6 | 2.08 |
| 陕 西 | Shaanxi | 151.6 | | 45.7 | 1.44 |
| 甘 肃 | Gansu | 50.5 | | 18.1 | 1.07 |
| 青 海 | Qinghai | 11.2 | | 5.1 | 1.09 |
| 宁 夏 | Ningxia | 33.7 | | 9.8 | 1.82 |
| 新 疆 | Xinjiang | 65.1 | | 24.6 | 1.09 |

## 2-1-7 分地区文化及相关产业法人单位主要指标(2008年)

## Basic Statistics on Legal Entities Engaged in Culture and Related Industries by Region (2008)

| 行业<br>地区 | Sector<br>Region | 法人单位数(万个)<br>Number of Legal Entities (10 000 units) | 从业人员(万人)<br>Number of Engaged Persons (10 000 persons) | 资产总计(亿元)<br>Total Assets (100 million yuan) |
|---|---|---|---|---|
| **全国** | **National Total** | **46.07** | **1008.22** | **27486.6** |
| 文化制造业 | Culture Manufacture | 8.88 | 508.14 | 10438.2 |
| 文化批发和零售业 | Culture Whole and Retail Trade | 5.53 | 63.59 | 3177.4 |
| 文化服务业 | Culture Service | 31.66 | 436.49 | 13870.9 |
| 北京 | Beijing | 3.77 | 58.20 | 3584.9 |
| 天津 | Tianjin | 0.91 | 15.71 | 918.2 |
| 河北 | Hebei | 1.22 | 24.10 | 475.2 |
| 山西 | Shanxi | 0.84 | 13.45 | 207.0 |
| 内蒙古 | Inner Mongolia | 0.60 | 9.84 | 167.8 |
| 辽宁 | Liaoning | 1.79 | 27.46 | 687.1 |
| 吉林 | Jilin | 0.67 | 12.89 | 307.0 |
| 黑龙江 | Heilongjiang | 0.74 | 13.52 | 258.6 |
| 上海 | Shanghai | 2.90 | 47.37 | 2261.1 |
| 江苏 | Jiangsu | 3.72 | 78.24 | 2084.9 |
| 浙江 | Zhejiang | 4.43 | 87.16 | 2694.2 |
| 安徽 | Anhui | 1.30 | 23.11 | 447.7 |
| 福建 | Fujian | 1.80 | 45.65 | 1092.2 |
| 江西 | Jiangxi | 0.69 | 19.68 | 349.6 |
| 山东 | Shandong | 3.38 | 77.45 | 1895.3 |
| 河南 | Henan | 1.62 | 39.97 | 618.7 |
| 湖北 | Hubei | 1.69 | 25.31 | 465.0 |
| 湖南 | Hunan | 1.57 | 27.48 | 592.0 |
| 广东 | Guangdong | 4.91 | 240.33 | 5413.3 |
| 广西 | Guangxi | 1.14 | 19.56 | 363.9 |
| 海南 | Hainan | 0.25 | 4.76 | 242.7 |
| 重庆 | Chongqing | 0.91 | 12.91 | 275.2 |
| 四川 | Sichuan | 1.87 | 28.29 | 943.4 |
| 贵州 | Guizhou | 0.46 | 6.41 | 105.9 |
| 云南 | Yunnan | 0.77 | 13.27 | 353.2 |
| 西藏 | Tibet | 0.05 | 0.96 | 18.7 |
| 陕西 | Shaanxi | 0.88 | 16.72 | 354.9 |
| 甘肃 | Gansu | 0.41 | 7.39 | 88.4 |
| 青海 | Qinghai | 0.12 | 2.06 | 19.7 |
| 宁夏 | Ningxia | 0.16 | 2.64 | 84.3 |
| 新疆 | Xinjiang | 0.51 | 6.31 | 116.6 |

注：本表数据根据第二次全国经济普查数据测算。
a)Data in the table above are based on the second National Economic Census.

2-1-7 续表 continued

| 行 业<br>地 区 | Sector<br>Region | 营业收入（亿元）<br>Business Revenue (100 million yuan) | #主营业务收入<br>Revenue from Principal Business | 增加值（亿元）<br>Value-added (100 million yuan) | 占GDP比重（%）<br>as Percentage of GDP (%) |
|---|---|---|---|---|---|
| **全 国** | **National Total** | **27244.3** | **26802.2** | **7166.1** | **2.28** |
| 文化制造业 | Culture Manufacture | 14477.6 | 14201.3 | 2944.8 | 0.94 |
| 文化批发和零售业 | Culture Whole and Retail Trade | 4504.1 | 4454.5 | 526.7 | 0.17 |
| 文化服务业 | Culture Service | 8262.6 | 8146.3 | 3694.6 | 1.18 |
| 北 京 | Beijing | 2678.0 | 2634.6 | 641.4 | 5.77 |
| 天 津 | Tianjin | 549.3 | 545.5 | 92.4 | 1.38 |
| 河 北 | Hebei | 359.0 | 355.8 | 122.4 | 0.76 |
| 山 西 | Shanxi | 115.7 | 114.1 | 72.1 | 0.99 |
| 内蒙古 | Inner Mongolia | 275.4 | 273.1 | 111.2 | 1.31 |
| 辽 宁 | Liaoning | 688.5 | 672.1 | 179.7 | 1.31 |
| 吉 林 | Jilin | 222.8 | 220.6 | 108.9 | 1.69 |
| 黑龙江 | Heilongjiang | 235.1 | 231.3 | 104.1 | 1.25 |
| 上 海 | Shanghai | 2459.9 | 2429.1 | 378.4 | 2.69 |
| 江 苏 | Jiangsu | 2551.5 | 2523.0 | 644.8 | 2.08 |
| 浙 江 | Zhejiang | 2334.2 | 2294.1 | 529.7 | 2.47 |
| 安 徽 | Anhui | 376.8 | 371.5 | 117.8 | 1.33 |
| 福 建 | Fujian | 1039.4 | 1029.7 | 296.5 | 2.74 |
| 江 西 | Jiangxi | 398.7 | 396.1 | 159.2 | 2.28 |
| 山 东 | Shandong | 2547.0 | 2453.4 | 651.0 | 2.10 |
| 河 南 | Henan | 767.1 | 759.3 | 249.7 | 1.39 |
| 湖 北 | Hubei | 383.8 | 376.2 | 158.9 | 1.40 |
| 湖 南 | Hunan | 611.0 | 607.0 | 283.9 | 2.46 |
| 广 东 | Guangdong | 6565.2 | 6469.0 | 1545.0 | 4.20 |
| 广 西 | Guangxi | 266.5 | 259.4 | 99.4 | 1.42 |
| 海 南 | Hainan | 82.5 | 81.8 | 21.7 | 1.45 |
| 重 庆 | Chongqing | 288.0 | 284.1 | 103.8 | 1.79 |
| 四 川 | Sichuan | 719.4 | 709.5 | 182.5 | 1.45 |
| 贵 州 | Guizhou | 77.8 | 75.7 | 26.6 | 0.75 |
| 云 南 | Yunnan | 224.6 | 216.3 | 77.2 | 1.36 |
| 西 藏 | Tibet | 5.6 | 5.5 | 8.7 | 2.21 |
| 陕 西 | Shaanxi | 235.5 | 232.6 | 116.0 | 1.59 |
| 甘 肃 | Gansu | 57.2 | 55.1 | 28.9 | 0.91 |
| 青 海 | Qinghai | 12.8 | 12.5 | 10.3 | 1.01 |
| 宁 夏 | Ningxia | 35.6 | 35.3 | 13.8 | 1.14 |
| 新 疆 | Xinjiang | 80.6 | 78.8 | 30.1 | 0.72 |

## 2-2-1 文化及相关产业固定资产投资实际到位资金
## Actual Funds for Investment in Fixed Assets of Culture and Related Industries

单位：亿元 (100 million yuan)

| 年份<br>Year | 合计<br>Total | 国家预算资金<br>State Budget | 国内贷款<br>Domestic Loans | 利用外资<br>Foreign Investment | 自筹资金<br>Self-raising Fund | 其他资金<br>Others | 新增固定资产<br>Newly Increased Fixed Assets | 固定资产交付使用率(%)<br>of Fixed Assets Completed and Put into Use (%) |
|---|---|---|---|---|---|---|---|---|
| 2005 | 2892.3 | 103.1 | 297.3 | 237.5 | 2063.1 | 191.2 | 1796.7 | 64.3 |
| 2006 | 3404.5 | 129.4 | 361.6 | 173.5 | 2539.3 | 200.8 | 1948.1 | 59.0 |
| 2007 | 4301.1 | 186.7 | 400.3 | 237.2 | 3200.0 | 276.9 | 2273.0 | 54.8 |
| 2008 | 5725.7 | 285.9 | 431.8 | 279.8 | 4359.4 | 368.8 | 3142.3 | 56.0 |
| 2009 | 7803.8 | 383.8 | 804.0 | 209.2 | 5916.8 | 490.0 | 4757.5 | 63.1 |
| 2010 | 9583.7 | 496.2 | 822.1 | 238.8 | 7492.5 | 534.2 | 5453.9 | 60.0 |
| 2011 | 11003.6 | 562.8 | 895.3 | 249.9 | 8741.8 | 553.7 | 6609.4 | 63.3 |
| 2012 | 16256.6 | 836.9 | 1284.0 | 313.0 | 13095.5 | 727.1 | 9567.5 | 61.2 |
| 2013 | 19862.3 | 1038.4 | 1559.4 | 329.1 | 16197.3 | 738.0 | 12165.3 | 63.9 |

注：不含农户数据(以下相关表同)。
a)Data in the table above exclude rural households.The same applies to the relevent tables following.

## 2-2-2 文化及相关产业主要行业固定资产投资实际到位资金(2013年)
## Actual Funds for Investment in Fixed Assets of Culture and Related Industries by Sector (2013)

单位：亿元 (100 million yuan)

| 主要行业 | Sector | 合计<br>Total | 国家预算资金<br>State Budget | 国内贷款<br>Domestic Loans | 利用外资<br>Foreign Investment |
|---|---|---|---|---|---|
| 新闻出版业 | News and Publishing | 106.6 | 5.2 | 12.1 | |
| 广播、电视、电影和音像业 | Radio,TV,Films and Audio-vedio Service | 347.3 | 16.9 | 47.7 | 0.7 |
| 文化艺术业 | Culture and Arts | 2571.2 | 368.7 | 224.6 | 11.5 |
| 娱乐业 | Entertainment | 1487.4 | 36.4 | 100.1 | 49.6 |

2-2-2 续表 continued

单位：亿元 (100 million yuan)

| 主要行业 | Sector | 自筹资金 Self-raising Fund | 其他资金 Others | 新增固定资产 Newly Increased Fixed Assets | 固定资产交付使用率 (%) of Fixed Assets Completed and Put into Use (%) |
|---|---|---|---|---|---|
| 新闻出版业 | News and Publishing | 87.6 | 1.7 | 47.4 | 45.7 |
| 广播、电视、电影和音像业 | Radio,TV,Films and Audio-vedio Service | 267.2 | 14.7 | 198.9 | 63.9 |
| 文化艺术业 | Culture and Arts | 1790.2 | 176.1 | 1534.8 | 64.4 |
| 娱乐业 | Entertainment | 1264.7 | 36.6 | 806.6 | 58.4 |

## 2-2-3 按类别分文化及相关产业固定资产投资情况(2013年)
## Investment in Fixed Assets of Culture and Related Industries by Category (2013)

单位：万元，% (10 000 yuan,%)

| 类 别 | Category | 投资额 Investment | 构成 Composition |
|---|---|---|---|
| **合 计** | **Total** | **190460073** | **100.00** |
| 一、新闻出版发行服务 | News,Publishing and Issuing Service | 1453146 | 0.76 |
| 二、广播电视电影服务 | Radio,TV and Films Service | 3110935 | 1.63 |
| 三、文化艺术服务 | Culture and Arts | 28628135 | 15.03 |
| 四、文化信息传输服务 | Transmission of Culture Information | 3713577 | 1.95 |
| 五、文化创意和设计服务 | Culture Originality and Design | 8383587 | 4.40 |
| 六、文化休闲娱乐服务 | Culture Leisure and Entertainment | 63441259 | 33.31 |
| 七、工艺美术品的生产 | Manufacture of Arts and Crafts Products | 9943253 | 5.22 |
| 八、文化产品生产的辅助生产 | Supplementary Manufacture of Culture Products | 28632752 | 15.03 |
| 九、文化用品的生产 | Manufacture of Culture Article | 38197957 | 20.06 |
| 十、文化专用设备的生产 | Manufacture of Culture Equipment | 4955472 | 2.60 |

# 2-2-4 分地区文化及相关产业固定资产投资情况
# Investment in Fixed Assets of Culture and Related Industries by Region

单位：万元 (10 000 yuan)

| 地 区 | Region | 2005 | 2006 | 2007 | 2008 | 2009 |
|---|---|---|---|---|---|---|
| **全 国** | **National Total** | **27959612** | **33021537** | **41468447** | **56089707** | **75416950** |
| 北 京 | Beijing | 621357 | 895511 | 1203793 | 1297396 | 1310447 |
| 天 津 | Tianjin | 255097 | 339228 | 467752 | 902252 | 961984 |
| 河 北 | Hebei | 1433419 | 1852698 | 2291215 | 2685030 | 3857174 |
| 山 西 | Shanxi | 218987 | 273690 | 455422 | 628416 | 1281867 |
| 内蒙古 | Inner Mongolia | 435383 | 565120 | 1017800 | 1016661 | 1484789 |
| 辽 宁 | Liaoning | 940288 | 1413836 | 1738882 | 2245970 | 3226859 |
| 吉 林 | Jilin | 345977 | 643200 | 940322 | 1288835 | 1538414 |
| 黑龙江 | Heilongjiang | 369595 | 421219 | 563714 | 523812 | 953215 |
| 上 海 | Shanghai | 938740 | 492285 | 607393 | 1219930 | 1881511 |
| 江 苏 | Jiangsu | 2969782 | 2913847 | 3553261 | 4935334 | 6058482 |
| 浙 江 | Zhejiang | 3042950 | 3038878 | 3482220 | 4419420 | 4968869 |
| 安 徽 | Anhui | 677605 | 1040014 | 1606892 | 1901992 | 2906888 |
| 福 建 | Fujian | 558089 | 875522 | 1306734 | 1835369 | 2330089 |
| 江 西 | Jiangxi | 709938 | 883021 | 1203140 | 1935472 | 3091304 |
| 山 东 | Shandong | 4543512 | 4987563 | 4914805 | 8446692 | 11509288 |
| 河 南 | Henan | 1530266 | 1866452 | 2934909 | 3692764 | 5242120 |
| 湖 北 | Hubei | 832864 | 1063327 | 1392459 | 1886427 | 3032072 |
| 湖 南 | Hunan | 814485 | 1076456 | 1371074 | 1955866 | 2954063 |
| 广 东 | Guangdong | 2834268 | 3429594 | 4310554 | 4395724 | 5189135 |
| 广 西 | Guangxi | 479475 | 604003 | 784185 | 1150620 | 1694818 |
| 海 南 | Hainan | 105258 | 162991 | 177811 | 532732 | 875456 |
| 重 庆 | Chongqing | 434095 | 495861 | 760797 | 1195337 | 1214712 |
| 四 川 | Sichuan | 1288896 | 1717433 | 1649983 | 2310197 | 3245313 |
| 贵 州 | Guizhou | 221668 | 240955 | 299948 | 366132 | 347571 |
| 云 南 | Yunnan | 262169 | 403863 | 527189 | 686182 | 985359 |
| 西 藏 | Tibet | 47291 | 50172 | 54558 | 84952 | 98769 |
| 陕 西 | Shaanxi | 523505 | 682076 | 1153154 | 1635420 | 2068751 |
| 甘 肃 | Gansu | 144631 | 178609 | 206302 | 225669 | 348308 |
| 青 海 | Qinghai | 36310 | 52626 | 104951 | 121105 | 158547 |
| 宁 夏 | Ningxia | 98825 | 145373 | 172700 | 211118 | 184700 |
| 新 疆 | Xinjiang | 244887 | 216114 | 214528 | 356881 | 416076 |

2-2-4 续表 continued

单位：万元 (10 000 yuan)

| 地 区 | Region | 2010 | 2011 | 2012 | 2013 |
|---|---|---|---|---|---|
| **全 国** | **National Total** | **90885175** | **104455303** | **156426250** | **190460073** |
| 北 京 | Beijing | 1763215 | 1811466 | 2958510 | 2919865 |
| 天 津 | Tianjin | 2003998 | 2231773 | 4087848 | 3583568 |
| 河 北 | Hebei | 5233031 | 5576719 | 9624071 | 13324296 |
| 山 西 | Shanxi | 1701377 | 1834253 | 2722256 | 3715333 |
| 内蒙古 | Inner Mongolia | 1960465 | 2689276 | 3061915 | 2947674 |
| 辽 宁 | Liaoning | 3755347 | 4715288 | 7366250 | 8618131 |
| 吉 林 | Jilin | 2369582 | 1800830 | 3041038 | 3068861 |
| 黑龙江 | Heilongjiang | 1416331 | 1795016 | 3638691 | 4235141 |
| 上 海 | Shanghai | 1143150 | 806375 | 1915334 | 2255632 |
| 江 苏 | Jiangsu | 7636733 | 8716819 | 14383597 | 18226189 |
| 浙 江 | Zhejiang | 5192974 | 5531592 | 6965973 | 8515517 |
| 安 徽 | Anhui | 3511837 | 3918544 | 6674015 | 8198415 |
| 福 建 | Fujian | 2825877 | 4078631 | 6108062 | 7577615 |
| 江 西 | Jiangxi | 4296084 | 5150786 | 8097499 | 9566445 |
| 山 东 | Shandong | 12889573 | 14113621 | 20163093 | 22219885 |
| 河 南 | Henan | 6791654 | 6805527 | 8466733 | 10396060 |
| 湖 北 | Hubei | 3527568 | 3968475 | 6222233 | 8740314 |
| 湖 南 | Hunan | 3347813 | 4815219 | 8643378 | 10458199 |
| 广 东 | Guangdong | 5500725 | 7068278 | 8767815 | 10044910 |
| 广 西 | Guangxi | 2125396 | 2844772 | 4078112 | 5398113 |
| 海 南 | Hainan | 923593 | 683962 | 842654 | 1114087 |
| 重 庆 | Chongqing | 1940720 | 2346382 | 3675129 | 4131973 |
| 四 川 | Sichuan | 4048637 | 3782082 | 5194133 | 6708817 |
| 贵 州 | Guizhou | 460871 | 642014 | 715251 | 1063878 |
| 云 南 | Yunnan | 1247579 | 1996848 | 2113237 | 2711661 |
| 西 藏 | Tibet | 118720 | 165556 | 320715 | 639234 |
| 陕 西 | Shaanxi | 1948269 | 2816240 | 3715436 | 5591742 |
| 甘 肃 | Gansu | 439954 | 780165 | 1266001 | 2358266 |
| 青 海 | Qinghai | 161868 | 176607 | 428814 | 628911 |
| 宁 夏 | Ningxia | 138612 | 169311 | 225405 | 335158 |
| 新 疆 | Xinjiang | 458622 | 622876 | 943052 | 1166183 |

## 2-2-5 文化及相关产业施工和投产项目情况
## Basic Statistics on Projects of Culture and Related Industries under Construction and Put into Use

单位：个，% (unit,%)

| 年份 Year | 施工项目 Number of Projects under Construction | #新开工 Projects Started This Year | 全部建成投产项目 Number of Projects Completed and Put into Use | 项目建成投产率 Rate of Construction Projects Completed and Put into Use |
|---|---|---|---|---|
| 2005 | 18748 | 14099 | 10712 | 57.1 |
| 2006 | 18932 | 13733 | 10432 | 55.1 |
| 2007 | 20474 | 14440 | 11358 | 55.5 |
| 2008 | 23379 | 16423 | 13529 | 57.9 |
| 2009 | 28392 | 21096 | 17729 | 62.4 |
| 2010 | 27674 | 19363 | 17724 | 64.0 |
| 2011 | 21803 | 14366 | 13279 | 60.9 |
| 2012 | 27774 | 19492 | 16679 | 60.1 |
| 2013 | 29739 | 20329 | 18132 | 61.0 |

## 2-2-6 文化及相关产业主要行业施工和投产项目情况(2013年)
## Basic Statistics on Projects of Culture and Related Industries under Construction and Put into Use by Sector (2013)

单位：个，% (unit,%)

| 主要行业 | Sector | 施工项目 Number of Projects under Construction | #新开工 Projects Started This Year | 全部建成投产项目 Number of Projects Completed and Put into Use | 项目建成投产率 Rate of Construction Projects Completed and Put into Use |
|---|---|---|---|---|---|
| 新闻出版业 | News and Publishing | 130 | 72 | 57 | 43.8 |
| 广播、电视、电影和音像业 | Radio,TV,Films and Audio-vedio Service | 489 | 326 | 286 | 58.5 |
| 文化艺术业 | Culture and Arts | 4122 | 2595 | 2297 | 55.7 |
| 娱乐业 | Entertainment | 1725 | 1252 | 1122 | 65.0 |

# 2-3-1 城乡居民人均收入与文教娱乐现金消费支出
# Per Capita Annual Income and Cash Consumption Expenditure on Education,Culture and Recreation of Urban and Rural Households

单位：元，% (yuan,%)

| 年份 Year | 城镇居民 Urban Households | | | |
|---|---|---|---|---|
| | 人均可支配收入 Per Capita Annual Disposable Income | 人均现金消费支出 Per Capita Annual Cash Consumption Expenditure | #文教娱乐消费支出 Education, Culture and Recreation | 文教娱乐消费支出占现金消费支出的比重 Expenditure on Education,Culture and Recreation as Percentage of Cash Consumption Expenditure |
| 2005 | 10493.0 | 7942.9 | 1097.5 | 13.8 |
| 2006 | 11759.5 | 8696.6 | 1203.0 | 13.8 |
| 2007 | 13785.8 | 9997.5 | 1329.2 | 13.3 |
| 2008 | 15780.8 | 11242.9 | 1358.3 | 12.1 |
| 2009 | 17175.0 | 12264.6 | 1472.8 | 12.0 |
| 2010 | 19109.4 | 13471.5 | 1627.6 | 12.1 |
| 2011 | 21809.8 | 15160.9 | 1851.7 | 12.2 |
| 2012 | 24565.0 | 16674.3 | 2033.5 | 12.2 |
| 2013 | 26955.1 | 18022.6 | 2294.0 | 12.7 |

| 年份 Year | 农村居民 Rural Households | | | |
|---|---|---|---|---|
| | 人均纯收入 Per Capita Annual Net Income | 人均现金消费支出 Per Capita Annual Cash Consumption Expenditure | #文教娱乐消费支出 Education, Culture and Recreation | 文教娱乐消费支出占现金消费支出的比重 Expenditure on Education,Culture and Recreation as Percentage of Cash Consumption Expenditure |
| 2005 | 3254.9 | 2134.6 | 295.5 | 13.8 |
| 2006 | 3587.0 | 2415.5 | 305.1 | 12.6 |
| 2007 | 4140.4 | 2767.1 | 305.7 | 11.1 |
| 2008 | 4760.6 | 3159.4 | 314.5 | 10.0 |
| 2009 | 5153.2 | 3504.8 | 340.6 | 9.7 |
| 2010 | 5919.0 | 3859.3 | 366.7 | 9.5 |
| 2011 | 6977.3 | 4733.4 | 396.4 | 8.4 |
| 2012 | 7917.0 | 5414.5 | 445.5 | 8.2 |
| 2013 | 8895.9 | 6112.9 | 485.6 | 7.9 |

# 2-3-2 分地区城镇居民人均文教娱乐现金消费支出
# Per Capita Annual Cash Consumption Expenditure on Education,Culture and Recreation of Urban Households by Region

单位：元 (yuan)

| 地 区 | Region | 2005 | 2006 | 2007 | 2008 | 2009 | 2010 | 2011 | 2012 | 2013 |
|---|---|---|---|---|---|---|---|---|---|---|
| **全 国** | **National Total** | **1097.5** | **1203.0** | **1329.2** | **1358.3** | **1472.8** | **1627.6** | **1851.7** | **2033.5** | **2294.0** |
| 北 京 | Beijing | 2186.6 | 2514.8 | 2384.0 | 2383.5 | 2655.0 | 2901.9 | 3306.8 | 3696.0 | 3984.9 |
| 天 津 | Tianjin | 1283.7 | 1452.2 | 1639.8 | 1609.0 | 1740.9 | 1899.5 | 2116.0 | 2254.2 | 2353.4 |
| 河 北 | Hebei | 795.4 | 827.7 | 895.1 | 946.4 | 982.2 | 1001.0 | 1204.0 | 1203.8 | 1550.6 |
| 山 西 | Shanxi | 932.5 | 1007.9 | 1054.1 | 1041.9 | 1070.6 | 1229.7 | 1419.4 | 1506.2 | 2065.4 |
| 内蒙古 | Inner Mongolia | 968.8 | 1052.7 | 1245.1 | 1383.5 | 1504.4 | 1641.2 | 1812.1 | 1971.8 | 2111.0 |
| 辽 宁 | Liaoning | 849.5 | 853.9 | 1052.9 | 1145.5 | 1283.7 | 1495.9 | 1614.5 | 1843.9 | 2258.5 |
| 吉 林 | Jilin | 800.2 | 890.2 | 997.8 | 1071.8 | 1028.1 | 1244.6 | 1468.3 | 1642.7 | 1935.0 |
| 黑龙江 | Heilongjiang | 802.5 | 843.9 | 938.2 | 906.2 | 956.9 | 1001.5 | 1190.9 | 1216.6 | 1396.4 |
| 上 海 | Shanghai | 2272.8 | 2431.7 | 2653.7 | 2874.5 | 3139.0 | 3363.3 | 3746.4 | 3723.7 | 4122.1 |
| 江 苏 | Jiangsu | 1287.9 | 1467.4 | 1699.3 | 1799.8 | 1968.0 | 2133.3 | 2695.5 | 3077.8 | 3290.0 |
| 浙 江 | Zhejiang | 1849.7 | 1946.2 | 2158.3 | 2195.6 | 2295.3 | 2586.1 | 2816.1 | 2996.6 | 2848.7 |
| 安 徽 | Anhui | 666.4 | 869.2 | 1170.0 | 1160.1 | 1225.4 | 1479.8 | 1631.3 | 1932.7 | 1904.1 |
| 福 建 | Fujian | 1107.0 | 1321.3 | 1426.3 | 1453.2 | 1505.0 | 1786.0 | 1879.0 | 2104.8 | 2448.4 |
| 江 西 | Jiangxi | 805.4 | 894.6 | 973.4 | 946.0 | 1066.9 | 1179.9 | 1429.3 | 1487.3 | 1671.2 |
| 山 东 | Shandong | 1040.0 | 1202.0 | 1191.2 | 1277.4 | 1333.0 | 1401.8 | 1538.4 | 1655.9 | 1909.8 |
| 河 南 | Henan | 805.1 | 847.1 | 936.6 | 989.0 | 1048.1 | 1137.2 | 1373.9 | 1525.3 | 1911.2 |
| 湖 北 | Hubei | 904.8 | 997.7 | 1120.3 | 1037.2 | 1208.5 | 1263.2 | 1489.7 | 1651.9 | 1922.8 |
| 湖 南 | Hunan | 1138.7 | 1182.2 | 1285.2 | 1110.1 | 1207.7 | 1418.9 | 1526.1 | 1737.6 | 2080.5 |
| 广 东 | Guangdong | 1669.1 | 1813.9 | 1994.9 | 1936.4 | 2168.9 | 2376.0 | 2647.9 | 2954.1 | 3222.4 |
| 广 西 | Guangxi | 998.9 | 850.9 | 1050.0 | 1081.5 | 1111.1 | 1243.7 | 1502.7 | 1626.1 | 2084.0 |
| 海 南 | Hainan | 652.0 | 791.2 | 837.8 | 930.9 | 962.0 | 1004.6 | 1141.8 | 1319.5 | 1923.5 |
| 重 庆 | Chongqing | 1391.1 | 1449.5 | 1237.4 | 1267.0 | 1351.9 | 1408.0 | 1474.9 | 1470.6 | 1722.7 |
| 四 川 | Sichuan | 909.0 | 976.3 | 1031.8 | 947.0 | 1150.7 | 1224.7 | 1369.5 | 1587.4 | 1877.5 |
| 贵 州 | Guizhou | 811.7 | 938.4 | 1036.0 | 934.7 | 1146.4 | 1254.6 | 1331.4 | 1396.0 | 1950.3 |
| 云 南 | Yunnan | 775.6 | 754.7 | 705.5 | 733.0 | 798.7 | 1014.4 | 1350.7 | 1434.3 | 2045.3 |
| 西 藏 | Tibet | 678.3 | 359.3 | 441.0 | 419.6 | 465.8 | 478.0 | 514.4 | 550.5 | 1551.3 |
| 陕 西 | Shaanxi | 1081.9 | 1280.1 | 1230.7 | 1281.6 | 1430.2 | 1595.8 | 1857.6 | 2078.5 | 2208.1 |
| 甘 肃 | Gansu | 942.8 | 1034.4 | 1058.7 | 936.3 | 1025.5 | 1136.7 | 1158.3 | 1388.2 | 1547.6 |
| 青 海 | Qinghai | 803.1 | 793.7 | 953.9 | 880.9 | 889.3 | 908.1 | 967.9 | 1097.2 | 1472.0 |
| 宁 夏 | Ningxia | 770.0 | 846.7 | 863.4 | 1043.7 | 1075.9 | 1286.2 | 1441.2 | 1515.9 | 1868.4 |
| 新 疆 | Xinjiang | 741.4 | 819.7 | 896.8 | 812.4 | 855.5 | 1012.4 | 1122.2 | 1280.8 | 1598.0 |

# 2-3-3 分地区农村居民人均文教娱乐现金消费支出

## Per Capita Annual Cash Consumption Expenditure on Education,Culture and Recreation of Rural Households by Region

单位：元 (yuan)

| 地 区 | Region | 2005 | 2006 | 2007 | 2008 | 2009 | 2010 | 2011 | 2012 | 2013 |
|---|---|---|---|---|---|---|---|---|---|---|
| **全 国** | **National Total** | **295.5** | **305.1** | **305.7** | **314.5** | **340.6** | **366.7** | **396.4** | **445.5** | **485.6** |
| 北 京 | Beijing | 797.0 | 844.1 | 870.1 | 883.4 | 960.4 | 950.6 | 1003.7 | 1152.7 | 1330.4 |
| 天 津 | Tianjin | 328.9 | 315.6 | 312.1 | 324.5 | 371.9 | 462.3 | 542.1 | 766.1 | 750.4 |
| 河 北 | Hebei | 225.8 | 265.4 | 243.3 | 250.1 | 263.5 | 296.1 | 315.4 | 358.5 | 398.9 |
| 山 西 | Shanxi | 279.5 | 339.8 | 371.0 | 380.7 | 416.9 | 420.2 | 448.4 | 498.0 | 502.2 |
| 内蒙古 | Inner Mongolia | 309.4 | 398.5 | 423.8 | 399.4 | 390.9 | 374.2 | 525.9 | 514.0 | 555.1 |
| 辽 宁 | Liaoning | 376.9 | 354.6 | 362.8 | 388.0 | 437.8 | 500.3 | 550.0 | 556.6 | 632.7 |
| 吉 林 | Jilin | 261.1 | 346.8 | 339.8 | 341.7 | 376.8 | 454.1 | 456.8 | 606.3 | 691.4 |
| 黑龙江 | Heilongjiang | 277.0 | 279.7 | 312.3 | 437.6 | 496.4 | 560.7 | 464.7 | 518.0 | 601.4 |
| 上 海 | Shanghai | 936.5 | 919.9 | 857.5 | 855.3 | 942.8 | 997.7 | 916.1 | 952.1 | 962.8 |
| 江 苏 | Jiangsu | 478.9 | 544.1 | 642.5 | 713.2 | 818.5 | 908.1 | 1044.6 | 1184.2 | 1021.8 |
| 浙 江 | Zhejiang | 723.0 | 731.7 | 750.7 | 747.0 | 843.3 | 839.2 | 846.1 | 902.2 | 1046.7 |
| 安 徽 | Anhui | 256.8 | 290.7 | 283.2 | 294.8 | 312.1 | 363.9 | 376.2 | 385.9 | 376.4 |
| 福 建 | Fujian | 356.5 | 333.6 | 356.3 | 390.2 | 421.7 | 462.2 | 506.7 | 565.8 | 592.6 |
| 江 西 | Jiangxi | 276.3 | 287.5 | 252.8 | 236.0 | 254.8 | 285.2 | 319.4 | 342.7 | 356.4 |
| 山 东 | Shandong | 377.2 | 408.8 | 424.9 | 417.3 | 400.0 | 421.9 | 482.7 | 501.0 | 571.6 |
| 河 南 | Henan | 177.7 | 198.6 | 212.4 | 214.4 | 234.0 | 250.5 | 278.2 | 343.8 | 408.1 |
| 湖 北 | Hubei | 271.9 | 292.3 | 284.1 | 267.1 | 281.7 | 288.1 | 341.9 | 394.6 | 407.1 |
| 湖 南 | Hunan | 329.3 | 341.7 | 293.9 | 278.7 | 291.0 | 315.9 | 346.6 | 400.2 | 426.3 |
| 广 东 | Guangdong | 360.7 | 303.4 | 254.9 | 272.9 | 296.7 | 326.5 | 404.2 | 466.6 | 683.5 |
| 广 西 | Guangxi | 226.4 | 198.2 | 172.5 | 172.7 | 192.5 | 182.6 | 218.7 | 270.2 | 275.9 |
| 海 南 | Hainan | 198.7 | 238.5 | 224.0 | 288.5 | 287.9 | 318.0 | 224.9 | 254.0 | 354.4 |
| 重 庆 | Chongqing | 249.7 | 189.7 | 196.0 | 211.8 | 237.4 | 239.0 | 334.8 | 394.2 | 442.9 |
| 四 川 | Sichuan | 225.2 | 196.6 | 177.2 | 173.3 | 206.7 | 218.6 | 276.6 | 329.3 | 385.6 |
| 贵 州 | Guizhou | 160.9 | 138.1 | 147.3 | 122.1 | 151.6 | 186.2 | 183.0 | 226.4 | 301.4 |
| 云 南 | Yunnan | 182.6 | 177.9 | 181.7 | 168.6 | 177.7 | 206.5 | 241.1 | 289.2 | 241.1 |
| 西 藏 | Tibet | 28.2 | 64.3 | 65.4 | 62.3 | 61.1 | 51.1 | 40.9 | 40.9 | 63.6 |
| 陕 西 | Shaanxi | 297.3 | 296.1 | 304.5 | 352.0 | 380.4 | 397.6 | 405.6 | 445.5 | 463.1 |
| 甘 肃 | Gansu | 257.9 | 228.4 | 208.9 | 219.9 | 217.4 | 238.0 | 292.7 | 327.3 | 366.5 |
| 青 海 | Qinghai | 109.5 | 118.7 | 135.1 | 148.9 | 173.8 | 198.5 | 265.4 | 283.3 | 270.1 |
| 宁 夏 | Ningxia | 177.9 | 168.9 | 192.0 | 192.6 | 217.2 | 241.1 | 324.4 | 373.4 | 438.9 |
| 新 疆 | Xinjiang | 159.3 | 157.0 | 166.3 | 169.0 | 158.1 | 170.2 | 229.7 | 261.7 | 286.8 |

# 2-3-4 分地区城乡居民人均文教娱乐现金消费支出(2013年)

# Per Capita Annual Cash Consumption Expenditure on Education,Culture and Recreation of Urban and Rural Households by Region(2013)

单位：元 (yuan)

| 地 区 | Region | 城镇居民 Urban Households | | 农村居民 Rural Households | |
|---|---|---|---|---|---|
| | | 人均现金消费支出 Per Capita Annual Cash Consumption Expenditure | #文教娱乐 Education, Culture and Recreation | 人均现金消费支出 Per Capita Annual Cash Consumption Expenditure | #文教娱乐 Education, Culture and Recreation |
| **全 国** | **National Total** | **18022.6** | **2294.0** | **6112.9** | **485.6** |
| 北 京 | Beijing | 26274.9 | 3984.9 | 13470.2 | 1330.4 |
| 天 津 | Tianjin | 21711.9 | 2353.4 | 10088.6 | 750.4 |
| 河 北 | Hebei | 13640.6 | 1550.6 | 5969.6 | 398.9 |
| 山 西 | Shanxi | 13166.2 | 2065.4 | 5463.2 | 502.2 |
| 内蒙古 | Inner Mongolia | 19249.1 | 2111.0 | 6763.3 | 555.1 |
| 辽 宁 | Liaoning | 18029.7 | 2258.5 | 6864.9 | 632.7 |
| 吉 林 | Jilin | 15932.3 | 1935.0 | 6827.6 | 691.4 |
| 黑龙江 | Heilongjiang | 14161.7 | 1396.4 | 6542.1 | 601.4 |
| 上 海 | Shanghai | 28155.0 | 4122.1 | 13872.9 | 962.8 |
| 江 苏 | Jiangsu | 20371.5 | 3290.0 | 9486.9 | 1021.8 |
| 浙 江 | Zhejiang | 23257.2 | 2848.7 | 11541.1 | 1046.7 |
| 安 徽 | Anhui | 16285.2 | 1904.1 | 5344.9 | 376.4 |
| 福 建 | Fujian | 20092.7 | 2448.4 | 7552.5 | 592.6 |
| 江 西 | Jiangxi | 13850.5 | 1671.2 | 4910.1 | 356.4 |
| 山 东 | Shandong | 17112.2 | 1909.8 | 7184.2 | 571.6 |
| 河 南 | Henan | 14822.0 | 1911.2 | 5353.0 | 408.1 |
| 湖 北 | Hubei | 15749.5 | 1922.8 | 5531.1 | 407.1 |
| 湖 南 | Hunan | 15887.1 | 2080.5 | 5854.2 | 426.3 |
| 广 东 | Guangdong | 24133.3 | 3222.4 | 7881.5 | 683.5 |
| 广 西 | Guangxi | 15417.6 | 2084.0 | 4547.0 | 275.9 |
| 海 南 | Hainan | 15593.0 | 1923.5 | 5090.7 | 354.4 |
| 重 庆 | Chongqing | 17813.9 | 1722.7 | 5057.8 | 442.9 |
| 四 川 | Sichuan | 16343.5 | 1877.5 | 5406.1 | 385.6 |
| 贵 州 | Guizhou | 13702.9 | 1950.3 | 3888.3 | 301.4 |
| 云 南 | Yunnan | 15156.1 | 2045.3 | 3953.0 | 241.1 |
| 西 藏 | Tibet | 12231.9 | 1551.3 | 2661.5 | 63.6 |
| 陕 西 | Shaanxi | 16679.7 | 2208.1 | 5420.7 | 463.1 |
| 甘 肃 | Gansu | 14020.7 | 1547.6 | 4393.7 | 366.5 |
| 青 海 | Qinghai | 13539.5 | 1472.0 | 5506.6 | 270.1 |
| 宁 夏 | Ningxia | 15321.1 | 1868.4 | 5942.1 | 438.9 |
| 新 疆 | Xinjiang | 15206.2 | 1598.0 | 5519.9 | 286.8 |

## 2-3-5 文化娱乐用品及服务价格指数
## Price Indices of Articles and Service for Culture and Recreation

上年=100 (preceding year=100)

| 年 份<br>Year | 居民消费价格指数<br>Consumer Price Index | #文娱用耐用消费品及服务<br>Durable Consumer Goods for Cultural and Recreation Use and Service | #文化娱乐<br>Culture and Recreation | #旅游<br>Touring and Outing |
|---|---|---|---|---|
| 2005 | 101.8 | 93.8 | 101.2 | 99.6 |
| 2006 | 101.5 | 94.2 | 101.0 | 103.1 |
| 2007 | 104.8 | 93.1 | 101.0 | 102.3 |
| 2008 | 105.9 | 92.3 | 101.3 | 101.1 |
| 2009 | 99.3 | 90.6 | 102.5 | 97.5 |
| 2010 | 103.3 | 94.3 | 101.0 | 104.9 |
| 2011 | 105.4 | 93.7 | 101.1 | 103.8 |
| 2012 | 102.6 | 94.5 | 101.3 | 101.7 |
| 2013 | 102.6 | 96.3 | 101.4 | 104.0 |

## 2-3-6 按城乡分文化娱乐用品及服务价格指数(2013年)
## Price Indices of Articles and Service for Culture and Recreation in Urban and Rural Area (2013)

上年=100 (preceding year=100)

| 项 目 | Item | 全国<br>Total | 城市<br>Urban Area | 农村<br>Rural Area |
|---|---|---|---|---|
| **居民消费价格指数** | **Consumer Price Index** | **102.6** | **102.6** | **102.8** |
| #文娱用耐用消费品及服务 | Durable Consumer Goods for Culturaland Recreation Use and Service | 96.3 | 95.9 | 97.8 |
| #文化娱乐 | Culture and Recreation | 101.4 | 101.3 | 101.6 |
| 文化娱乐用品 | Cultural and Recreational Articles | 100.2 | 100.1 | 100.4 |
| 书报杂志 | Newspapers and Magazines | 101.0 | 101.0 | 101.2 |
| 文娱费 | Expenditure for Cultural and Recreational Services | 102.4 | 102.2 | 103.2 |
| #旅游 | Touring and Outing | 104.0 | 103.8 | 104.9 |

## 2-4-1 核心文化产品进出口情况
## Imports and Exports of Core Cultural Commodities

单位：亿美元，% (USD 100 million ,%)

| 年 份 Year | 进出口总额 Total Imports & Exports | 出口额 Total Exports | 进口额 Total Imports | 贸易差额 Balance | 增长 Increase Rate 进出口总额 Total Imports & Exports | 出口额 Total Exports | 进口额 Total Imports |
|---|---|---|---|---|---|---|---|
| 2005 | 82.3 | 78.9 | 3.5 | 75.4 | 19.7 | 22.6 | -22.5 |
| 2006 | 102.1 | 96.4 | 5.7 | 90.8 | 24.0 | 22.3 | 62.9 |
| 2007 | 129.2 | 106.8 | 22.4 | 84.3 | 26.6 | 10.7 | 295.6 |
| 2008 | 158.4 | 136.9 | 21.5 | 115.3 | 22.6 | 28.2 | -4.0 |
| 2009 | 125.0 | 104.2 | 20.8 | 83.4 | -21.1 | -23.9 | -3.3 |
| 2010 | 143.9 | 116.7 | 27.2 | 89.5 | 15.1 | 12.0 | 30.5 |
| 2011 | 198.9 | 186.9 | 12.1 | 174.8 | 38.3 | 60.2 | -55.6 |
| 2012 | 274.5 | 259.0 | 15.6 | 243.4 | 38.0 | 38.6 | 29.0 |
| 2013 | 274.1 | 251.3 | 22.8 | 228.6 | -0.2 | -3.0 | 46.4 |

## 2-4-2 按商品类别分核心文化产品进出口情况(2013年)
## Imports and Exports of Core Cultural Commodities by Category of Commodities (2013)

单位：亿美元，% (USD 100 million ,%)

| 项 目 | Item | 进出口总额 Total Imports & Exports | 出口额 Total Exports | 进口额 Total Imports | 贸易差额 Balance | 增长 Increase Rate 出口额 Total Exports | 进口额 Total Imports |
|---|---|---|---|---|---|---|---|
| **合 计** | **Total** | **274.08** | **251.33** | **22.76** | **228.57** | **-3.0** | **46.4** |
| 文化遗产 | Cultural Heritage | 0.97 | 0.26 | 0.71 | -0.45 | 507.4 | 28.3 |
| 印刷品 | Presswork | 36.49 | 29.93 | 6.56 | 23.37 | 5.1 | 6.5 |
| 图书 | Books | 20.56 | 17.96 | 2.60 | 15.36 | 0.7 | 27.1 |
| 报纸和期刊 | Newspapers and Magazines | 2.52 | 0.22 | 2.30 | -2.08 | 0.4 | -3.4 |
| 其他印刷品 | Others | 13.41 | 11.75 | 1.67 | 10.08 | 12.7 | -4.2 |
| 声像制品 | Audio and Vedio Products | 5.44 | 2.33 | 3.11 | -0.78 | 240.4 | 89.9 |
| 视觉艺术品 | Visual Arts and Crafts | 151.30 | 143.18 | 8.12 | 135.06 | 0.7 | 561.3 |
| 绘画 | Drawings | 7.30 | 4.72 | 2.57 | 2.15 | 86.6 | 2727.4 |
| 其他视觉艺术品 | Others | 144.00 | 138.45 | 5.55 | 132.91 | -0.8 | 387.9 |
| 视听媒介 | Audio and Visual Media | 63.57 | 61.02 | 2.54 | 58.48 | -15.9 | -41.5 |
| 摄影 | Photograph | 0.24 | 0.03 | 0.21 | -0.19 | 1.9 | -35.0 |
| 电影 | Films | 0.03 | 0.00 | 0.03 | -0.02 | -62.8 | -47.4 |
| 新型媒介 | New Media | 63.30 | 61.00 | 2.30 | 58.69 | -15.9 | -41.9 |
| 其他 | Others | 16.32 | 14.61 | 1.71 | 12.91 | -3.3 | 4.9 |

## 2-4-3 按贸易方式分核心文化产品进出口情况(2013年)
## Imports and Exports of Core Cultural Commodities by Type of Trade (2013)

单位：亿美元，% (USD 100 million ,%)

| 项　目 | Item | 进出口总额 Total Imports & Exports | 出口额 Total Exports | 进口额 Total Imports | 增长 Increase Rate 出口额 Total Exports | 增长 Increase Rate 进口额 Total Imports |
|---|---|---|---|---|---|---|
| **贸易总额** | **Total** | **274.08** | **251.33** | **22.76** | **-3.0** | **46.4** |
| 一般贸易 | General Trade | 156.01 | 147.03 | 8.98 | -1.9 | 7.5 |
| 加工贸易 | Processing Trade | 78.59 | 75.60 | 2.99 | -18.2 | -31.7 |
| 其他贸易 | Other Trade | 39.48 | 28.70 | 10.78 | 70.7 | 281.3 |

## 2-4-4 按企业性质分核心文化产品进出口情况(2013年)
## Imports and Exports of Core Cultural Commodities by Registration Status of Enterprises (2013)

单位：亿美元，% (USD 100 million ,%)

| 项　目 | Item | 进出口总额 Total Imports & Exports | 出口额 Total Exports | 进口额 Total Imports | 增长 Increase Rate 出口额 Total Exports | 增长 Increase Rate 进口额 Total Imports |
|---|---|---|---|---|---|---|
| **贸易总额** | **Total** | **274.08** | **251.33** | **22.76** | **-3.0** | **46.4** |
| 国有企业 | State-owned Enterprises | 17.21 | 10.00 | 7.21 | -0.4 | 32.6 |
| 外资企业 | Foreign Funded Enterprises | 104.18 | 96.36 | 7.82 | -12.2 | 17.9 |
| 集体、私营及其他企业 | Collectived-owned, Private and Other Enterprises | 152.70 | 144.97 | 7.73 | 4.1 | 121.4 |

# 2-4-5 核心文化产品前十五位出口市场
# Ranking List of Exports of Core Cultural Commodities by Country(Region) of Destination

| 位次 Ranking | 2008 国别(地区) | 2008 Country (Region) | 2008 累计金额(亿美元) Total Value (USD 100 million) | 2009 国别(地区) | 2009 Country (Region) | 2009 累计金额(亿美元) Total Value (USD 100 million) |
|---|---|---|---|---|---|---|
| 1 | 美国 | United States | 58.04 | 美国 | United States | 61.80 |
| 2 | 中国香港 | Hong Kong,China | 31.15 | 中国香港 | Hong Kong,China | 26.32 |
| 3 | 德国 | Germany | 14.75 | 德国 | Germany | 18.99 |
| 4 | 英国 | United Kingdom | 8.85 | 荷兰 | Netherlands | 10.65 |
| 5 | 日本 | Japan | 7.14 | 英国 | United Kingdom | 9.92 |
| 6 | 荷兰 | Netherlands | 5.26 | 日本 | Japan | 7.28 |
| 7 | 俄罗斯 | Russia | 3.90 | 澳大利亚 | Australia | 4.41 |
| 8 | 阿联酋 | United Arab Emirates | 3.41 | 韩国 | Korea Rep. | 3.80 |
| 9 | 加拿大 | Canada | 3.30 | 加拿大 | Canada | 3.16 |
| 10 | 澳大利亚 | Australia | 3.04 | 阿联酋 | United Arab Emirates | 2.61 |
| 11 | 意大利 | Italy | 2.50 | 意大利 | Italy | 2.39 |
| 12 | 新加坡 | Singapore | 2.17 | 新加坡 | Singapore | 2.10 |
| 13 | 韩国 | Korea Rep. | 2.02 | 法国 | France | 1.99 |
| 14 | 法国 | France | 1.69 | 巴西 | Brazil | 1.62 |
| 15 | 西班牙 | Spain | 1.65 | 俄罗斯 | Russia | 1.53 |

2-4-5 续表 1 continued 1

| 位次 Ranking | 2010 国别(地区) | 2010 Country (Region) | 2010 累计金额(亿美元) Total Value (USD 100 million) | 2011 国别(地区) | 2011 Country (Region) | 2011 累计金额(亿美元) Total Value (USD 100 million) |
|---|---|---|---|---|---|---|
| 1 | 美国 | United States | 54.57 | 美国 | United States | 63.94 |
| 2 | 德国 | Germany | 13.50 | 德国 | Germany | 17.03 |
| 3 | 中国香港 | Hong Kong,China | 12.94 | 中国香港 | Hong Kong,China | 12.96 |
| 4 | 英国 | United Kingdom | 8.29 | 英国 | United Kingdom | 11.46 |
| 5 | 日本 | Japan | 5.78 | 荷兰 | Netherlands | 7.60 |
| 6 | 荷兰 | Netherlands | 5.25 | 日本 | Japan | 7.20 |
| 7 | 阿联酋 | United Arab Emirates | 3.02 | 阿联酋 | United Arab Emirates | 3.92 |
| 8 | 意大利 | Italy | 2.90 | 澳大利亚 | Australia | 3.75 |
| 9 | 澳大利亚 | Australia | 2.70 | 意大利 | Italy | 3.41 |
| 10 | 加拿大 | Canada | 2.57 | 加拿大 | Canada | 3.32 |
| 11 | 法国 | France | 2.24 | 俄罗斯 | Russia | 2.87 |
| 12 | 俄罗斯 | Russia | 2.10 | 巴西 | Brazil | 2.68 |
| 13 | 韩国 | Korea Rep. | 2.04 | 法国 | France | 2.60 |
| 14 | 新加坡 | Singapore | 1.85 | 西班牙 | Spain | 2.32 |
| 15 | 西班牙 | Spain | 1.80 | 韩国 | Korea Rep. | 2.18 |

2-4-5 续表 2 continued 2

| 位 次 Ranking | 2012 | | | 2013 | | |
|---|---|---|---|---|---|---|
| | 国别（地区） | Country (Region) | 累计金额（亿美元） Total Value (USD 100 million) | 国别（地区） | Country (Region) | 累计金额（亿美元） Total Value (USD 100 million) |
| 1 | 美国 | United States | 75.35 | 美国 | United States | 75.04 |
| 2 | 日本 | Japan | 19.37 | 中国香港 | Hong Kong,China | 20.38 |
| 3 | 德国 | Germany | 18.05 | 日本 | Japan | 19.35 |
| 4 | 中国香港 | Hong Kong,China | 14.69 | 英国 | United Kingdom | 13.19 |
| 5 | 英国 | United Kingdom | 12.10 | 德国 | Germany | 11.63 |
| 6 | 荷兰 | Netherlands | 10.83 | 荷兰 | Netherlands | 10.73 |
| 7 | 韩国 | Korea Rep. | 8.83 | 新加坡 | Singapore | 7.08 |
| 8 | 新加坡 | Singapore | 5.73 | 阿联酋 | United Arab Emirates | 5.55 |
| 9 | 阿联酋 | United Arab Emirates | 5.62 | 马来西亚 | Malaysia | 5.26 |
| 10 | 澳大利亚 | Australia | 4.90 | 澳大利亚 | Australia | 4.75 |
| 11 | 马来西亚 | Malaysia | 4.45 | 印度 | India | 4.46 |
| 12 | 巴西 | Brazil | 4.30 | 巴西 | Brazil | 4.04 |
| 13 | 加拿大 | Canada | 4.28 | 加拿大 | Canada | 3.97 |
| 14 | 法国 | France | 3.35 | 法国 | France | 3.23 |
| 15 | 西班牙 | Spain | 3.34 | 意大利 | Italy | 2.88 |

# 2-4-6 核心文化产品前十五位进口市场

# Ranking List of Imports of Core Cultural Commodities by Country(Region) of Origin

| 位 次 Ranking | 2008 | | | 2009 | | |
|---|---|---|---|---|---|---|
| | 国别（地区） | Country (Region) | 累计金额（亿美元） Total Value (USD 100 million) | 国别（地区） | Country (Region) | 累计金额（亿美元） Total Value (USD 100 million) |
| 1 | 美国 | United States | 1.71 | 美国 | United States | 1.79 |
| 2 | 日本 | Japan | 1.30 | 日本 | Japan | 1.55 |
| 3 | 中国香港 | Hong Kong,China | 1.04 | 中国香港 | Hong Kong,China | 0.75 |
| 4 | 英国 | United Kingdom | 0.57 | 英国 | United Kingdom | 0.61 |
| 5 | 德国 | Germany | 0.40 | 德国 | Germany | 0.51 |
| 6 | 新加坡 | Singapore | 0.33 | 中国台湾 | Taiwan,China | 0.38 |
| 7 | 中国台湾 | Taiwan,China | 0.27 | 新加坡 | Singapore | 0.33 |
| 8 | 韩国 | Korea Rep. | 0.27 | 韩国 | Korea Rep. | 0.27 |
| 9 | 法国 | France | 0.21 | 荷兰 | Netherlands | 0.22 |
| 10 | 荷兰 | Netherlands | 0.18 | 法国 | France | 0.21 |
| 11 | 意大利 | Italy | 0.12 | 意大利 | Italy | 0.11 |
| 12 | 加拿大 | Canada | 0.06 | 俄罗斯 | Russia | 0.06 |
| 13 | 印度尼西亚 | Indonesia | 0.05 | 爱尔兰 | Ireland | 0.06 |
| 14 | 俄罗斯 | Russia | 0.05 | 印度尼西亚 | Indonesia | 0.05 |
| 15 | 爱尔兰 | Ireland | 0.03 | 加拿大 | Canada | 0.04 |

2-4-6 续表 1 continued 1

| 位 次 Ranking | 2010 | | | 2011 | | |
|---|---|---|---|---|---|---|
| | 国别（地区） | Country (Region) | 累计金额（亿美元） Total Value (USD 100 million) | 国别（地区） | Country (Region) | 累计金额（亿美元） Total Value (USD 100 million) |
| 1 | 美国 | United States | 2.38 | 美国 | United States | 2.45 |
| 2 | 日本 | Japan | 1.70 | 日本 | Japan | 1.77 |
| 3 | 英国 | United Kingdom | 0.83 | 英国 | United Kingdom | 0.83 |
| 4 | 中国香港 | Hong Kong,China | 0.82 | 中国香港 | Hong Kong,China | 0.80 |
| 5 | 德国 | Germany | 0.54 | 中国台湾 | Taiwan,China | 0.77 |
| 6 | 中国台湾 | Taiwan,China | 0.50 | 德国 | Germany | 0.70 |
| 7 | 新加坡 | Singapore | 0.38 | 新加坡 | Singapore | 0.46 |
| 8 | 韩国 | Korea Rep. | 0.29 | 韩国 | Korea Rep. | 0.41 |
| 9 | 俄罗斯 | Russia | 0.26 | 印度尼西亚 | Indonesia | 0.25 |
| 10 | 荷兰 | Netherlands | 0.19 | 荷兰 | Netherlands | 0.19 |
| 11 | 意大利 | Italy | 0.16 | 法国 | France | 0.19 |
| 12 | 法国 | France | 0.15 | 意大利 | Italy | 0.18 |
| 13 | 印度尼西亚 | Indonesia | 0.13 | 泰国 | Thailand | 0.09 |
| 14 | 瑞典 | Sweden | 0.07 | 加拿大 | Canada | 0.07 |
| 15 | 爱尔兰 | Ireland | 0.06 | 印度 | India | 0.05 |

2-4-6 续表 2 continued 2

| 位 次 Ranking | 2012 | | | 2013 | | |
|---|---|---|---|---|---|---|
| | 国别（地区） | Country (Region) | 累计金额（亿美元） Total Value (USD 100 million) | 国别（地区） | Country (Region) | 累计金额（亿美元） Total Value (USD 100 million) |
| 1 | 美国 | United States | 2.46 | 泰国 | Thailand | 4.16 |
| 2 | 日本 | Japan | 2.20 | 美国 | United States | 3.34 |
| 3 | 韩国 | Korea Rep. | 1.36 | 中国台湾 | Taiwan,China | 2.09 |
| 4 | 英国 | United Kingdom | 1.10 | 日本 | Japan | 1.55 |
| 5 | 德国 | Germany | 0.85 | 英国 | United Kingdom | 1.47 |
| 6 | 中国台湾 | Taiwan,China | 0.77 | 法国 | France | 1.26 |
| 7 | 中国香港 | Hong Kong,China | 0.66 | 中国香港 | Hong Kong,China | 1.16 |
| 8 | 印度尼西亚 | Indonesia | 0.38 | 德国 | Germany | 0.94 |
| 9 | 新加坡 | Singapore | 0.36 | 荷兰 | Netherlands | 0.66 |
| 10 | 意大利 | Italy | 0.21 | 新加坡 | Singapore | 0.60 |
| 11 | 荷兰 | Netherlands | 0.19 | 印度尼西亚 | Indonesia | 0.49 |
| 12 | 法国 | France | 0.19 | 韩国 | Korea Rep. | 0.46 |
| 13 | 印度 | India | 0.14 | 意大利 | Italy | 0.31 |
| 14 | 加拿大 | Canada | 0.07 | 俄罗斯 | Russia | 0.11 |
| 15 | 俄罗斯 | Russia | 0.07 | 加拿大 | Canada | 0.07 |

# 2-4-7 核心文化产品前十五位进出口市场(2013年)

# Ranking List of Imports and Exports of Core Cultural Commodities by Country(Region) of Origin/Destination (2013)

| 位 次 Ranking | 国别(地区) | Country (Region) | 出口金额(亿美元) Total Value of Exports (USD 100 million) | 同比增长(%) Increase Rate (%) | 占比(%) Percentage (%) |
|---|---|---|---|---|---|
| 1 | 美国 | United States | 75.04 | -0.7 | 29.9 |
| 2 | 中国香港 | Hong Kong,China | 20.38 | 22.4 | 8.1 |
| 3 | 日本 | Japan | 19.35 | -1.1 | 7.7 |
| 4 | 英国 | United Kingdom | 13.19 | 8.7 | 5.2 |
| 5 | 德国 | Germany | 11.63 | -35.5 | 4.6 |
| 6 | 荷兰 | Netherlands | 10.73 | -0.9 | 4.3 |
| 7 | 新加坡 | Singapore | 7.08 | 23.4 | 2.8 |
| 8 | 阿联酋 | United Arab Emirates | 5.55 | -1.4 | 2.2 |
| 9 | 马来西亚 | Malaysia | 5.26 | 18.3 | 2.1 |
| 10 | 澳大利亚 | Australia | 4.75 | -3.5 | 1.9 |
| 11 | 印度 | India | 4.46 | 97.2 | 1.8 |
| 12 | 巴西 | Brazil | 4.04 | -6.4 | 1.6 |
| 13 | 加拿大 | Canada | 3.97 | -7.2 | 1.6 |
| 14 | 法国 | France | 3.23 | -3.6 | 1.3 |
| 15 | 意大利 | Italy | 2.88 | -12.9 | 1.1 |

| 位 次 Ranking | 国别(地区) | Country (Region) | 进口金额(亿美元) Total Value of Imports (USD 100 million) | 同比增长(%) Increase Rate (%) | 占比(%) Percentage (%) |
|---|---|---|---|---|---|
| 1 | 泰国 | Thailand | 4.16 | 6407.8 | 18.3 |
| 2 | 美国 | United States | 3.34 | 35.4 | 14.7 |
| 3 | 中国台湾 | Taiwan,China | 2.09 | -20.7 | 9.2 |
| 4 | 日本 | Japan | 1.55 | -32.7 | 6.8 |
| 5 | 英国 | United Kingdom | 1.47 | 34.3 | 6.5 |
| 6 | 法国 | France | 1.26 | 559.2 | 5.6 |
| 7 | 中国香港 | Hong Kong,China | 1.16 | 51.8 | 5.1 |
| 8 | 德国 | Germany | 0.94 | 10.7 | 4.1 |
| 9 | 荷兰 | Netherlands | 0.66 | 250.7 | 2.9 |
| 10 | 新加坡 | Singapore | 0.60 | 33.2 | 2.6 |
| 11 | 印度尼西亚 | Indonesia | 0.49 | 28.0 | 2.2 |
| 12 | 韩国 | Korea Rep. | 0.46 | -66.5 | 2.0 |
| 13 | 意大利 | Italy | 0.31 | 50.9 | 1.4 |
| 14 | 俄罗斯 | Russia | 0.11 | 64.1 | 0.5 |
| 15 | 加拿大 | Canada | 0.07 | -5.3 | 0.3 |

# 2-5-1 全国公共财政文化体育与传媒支出

# Expenditure for Culture, Sport and Media of National Government Revenue

单位：亿元 (100 million yuan)

| 年 份 地 区 | Year Region | 公共财政文化体育与传媒支出 Expenditure for Culture, Sport and Media | 文化 Culture | 文物 Cultural Relics | 体育 Sport | 广播影视 Radio,Film and Television | 新闻出版 Press and Publication | 其他 Others |
|---|---|---|---|---|---|---|---|---|
| | 2007 | 898.64 | 326.98 | 96.69 | 169.75 | 206.46 | 47.41 | 51.33 |
| | 2008 | 1095.74 | 379.10 | 131.19 | 205.29 | 238.76 | 58.50 | 82.90 |
| | 2009 | 1393.07 | 485.57 | 144.30 | 238.26 | 309.78 | 66.35 | 148.81 |
| | 2010 | 1542.70 | 529.54 | 157.87 | 254.17 | 326.10 | 94.41 | 180.61 |
| | 2011 | 1893.36 | 618.74 | 198.49 | 266.35 | 482.26 | 117.43 | 210.09 |
| | 2012 | 2268.35 | 757.10 | 259.53 | 272.49 | 537.31 | 126.42 | 315.49 |
| | 2013 | 2544.39 | 858.59 | 314.14 | 299.08 | 549.87 | 112.27 | 410.44 |
| 中 央 | Central-level | 204.45 | 31.96 | 16.92 | 15.56 | 61.73 | 55.69 | 22.59 |
| 地方合计 | Regional Total | 2339.94 | 826.63 | 297.22 | 283.52 | 488.14 | 56.58 | 387.85 |
| 北 京 | Beijing | 154.71 | 48.39 | 23.34 | 16.40 | 10.31 | 1.43 | 54.83 |
| 天 津 | Tianjin | 44.53 | 15.63 | 2.87 | 11.15 | 5.77 | 1.20 | 7.91 |
| 河 北 | Hebei | 72.71 | 23.09 | 12.53 | 10.73 | 11.97 | 0.64 | 13.76 |
| 山 西 | Shanxi | 66.69 | 18.08 | 16.73 | 6.79 | 14.83 | 2.20 | 8.07 |
| 内蒙古 | Inner Mongolia | 88.05 | 27.04 | 7.44 | 18.34 | 22.78 | 2.74 | 9.72 |
| 辽 宁 | Liaoning | 95.34 | 26.73 | 9.65 | 14.02 | 32.92 | 1.72 | 10.30 |
| 吉 林 | Jilin | 56.55 | 15.46 | 6.17 | 4.28 | 22.65 | 3.09 | 4.90 |
| 黑龙江 | Heilongjiang | 52.37 | 11.93 | 3.65 | 8.12 | 20.24 | 1.56 | 6.86 |
| 上 海 | Shanghai | 89.17 | 41.03 | 7.13 | 21.66 | 4.62 | 1.09 | 13.64 |
| 江 苏 | Jiangsu | 173.54 | 70.03 | 21.33 | 21.80 | 20.26 | 2.71 | 37.42 |
| 浙 江 | Zhejiang | 106.00 | 53.09 | 11.49 | 12.78 | 10.01 | 2.12 | 16.51 |
| 安 徽 | Anhui | 79.50 | 22.02 | 6.54 | 5.28 | 35.85 | 2.03 | 7.77 |
| 福 建 | Fujian | 57.88 | 21.69 | 5.62 | 8.65 | 10.91 | 1.03 | 9.98 |
| 江 西 | Jiangxi | 52.62 | 13.78 | 6.56 | 4.19 | 17.54 | 1.10 | 9.46 |
| 山 东 | Shandong | 127.53 | 49.22 | 14.18 | 18.16 | 24.51 | 2.94 | 18.53 |
| 河 南 | Henan | 80.78 | 23.90 | 15.67 | 6.12 | 20.58 | 1.10 | 13.41 |
| 湖 北 | Hubei | 72.44 | 29.08 | 11.22 | 7.12 | 11.60 | 2.43 | 10.99 |
| 湖 南 | Hunan | 68.95 | 22.17 | 12.29 | 5.79 | 9.30 | 1.45 | 17.95 |
| 广 东 | Guangdong | 141.68 | 64.91 | 11.53 | 22.48 | 13.00 | 2.72 | 27.03 |
| 广 西 | Guangxi | 49.85 | 16.51 | 4.91 | 6.06 | 11.72 | 1.27 | 9.38 |
| 海 南 | Hainan | 21.90 | 9.09 | 1.89 | 2.46 | 4.38 | 0.50 | 3.58 |
| 重 庆 | Chongqing | 34.94 | 14.79 | 4.79 | 5.14 | 3.59 | 1.52 | 5.11 |
| 四 川 | Sichuan | 142.40 | 49.82 | 16.62 | 12.56 | 44.48 | 3.12 | 15.80 |
| 贵 州 | Guizhou | 48.68 | 13.12 | 5.06 | 5.38 | 13.03 | 1.47 | 10.63 |
| 云 南 | Yunnan | 61.35 | 25.60 | 7.60 | 4.85 | 12.88 | 2.40 | 8.02 |
| 西 藏 | Tibet | 22.51 | 6.69 | 4.32 | 1.07 | 8.13 | 1.06 | 1.24 |
| 陕 西 | Shaanxi | 100.44 | 31.28 | 24.47 | 7.10 | 20.14 | 1.54 | 15.91 |
| 甘 肃 | Gansu | 59.76 | 23.12 | 11.15 | 4.03 | 13.20 | 1.44 | 6.83 |
| 青 海 | Qinghai | 25.84 | 9.61 | 1.89 | 2.47 | 8.02 | 1.03 | 2.82 |
| 宁 夏 | Ningxia | 16.60 | 8.11 | 1.45 | 1.73 | 2.74 | 0.63 | 1.94 |
| 新 疆 | Xinjiang | 74.63 | 21.62 | 7.14 | 6.83 | 26.18 | 5.31 | 7.55 |

# 2-5-2 地方财政文化体育与传媒支出

## Expenditure for Culture, Sport and Media of Regional Government Revenue

单位：亿元 (100 million yuan)

| 地 区 | Region | 2007 | 2008 | 2009 | 2010 | 2011 | 2012 | 2013 |
|---|---|---|---|---|---|---|---|---|
| 地方合计 | Regional Total | **771.43** | **955.13** | **1238.32** | **1392.57** | **1704.64** | **2074.79** | **2339.94** |
| 北 京 | Beijing | 53.62 | 61.11 | 74.75 | 79.36 | 87.01 | 141.37 | 154.71 |
| 天 津 | Tianjin | 15.96 | 18.01 | 19.81 | 24.28 | 29.76 | 35.85 | 44.53 |
| 河 北 | Hebei | 20.75 | 29.00 | 38.02 | 37.09 | 50.45 | 59.29 | 72.71 |
| 山 西 | Shanxi | 26.81 | 27.19 | 27.97 | 31.24 | 48.17 | 60.20 | 66.69 |
| 内蒙古 | Inner Mongolia | 27.71 | 31.62 | 47.33 | 52.96 | 68.78 | 87.21 | 88.05 |
| 辽 宁 | Liaoning | 24.80 | 29.94 | 76.25 | 56.76 | 68.60 | 79.25 | 95.34 |
| 吉 林 | Jilin | 22.33 | 28.21 | 29.36 | 32.93 | 44.25 | 47.48 | 56.55 |
| 黑龙江 | Heilongjiang | 20.35 | 23.96 | 33.46 | 39.50 | 44.94 | 47.27 | 52.37 |
| 上 海 | Shanghai | 43.41 | 49.52 | 53.12 | 54.95 | 68.80 | 72.51 | 89.17 |
| 江 苏 | Jiangsu | 48.16 | 66.74 | 77.18 | 88.67 | 116.86 | 150.90 | 173.54 |
| 浙 江 | Zhejiang | 49.34 | 63.76 | 64.09 | 77.15 | 85.09 | 94.18 | 106.00 |
| 安 徽 | Anhui | 26.26 | 32.75 | 42.14 | 51.68 | 62.35 | 71.43 | 79.50 |
| 福 建 | Fujian | 18.29 | 22.43 | 25.77 | 27.10 | 35.86 | 46.07 | 57.88 |
| 江 西 | Jiangxi | 15.80 | 18.78 | 22.93 | 28.38 | 39.66 | 44.77 | 52.62 |
| 山 东 | Shandong | 44.11 | 55.22 | 70.40 | 74.03 | 91.57 | 114.27 | 127.53 |
| 河 南 | Henan | 33.38 | 41.46 | 58.67 | 54.99 | 57.54 | 69.63 | 80.78 |
| 湖 北 | Hubei | 24.92 | 25.25 | 36.03 | 36.67 | 47.09 | 62.47 | 72.44 |
| 湖 南 | Hunan | 20.15 | 25.35 | 33.08 | 39.66 | 44.87 | 54.50 | 68.95 |
| 广 东 | Guangdong | 53.03 | 66.72 | 111.50 | 166.16 | 170.56 | 137.64 | 141.68 |
| 广 西 | Guangxi | 21.41 | 29.25 | 29.27 | 32.77 | 37.48 | 45.52 | 49.85 |
| 海 南 | Hainan | 4.57 | 6.82 | 9.75 | 11.61 | 16.60 | 19.85 | 21.90 |
| 重 庆 | Chongqing | 10.58 | 16.54 | 19.04 | 24.04 | 31.16 | 33.08 | 34.94 |
| 四 川 | Sichuan | 28.59 | 34.57 | 45.70 | 59.37 | 87.35 | 120.70 | 142.40 |
| 贵 州 | Guizhou | 15.71 | 17.84 | 23.62 | 23.98 | 35.31 | 49.85 | 48.68 |
| 云 南 | Yunnan | 19.84 | 27.98 | 32.38 | 35.53 | 45.34 | 62.06 | 61.35 |
| 西 藏 | Tibet | 7.23 | 9.21 | 13.36 | 12.48 | 18.91 | 24.18 | 22.51 |
| 陕 西 | Shaanxi | 21.73 | 31.81 | 40.89 | 47.86 | 61.27 | 91.81 | 100.44 |
| 甘 肃 | Gansu | 15.23 | 19.45 | 24.50 | 29.78 | 33.07 | 49.87 | 59.76 |
| 青 海 | Qinghai | 6.94 | 9.89 | 15.58 | 11.57 | 14.32 | 18.92 | 25.84 |
| 宁 夏 | Ningxia | 7.06 | 7.09 | 9.03 | 16.09 | 13.94 | 14.44 | 16.60 |
| 新 疆 | Xinjiang | 23.35 | 27.66 | 33.34 | 33.92 | 47.70 | 68.23 | 74.63 |

# 2-6-1 国内文化及相关产业专利授权情况
# Basic Statistics on Granted Patent Applications on Culture and Related Industries

单位：项 (piece)

| 年份 地区 | Year Region | 文化及相关产业专利授权总数 Total Patent Applications Granted | 发明专利 Inventions | 实用新型专利 Utility Models | 外观设计专利 Designs |
|---|---|---|---|---|---|
| | 2005 | 17208 | 791 | 4472 | 11945 |
| | 2006 | 20785 | 866 | 5758 | 14161 |
| | 2007 | 29792 | 1050 | 8535 | 20207 |
| | 2008 | 32767 | 1983 | 10769 | 20015 |
| | 2009 | 46067 | 3898 | 10754 | 31415 |
| | 2010 | 64205 | 4378 | 16947 | 42880 |
| | 2011 | 62194 | 5588 | 20277 | 36329 |
| | 2012 | 82769 | 6491 | 24281 | 51997 |
| | 2013 | 90326 | 5746 | 30463 | 54117 |
| 北　京 | Beijing | 2853 | 921 | 1230 | 702 |
| 天　津 | Tianjin | 1412 | 86 | 970 | 356 |
| 河　北 | Hebei | 601 | 43 | 315 | 243 |
| 山　西 | Shanxi | 386 | 16 | 134 | 236 |
| 内蒙古 | Inner Mongolia | 144 | 2 | 54 | 88 |
| 辽　宁 | Liaoning | 874 | 76 | 578 | 220 |
| 吉　林 | Jilin | 221 | 43 | 89 | 89 |
| 黑龙江 | Heilongjiang | 985 | 48 | 518 | 419 |
| 上　海 | Shanghai | 2970 | 506 | 1286 | 1178 |
| 江　苏 | Jiangsu | 21727 | 585 | 3360 | 17782 |
| 浙　江 | Zhejiang | 16949 | 450 | 5627 | 10872 |
| 安　徽 | Anhui | 2219 | 108 | 958 | 1153 |
| 福　建 | Fujian | 3106 | 156 | 1032 | 1918 |
| 江　西 | Jiangxi | 696 | 25 | 361 | 310 |
| 山　东 | Shandong | 3705 | 205 | 2540 | 960 |
| 河　南 | Henan | 1576 | 76 | 593 | 907 |
| 湖　北 | Hubei | 1638 | 98 | 838 | 702 |
| 湖　南 | Hunan | 1295 | 85 | 555 | 655 |
| 广　东 | Guangdong | 21295 | 1845 | 6655 | 12795 |
| 广　西 | Guangxi | 551 | 18 | 168 | 365 |
| 海　南 | Hainan | 54 | 6 | 28 | 20 |
| 重　庆 | Chongqing | 992 | 29 | 655 | 308 |
| 四　川 | Sichuan | 1910 | 156 | 1071 | 683 |
| 贵　州 | Guizhou | 500 | 7 | 117 | 376 |
| 云　南 | Yunnan | 314 | 22 | 166 | 126 |
| 西　藏 | Tibet | 3 | | 1 | 2 |
| 陕　西 | Shaanxi | 796 | 114 | 424 | 258 |
| 甘　肃 | Gansu | 123 | 13 | 61 | 49 |
| 青　海 | Qinghai | 29 | 1 | 6 | 22 |
| 宁　夏 | Ningxia | 36 | 3 | 18 | 15 |
| 新　疆 | Xinjiang | 366 | 3 | 55 | 308 |

# 2-6-2 按类别分文化及相关产业专利授权情况(2013年)
# Basic Statistics on Granted Patent Applications on Culture and Related Industries by Category (2013)

单位：项 (piece)

| 类别 | Category | 文化及相关产业专利授权总数 Total Patent Applications Granted | 发明专利 Inventions | 实用新型专利 Utility Models | 外观设计专利 Designs |
|---|---|---|---|---|---|
| **合计** | **National Total** | **109225** | **6800** | **33599** | **68826** |
| 工艺美术品的制造 | Manufacture of Arts and Crafts | 26475 | 602 | 3844 | 22029 |
| 园林、陈设艺术及其他陶瓷制品的制造 | Art of Garden, Furnishings and Manufacture of Other Ceramic Products | 733 | 48 | 33 | 652 |
| 印刷复制服务 | Printing and Duplicating Services | 6257 | 91 | 644 | 5522 |
| 办公用品的制造 | Manufacture of Office Equipment | 8368 | 53 | 3273 | 5042 |
| 乐器的制造 | Manufacture of Musical Instruments | 1599 | 90 | 1027 | 482 |
| 玩具的制造 | Manufacture of Toys | 12830 | 80 | 2356 | 10394 |
| 游艺器材及娱乐用品的制造 | Manufacture of Games and Entertainment | 13279 | 135 | 2152 | 10992 |
| 视听设备的制造 | Manufacture of Audio and Visual Equipment | 6211 | 641 | 1781 | 3789 |
| 焰火、鞭炮产品的制造 | Manufacture of Fireworks and Firecrackers | 380 | 38 | 325 | 17 |
| 文化用纸的制造 | Manufacture of Cultural Paper | 2151 | 314 | 1132 | 705 |
| 文化用油墨颜料的制造 | Manufacture of Cultural Printing Ink | 410 | 384 | 26 | 0 |
| 文化用化学品的制造 | Manufacture of Cultural Chemicals | 159 | 36 | 67 | 56 |
| 其他文化用品的制造 | Manufacture of Other Cultural Products | 5156 | 403 | 2222 | 2531 |
| 印刷专用设备的制造 | Manufacture of Printing Equipment | 5424 | 848 | 4466 | 110 |
| 广播电视电影专用设备的制造 | Manufacture of Radio, Film and Television Equipment | 15609 | 2492 | 8030 | 5087 |
| 其他文化专用设备的制造 | Manufacture of Other Cultural Equipment | 4184 | 545 | 2221 | 1418 |

注：1.本表类别使用中类分组,具体类别参见附录三：《文化及相关产业分类(2012)》。
2.同一项专利可能含有多个技术方案，因而在产业统计时可能会在不同的产业中重复出现。

a)Data in the table above is divided by group.Details on more categories refer to Appendix 3: Classification of Culture and Related Industries (2012).

b)The same patent maybe include different technical scheme, so the same patent may appear in different industry category.

# 3

# 文化及相关产业<br>法人单位发展情况

## Condition on Legal Entities of Culture and Related Industries

# 3-1-1　规模以上文化制造业企业基本情况(2013年)

# Basic Statistics on Cultural Industrial Enterprises above Designated Size(2013)

单位：万元　　　　(10 000 yuan)

| 分　组 | Group | 企业单位数（个） Number of Enterprises (unit) | 年末从业人员（人） Engaged Persons at Year-end (person) | 资产总计 Total Assets |
|---|---|---|---|---|
| **合　计** | **Total** | **18076** | **4982795** | **247962237** |
| **按企业规模分** | **Grouped by Size of Enterprises** | | | |
| 大型 | Large | 415 | 1291287 | 98425030 |
| 中型 | Medium-sized | 3340 | 1954526 | 69652726 |
| 小型 | Small | 13851 | 1732822 | 78130433 |
| 微型 | Micro-sized | 470 | 4160 | 1754048 |
| **按登记注册类型分** | **by Status of Registration** | | | |
| 内资企业 | Domestic Funded Enterprises | 14108 | 3015611 | 153902628 |
| 国有企业 | Stats-owned Enterprises | 124 | 34580 | 2225483 |
| 集体企业 | Collective-owned Enterprises | 189 | 82115 | 976969 |
| 股份合作企业 | Cooperative Enterprises | 75 | 15481 | 513638 |
| 联营企业 | Joint Ownership Enterprises | 11 | 3226 | 59849 |
| 有限责任公司 | Limited Liability Corporations | 3311 | 853935 | 58943586 |
| 股份有限公司 | Share-holding Corporations Ltd. | 317 | 213596 | 25574443 |
| 私营公司 | Private Enterprises | 9929 | 1784121 | 64864070 |
| 其他企业 | Other Enterprises | 152 | 28557 | 744590 |
| 港、澳、台商投资企业 | Enterprises with Funds from Hong Kong, Macao and Taiwan | 2204 | 1196504 | 45732412 |
| 外商投资企业 | Foreign Funded Enterprises | 1764 | 770680 | 48327196 |
| **按企业控股情况分** | **by Status of Holding** | | | |
| 国有控股 | State-holding | 510 | 309936 | 37915236 |
| 集体控股 | Collective-holding | 367 | 161012 | 6965179 |
| 私人控股 | Private-holding | 13172 | 2546443 | 106120413 |
| 港澳台商控股 | Hong Kong, Macao and Taiwan-holding | 1904 | 1077907 | 37200616 |
| 外商控股 | Foreign-holding | 1409 | 683796 | 44161025 |
| 其他 | Others | 714 | 203701 | 15599767 |

3-1-1 续表 1 continued

单位：万元 (10 000 yuan)

| 分 组 | Group | 营业收入 Total Revenue | #主营业务收入 Revenue from Principal Business | 营业税金及附加 Total Tax and Extra Charges |
|---|---|---|---|---|
| **合 计** | **Total** | **370933096** | **365796814** | **2174900** |
| **按企业规模分** | **Grouped by Size of Enterprises** | | | |
| 大型 | Large | 124429154 | 121337417 | 395766 |
| 中型 | Medium-sized | 105925660 | 104628451 | 602809 |
| 小型 | Small | 138299616 | 137558849 | 1165362 |
| 微型 | Micro-sized | 2278666 | 2272098 | 10964 |
| **按登记注册类型分** | **by Status of Registration** | | | |
| 内资企业 | Domestic Funded Enterprises | 232047843 | 229832071 | 1717971 |
| 国有企业 | Stats-owned Enterprises | 1594173 | 1522229 | 11880 |
| 集体企业 | Collective-owned Enterprises | 3320878 | 3298876 | 36667 |
| 股份合作企业 | Cooperative Enterprises | 839654 | 836778 | 10881 |
| 联营企业 | Joint Ownership Enterprises | 204901 | 204536 | 692 |
| 有限责任公司 | Limited Liability Corporations | 77705857 | 76303634 | 472605 |
| 股份有限公司 | Share-holding Corporations Ltd. | 17965425 | 17640422 | 86002 |
| 私营公司 | Private Enterprises | 128670907 | 128282866 | 1055604 |
| 其他企业 | Other Enterprises | 1746050 | 1742730 | 43641 |
| 港、澳、台商投资企业 | Enterprises with Funds from Hong Kong, Macao and Taiwan | 70089298 | 68228679 | 227633 |
| 外商投资企业 | Foreign Funded Enterprises | 68795956 | 67736065 | 229296 |
| **按企业控股情况分** | **by Status of Holding** | | | |
| 国有控股 | State-holding | 36169647 | 34853229 | 168053 |
| 集体控股 | Collective-holding | 10711977 | 10598400 | 61531 |
| 私人控股 | Private-holding | 182496064 | 181697012 | 1450136 |
| 港澳台商控股 | Hong Kong, Macao and Taiwan-holding | 60990917 | 59282576 | 192389 |
| 外商控股 | Foreign-holding | 62338834 | 61487721 | 187772 |
| 其他 | Others | 18225657 | 17877876 | 115019 |

3-1-1 续表 2 continued

单位：万元 (10 000 yuan)

| 分 组 | Group | #主营业务税金及附加 Tax and Extra Charges from Principal Business | 营业利润 Operating Profit | 应交增值税 Value-added Tax Payable |
|---|---|---|---|---|
| **合 计** | **Total** | **2128413** | **22426117** | **9591777** |
| **按企业规模分** | **Grouped by Size of Enterprises** | | | |
| 大型 | Large | 392186 | 6273113 | 2922696 |
| 中型 | Medium-sized | 588758 | 7024472 | 2701774 |
| 小型 | Small | 1136955 | 9045576 | 3917608 |
| 微型 | Micro-sized | 10514 | 82956 | 49699 |
| **按登记注册类型分** | **by Status of Registration** | | | |
| 内资企业 | Domestic Funded Enterprises | 1679477 | 14834812 | 6791084 |
| 国有企业 | Stats-owned Enterprises | 11656 | 51975 | 44772 |
| 集体企业 | Collective-owned Enterprises | 35854 | 204698 | 83286 |
| 股份合作企业 | Cooperative Enterprises | 10669 | 57567 | 28018 |
| 联营企业 | Joint Ownership Enterprises | 692 | 27089 | 5430 |
| 有限责任公司 | Limited Liability Corporations | 458932 | 4505938 | 2287420 |
| 股份有限公司 | Share-holding Corporations Ltd. | 85070 | 950919 | 554531 |
| 私营公司 | Private Enterprises | 1033314 | 8912913 | 3739337 |
| 其他企业 | Other Enterprises | 43290 | 123713 | 48290 |
| 港、澳、台商投资企业 | Enterprises with Funds from Hong Kong, Macao and Taiwan | 224377 | 3351196 | 1520114 |
| 外商投资企业 | Foreign Funded Enterprises | 224559 | 4240109 | 1280579 |
| **按企业控股情况分** | **by Status of Holding** | | | |
| 国有控股 | State-holding | 164594 | 1350435 | 1257015 |
| 集体控股 | Collective-holding | 59910 | 683727 | 295048 |
| 私人控股 | Private-holding | 1423082 | 12980624 | 5272132 |
| 港澳台商控股 | Hong Kong, Macao and Taiwan-holding | 189395 | 2653143 | 1272530 |
| 外商控股 | Foreign-holding | 184901 | 3738340 | 1099688 |
| 其他 | Others | 106531 | 1019849 | 395364 |

3-1-1 续表 3 continued

单位：万元 (10 000 yuan)

| 分 组 | Group | 工业总产值（当年价格） Gross Industrial Output Value (current prices) | 工业销售产值（当年价格） Industrial Sales Output Value (current prices) | #出口交货值 Export Delivery Value |
|---|---|---|---|---|
| **合 计** | **Total** | **369035736** | **361467551** | **95929087** |
| **按企业规模分** | **Grouped by Size of Enterprises** | | | |
| 大型 | Large | 120496228 | 118093363 | 46700071 |
| 中型 | Medium-sized | 106684802 | 104241598 | 27433137 |
| 小型 | Small | 139459496 | 136793211 | 21409357 |
| 微型 | Micro-sized | 2395210 | 2339379 | 386523 |
| **按登记注册类型分** | **by Status of Registration** | | | |
| 内资企业 | Domestic Funded Enterprises | 230842583 | 226344180 | 31002783 |
| 国有企业 | Stats-owned Enterprises | 1464751 | 1463808 | 211053 |
| 集体企业 | Collective-owned Enterprises | 3348023 | 3304349 | 638287 |
| 股份合作企业 | Cooperative Enterprises | 851105 | 835737 | 179350 |
| 联营企业 | Joint Ownership Enterprises | 208974 | 204695 | 84752 |
| 有限责任公司 | Limited Liability Corporations | 74483679 | 73364789 | 7179683 |
| 股份有限公司 | Share-holding Corporations Ltd. | 17887315 | 17439774 | 3204689 |
| 私营公司 | Private Enterprises | 130809586 | 127992908 | 19134177 |
| 其他企业 | Other Enterprises | 1789151 | 1738119 | 370793 |
| 港、澳、台商投资企业 | Enterprises with Funds from Hong Kong, Macao and Taiwan | 69321818 | 67056047 | 31055679 |
| 外商投资企业 | Foreign Funded Enterprises | 68871335 | 68067325 | 33870625 |
| **按企业控股情况分** | **by Status of Holding** | | | |
| 国有控股 | State-holding | 31480710 | 31293052 | 3434643 |
| 集体控股 | Collective-holding | 10886075 | 10584784 | 1079281 |
| 私人控股 | Private-holding | 185953296 | 181860486 | 27695867 |
| 港澳台商控股 | Hong Kong, Macao and Taiwan-holding | 60017510 | 57956113 | 28502118 |
| 外商控股 | Foreign-holding | 62421686 | 61773510 | 32006623 |
| 其他 | Others | 18276460 | 17999606 | 3210554 |

# 3-1-2 按类别分规模以上文化制造业企业基本情况(2013年)

## Basic Statistics on Cultural Industrial Enterprises above Designated Size by Category(2013)

单位：万元 (10 000 yuan)

| 类 别 | Category | 企业单位数(个) Number of Enterprises (unit) | #亏损企业 Unprofitable Enterprise | 年末从业人员(人) Engaged Persons at Year-end (person) | #女性 Female |
|---|---|---|---|---|---|
| **合 计** | **Total** | **18076** | **2048** | **4982795** | **2488414** |
| 工艺美术品的制造 | Manufacture of Arts and Crafts | 4220 | 327 | 976691 | 546249 |
| 园林、陈设艺术及其他陶瓷制品制造 | Art of Garden, Furnishings and Manufacture of Other Ceramic Products | 387 | 36 | 119508 | 59215 |
| 印刷复制服务 | Printing and Duplicating Services | 5026 | 616 | 914341 | 398187 |
| 办公用品的制造 | Manufacture of Office Equipment | 591 | 79 | 130578 | 73971 |
| 乐器的制造 | Manufacture of Musical Instruments | 222 | 29 | 62191 | 30004 |
| 玩具的制造 | Manufacture of Toys | 1391 | 147 | 609857 | 378142 |
| 游艺器材及娱乐用品的制造 | Manufacture of Games and Entertainment | 154 | 13 | 32548 | 13433 |
| 视听设备的制造 | Manufacture of Audio and Visual Equipment | 979 | 211 | 673013 | 354983 |
| 焰火、鞭炮产品制造 | Manufacture of Fireworks and Firecrackers | 1094 | 13 | 276194 | 135143 |
| 文化用纸的制造 | Manufacture of Cultural Paper | 1313 | 184 | 393033 | 125081 |
| 文化用油墨颜料的制造 | Manufacture of Cultural Printing Ink | 528 | 43 | 65357 | 17996 |
| 文化用化学品的制造 | Manufacture of Cultural Chemicals | 173 | 33 | 60462 | 25241 |
| 其他文化用品的制造 | Manufacture of Other Cultural Products | 910 | 115 | 252954 | 118588 |
| 印刷专用设备的制造 | Manufacture of Printing Equipment | 295 | 41 | 47417 | 10835 |
| 广播电视电影专用设备的制造 | Manufacture of Radio, Film and Television Equipment | 506 | 95 | 184205 | 100023 |
| 其他文化专用设备的制造 | Manufacture of Other Cultural Equipment | 287 | 66 | 184446 | 101323 |

3-1-2 续表 continued

单位：万元 (10 000 yuan)

| 类 别 | Category | 资产总计 Total Assets | 营业收入 Total Revenue | 营业成本 Total Cost | 营业税金及附加 Total Tax and Extra Charges | 利润总额 Total Profit |
|---|---|---|---|---|---|---|
| **合 计** | **Total** | **247962237** | **370933096** | **320069989** | **2174900** | **22491756** |
| 工艺美术品的制造 | Manufacture of Arts and Crafts | 37305797 | 81884596 | 72311417 | 419503 | 4610607 |
| 园林、陈设艺术及其他陶瓷制品制造 | Art of Garden, Furnishings and Manufacture of Other Ceramic Products | 2032897 | 4810346 | 4019825 | 51520 | 340556 |
| 印刷复制服务 | Printing and Duplicating Services | 45700543 | 60240639 | 49956771 | 417349 | 4828373 |
| 办公用品的制造 | Manufacture of Office Equipment | 3735476 | 6355428 | 5385738 | 36634 | 362264 |
| 乐器的制造 | Manufacture of Musical Instruments | 1927893 | 2916966 | 2479213 | 17801 | 178048 |
| 玩具的制造 | Manufacture of Toys | 8723447 | 17353131 | 14947648 | 96197 | 919015 |
| 游艺器材及娱乐用品的制造 | Manufacture of Games and Entertainment | 1444793 | 2328130 | 1891470 | 13257 | 217890 |
| 视听设备的制造 | Manufacture of Audio and Visual Equipment | 40422730 | 72604684 | 64276392 | 206558 | 3617830 |
| 焰火、鞭炮产品制造 | Manufacture of Fireworks and Firecrackers | 3503566 | 12480424 | 9836429 | 455770 | 1124234 |
| 文化用纸的制造 | Manufacture of Cultural Paper | 58321091 | 45365042 | 39272567 | 174375 | 2530177 |
| 文化用油墨颜料的制造 | Manufacture of Cultural Printing Ink | 4857025 | 7058970 | 5853013 | 38936 | 516840 |
| 文化用化学品的制造 | Manufacture of Cultural Chemicals | 8646143 | 7071094 | 6168728 | 23123 | 376914 |
| 其他文化用品的制造 | Manufacture of Other Cultural Products | 10908964 | 20540721 | 17725882 | 87707 | 1264566 |
| 印刷专用设备的制造 | Manufacture of Printing Equipment | 2831368 | 3328908 | 2700823 | 24802 | 239319 |
| 广播电视电影专用设备的制造 | Manufacture of Radio, Film and Television Equipment | 10416958 | 12601132 | 10427271 | 62385 | 912978 |
| 其他文化专用设备的制造 | Manufacture of Other Cultural Equipment | 7183547 | 13992886 | 12816804 | 48986 | 452144 |

# 3-1-3 分地区规模以上文化制造业企业基本情况(2013年)

## Basic Statistics on Cultural Industrial Enterprises above Designated Size by Region(2013)

单位：万元 (10 000 yuan)

| 地 区 | Region | 企业单位数(个) Number of Enterprises (unit) | #亏损企业 Unprofitable Enterprise | 年末从业人员(人) Engaged Persons at Year-end (person) | #女性 Female |
|---|---|---|---|---|---|
| **全 国** | **National Total** | **18076** | **2048** | **4982795** | **2488414** |
| 北 京 | Beijing | 185 | 50 | 44468 | 17000 |
| 天 津 | Tianjin | 324 | 55 | 88368 | 43047 |
| 河 北 | Hebei | 562 | 49 | 99955 | 36436 |
| 山 西 | Shanxi | 60 | 17 | 16063 | 6732 |
| 内蒙古 | Inner Mongolia | 40 | 4 | 7250 | 2891 |
| 辽 宁 | Liaoning | 327 | 39 | 74856 | 35308 |
| 吉 林 | Jilin | 30 | 6 | 12272 | 4777 |
| 黑龙江 | Heilongjiang | 80 | 12 | 12264 | 5927 |
| 上 海 | Shanghai | 468 | 126 | 110070 | 53093 |
| 江 苏 | Jiangsu | 2506 | 330 | 665102 | 339998 |
| 浙 江 | Zhejiang | 1992 | 294 | 339217 | 166773 |
| 安 徽 | Anhui | 738 | 61 | 136272 | 69427 |
| 福 建 | Fujian | 1152 | 68 | 307260 | 143256 |
| 江 西 | Jiangxi | 499 | 26 | 135004 | 72347 |
| 山 东 | Shandong | 1837 | 116 | 409690 | 209125 |
| 河 南 | Henan | 844 | 31 | 270437 | 129544 |
| 湖 北 | Hubei | 443 | 42 | 87750 | 37664 |
| 湖 南 | Hunan | 1349 | 24 | 328661 | 144617 |
| 广 东 | Guangdong | 3518 | 582 | 1501613 | 800745 |
| 广 西 | Guangxi | 268 | 28 | 100582 | 63178 |
| 海 南 | Hainan | 6 | 2 | 5449 | 1415 |
| 重 庆 | Chongqing | 163 | 13 | 43818 | 21664 |
| 四 川 | Sichuan | 350 | 23 | 121191 | 57454 |
| 贵 州 | Guizhou | 49 | 2 | 6052 | 2729 |
| 云 南 | Yunnan | 81 | 15 | 19375 | 8393 |
| 西 藏 | Tibet | 5 | 1 | 750 | 402 |
| 陕 西 | Shaanxi | 78 | 13 | 18383 | 7441 |
| 甘 肃 | Gansu | 25 | 6 | 6127 | 2493 |
| 青 海 | Qinghai | 16 | 7 | 6927 | 1613 |
| 宁 夏 | Ningxia | 11 | 1 | 4777 | 2150 |
| 新 疆 | Xinjiang | 20 | 5 | 2792 | 775 |

## 3-1-3 续表 continued

单位：万元 (10 000 yuan)

| 地 区 | Region | 资产总计 Total Assets | 营业收入 Total Revenue | 营业成本 Total Cost | 营业税金及附加 Total Tax and Extra Charges | 利润总额 Total Profit |
|---|---|---|---|---|---|---|
| **全 国** | **National Total** | **247962237** | **370933096** | **320069989** | **2174900** | **22491756** |
| 北 京 | Beijing | 3931217 | 3156618 | 2528392 | 16199 | 206014 |
| 天 津 | Tianjin | 5870985 | 10998757 | 9600275 | 31842 | 546461 |
| 河 北 | Hebei | 4940193 | 8228282 | 6961432 | 39182 | 726616 |
| 山 西 | Shanxi | 622641 | 481969 | 405487 | 3280 | 30046 |
| 内蒙古 | Inner Mongolia | 863092 | 1417952 | 1163789 | 4544 | 190840 |
| 辽 宁 | Liaoning | 4627135 | 7442147 | 6495870 | 41531 | 481330 |
| 吉 林 | Jilin | 807631 | 1024883 | 815624 | 28433 | 88641 |
| 黑龙江 | Heilongjiang | 401229 | 770063 | 682160 | 2415 | 38774 |
| 上 海 | Shanghai | 8000684 | 12560300 | 10992513 | 26071 | 591285 |
| 江 苏 | Jiangsu | 41490826 | 60777791 | 52863470 | 212387 | 4279954 |
| 浙 江 | Zhejiang | 24597928 | 22445361 | 19086194 | 100194 | 1180044 |
| 安 徽 | Anhui | 7045628 | 10056889 | 8547816 | 56096 | 735990 |
| 福 建 | Fujian | 9487400 | 17832951 | 15266631 | 101732 | 1268828 |
| 江 西 | Jiangxi | 4819328 | 10539236 | 8798839 | 150365 | 929534 |
| 山 东 | Shandong | 29516172 | 47741819 | 41186410 | 294544 | 2986550 |
| 河 南 | Henan | 12013306 | 17615400 | 14848251 | 98929 | 1644427 |
| 湖 北 | Hubei | 4756146 | 7502325 | 6480899 | 51511 | 410934 |
| 湖 南 | Hunan | 8210744 | 21445341 | 17437227 | 433334 | 1498033 |
| 广 东 | Guangdong | 51685536 | 84229249 | 75475453 | 269700 | 3104855 |
| 广 西 | Guangxi | 2794887 | 4663653 | 3964706 | 40342 | 325398 |
| 海 南 | Hainan | 3359946 | 796179 | 638699 | 4765 | 66556 |
| 重 庆 | Chongqing | 2884998 | 3130663 | 2563545 | 38324 | 285481 |
| 四 川 | Sichuan | 11136783 | 12106010 | 10141514 | 95402 | 511003 |
| 贵 州 | Guizhou | 369030 | 608742 | 477478 | 5143 | 64634 |
| 云 南 | Yunnan | 1161221 | 1242218 | 863659 | 7473 | 199287 |
| 西 藏 | Tibet | 46425 | 26209 | 21934 | 750 | 1883 |
| 陕 西 | Shaanxi | 1003828 | 1214828 | 939626 | 15458 | 121167 |
| 甘 肃 | Gansu | 172878 | 138793 | 107127 | 1943 | 7166 |
| 青 海 | Qinghai | 890889 | 479139 | 477179 | 1768 | -39451 |
| 宁 夏 | Ningxia | 293077 | 106184 | 102576 | 239 | -6090 |
| 新 疆 | Xinjiang | 160455 | 153146 | 135216 | 1007 | 15569 |

# 3-1-4 按类别分规模以上文化制造业企业主要财务指标(2013年)

# Main Economic Indicators of Cultural Industrial Enterprises above Designated Size by Category(2013)

单位：万元 (10 000 yuan)

| 类别 | Category | 企业单位数(个) Number of Enterprises (unit) | 固定资产原价 Original Value of Fixed Assets | 本年折旧 Depreciation This Year | 主营业务收入 Revenue of Principal Business |
|---|---|---|---|---|---|
| **合计** | **Total** | **18076** | **122994652** | **9661722** | **365796814** |
| 工艺美术品的制造 | Manufacture of Arts and Crafts | 4220 | 13406874 | 985252 | 81426272 |
| 园林、陈设艺术及其他陶瓷制品制造 | Art of Garden, Furnishings and Manufacture of Other Ceramic Products | 387 | 1165366 | 95300 | 4806556 |
| 印刷复制服务 | Printing and Duplicating Services | 5026 | 27045477 | 1985252 | 59659884 |
| 办公用品的制造 | Manufacture of Office Equipment | 591 | 1687432 | 126834 | 6327801 |
| 乐器的制造 | Manufacture of Musical Instruments | 222 | 977356 | 62530 | 2902680 |
| 玩具的制造 | Manufacture of Toys | 1391 | 4228982 | 303714 | 17272714 |
| 游艺器材及娱乐用品的制造 | Manufacture of Games and Entertainment | 154 | 592187 | 35184 | 2316467 |
| 视听设备的制造 | Manufacture of Audio and Visual Equipment | 979 | 10842570 | 1099383 | 70160826 |
| 焰火、鞭炮产品制造 | Manufacture of Fireworks and Firecrackers | 1094 | 2279383 | 180317 | 12463721 |
| 文化用纸的制造 | Manufacture of Cultural Paper | 1313 | 38002371 | 2696886 | 44565346 |
| 文化用油墨颜料的制造 | Manufacture of Cultural Printing Ink | 528 | 2472068 | 194863 | 7000332 |
| 文化用化学品的制造 | Manufacture of Cultural Chemicals | 173 | 4739068 | 362958 | 6962522 |
| 其他文化用品的制造 | Manufacture of Other Cultural Products | 910 | 7097860 | 741883 | 20365192 |
| 印刷专用设备的制造 | Manufacture of Printing Equipment | 295 | 1157925 | 86107 | 3307792 |
| 广播电视电影专用设备的制造 | Manufacture of Radio, Film and Television Equipment | 506 | 3473850 | 371166 | 12386543 |
| 其他文化专用设备的制造 | Manufacture of Other Cultural Equipment | 287 | 3825885 | 334092 | 13872168 |

3-1-4 续表 1 continued

单位：万元 (10 000 yuan)

| 类别 | Category | 主营业务成本 Cost of Principal Business | 主营业务税金及附加 Tax and Extra Charges from Principal Business | 营业利润 Operating Profit | 营业外收入 Non-operating Revenue |
|---|---|---|---|---|---|
| **合计** | **Total** | **315346030** | **2128413** | **22426117** | **1236033** |
| 工艺美术品的制造 | Manufacture of Arts and Crafts | 71860069 | 409500 | 4842447 | 131804 |
| 园林、陈设艺术及其他陶瓷制品制造 | Art of Garden, Furnishings and Manufacture of Other Ceramic Products | 4012800 | 50350 | 335912 | 6345 |
| 印刷复制服务 | Printing and Duplicating Services | 49470850 | 410937 | 4796419 | 162451 |
| 办公用品的制造 | Manufacture of Office Equipment | 5365993 | 36390 | 375835 | 25522 |
| 乐器的制造 | Manufacture of Musical Instruments | 2468671 | 17799 | 175239 | 8103 |
| 玩具的制造 | Manufacture of Toys | 14869296 | 94734 | 932222 | 19495 |
| 游艺器材及娱乐用品的制造 | Manufacture of Games and Entertainment | 1882539 | 12600 | 237068 | 3503 |
| 视听设备的制造 | Manufacture of Audio and Visual Equipment | 61898794 | 204036 | 3470317 | 392499 |
| 焰火、鞭炮产品制造 | Manufacture of Fireworks and Firecrackers | 9800518 | 447756 | 1147475 | 11802 |
| 文化用纸的制造 | Manufacture of Cultural Paper | 38604457 | 171441 | 2508593 | 188905 |
| 文化用油墨颜料的制造 | Manufacture of Cultural Printing Ink | 5797635 | 37811 | 508387 | 27015 |
| 文化用化学品的制造 | Manufacture of Cultural Chemicals | 6079867 | 22672 | 315543 | 62761 |
| 其他文化用品的制造 | Manufacture of Other Cultural Products | 17580709 | 85553 | 1252031 | 46399 |
| 印刷专用设备的制造 | Manufacture of Printing Equipment | 2685804 | 24701 | 225383 | 19033 |
| 广播电视电影专用设备的制造 | Manufacture of Radio, Film and Television Equipment | 10283513 | 61195 | 863436 | 78399 |
| 其他文化专用设备的制造 | Manufacture of Other Cultural Equipment | 12684514 | 40941 | 439811 | 51997 |

3-1-4 续表 2 continued

单位：万元 (10 000 yuan)

| 类 别 | Category | #补贴收入 Subsidize Revenue | 营业外支出 Non-operating Cost | 应付职工薪酬 Employee Benefits Payable | 应交增值税 Value-added Tax Payable |
|---|---|---|---|---|---|
| **合 计** | **Total** | **385702** | **1124366** | **22328588** | **9591777** |
| 工艺美术品的制造 | Manufacture of Arts and Crafts | 22771 | 302747 | 3893631 | 1917762 |
| 园林、陈设艺术及其他陶瓷制品制造 | Art of Garden, Furnishings and Manufacture of Other Ceramic Products | 2789 | 2241 | 454018 | 185766 |
| 印刷复制服务 | Printing and Duplicating Services | 60917 | 125965 | 4148616 | 1936727 |
| 办公用品的制造 | Manufacture of Office Equipment | 4115 | 15557 | 540107 | 153265 |
| 乐器的制造 | Manufacture of Musical Instruments | 4046 | 5456 | 254356 | 80713 |
| 玩具的制造 | Manufacture of Toys | 5635 | 35159 | 2318733 | 400942 |
| 游艺器材及娱乐用品的制造 | Manufacture of Games and Entertainment | 802 | 22806 | 154079 | 61594 |
| 视听设备的制造 | Manufacture of Audio and Visual Equipment | 90015 | 224859 | 3621425 | 1618491 |
| 焰火、鞭炮产品制造 | Manufacture of Fireworks and Firecrackers | 7261 | 37816 | 1000143 | 580568 |
| 文化用纸的制造 | Manufacture of Cultural Paper | 99834 | 187615 | 1788132 | 1220515 |
| 文化用油墨颜料的制造 | Manufacture of Cultural Printing Ink | 7359 | 19349 | 351590 | 212562 |
| 文化用化学品的制造 | Manufacture of Cultural Chemicals | 7051 | 19242 | 388231 | 160876 |
| 其他文化用品的制造 | Manufacture of Other Cultural Products | 17951 | 48677 | 1192551 | 490284 |
| 印刷专用设备的制造 | Manufacture of Printing Equipment | 9406 | 5583 | 252577 | 109254 |
| 广播电视电影专用设备的制造 | Manufacture of Radio, Film and Television Equipment | 37200 | 28406 | 946962 | 290011 |
| 其他文化专用设备的制造 | Manufacture of Other Cultural Equipment | 8549 | 42888 | 1023439 | 172445 |

3-1-4 续表 3 continued

单位：万元 (10 000 yuan)

| 类 别 | Category | 工业总产值（当年价格） Gross Industrial Output Value (current prices) | 工业销售产值（当年价格） Industrial Sales Output Value (current prices) | #出口交货值 Export Delivery Value |
|---|---|---|---|---|
| **合 计** | **Total** | **369035736** | **361467551** | **95929087** |
| 工艺美术品的制造 | Manufacture of Arts and Crafts | 81230518 | 79106734 | 21225684 |
| 园林、陈设艺术及其他陶瓷制品制造 | Art of Garden, Furnishings and Manufacture of Other Ceramic Products | 4998301 | 4852855 | 1110275 |
| 印刷复制服务 | Printing and Duplicating Services | 61452239 | 60149414 | 3919433 |
| 办公用品的制造 | Manufacture of Office Equipment | 6475405 | 6376092 | 1742841 |
| 乐器的制造 | Manufacture of Musical Instruments | 2981573 | 2893769 | 826239 |
| 玩具的制造 | Manufacture of Toys | 17742615 | 17198570 | 7889392 |
| 游艺器材及娱乐用品的制造 | Manufacture of Games and Entertainment | 2333334 | 2305139 | 688053 |
| 视听设备的制造 | Manufacture of Audio and Visual Equipment | 68465046 | 67784080 | 29241515 |
| 焰火、鞭炮产品制造 | Manufacture of Fireworks and Firecrackers | 13036144 | 12770444 | 2203972 |
| 文化用纸的制造 | Manufacture of Cultural Paper | 45628155 | 44673193 | 2323194 |
| 文化用油墨颜料的制造 | Manufacture of Cultural Printing Ink | 7126376 | 6962240 | 566962 |
| 文化用化学品的制造 | Manufacture of Cultural Chemicals | 7193046 | 7065205 | 1611322 |
| 其他文化用品的制造 | Manufacture of Other Cultural Products | 20579919 | 20224309 | 7912299 |
| 印刷专用设备的制造 | Manufacture of Printing Equipment | 3347713 | 3267439 | 254772 |
| 广播电视电影专用设备的制造 | Manufacture of Radio, Film and Television Equipment | 12730404 | 12433121 | 4254566 |
| 其他文化专用设备的制造 | Manufacture of Other Cultural Equipment | 13714949 | 13404947 | 10158569 |

# 3-1-5 分地区规模以上文化制造业企业主要财务指标(2013年)

# Main Economic Indicators of Cultural Industrial Enterprises above Designated Size by Region(2013)

单位：万元　(10 000 yuan)

| 地　区 | Region | 企业单位数(个) Number of Enterprises (unit) | 固定资产原价 Original Value of Fixed Assets | 本年折旧 Depreciation This Year | 主营业务收入 Revenue of Principal Business | 主营业务成本 Cost of Principal Business |
|---|---|---|---|---|---|---|
| **全　国** | **National Total** | **18076** | **122994652** | **9661722** | **365796814** | **315346030** |
| 北　京 | Beijing | 185 | 1839587 | 103418 | 3072388 | 2485521 |
| 天　津 | Tianjin | 324 | 2568257 | 182106 | 10762216 | 9327477 |
| 河　北 | Hebei | 562 | 3099900 | 224068 | 8188325 | 6926712 |
| 山　西 | Shanxi | 60 | 292295 | 13905 | 470472 | 389539 |
| 内蒙古 | Inner Mongolia | 40 | 199027 | 12945 | 1357770 | 1106730 |
| 辽　宁 | Liaoning | 327 | 2752732 | 233329 | 7400630 | 6375122 |
| 吉　林 | Jilin | 80 | 564852 | 49351 | 1019101 | 812263 |
| 黑龙江 | Heilongjiang | 80 | 313367 | 25422 | 767978 | 680979 |
| 上　海 | Shanghai | 468 | 3844167 | 253115 | 12279563 | 10769573 |
| 江　苏 | Jiangsu | 2506 | 26402603 | 2298981 | 60010018 | 52267345 |
| 浙　江 | Zhejiang | 1992 | 9097479 | 565333 | 22115862 | 18826860 |
| 安　徽 | Anhui | 738 | 3333113 | 258191 | 10006328 | 8491177 |
| 福　建 | Fujian | 1152 | 3634209 | 278572 | 17731877 | 15162901 |
| 江　西 | Jiangxi | 499 | 3313363 | 316168 | 10530457 | 8784036 |
| 山　东 | Shandong | 1837 | 17048525 | 1390095 | 46737374 | 40314060 |
| 河　南 | Henan | 844 | 6798457 | 411825 | 17583310 | 14818390 |
| 湖　北 | Hubei | 443 | 4189537 | 455134 | 7481092 | 6433934 |
| 湖　南 | Hunan | 1349 | 5368966 | 350702 | 21392661 | 17373058 |
| 广　东 | Guangdong | 3518 | 16207799 | 1325549 | 82420916 | 73753098 |
| 广　西 | Guangxi | 268 | 1526108 | 143679 | 4643374 | 3951882 |
| 海　南 | Hainan | 6 | 2319678 | 66767 | 773110 | 609807 |
| 重　庆 | Chongqing | 163 | 2125917 | 195646 | 3114147 | 2548104 |
| 四　川 | Sichuan | 350 | 3696541 | 360483 | 12048631 | 10094243 |
| 贵　州 | Guizhou | 49 | 163411 | 9747 | 567449 | 438114 |
| 云　南 | Yunnan | 81 | 619284 | 34481 | 1224196 | 847394 |
| 西　藏 | Tibet | 5 | 20858 | 678 | 25907 | 21110 |
| 陕　西 | Shaanxi | 78 | 586404 | 39717 | 1206358 | 928077 |
| 甘　肃 | Gansu | 25 | 106914 | 5817 | 135416 | 103566 |
| 青　海 | Qinghai | 16 | 665056 | 39942 | 477139 | 473550 |
| 宁　夏 | Ningxia | 11 | 201828 | 11486 | 102705 | 98976 |
| 新　疆 | Xinjiang | 20 | 94421 | 5072 | 150043 | 132431 |

3-1-5 续表 1 continued

单位：万元 (10 000 yuan)

| 地 区 | Region | 主营业务税金及附加 Tax and Extra Charges from Principal Business | 营业利润 Operating Profit | 营业外收入 Non-operating Revenue | #补贴收入 Subsidize Revenue | 营业外支出 Non-operating Cost |
|---|---|---|---|---|---|---|
| 全 国 | **National Total** | **2128413** | **22426117** | **1236033** | **385702** | **1124366** |
| 北 京 | Beijing | 15182 | 178473 | 36948 | 14584 | 10257 |
| 天 津 | Tianjin | 30921 | 703933 | 39240 | 7339 | 197858 |
| 河 北 | Hebei | 39118 | 731718 | 10309 | 2909 | 14344 |
| 山 西 | Shanxi | 3111 | 22716 | 8354 | 3935 | 1024 |
| 内蒙古 | Inner Mongolia | 4518 | 174197 | 26502 | 108 | 9931 |
| 辽 宁 | Liaoning | 41142 | 467495 | 52044 | 12107 | 34709 |
| 吉 林 | Jilin | 28430 | 78823 | 19498 | 914 | 9693 |
| 黑龙江 | Heilongjiang | 2385 | 37315 | 1550 | 551 | 91 |
| 上 海 | Shanghai | 25802 | 529131 | 65171 | 15799 | 20798 |
| 江 苏 | Jiangsu | 210294 | 4258358 | 135449 | 26387 | 142088 |
| 浙 江 | Zhejiang | 97671 | 1124665 | 116287 | 33751 | 69063 |
| 安 徽 | Anhui | 54697 | 715666 | 32316 | 16952 | 19166 |
| 福 建 | Fujian | 98008 | 1348409 | 47843 | 15392 | 49925 |
| 江 西 | Jiangxi | 148234 | 947453 | 10478 | 2674 | 28407 |
| 山 东 | Shandong | 286118 | 3043497 | 113995 | 50503 | 153366 |
| 河 南 | Henan | 90293 | 1613115 | 38301 | 4639 | 6894 |
| 湖 北 | Hubei | 48888 | 394765 | 24371 | 13089 | 6777 |
| 湖 南 | Hunan | 425320 | 1601236 | 61788 | 46106 | 168099 |
| 广 东 | Guangdong | 267002 | 2973018 | 263833 | 75876 | 143203 |
| 广 西 | Guangxi | 40137 | 330905 | 2864 | 1814 | 8397 |
| 海 南 | Hainan | 4765 | 65230 | 3736 | 2520 | 2410 |
| 重 庆 | Chongqing | 38168 | 280663 | 9793 | 4991 | 4877 |
| 四 川 | Sichuan | 95017 | 451865 | 96088 | 22530 | 15135 |
| 贵 州 | Guizhou | 5049 | 62933 | 2892 | 2648 | 483 |
| 云 南 | Yunnan | 7350 | 197749 | 2535 | 1526 | 1395 |
| 西 藏 | Tibet | 720 | 3010 | 14 | 13 | 1141 |
| 陕 西 | Shaanxi | 15118 | 118921 | 3469 | 460 | 1242 |
| 甘 肃 | Gansu | 1941 | 4359 | 3635 | 2676 | 387 |
| 青 海 | Qinghai | 1768 | -38968 | 2138 | 1461 | 2621 |
| 宁 夏 | Ningxia | 238 | -7346 | 1809 | 847 | 553 |
| 新 疆 | Xinjiang | 1007 | 12813 | 2785 | 603 | 30 |

3-1-5 续表 2 continued

单位：万元 (10 000 yuan)

| 地 区 | Region | 应付职工薪酬 Employee Benefits Payable | 应交增值税 Value-added Tax Payable | 工业总产值(当年价格) Gross Industrial Output Value (current prices) | 工业销售产值(当年价格) Industrial Sales Output Value (current prices) | #出口交货值 Export Delivery Value |
|---|---|---|---|---|---|---|
| **全 国** | **National Total** | **22328588** | **9591777** | **369035736** | **361467551** | **95929087** |
| 北 京 | Beijing | 407829 | 106975 | 2810381 | 2799654 | 129795 |
| 天 津 | Tianjin | 448703 | 329354 | 10544085 | 10288168 | 3642396 |
| 河 北 | Hebei | 410644 | 212533 | 8494862 | 8371491 | 363680 |
| 山 西 | Shanxi | 50413 | 12832 | 543022 | 453427 | 6339 |
| 内蒙古 | Inner Mongolia | 29098 | 19990 | 1362310 | 1364285 | 25686 |
| 辽 宁 | Liaoning | 360634 | 131228 | 7417829 | 7303317 | 1974841 |
| 吉 林 | Jilin | 38637 | 28036 | 1098259 | 1043675 | 17703 |
| 黑龙江 | Heilongjiang | 45525 | 19925 | 805527 | 774208 | 6667 |
| 上 海 | Shanghai | 753365 | 178137 | 11178432 | 11103892 | 3332179 |
| 江 苏 | Jiangsu | 3592473 | 1464508 | 60180623 | 59522859 | 20849207 |
| 浙 江 | Zhejiang | 1470403 | 526158 | 23054066 | 22530165 | 6468147 |
| 安 徽 | Anhui | 558139 | 235539 | 10418132 | 10104229 | 1451640 |
| 福 建 | Fujian | 1395476 | 441725 | 18252342 | 17731899 | 7306236 |
| 江 西 | Jiangxi | 471587 | 394062 | 10077965 | 9937852 | 2451629 |
| 山 东 | Shandong | 1652761 | 1476780 | 45369299 | 44881175 | 6546668 |
| 河 南 | Henan | 746487 | 444380 | 18161770 | 17770398 | 1700762 |
| 湖 北 | Hubei | 359364 | 206884 | 8036381 | 7699663 | 469525 |
| 湖 南 | Hunan | 1267114 | 839229 | 22152330 | 21771797 | 3543751 |
| 广 东 | Guangdong | 6603669 | 1539470 | 83868023 | 81536886 | 33933967 |
| 广 西 | Guangxi | 330129 | 121226 | 4887017 | 4683805 | 764847 |
| 海 南 | Hainan | 54793 | 35558 | 928429 | 937205 | 58968 |
| 重 庆 | Chongqing | 226218 | 138726 | 3206455 | 3062632 | 89317 |
| 四 川 | Sichuan | 728890 | 544569 | 11878600 | 11730287 | 599421 |
| 贵 州 | Guizhou | 43112 | 19927 | 695359 | 630326 | |
| 云 南 | Yunnan | 99435 | 56632 | 1362914 | 1255951 | 2788 |
| 西 藏 | Tibet | 1838 | 672 | 30248 | 30567 | 1203 |
| 陕 西 | Shaanxi | 104294 | 53937 | 1318009 | 1271416 | 151982 |
| 甘 肃 | Gansu | 19991 | 2476 | 130171 | 117229 | |
| 青 海 | Qinghai | 26877 | 4935 | 506198 | 500416 | 23900 |
| 宁 夏 | Ningxia | 18610 | 2858 | 106765 | 105447 | |
| 新 疆 | Xinjiang | 12080 | 2521 | 159934 | 153234 | 15845 |

# 3-1-6 规模以上文化制造业企业科技活动情况(2013年)

# Basic Statistics on Science and Technology Activities of Cultural Industrial Enterprises above Designated Size(2013)

| 分 组 | Group | 有R&D活动企业(个) Number of R&D Enterprises (unit) | R&D人员全时当量(人年) Full-time Equivalent of R&D Personnel (man-year) |
|---|---|---|---|
| **合 计** | **Total** | **2461** | **99531** |
| **按企业规模分** | **Grouped by Size of Enterprises** | | |
| 大型 | Large | 208 | 48742 |
| 中型 | Medium-sized | 772 | 30914 |
| 小型 | Small | 1472 | 19670 |
| 微型 | Micro-sized | 9 | 205 |
| **按登记注册类型分** | **by Status of Registration** | | |
| 内资企业 | Domestic Funded Enterprises | 1778 | 62837 |
| 国有企业 | Stats-owned Enterprises | 12 | 257 |
| 集体企业 | Collective-owned Enterprises | 9 | 441 |
| 股份合作企业 | Cooperative Enterprises | 7 | 129 |
| 联营企业 | Joint Ownership Enterprises | 1 | 14 |
| 有限责任公司 | Limited Liability Corporations | 438 | 27439 |
| 股份有限公司 | Share-holding Corporations Ltd. | 111 | 12806 |
| 私营公司 | Private Enterprises | 1195 | 21531 |
| 其他企业 | Other Enterprises | 5 | 220 |
| 港、澳、台商投资企业 | Enterprises with Funds from Hong Kong, Macao and Taiwan | 358 | 22444 |
| 外商投资企业 | Foreign Funded Enterprises | 325 | 14250 |
| **按企业控股情况分** | **by Status of Holding** | | |
| 国有控股 | State-holding | 125 | 20234 |
| 集体控股 | Collective-holding | 47 | 2134 |
| 私人控股 | Private-holding | 1637 | 40027 |
| 港澳台商控股 | Hong Kong, Macao and Taiwan-holding | 278 | 17905 |
| 外商控股 | Foreign-holding | 249 | 13089 |
| 其他 | Others | 125 | 6143 |

3-1-6 续表 1 continued

| 分 组 | Group | R&D经费内部支出(万元) Internal Expenditure on R&D (10 000 yuan) | R&D项目数(个) R&D Projects (item) |
|---|---|---|---|
| **合 计** | **Total** | **3057016** | **14560** |
| **按企业规模分** | **Grouped by Size of Enterprises** | | |
| 大型 | Large | 1752147 | 6157 |
| 中型 | Medium-sized | 801587 | 4483 |
| 小型 | Small | 501129 | 3891 |
| 微型 | Micro-sized | 2153 | 29 |
| **按登记注册类型分** | **by Status of Registration** | | |
| 内资企业 | Domestic Funded Enterprises | 1934216 | 10066 |
| 国有企业 | Stats-owned Enterprises | 7036 | 67 |
| 集体企业 | Collective-owned Enterprises | 6639 | 60 |
| 股份合作企业 | Cooperative Enterprises | 2909 | 19 |
| 联营企业 | Joint Ownership Enterprises | 183 | 1 |
| 有限责任公司 | Limited Liability Corporations | 996777 | 4728 |
| 股份有限公司 | Share-holding Corporations Ltd. | 356596 | 1786 |
| 私营公司 | Private Enterprises | 559442 | 3373 |
| 其他企业 | Other Enterprises | 4634 | 32 |
| 港、澳、台商投资企业 | Enterprises with Funds from Hong Kong, Macao and Taiwan | 611494 | 2191 |
| 外商投资企业 | Foreign Funded Enterprises | 511306 | 2303 |
| **按企业控股情况分** | **by Status of Holding** | | |
| 国有控股 | State-holding | 793572 | 3873 |
| 集体控股 | Collective-holding | 84273 | 309 |
| 私人控股 | Private-holding | 1037274 | 5710 |
| 港澳台商控股 | Hong Kong, Macao and Taiwan-holding | 512207 | 1834 |
| 外商控股 | Foreign-holding | 467078 | 1499 |
| 其他 | Others | 162612 | 1335 |

3-1-6 续表 2 continued

| 分 组 | Group | 新产品项目数（个） Number of New Products (unit) | 开发新产品经费（万元） Expenditure on New Products Development (10 000 yuan) |
|---|---|---|---|
| **合 计** | **Total** | **17194** | **3654299** |
| **按企业规模分** | **Grouped by Size of Enterprises** | | |
| 大型 | Large | 7251 | 2025902 |
| 中型 | Medium-sized | 5118 | 973447 |
| 小型 | Small | 4816 | 653380 |
| 微型 | Micro-sized | 9 | 1570 |
| **按登记注册类型分** | **by Status of Registration** | | |
| 内资企业 | Domestic Funded Enterprises | 12205 | 2257454 |
| 国有企业 | Stats-owned Enterprises | 68 | 8497 |
| 集体企业 | Collective-owned Enterprises | 73 | 11177 |
| 股份合作企业 | Cooperative Enterprises | 19 | 1935 |
| 联营企业 | Joint Ownership Enterprises | 1 | 183 |
| 有限责任公司 | Limited Liability Corporations | 5960 | 1079520 |
| 股份有限公司 | Share-holding Corporations Ltd. | 1984 | 433839 |
| 私营公司 | Private Enterprises | 4067 | 717824 |
| 其他企业 | Other Enterprises | 33 | 4480 |
| 港、澳、台商投资企业 | Enterprises with Funds from Hong Kong, Macao and Taiwan | 2613 | 783240 |
| 外商投资企业 | Foreign Funded Enterprises | 2376 | 613606 |
| **按企业控股情况分** | **by Status of Holding** | | |
| 国有控股 | State-holding | 4890 | 889256 |
| 集体控股 | Collective-holding | 336 | 72028 |
| 私人控股 | Private-holding | 6875 | 1336729 |
| 港澳台商控股 | Hong Kong, Macao and Taiwan-holding | 2159 | 621326 |
| 外商控股 | Foreign-holding | 1480 | 557283 |
| 其他 | Others | 1454 | 177677 |

3-1-6 续表 3 continued

| 分 组 | Group | 新产品销售收入（万元）Sales Revenue of New Products (10 000 yuan) | #出口 Export |
|---|---|---|---|
| **合 计** | **Total** | **62761780** | **13919096** |
| **按企业规模分** | **Grouped by Size of Enterprises** | | |
| 大型 | Large | 43316568 | 10222595 |
| 中型 | Medium-sized | 13893456 | 2684150 |
| 小型 | Small | 5523478 | 1009570 |
| 微型 | Micro-sized | 28278 | 2780 |
| **按登记注册类型分** | **by Status of Registration** | | |
| 内资企业 | Domestic Funded Enterprises | 32849224 | 5068283 |
| 国有企业 | Stats-owned Enterprises | 316975 | 3640 |
| 集体企业 | Collective-owned Enterprises | 190181 | 29 |
| 股份合作企业 | Cooperative Enterprises | 30305 | 3632 |
| 联营企业 | Joint Ownership Enterprises | | |
| 有限责任公司 | Limited Liability Corporaticns | 17320722 | 2143514 |
| 股份有限公司 | Share-holding Corporations Ltd. | 6761008 | 1551357 |
| 私营公司 | Private Enterprises | 8078628 | 1358232 |
| 其他企业 | Other Enterprises | 151405 | 7879 |
| 港、澳、台商投资企业 | Enterprises with Funds from Hong Kong, Macao and Taiwan | 13205917 | 4175614 |
| 外商投资企业 | Foreign Funded Enterprises | 16706639 | 4675199 |
| **按企业控股情况分** | **by Status of Holding** | | |
| 国有控股 | State-holding | 15657395 | 1731518 |
| 集体控股 | Collective-holding | 1179113 | 65882 |
| 私人控股 | Private-holding | 15460795 | 3292034 |
| 港澳台商控股 | Hong Kong, Macao and Taiwan-holding | 10571181 | 3390035 |
| 外商控股 | Foreign-holding | 15754357 | 4621705 |
| 其他 | Others | 4138939 | 817922 |

3-1-6 续表 4 continued

| 分 组 | Group | 专利申请（件） Patent Applications (piece) | #发明专利 Inventions | 有效发明专利（件） Number of Patents in Force (piece) |
|---|---|---|---|---|
| **合 计** | **Total** | **29264** | **8365** | **14351** |
| **按企业规模分** | **Grouped by Size of Enterprises** | | | |
| 大型 | Large | 9236 | 3349 | 7328 |
| 中型 | Medium-sized | 9349 | 2698 | 3698 |
| 小型 | Small | 10669 | 2314 | 3322 |
| 微型 | Micro-sized | 10 | 4 | 3 |
| **按登记注册类型分** | **by Status of Registration** | | | |
| 内资企业 | Domestic Funded Enterprises | 20635 | 5270 | 9273 |
| 国有企业 | Stats-owned Enterprises | 53 | 13 | 53 |
| 集体企业 | Collective-owned Enterprises | 70 | 6 | 7 |
| 股份合作企业 | Cooperative Enterprises | 52 | 14 | 17 |
| 联营企业 | Joint Ownership Enterprises | | | |
| 有限责任公司 | Limited Liability Corporations | 7362 | 2353 | 3702 |
| 股份有限公司 | Share-holding Corporations Ltd. | 2721 | 861 | 2460 |
| 私营公司 | Private Enterprises | 10366 | 2012 | 2999 |
| 其他企业 | Other Enterprises | 11 | 11 | 35 |
| 港、澳、台商投资企业 | Enterprises with Funds from Hong Kong, Macao and Taiwan | 4823 | 1230 | 2820 |
| 外商投资企业 | Foreign Funded Enterprises | 3806 | 1865 | 2258 |
| **按企业控股情况分** | **by Status of Holding** | | | |
| 国有控股 | State-holding | 3721 | 1654 | 3057 |
| 集体控股 | Collective-holding | 420 | 110 | 175 |
| 私人控股 | Private-holding | 16325 | 3447 | 5946 |
| 港澳台商控股 | Hong Kong, Macao and Taiwan-holding | 3424 | 942 | 2655 |
| 外商控股 | Foreign-holding | 2971 | 1265 | 1812 |
| 其他 | Others | 2403 | 947 | 706 |

# 3-1-7 按类别分规模以上文化制造业企业科技活动情况(2013年)

# Basic Statistics on Science and Technology Activities of Cultural Industrial Enterprises above Designated Size by Category(2013)

| 类别 | Category | 有R&D活动企业（个）Number of R&D Enterprises (unit) | R&D人员全时当量（人年）Full-time Equivalent of R&D Personnel (man-year) | R&D经费内部支出（万元）Internal Expenditure on R&D (10 000 yuan) |
|---|---|---|---|---|
| **合 计** | **Total** | **2461** | **99531** | **3057016** |
| 工艺美术品的制造 | Manufacture of Arts and Crafts | 346 | 6866 | 184495 |
| 园林、陈设艺术及其他陶瓷制品制造 | Art of Garden, Furnishings and Manufacture of Other Ceramic Products | 49 | 798 | 26178 |
| 印刷复制服务 | Printing and Duplicating Services | 450 | 11227 | 297351 |
| 办公用品的制造 | Manufacture of Office Equipment | 98 | 1783 | 36033 |
| 乐器的制造 | Manufacture of Musical Instruments | 40 | 1170 | 26829 |
| 玩具的制造 | Manufacture of Toys | 143 | 3217 | 64374 |
| 游艺器材及娱乐用品的制造 | Manufacture of Games and Entertainment | 35 | 941 | 31331 |
| 视听设备的制造 | Manufacture of Audio and Visual Equipment | 251 | 32171 | 1153986 |
| 焰火、鞭炮产品制造 | Manufacture of Fireworks and Firecrackers | 53 | 338 | 8586 |
| 文化用纸的制造 | Manufacture of Cultural Paper | 182 | 10185 | 438331 |
| 文化用油墨颜料的制造 | Manufacture of Cultural Printing Ink | 122 | 2835 | 68951 |
| 文化用化学品的制造 | Manufacture of Cultural Chemicals | 63 | 3314 | 113556 |
| 其他文化用品的制造 | Manufacture of Other Cultural Products | 265 | 7411 | 232147 |
| 印刷专用设备的制造 | Manufacture of Printing Equipment | 104 | 2721 | 43912 |
| 广播电视电影专用设备的制造 | Manufacture of Radio, Film and Television Equipment | 179 | 10170 | 206880 |
| 其他文化专用设备的制造 | Manufacture of Other Cultural Equipment | 81 | 4387 | 124078 |

3-1-7 续表 1 continued

| 类别 | Category | R&D项目数（个）R&D Projects (item) | 新产品项目数（个）Number of New Products (unit) | 开发新产品经费（万元）Expenditure on New Products Development (10 000 yuan) |
|---|---|---|---|---|
| **合 计** | **Total** | **14560** | **17194** | **3654299** |
| 工艺美术品的制造 | Manufacture of Arts and Crafts | 1076 | 1256 | 254192 |
| 园林、陈设艺术及其他陶瓷制品制造 | Art of Garden, Furnishings and Manufacture of Other Ceramic Products | 109 | 109 | 30146 |
| 印刷复制服务 | Printing and Duplicating Services | 1723 | 1895 | 322251 |
| 办公用品的制造 | Manufacture of Office Equipment | 363 | 454 | 47013 |
| 乐器的制造 | Manufacture of Musical Instruments | 144 | 186 | 33253 |
| 玩具的制造 | Manufacture of Toys | 545 | 810 | 97023 |
| 游艺器材及娱乐用品的制造 | Manufacture of Games and Entertainment | 139 | 218 | 50051 |
| 视听设备的制造 | Manufacture of Audio and Visual Equipment | 5487 | 6568 | 1380574 |
| 焰火、鞭炮产品制造 | Manufacture of Fireworks and Firecrackers | 55 | 64 | 12424 |
| 文化用纸的制造 | Manufacture of Cultural Paper | 858 | 795 | 402850 |
| 文化用油墨颜料的制造 | Manufacture of Cultural Printing Ink | 522 | 571 | 78264 |
| 文化用化学品的制造 | Manufacture of Cultural Chemicals | 384 | 402 | 129228 |
| 其他文化用品的制造 | Manufacture of Other Cultural Products | 1108 | 1248 | 288457 |
| 印刷专用设备的制造 | Manufacture of Printing Equipment | 437 | 540 | 59359 |
| 广播电视电影专用设备的制造 | Manufacture of Radio, Film and Television Equipment | 1169 | 1512 | 309485 |
| 其他文化专用设备的制造 | Manufacture of Other Cultural Equipment | 441 | 566 | 159730 |

3-1-7 续表 2 continued

| 类 别 | Category | 新产品销售收入(万元) Sales Revenue of New Products (10 000 yuan) | #出口 Export |
|---|---|---|---|
| **合 计** | **Total** | **62761780** | **13919096** |
| 工艺美术品的制造 | Manufacture of Arts and Crafts | 4877385 | 812606 |
| 园林、陈设艺术及其他陶瓷制品制造 | Art of Garden, Furnishings and Manufacture of Other Ceramic Products | 166389 | 18209 |
| 印刷复制服务 | Printing and Duplicating Services | 4299761 | 318940 |
| 办公用品的制造 | Manufacture of Office Equipment | 554532 | 202550 |
| 乐器的制造 | Manufacture of Musical Instruments | 262223 | 56372 |
| 玩具的制造 | Manufacture of Toys | 872076 | 402435 |
| 游艺器材及娱乐用品的制造 | Manufacture of Games and Entertainment | 621295 | 281070 |
| 视听设备的制造 | Manufacture of Audio and Visual Equipment | 29930398 | 8402053 |
| 焰火、鞭炮产品制造 | Manufacture of Fireworks and Firecrackers | 120648 | 16571 |
| 文化用纸的制造 | Manufacture of Cultural Paper | 8459826 | 551625 |
| 文化用油墨颜料的制造 | Manufacture of Cultural Printing Ink | 887021 | 88423 |
| 文化用化学品的制造 | Manufacture of Cultural Chemicals | 1957118 | 174644 |
| 其他文化用品的制造 | Manufacture of Other Cultural Products | 4856864 | 704077 |
| 印刷专用设备的制造 | Manufacture of Printing Equipment | 403782 | 42386 |
| 广播电视电影专用设备的制造 | Manufacture of Radio, Film and Television Equipment | 2619719 | 645716 |
| 其他文化专用设备的制造 | Manufacture of Other Cultural Equipment | 1872742 | 1201421 |

3-1-7 续表 3 continued

| 类 别 | Category | 专利申请(件) Patent Applications (piece) | #发明专利 Inventions | 有效发明专利(件) Number of Patents in Force (piece) |
|---|---|---|---|---|
| **合 计** | **Total** | **29264** | **8365** | **14351** |
| 工艺美术品的制造 | Manufacture of Arts and Crafts | 4042 | 501 | 791 |
| 园林、陈设艺术及其他陶瓷制品制造 | Art of Garden, Furnishings and Manufacture of Other Ceramic Products | 218 | 48 | 88 |
| 印刷复制服务 | Printing and Duplicating Services | 2846 | 868 | 1402 |
| 办公用品的制造 | Manufacture of Office Equipment | 1264 | 74 | 302 |
| 乐器的制造 | Manufacture of Musical Instruments | 265 | 60 | 66 |
| 玩具的制造 | Manufacture of Toys | 2128 | 228 | 1411 |
| 游艺器材及娱乐用品的制造 | Manufacture of Games and Entertainment | 376 | 51 | 25 |
| 视听设备的制造 | Manufacture of Audio and Visual Equipment | 7095 | 2721 | 4908 |
| 焰火、鞭炮产品制造 | Manufacture of Fireworks and Firecrackers | 21 | 10 | 9 |
| 文化用纸的制造 | Manufacture of Cultural Paper | 1233 | 528 | 624 |
| 文化用油墨颜料的制造 | Manufacture of Cultural Printing Ink | 630 | 320 | 339 |
| 文化用化学品的制造 | Manufacture of Cultural Chemicals | 692 | 182 | 322 |
| 其他文化用品的制造 | Manufacture of Other Cultural Products | 3216 | 898 | 1521 |
| 印刷专用设备的制造 | Manufacture of Printing Equipment | 1062 | 344 | 429 |
| 广播电视电影专用设备的制造 | Manufacture of Radio, Film and Television Equipment | 3409 | 1318 | 1782 |
| 其他文化专用设备的制造 | Manufacture of Other Cultural Equipment | 767 | 214 | 332 |

# 3-1-8 分地区规模以上文化制造业企业科技活动情况(2013年)

# Basic Statistics on Science and Technology Activities of Cultural Industrial Enterprises above Designated Size by Region(2013)

| 地 区 | Region | 有R&D活动企业(个) Number of R&D Enterprises (unit) | R&D人员全时当量(人年) Full-time Equivalent of R&D Personnel (man-year) | R&D经费内部支出(万元) Internal Expenditure on R&D (10 000 yuan) | R&D项目数(个) R&D Projects (item) | 新产品项目数(个) Number of New Products (unit) |
|---|---|---|---|---|---|---|
| **全 国** | **National Total** | **2461** | **99531** | **3057016** | **14560** | **17194** |
| 北 京 | Beijing | 23 | 1107 | 27035 | 189 | 357 |
| 天 津 | Tianjin | 89 | 3344 | 111928 | 781 | 638 |
| 河 北 | Hebei | 23 | 939 | 17642 | 134 | 148 |
| 山 西 | Shanxi | 3 | 81 | 1401 | 11 | 16 |
| 内蒙古 | Inner Mongolia | 2 | 55 | 711 | 2 | 3 |
| 辽 宁 | Liaoning | 16 | 583 | 36775 | 106 | 123 |
| 吉 林 | Jilin | 3 | 5 | 3647 | 10 | 7 |
| 黑龙江 | Heilongjiang | 5 | 93 | 2034 | 10 | 13 |
| 上 海 | Shanghai | 64 | 2910 | 119376 | 417 | 457 |
| 江 苏 | Jiangsu | 610 | 20942 | 493061 | 2139 | 2830 |
| 浙 江 | Zhejiang | 527 | 11889 | 279393 | 1984 | 2193 |
| 安 徽 | Anhui | 102 | 2490 | 59751 | 396 | 552 |
| 福 建 | Fujian | 103 | 3747 | 132151 | 443 | 487 |
| 江 西 | Jiangxi | 52 | 1234 | 21362 | 245 | 226 |
| 山 东 | Shandong | 106 | 10778 | 548815 | 1319 | 1293 |
| 河 南 | Henan | 72 | 3331 | 72993 | 231 | 229 |
| 湖 北 | Hubei | 43 | 1019 | 32033 | 196 | 214 |
| 湖 南 | Hunan | 122 | 1697 | 88230 | 216 | 211 |
| 广 东 | Guangdong | 419 | 23645 | 743394 | 3719 | 4251 |
| 广 西 | Guangxi | 8 | 60 | 2473 | 18 | 28 |
| 海 南 | Hainan | 1 | 28 | 2689 | 2 | 2 |
| 重 庆 | Chongqing | 10 | 387 | 17886 | 62 | 68 |
| 四 川 | Sichuan | 19 | 8485 | 207583 | 1771 | 2667 |
| 贵 州 | Guizhou | 1 | 4 | 325 | 3 | 4 |
| 云 南 | Yunnan | 18 | 367 | 12251 | 62 | 68 |
| 西 藏 | Tibet | | | | | |
| 陕 西 | Shaanxi | 12 | 225 | 6573 | 80 | 101 |
| 甘 肃 | Gansu | 2 | 2 | 712 | 2 | 1 |
| 青 海 | Qinghai | 3 | 54 | 14038 | 6 | 1 |
| 宁 夏 | Ningxia | 3 | 29 | 756 | 6 | 5 |
| 新 疆 | Xinjiang | | | | | 1 |

3-1-8 续表 continued

| 地区 | Region | 开发新产品经费(万元) Expenditure on New Products Development (10 000 yuan) | 新产品销售收入(万元) Sales Revenue of New Products (10 000 yuan) | #出口 Export | 专利申请(件) Patent Applications (piece) | #发明专利 Inventions | 有效发明专利(件) Number of Patents in Force (piece) |
|---|---|---|---|---|---|---|---|
| **全　国** | **National Total** | **3654299** | **62761780** | **13919096** | **29264** | **8365** | **14351** |
| 北　京 | Beijing | 58261 | 500472 | 11268 | 272 | 64 | 689 |
| 天　津 | Tianjin | 95254 | 5588850 | 2277507 | 1051 | 324 | 261 |
| 河　北 | Hebei | 22560 | 351252 | 9608 | 115 | 23 | 123 |
| 山　西 | Shanxi | 1928 | 18320 | 3279 | 22 | 10 | 21 |
| 内蒙古 | Inner Mongolia | 25824 | 6440 | | 4 | 4 | 3 |
| 辽　宁 | Liaoning | 43933 | 257457 | 189560 | 148 | 31 | 162 |
| 吉　林 | Jilin | 3219 | 38088 | | 16 | 12 | 8 |
| 黑龙江 | Heilongjiang | 2458 | 3377 | | 6 | 4 | 4 |
| 上　海 | Shanghai | 139069 | 2839114 | 659434 | 887 | 411 | 638 |
| 江　苏 | Jiangsu | 672455 | 10423140 | 2214296 | 4758 | 1360 | 2142 |
| 浙　江 | Zhejiang | 337844 | 7091732 | 1804362 | 5218 | 480 | 634 |
| 安　徽 | Anhui | 109635 | 1791829 | 92558 | 1438 | 471 | 495 |
| 福　建 | Fujian | 147984 | 2801591 | 1555181 | 1398 | 238 | 335 |
| 江　西 | Jiangxi | 21869 | 241361 | 52284 | 146 | 37 | 55 |
| 山　东 | Shandong | 535204 | 8891208 | 1376214 | 2811 | 1186 | 1218 |
| 河　南 | Henan | 69045 | 910761 | 169342 | 370 | 122 | 259 |
| 湖　北 | Hubei | 69668 | 237478 | 18822 | 375 | 172 | 126 |
| 湖　南 | Hunan | 102665 | 3368381 | 95287 | 310 | 153 | 206 |
| 广　东 | Guangdong | 877606 | 11897800 | 3385752 | 8147 | 2560 | 5396 |
| 广　西 | Guangxi | 3927 | 80282 | 969 | 44 | 11 | 50 |
| 海　南 | Hainan | 2689 | | | | | |
| 重　庆 | Chongqing | 21321 | 546024 | 390 | 22 | 14 | 66 |
| 四　川 | Sichuan | 264413 | 4585419 | 1112 | 1505 | 616 | 1354 |
| 贵　州 | Guizhou | 1074 | 14700 | | 18 | 3 | 3 |
| 云　南 | Yunnan | 14980 | 220760 | | 77 | 15 | 43 |
| 西　藏 | Tibet | | | | | | |
| 陕　西 | Shaanxi | 8302 | 32302 | 1871 | 79 | 32 | 34 |
| 甘　肃 | Gansu | 518 | 537 | | 6 | 1 | 20 |
| 青　海 | Qinghai | 113 | 184 | | 5 | 1 | 1 |
| 宁　夏 | Ningxia | 358 | 22814 | | 16 | 10 | 5 |
| 新　疆 | Xinjiang | 125 | 104 | | | | |

# 3-1-9　规模以下文化制造业企业主要财务指标(2013年)

# Main Economic Indicators of Cultural Industrial Enterprises under Designated Size(2013)

单位：万元　(10 000 yuan)

| 分　组 | Group | 企业单位数(个) Number of Enterprises (unit) | 年末从业人员(人) Engaged Persons at Year-end (person) | #女性 Female | 营业收入 Total Revenue | #主营业务收入 Revenue from Principal Business |
|---|---|---|---|---|---|---|
| **合　计** | **Total** | **144402** | **3072422** | **1517103** | **64085608** | **63365838** |
| **按登记注册类型分** | **Grouped by Status of Registration** | | | | | |
| 内资企业 | Domestic Funded Enterprises | 139115 | 2793428 | 1367785 | 59609055 | 58969001 |
| 国有企业 | Stats-owned Enterprises | 1192 | 34834 | 14696 | 745575 | 721620 |
| 集体企业 | Collective-owned Enterprises | 3162 | 60926 | 30978 | 870110 | 845572 |
| 股份合作企业 | Cooperative Enterprises | 2027 | 33697 | 15200 | 766726 | 760739 |
| 联营企业 | Joint Ownership Enterprises | 349 | 7671 | 3692 | 120975 | 115435 |
| 有限责任公司 | Limited Liability Corporations | 15485 | 354189 | 162803 | 7030988 | 6921304 |
| 股份有限公司 | Share-holding Corporations Ltd. | 1316 | 32004 | 15603 | 582986 | 572689 |
| 私营公司 | Private Enterprises | 109989 | 2151257 | 1060675 | 47557537 | 47130493 |
| 其他企业 | Other Enterprises | 5595 | 118850 | 64138 | 1934157 | 1901150 |
| 港、澳、台商投资企业 | Enterprises with Funds from Hong Kong, Macao and Taiwan | 3083 | 186570 | 99728 | 2297951 | 2246853 |
| 外商投资企业 | Foreign Funded Enterprises | 2204 | 92424 | 49590 | 2178603 | 2149984 |
| **按企业控股情况分** | **by Status of Holding** | | | | | |
| 国有控股 | State-holding | 1583 | 51437 | 21157 | 1298882 | 1263178 |
| 集体控股 | Collective-holding | 4064 | 80590 | 40884 | 1181802 | 1150862 |
| 私人控股 | Private-holding | 127659 | 2550907 | 1253588 | 55320584 | 54776730 |
| 港澳台商控股 | Hong Kong, Macao and Taiwan-holding | 2679 | 166866 | 89357 | 2028483 | 1984828 |
| 外商控股 | Foreign-holding | 1746 | 75386 | 40271 | 1602769 | 1580921 |
| 其他 | Others | 6671 | 147236 | 71846 | 2653089 | 2609318 |

## 3-1-9 续表 continued

单位: 万元 (10 000 yuan)

| 分 组 | Group | 营业税金及附加 Total Tax and Extra Charges | #主营业务税金及附加 Tax and Extra Charges from Principal Business | 资产总计 Total Assets | 实收资本 Paid-in Capital |
|---|---|---|---|---|---|
| **合 计** | **Total** | **1335350** | **1291852** | **76819131** | **78277223** |
| **按登记注册类型分** | **Grouped by Status of Registration** | | | | |
| 内资企业 | Domestic Funded Enterprises | 1273579 | 1233961 | 66750031 | 73309363 |
| 国有企业 | Stats-owned Enterprises | 12033 | 10525 | 2941792 | 459840 |
| 集体企业 | Collective-owned Enterprises | 26283 | 25348 | 1035879 | 369637 |
| 股份合作企业 | Cooperative Enterprises | 17839 | 17433 | 717292 | 262896 |
| 联营企业 | Joint Ownership Enterprises | 3395 | 2218 | 157314 | 86497 |
| 有限责任公司 | Limited Liability Corporations | 153489 | 146386 | 11309326 | 4314047 |
| 股份有限公司 | Share-holding Corporations Ltd. | 14614 | 13133 | 1120638 | 437173 |
| 私营公司 | Private Enterprises | 989584 | 964167 | 47878029 | 66628022 |
| 其他企业 | Other Enterprises | 56342 | 54752 | 1589762 | 751251 |
| 港、澳、台商投资企业 | Enterprises with Funds from Hong Kong, Macao and Taiwan | 36111 | 33606 | 5769980 | 2782359 |
| 外商投资企业 | Foreign Funded Enterprises | 25660 | 24285 | 4299121 | 2185501 |
| **按企业控股情况分** | **by Status of Holding** | | | | |
| 国有控股 | State-holding | 19846 | 16196 | 4147180 | 1100829 |
| 集体控股 | Collective-holding | 34967 | 33719 | 1618611 | 623406 |
| 私人控股 | Private-holding | 1163861 | 1130456 | 59340737 | 71112693 |
| 港澳台商控股 | Hong Kong, Macao and Taiwan-holding | 32127 | 29611 | 5253406 | 2424332 |
| 外商控股 | Foreign-holding | 19054 | 18579 | 3255379 | 1666031 |
| 其他 | Others | 65495 | 63289 | 3203819 | 1349933 |

# 3-1-10 按类别分规模以下文化制造业企业主要财务指标(2013年)

# Main Economic Indicators of Cultural Industrial Enterprises under Designated Size by Category(2013)

单位：万元 (10 000 yuan)

| 类 别 | Category | 企业单位数（个） Number of Enterprises (unit) | 年末从业人员（人） Engaged Persons at Year-end (person) | #女性 Female | 营业收入 Total Revenue | #主营业务收入 Revenue from Principal Business |
|---|---|---|---|---|---|---|
| **合 计** | **Total** | **144402** | **3072422** | **1517103** | **64085608** | **63365838** |
| 工艺美术品的制造 | Manufacture of Arts and Crafts | 41746 | 862183 | 447266 | 18697645 | 18538453 |
| 园林、陈设艺术及其他陶瓷制品制造 | Art of Garden, Furnishings and Manufacture of Other Ceramic Products | 3063 | 74613 | 34183 | 1202579 | 1189489 |
| 印刷复制服务 | Printing and Duplicating Services | 60193 | 1004497 | 442317 | 22934815 | 22651588 |
| 办公用品的制造 | Manufacture of Office Equipment | 5007 | 104789 | 56667 | 2230454 | 2213402 |
| 乐器的制造 | Manufacture of Musical Instruments | 1544 | 35246 | 16080 | 648846 | 636528 |
| 玩具的制造 | Manufacture of Toys | 7643 | 263547 | 163977 | 3687341 | 3638357 |
| 游艺器材及娱乐用品的制造 | Manufacture of Games and Entertainment | 1282 | 26748 | 11068 | 518247 | 515027 |
| 视听设备的制造 | Manufacture of Audio and Visual Equipment | 3343 | 94563 | 43535 | 2207171 | 2170628 |
| 焰火、鞭炮产品制造 | Manufacture of Fireworks and Firecrackers | 4401 | 270759 | 158191 | 3861933 | 3816704 |
| 文化用纸的制造 | Manufacture of Cultural Paper | 3572 | 75193 | 30302 | 1907189 | 1879880 |
| 文化用油墨颜料的制造 | Manufacture of Cultural Printing Ink | 1635 | 26116 | 8646 | 783582 | 778302 |
| 文化用化学品的制造 | Manufacture of Cultural Chemicals | 289 | 5574 | 2110 | 165045 | 163297 |
| 其他文化用品的制造 | Manufacture of Other Cultural Products | 5494 | 113969 | 55988 | 2692103 | 2661967 |
| 印刷专用设备的制造 | Manufacture of Printing Equipment | 2259 | 37275 | 10182 | 1000213 | 989924 |
| 广播电视电影专用设备的制造 | Manufacture of Radio, Film and Television Equipment | 1973 | 56819 | 27476 | 1091317 | 1071363 |
| 其他文化专用设备的制造 | Manufacture of Other Cultural Equipment | 958 | 20531 | 9115 | 457129 | 450928 |

3-1-10 续表 continued

单位：万元 (10 000 yuan)

| 类 别 | Category | 营业税金及附加 Total Tax and Extra Charges | #主营业务税金及附加 Tax and Extra Charges from Principal Business | 资产总计 Total Assets | 实收资本 Paid-in Capital |
|---|---|---|---|---|---|
| **合 计** | **Total** | **1335350** | **1291852** | **76819131** | **78277223** |
| 工艺美术品的制造 | Manufacture of Arts and Crafts | 330369 | 320254 | 24129386 | 6975120 |
| 园林、陈设艺术及其他陶瓷制品制造 | Art of Garden, Furnishings and Manufacture of Other Ceramic Products | 35660 | 33677 | 1372173 | 555734 |
| 印刷复制服务 | Printing and Duplicating Services | 467579 | 449254 | 25237590 | 10470294 |
| 办公用品的制造 | Manufacture of Office Equipment | 46971 | 45711 | 2047045 | 50753328 |
| 乐器的制造 | Manufacture of Musical Instruments | 13090 | 12820 | 3086814 | 417145 |
| 玩具的制造 | Manufacture of Toys | 69607 | 65737 | 3125150 | 1378387 |
| 游艺器材及娱乐用品的制造 | Manufacture of Games and Entertainment | 9608 | 9554 | 705014 | 315205 |
| 视听设备的制造 | Manufacture of Audio and Visual Equipment | 25559 | 23696 | 2851157 | 1362208 |
| 焰火、鞭炮产品制造 | Manufacture of Fireworks and Firecrackers | 200358 | 198983 | 3058023 | 1442805 |
| 文化用纸的制造 | Manufacture of Cultural Paper | 34264 | 33442 | 2726214 | 880972 |
| 文化用油墨颜料的制造 | Manufacture of Cultural Printing Ink | 12768 | 12282 | 891463 | 389002 |
| 文化用化学品的制造 | Manufacture of Cultural Chemicals | 3287 | 3217 | 384972 | 169662 |
| 其他文化用品的制造 | Manufacture of Other Cultural Products | 45542 | 44865 | 3989889 | 1457488 |
| 印刷专用设备的制造 | Manufacture of Printing Equipment | 18635 | 18227 | 1239313 | 548394 |
| 广播电视电影专用设备的制造 | Manufacture of Radio, Film and Television Equipment | 15383 | 13725 | 1256607 | 730175 |
| 其他文化专用设备的制造 | Manufacture of Other Cultural Equipment | 6670 | 6409 | 718322 | 431306 |

# 3-1-11 分地区规模以下文化制造业企业主要财务指标(2013年)

## Main Economic Indicators of Cultural Industrial Enterprises under Designated Size by Region(2013)

单位：万元 (10 000 yuan)

| 地 区 | Region | 企业单位数(个) Number of Enterprises (unit) | 年末从业人员(人) Engaged Persons at Year-end (person) | #女性 Female | 营业收入 Total Revenue | #主营业务收入 Revenue from Principal Business |
|---|---|---|---|---|---|---|
| **全 国** | **National Total** | **144402** | **3072422** | **1517103** | **64085608** | **63365838** |
| 北 京 | Beijing | 2233 | 32559 | 13395 | 727873 | 704677 |
| 天 津 | Tianjin | 2810 | 47672 | 19982 | 1297434 | 1277792 |
| 河 北 | Hebei | 4724 | 106995 | 48325 | 2279122 | 2250542 |
| 山 西 | Shanxi | 1015 | 19651 | 10932 | 198360 | 196486 |
| 内蒙古 | Inner Mongolia | 532 | 7957 | 3812 | 203048 | 200543 |
| 辽 宁 | Liaoning | 2899 | 33826 | 13319 | 961644 | 955142 |
| 吉 林 | Jilin | 836 | 15041 | 7463 | 209808 | 206548 |
| 黑龙江 | Heilongjiang | 949 | 22013 | 9687 | 432964 | 426230 |
| 上 海 | Shanghai | 3764 | 58092 | 26706 | 1438217 | 1396292 |
| 江 苏 | Jiangsu | 20374 | 348290 | 189488 | 9527250 | 9464783 |
| 浙 江 | Zhejiang | 28328 | 418801 | 204651 | 10352669 | 10298776 |
| 安 徽 | Anhui | 4108 | 77688 | 44135 | 1690151 | 1678543 |
| 福 建 | Fujian | 7131 | 151931 | 70745 | 3113884 | 3078441 |
| 江 西 | Jiangxi | 3617 | 191950 | 111467 | 2942144 | 2922189 |
| 山 东 | Shandong | 11087 | 265942 | 131903 | 5895588 | 5859229 |
| 河 南 | Henan | 4405 | 105645 | 55364 | 1589958 | 1562793 |
| 湖 北 | Hubei | 2413 | 39930 | 18440 | 776557 | 767326 |
| 湖 南 | Hunan | 4831 | 168161 | 86567 | 3185343 | 3134709 |
| 广 东 | Guangdong | 26020 | 708717 | 319559 | 11524886 | 11330819 |
| 广 西 | Guangxi | 1519 | 33692 | 20637 | 302075 | 296093 |
| 海 南 | Hainan | 221 | 3893 | 1807 | 62631 | 58409 |
| 重 庆 | Chongqing | 1851 | 40043 | 18372 | 2372790 | 2361700 |
| 四 川 | Sichuan | 2283 | 49892 | 24419 | 1301537 | 1272665 |
| 贵 州 | Guizhou | 1861 | 24233 | 13358 | 291628 | 285301 |
| 云 南 | Yunnan | 905 | 18311 | 8915 | 341330 | 335114 |
| 西 藏 | Tibet | 99 | 2734 | 1389 | 27812 | 26774 |
| 陕 西 | Shaanxi | 1493 | 33866 | 14692 | 547018 | 539021 |
| 甘 肃 | Gansu | 1008 | 22125 | 13729 | 182809 | 173986 |
| 青 海 | Qinghai | 225 | 6258 | 3388 | 119886 | 118720 |
| 宁 夏 | Ningxia | 230 | 4074 | 2425 | 47246 | 46182 |
| 新 疆 | Xinjiang | 631 | 12440 | 8032 | 141947 | 140013 |

3-1-11 续表 continued

单位：万元 (10 000 yuan)

| 地区 | Region | 营业税金及附加 Total Tax and Extra Charges | #主营业务税金及附加 Tax and Extra Charges from Principal Business | 资产总计 Total Assets | 实收资本 Paid-in Capital |
|---|---|---|---|---|---|
| **全国** | **National Total** | **1335350** | **1291852** | **76819131** | **78277223** |
| 北京 | Beijing | 4770 | 4268 | 1853095 | 710014 |
| 天津 | Tianjin | 19809 | 18485 | 1229221 | 689530 |
| 河北 | Hebei | 38913 | 37985 | 2170787 | 1018242 |
| 山西 | Shanxi | 5054 | 4776 | 748102 | 220854 |
| 内蒙古 | Inner Mongolia | 9466 | 9446 | 293989 | 91507 |
| 辽宁 | Liaoning | 16835 | 16384 | 1203376 | 505210 |
| 吉林 | Jilin | 7161 | 7021 | 368168 | 110536 |
| 黑龙江 | Heilongjiang | 19848 | 18681 | 412949 | 177731 |
| 上海 | Shanghai | 13946 | 12460 | 2126950 | 799167 |
| 江苏 | Jiangsu | 142113 | 137264 | 9615315 | 4162783 |
| 浙江 | Zhejiang | 199883 | 198067 | 11898686 | 53983225 |
| 安徽 | Anhui | 28429 | 26935 | 1804475 | 811169 |
| 福建 | Fujian | 63190 | 62040 | 3428718 | 1924428 |
| 江西 | Jiangxi | 89060 | 87111 | 2555367 | 1276644 |
| 山东 | Shandong | 131629 | 131000 | 5706666 | 1892339 |
| 河南 | Henan | 46572 | 45581 | 1854179 | 878363 |
| 湖北 | Hubei | 28300 | 27838 | 1075882 | 489925 |
| 湖南 | Hunan | 169388 | 166911 | 2237622 | 1071689 |
| 广东 | Guangdong | 198761 | 182607 | 19060032 | 4954692 |
| 广西 | Guangxi | 10249 | 9971 | 425472 | 222726 |
| 海南 | Hainan | 1325 | 1258 | 141817 | 49796 |
| 重庆 | Chongqing | 22337 | 21981 | 1753478 | 251876 |
| 四川 | Sichuan | 22065 | 19594 | 1885416 | 789915 |
| 贵州 | Guizhou | 6671 | 6386 | 469484 | 160853 |
| 云南 | Yunnan | 6971 | 6806 | 503121 | 208671 |
| 西藏 | Tibet | 841 | 761 | 74280 | 33052 |
| 陕西 | Shaanxi | 20793 | 20223 | 755608 | 378223 |
| 甘肃 | Gansu | 5825 | 5258 | 426593 | 234441 |
| 青海 | Qinghai | 1976 | 1958 | 357908 | 46335 |
| 宁夏 | Ningxia | 764 | 712 | 143771 | 48728 |
| 新疆 | Xinjiang | 2407 | 2084 | 238606 | 84560 |

# 3-2-1　限额以上文化批发和零售业企业基本情况(2013年)

# Basic Statistics on Cultural Wholesale and Retail Trades Enterprises above Designated Size(2013)

单位：万元　　(10 000 yuan)

| 分　组 | Group | 企业单位数（个） Number of Enterprises (unit) | 年末从业人员（人） Engaged Persons at Year-end (person) | 资产总计 Total Assets | 营业收入 Total Revenue | #主营业务收入 Revenue from Principal Business |
|---|---|---|---|---|---|---|
| **合　计** | **Total** | **7617** | **501205** | **72356301** | **134256334** | **133358056** |
| **按登记注册类型分** | **Grouped by Status of Registration** | | | | | |
| 内资企业 | Domestic Funded Enterprises | 7301 | 434122 | 57825728 | 102781321 | 101987662 |
| 国有企业 | Stats-owned Enterprises | 653 | 43461 | 7822833 | 8105211 | 8022310 |
| 集体企业 | Collective-owned Enterprises | 80 | 8643 | 1299138 | 2731288 | 2724959 |
| 股份合作企业 | Cooperative Enterprises | 18 | 877 | 38946 | 65288 | 65274 |
| 联营企业 | Joint Ownership Enterprises | 5 | 1571 | 12258 | 46107 | 46107 |
| 有限责任公司 | Limited Liability Corporations | 2334 | 182021 | 24789760 | 50173237 | 49790910 |
| 股份有限公司 | Share-holding Corporations Ltd. | 217 | 36186 | 5795513 | 5433968 | 5376033 |
| 私营公司 | Private Enterprises | 3948 | 158003 | 17938686 | 35953533 | 35690874 |
| 其他企业 | Other Enterprises | 46 | 3360 | 128593 | 272690 | 271197 |
| 港、澳、台商投资企业 | Enterprises with Funds from Hong Kong, Macao and Taiwan | 160 | 31434 | 3618771 | 5635826 | 5607908 |
| 外商投资企业 | Foreign Funded Enterprises | 156 | 35649 | 10911802 | 25839187 | 25762486 |
| **按企业控股情况分** | **by Status of Holding** | | | | | |
| 国有控股 | State-holding | 1581 | 152798 | 24926135 | 33927311 | 33532394 |
| 集体控股 | Collective-holding | 179 | 16940 | 1903237 | 4385038 | 4353726 |
| 私人控股 | Private-holding | 5059 | 226847 | 26219644 | 50007770 | 49662111 |
| 港澳台商控股 | Hong Kong, Macao and Taiwan-holding | 153 | 32270 | 3708404 | 5899684 | 5884701 |
| 外商控股 | Foreign-holding | 143 | 32517 | 10146462 | 23547471 | 23506113 |
| 其他 | Others | 502 | 39833 | 5452419 | 16489060 | 16419012 |

3-2-1 续表 continued

单位：万元 (10 000 yuan)

| 分组 | Group | 营业税金及附加 Total Tax and Extra Charges | #主营业务税金及附加 Tax and Extra Charges from Principal Business | 营业利润 Operating Profit | 应交增值税 Value-added Tax Payable |
|---|---|---|---|---|---|
| **合 计** | **Total** | **532597** | **510981** | **4119009** | **1652998** |
| **按登记注册类型分** | **Grouped by Status of Registration** | | | | |
| 内资企业 | Domestic Funded Enterprises | 457887 | 436362 | 3308891 | 1160640 |
| 国有企业 | Stats-owned Enterprises | 34755 | 31075 | 326472 | 103856 |
| 集体企业 | Collective-owned Enterprises | 9714 | 9714 | 67016 | 22860 |
| 股份合作企业 | Cooperative Enterprises | 316 | 316 | 1606 | 540 |
| 联营企业 | Joint Ownership Enterprises | 758 | 758 | 316 | 551 |
| 有限责任公司 | Limited Liability Corporations | 203956 | 194828 | 1590058 | 513561 |
| 股份有限公司 | Share-holding Corporations Ltd. | 24525 | 23471 | 318485 | 76904 |
| 私营公司 | Private Enterprises | 179954 | 172302 | 991617 | 438264 |
| 其他企业 | Other Enterprises | 3909 | 3898 | 13322 | 4102 |
| 港、澳、台商投资企业 | Enterprises with Funds from Hong Kong, Macao and Taiwan | 30539 | 30521 | 63139 | 104893 |
| 外商投资企业 | Foreign Funded Enterprises | 44170 | 44098 | 746978 | 387466 |
| **按企业控股情况分** | **by Status of Holding** | | | | |
| 国有控股 | State-holding | 117742 | 106041 | 1220221 | 376884 |
| 集体控股 | Collective-holding | 16131 | 16007 | 97608 | 43353 |
| 私人控股 | Private-holding | 257691 | 249149 | 1554848 | 600350 |
| 港澳台商控股 | Hong Kong, Macao and Taiwan-holding | 30100 | 30082 | 99515 | 103033 |
| 外商控股 | Foreign-holding | 39135 | 39063 | 706052 | 352992 |
| 其他 | Others | 71797 | 70639 | 440766 | 176386 |

# 3-2-2 按类别分限额以上文化批发和零售业企业基本情况(2013年)
# Basic Statistics on Cultural Wholesale and Retail Trades Enterprises above Designated Size by Category(2013)

单位：万元 (10 000 yuan)

| 类别 | Category | 企业单位数(个) Number of Enterprises (unit) | #亏损企业 Unprofitable Enterprise | 年末从业人员(人) Engaged Persons at Year-end (person) | #女性 Female |
|---|---|---|---|---|---|
| **合计** | **Total** | **7617** | **1400** | **501205** | **280306** |
| 发行服务 | Distribution Service | 1752 | 282 | 164285 | 85020 |
| 工艺美术品的销售 | Retail Sale of Arts and Crafts | 1977 | 481 | 137019 | 95530 |
| 文化贸易代理与拍卖服务 | Culture Trade Agency and Auction Service | 117 | 20 | 5323 | 2495 |
| 文具乐器照相器材的销售 | Retail Sale of Stationery, Musical Instruments and Photographic Equipment | 1406 | 257 | 44872 | 21298 |
| 文化用家电的销售 | Retail Sale of Cultural Household Electric Appliances | 1469 | 214 | 99472 | 49779 |
| 其他文化用品的销售 | Retail Sale of Other Cultural Products | 574 | 92 | 26074 | 13955 |
| 广播电视电影专用设备的批发 | Wholesale of Radio, Film and Television Equipment | 231 | 45 | 18672 | 9340 |
| 舞台照明设备的批发 | Wholesale of Stage Lighting Equipment | 91 | 9 | 5488 | 2889 |

3-2-2 续表 continued

单位：万元 (10 000 yuan)

| 类别 | Category | 资产总计 Total Assets | 营业收入 Total Revenue | 营业成本 Total Cost | 营业税金及附加 Total Tax and Extra Charges | 利润总额 Total Profit |
|---|---|---|---|---|---|---|
| **合计** | **Total** | **72356301** | **134256334** | **120013122** | **532597** | **4202796** |
| 发行服务 | Distribution Service | 18027871 | 14573090 | 11469677 | 75049 | 842533 |
| 工艺美术品的销售 | Retail Sale of Arts and Crafts | 20128464 | 39925030 | 36157388 | 249864 | 1123733 |
| 文化贸易代理与拍卖服务 | Culture Trade Agency and Auction Service | 1921877 | 3725742 | 3224272 | 15077 | 216791 |
| 文具乐器照相器材的销售 | Retail Sale of Stationery, Musical Instruments and Photographic Equipment | 7871472 | 16237797 | 15032076 | 34902 | 362847 |
| 文化用家电的销售 | Retail Sale of Cultural Household Electric Appliances | 12191225 | 31874320 | 28549488 | 101612 | 565702 |
| 其他文化用品的销售 | Retail Sale of Other Cultural Products | 4077782 | 7006990 | 6114159 | 27801 | 375989 |
| 广播电视电影专用设备的批发 | Wholesale of Radio, Film and Television Equipment | 6495353 | 18449604 | 17386504 | 22169 | 646856 |
| 舞台照明设备的批发 | Wholesale of Stage Lighting Equipment | 1642256 | 2463761 | 2079557 | 6124 | 68347 |

# 3-2-3 分地区限额以上文化批发和零售业企业基本情况(2013年)

# Basic Statistics on Cultural Wholesale and Retail Trades Enterprises above Designated Size by Region(2013)

单位：万元 (10 000 yuan)

| 地 区 | Region | 企业单位数(个) Number of Enterprises (unit) | #亏损企业 Unprofitable Enterprise | 年末从业人员(人) Engaged Persons at Year-end (person) | #女性 Female |
|---|---|---|---|---|---|
| **全 国** | **National Total** | **7617** | **1400** | **501205** | **280306** |
| 北 京 | Beijing | 477 | 123 | 50904 | 28286 |
| 天 津 | Tianjin | 198 | 48 | 8911 | 3981 |
| 河 北 | Hebei | 175 | 33 | 11380 | 6673 |
| 山 西 | Shanxi | 145 | 15 | 7610 | 3994 |
| 内蒙古 | Inner Mongolia | 53 | 18 | 2503 | 1405 |
| 辽 宁 | Liaoning | 229 | 63 | 9291 | 5115 |
| 吉 林 | Jilin | 69 | 11 | 3247 | 1729 |
| 黑龙江 | Heilongjiang | 78 | 15 | 3708 | 2186 |
| 上 海 | Shanghai | 344 | 102 | 29594 | 16110 |
| 江 苏 | Jiangsu | 1029 | 150 | 55313 | 32015 |
| 浙 江 | Zhejiang | 680 | 190 | 42485 | 25732 |
| 安 徽 | Anhui | 243 | 27 | 13127 | 7163 |
| 福 建 | Fujian | 279 | 40 | 10837 | 5794 |
| 江 西 | Jiangxi | 39 | 7 | 8984 | 4489 |
| 山 东 | Shandong | 529 | 52 | 39729 | 21641 |
| 河 南 | Henan | 424 | 28 | 28419 | 16113 |
| 湖 北 | Hubei | 386 | 34 | 19347 | 11071 |
| 湖 南 | Hunan | 401 | 40 | 18626 | 10317 |
| 广 东 | Guangdong | 969 | 235 | 70318 | 37376 |
| 广 西 | Guangxi | 125 | 26 | 6037 | 3168 |
| 海 南 | Hainan | 22 | 9 | 1538 | 923 |
| 重 庆 | Chongqing | 121 | 19 | 16156 | 11044 |
| 四 川 | Sichuan | 139 | 28 | 16720 | 9820 |
| 贵 州 | Guizhou | 67 | 10 | 2493 | 1230 |
| 云 南 | Yunnan | 112 | 29 | 9458 | 5347 |
| 西 藏 | Tibet | 4 | 1 | 135 | 83 |
| 陕 西 | Shaanxi | 136 | 14 | 5917 | 2862 |
| 甘 肃 | Gansu | 86 | 19 | 3818 | 2128 |
| 青 海 | Qinghai | 7 | 1 | 557 | 334 |
| 宁 夏 | Ningxia | 22 | 8 | 650 | 394 |
| 新 疆 | Xinjiang | 29 | 5 | 3393 | 1783 |

3-2-3 续表 continued

单位：万元 (10 000 yuan)

| 地　区 | Region | 资产总计 Total Assets | 营业收入 Total Revenue | 营业成本 Total Cost | 营业税金及附加 Total Tax and Extra Charges | 利润总额 Total Profit |
|---|---|---|---|---|---|---|
| **全　国** | **National Total** | **72356301** | **134256334** | **120013122** | **532597** | **4202796** |
| 北　京 | Beijing | 12998788 | 19114252 | 16861756 | 56692 | 529075 |
| 天　津 | Tianjin | 1754912 | 1790121 | 1613552 | 6684 | 61683 |
| 河　北 | Hebei | 922885 | 1061966 | 926192 | 4121 | 23881 |
| 山　西 | Shanxi | 866470 | 1147215 | 1036768 | 6528 | 14275 |
| 内蒙古 | Inner Mongolia | 199642 | 214698 | 179106 | 2496 | -1028 |
| 辽　宁 | Liaoning | 877291 | 1400414 | 1228630 | 14273 | 35721 |
| 吉　林 | Jilin | 204667 | 252893 | 203446 | 3869 | 9356 |
| 黑龙江 | Heilongjiang | 162875 | 393053 | 336330 | 1305 | 17055 |
| 上　海 | Shanghai | 11134222 | 29612023 | 27288829 | 75514 | 843411 |
| 江　苏 | Jiangsu | 5466776 | 9591658 | 8369102 | 58050 | 457692 |
| 浙　江 | Zhejiang | 5747697 | 10316729 | 9465947 | 33299 | 133321 |
| 安　徽 | Anhui | 1647486 | 4106079 | 3730424 | 8405 | 123449 |
| 福　建 | Fujian | 1429106 | 2600025 | 2257337 | 16439 | 98612 |
| 江　西 | Jiangxi | 911164 | 1411774 | 1157540 | 11203 | 136130 |
| 山　东 | Shandong | 5429529 | 9878753 | 8906004 | 43818 | 435107 |
| 河　南 | Henan | 1702320 | 2689839 | 2299112 | 22604 | 150499 |
| 湖　北 | Hubei | 1451375 | 2622530 | 2191486 | 24110 | 152193 |
| 湖　南 | Hunan | 1544392 | 2835458 | 2314727 | 28688 | 128554 |
| 广　东 | Guangdong | 10420922 | 19626758 | 17915868 | 49096 | 422503 |
| 广　西 | Guangxi | 531316 | 579893 | 490932 | 2332 | 20608 |
| 海　南 | Hainan | 160094 | 112052 | 96281 | 559 | -2749 |
| 重　庆 | Chongqing | 2113186 | 7204656 | 6388766 | 16038 | 205720 |
| 四　川 | Sichuan | 1501959 | 1878020 | 1537777 | 20348 | 70393 |
| 贵　州 | Guizhou | 405816 | 305608 | 261070 | 2289 | 14678 |
| 云　南 | Yunnan | 1285298 | 1219072 | 928110 | 10614 | 70535 |
| 西　藏 | Tibet | 11846 | 13324 | 11072 | 36 | 709 |
| 陕　西 | Shaanxi | 586572 | 809618 | 700656 | 9058 | 18245 |
| 甘　肃 | Gansu | 299990 | 401664 | 344490 | 2082 | 8285 |
| 青　海 | Qinghai | 136847 | 688134 | 674875 | 231 | 2514 |
| 宁　夏 | Ningxia | 46904 | 42837 | 34391 | 124 | 780 |
| 新　疆 | Xinjiang | 403953 | 335218 | 262548 | 1691 | 21591 |

# 3-2-4 按类别分限额以上文化批发和零售业企业主要财务指标(2013年)
# Main Economic Indicators of Cultural Wholesale and Retail Trades Enterprises above Designated Size by Category(2013)

单位：万元 (10 000 yuan)

| 类 别 | Category | 企业单位数(个) Number of Enterprises (unit) | 固定资产原价 Original Value of Fixed Assets | 本年折旧 Depreciation This Year |
|---|---|---|---|---|
| **合 计** | **Total** | **7617** | **7222561** | **429562** |
| 发行服务 | Distribution Service | 1752 | 3559094 | 161666 |
| 工艺美术品的销售 | Retail Sale of Arts and Crafts | 1977 | 1571694 | 134051 |
| 文化贸易代理与拍卖服务 | Culture Trade Agency and Auction Service | 117 | 72268 | 5057 |
| 文具乐器照相器材的销售 | Retail Sale of Stationery, Musical Instruments and Photographic Equipment | 1406 | 579470 | 41252 |
| 文化用家电的销售 | Retail Sale of Cultural Household Electric Appliances | 1469 | 892836 | 52766 |
| 其他文化用品的销售 | Retail Sale of Other Cultural Products | 574 | 282930 | 17860 |
| 广播电视电影专用设备的批发 | Wholesale of Radio, Film and Television Equipment | 231 | 202450 | 12293 |
| 舞台照明设备的批发 | Wholesale of Stage Lighting Equipment | 91 | 61820 | 4617 |

3-2-4 续表 1 continued

单位：万元 (10 000 yuan)

| 类 别 | Category | 主营业务收入 Revenue of Principal Business | 主营业务成本 Cost of Principal Business | 主营业务税金及附加 Tax and Extra Charges from Principal Business |
|---|---|---|---|---|
| **合 计** | **Total** | **133358056** | **119504901** | **510981** |
| 发行服务 | Distribution Service | 14244717 | 11381554 | 66199 |
| 工艺美术品的销售 | Retail Sale of Arts and Crafts | 39651704 | 35927024 | 246337 |
| 文化贸易代理与拍卖服务 | Culture Trade Agency and Auction Service | 3724975 | 3223525 | 13750 |
| 文具乐器照相器材的销售 | Retail Sale of Stationery, Musical Instruments and Photographic Equipment | 16180173 | 14976968 | 32568 |
| 文化用家电的销售 | Retail Sale of Cultural Household Electric Appliances | 31708494 | 28453567 | 96823 |
| 其他文化用品的销售 | Retail Sale of Other Cultural Products | 6987124 | 6098672 | 27304 |
| 广播电视电影专用设备的批发 | Wholesale of Radio, Film and Television Equipment | 18403952 | 17368529 | 21912 |
| 舞台照明设备的批发 | Wholesale of Stage Lighting Equipment | 2456917 | 2075061 | 6088 |

3-2-4 续表 2 continued

单位：万元 (10 000 yuan)

| 类 别 | Category | 营业利润 Operating Profit | 营业外收入 Non-operating Revenue | #补贴收入 Subsidize Revenue |
|---|---|---|---|---|
| **合 计** | **Total** | **4119009** | **300194** | **143050** |
| 发行服务 | Distribution Service | 800198 | 93727 | 39689 |
| 工艺美术品的销售 | Retail Sale of Arts and Crafts | 1114104 | 78264 | 48138 |
| 文化贸易代理与拍卖服务 | Culture Trade Agency and Auction Service | 218170 | 3865 | 1305 |
| 文具乐器照相器材的销售 | Retail Sale of Stationery, Musical Instruments and Photographic Equipment | 384189 | 27227 | 5603 |
| 文化用家电的销售 | Retail Sale of Cultural Household Electric Appliances | 530769 | 36858 | 7721 |
| 其他文化用品的销售 | Retail Sale of Other Cultural Products | 376943 | 14808 | 5280 |
| 广播电视电影专用设备的批发 | Wholesale of Radio, Film and Television Equipment | 628154 | 40012 | 33248 |
| 舞台照明设备的批发 | Wholesale of Stage Lighting Equipment | 66483 | 5432 | 2066 |

3-2-4 续表 3 continued

单位：万元 (10 000 yuan)

| 类 别 | Category | 应付职工薪酬 Employee Benefits Payable | 应交增值税 Value-added Tax Payable |
|---|---|---|---|
| **合 计** | **Total** | **3261650** | **1652998** |
| 发行服务 | Distribution Service | 1125742 | 276819 |
| 工艺美术品的销售 | Retail Sale of Arts and Crafts | 838568 | 468498 |
| 文化贸易代理与拍卖服务 | Culture Trade Agency and Auction Service | 68036 | 16941 |
| 文具乐器照相器材的销售 | Retail Sale of Stationery, Musical Instruments and Photographic Equipment | 235270 | 137168 |
| 文化用家电的销售 | Retail Sale of Cultural Household Electric Appliances | 645788 | 439558 |
| 其他文化用品的销售 | Retail Sale of Other Cultural Products | 148892 | 80346 |
| 广播电视电影专用设备的批发 | Wholesale of Radio, Film and Television Equipment | 145685 | 205647 |
| 舞台照明设备的批发 | Wholesale of Stage Lighting Equipment | 53669 | 28021 |

# 3-2-5 分地区限额以上文化批发和零售业企业主要财务指标(2013年)
# Main Economic Indicators of Cultural Wholesale and Retail Trades Enterprises above Designated Size by Region(2013)

单位：万元 (10 000 yuan)

| 地 区 | Region | 企业单位数(个) Number of Enterprises (unit) | 固定资产原价 Original Value of Fixed Assets | 本年折旧 Depreciation This Year | 主营业务收入 Revenue of Principal Business | 主营业务成本 Cost of Principal Business |
|---|---|---|---|---|---|---|
| **全 国** | **National Total** | **7617** | **7222561** | **429562** | **133358056** | **119504901** |
| 北 京 | Beijing | 477 | 550038 | 41640 | 18960932 | 16819728 |
| 天 津 | Tianjin | 198 | 121233 | 5512 | 1775899 | 1608593 |
| 河 北 | Hebei | 175 | 130502 | 5358 | 1052617 | 921612 |
| 山 西 | Shanxi | 145 | 117832 | 5890 | 1142596 | 1033329 |
| 内蒙古 | Inner Mongolia | 53 | 50331 | 2422 | 206239 | 178036 |
| 辽 宁 | Liaoning | 229 | 196807 | 13185 | 1382947 | 1220768 |
| 吉 林 | Jilin | 69 | 54930 | 2597 | 247449 | 202783 |
| 黑龙江 | Heilongjiang | 78 | 47756 | 2972 | 391114 | 336081 |
| 上 海 | Shanghai | 344 | 453130 | 33884 | 29550910 | 27279583 |
| 江 苏 | Jiangsu | 1029 | 721946 | 42974 | 9413685 | 8234967 |
| 浙 江 | Zhejiang | 680 | 546825 | 27369 | 10256255 | 9437550 |
| 安 徽 | Anhui | 243 | 135963 | 7880 | 4089680 | 3720254 |
| 福 建 | Fujian | 279 | 197758 | 9447 | 2585128 | 2254997 |
| 江 西 | Jiangxi | 39 | 243701 | 33765 | 1402106 | 1156040 |
| 山 东 | Shandong | 529 | 578544 | 31611 | 9771937 | 8820482 |
| 河 南 | Henan | 424 | 457159 | 14680 | 2664017 | 2287753 |
| 湖 北 | Hubei | 386 | 357044 | 20056 | 2615718 | 2188595 |
| 湖 南 | Hunan | 401 | 193731 | 14558 | 2816726 | 2288323 |
| 广 东 | Guangdong | 969 | 820401 | 45995 | 19512800 | 17828145 |
| 广 西 | Guangxi | 125 | 95796 | 4546 | 570421 | 486058 |
| 海 南 | Hainan | 22 | 40320 | 1566 | 107478 | 95152 |
| 重 庆 | Chongqing | 121 | 220347 | 9028 | 7201091 | 6386316 |
| 四 川 | Sichuan | 139 | 254922 | 16029 | 1854648 | 1511661 |
| 贵 州 | Guizhou | 67 | 28813 | 1560 | 301587 | 258369 |
| 云 南 | Yunnan | 112 | 177872 | 14010 | 1207397 | 924656 |
| 西 藏 | Tibet | 4 | 5982 | 221 | 12966 | 11051 |
| 陕 西 | Shaanxi | 136 | 198379 | 5321 | 803645 | 700134 |
| 甘 肃 | Gansu | 86 | 75718 | 8387 | 400144 | 344080 |
| 青 海 | Qinghai | 7 | 16934 | 455 | 686528 | 674714 |
| 宁 夏 | Ningxia | 22 | 17112 | 1937 | 42700 | 34361 |
| 新 疆 | Xinjiang | 29 | 114737 | 4709 | 330697 | 260729 |

3-2-5 续表 continued

单位：万元 (10 000 yuan)

| 地 区 | Region | 主营业务税金及附加 Tax and Extra Charges from Principal Business | 营业利润 Operating Profit | 营业外收入 Non-operating Revenue | #补贴收入 Subsidize Revenue | 应付职工薪酬 Employee Benefits Payable | 应交增值税 Value-added Tax Payable |
|---|---|---|---|---|---|---|---|
| **全 国** | **National Total** | **510981** | **4119009** | **300194** | **143050** | **3261650** | **1652998** |
| 北 京 | Beijing | 56147 | 423765 | 35747 | 11181 | 564006 | 249433 |
| 天 津 | Tianjin | 6607 | 55943 | 5925 | 2402 | 42901 | 24758 |
| 河 北 | Hebei | 4076 | 31935 | 3166 | 1098 | 43570 | 10249 |
| 山 西 | Shanxi | 6478 | 17285 | 433 | 95 | 25289 | 22321 |
| 内蒙古 | Inner Mongolia | 2029 | -1461 | 871 | 500 | 8724 | 2341 |
| 辽 宁 | Liaoning | 12774 | 29060 | 6371 | 2584 | 48508 | 21241 |
| 吉 林 | Jilin | 3839 | 7062 | 991 | 314 | 14683 | 3922 |
| 黑龙江 | Heilongjiang | 1305 | 24440 | 228 | | 9493 | 3808 |
| 上 海 | Shanghai | 74930 | 745127 | 100823 | 77461 | 378666 | 277669 |
| 江 苏 | Jiangsu | 56313 | 488407 | 17544 | 5536 | 294987 | 171701 |
| 浙 江 | Zhejiang | 32739 | 123768 | 21178 | 7520 | 253210 | 102214 |
| 安 徽 | Anhui | 7915 | 124550 | 2972 | 290 | 73254 | 32044 |
| 福 建 | Fujian | 15249 | 102422 | 3841 | 1657 | 77934 | 27318 |
| 江 西 | Jiangxi | 11203 | 139093 | 7500 | 1157 | 46722 | 21904 |
| 山 东 | Shandong | 42902 | 441947 | 24477 | 8136 | 212534 | 116822 |
| 河 南 | Henan | 21086 | 151682 | 3748 | -5 | 94053 | 39566 |
| 湖 北 | Hubei | 22946 | 161288 | 4060 | 253 | 84535 | 33573 |
| 湖 南 | Hunan | 27914 | 180143 | 6556 | 1959 | 104364 | 54200 |
| 广 东 | Guangdong | 44859 | 441481 | 25473 | 8452 | 508180 | 250403 |
| 广 西 | Guangxi | 2286 | 16254 | 3640 | 268 | 29048 | 13698 |
| 海 南 | Hainan | 536 | -3693 | 1123 | 1025 | 7138 | 2345 |
| 重 庆 | Chongqing | 15021 | 204311 | 3231 | 2221 | 81200 | 65229 |
| 四 川 | Sichuan | 17133 | 71532 | 6145 | 4538 | 101041 | 43572 |
| 贵 州 | Guizhou | 1730 | 13805 | 752 | -5 | 12263 | 7815 |
| 云 南 | Yunnan | 10275 | 72501 | 6603 | 2875 | 58931 | 28559 |
| 西 藏 | Tibet | 36 | 246 | 486 | 283 | 519 | -278 |
| 陕 西 | Shaanxi | 8588 | 23367 | 772 | 350 | 33150 | 7738 |
| 甘 肃 | Gansu | 2040 | 11115 | 2252 | 50 | 13922 | 4776 |
| 青 海 | Qinghai | 231 | 1949 | 390 | 295 | 6152 | 1900 |
| 宁 夏 | Ningxia | 124 | 721 | 66 | | 4607 | 779 |
| 新 疆 | Xinjiang | 1672 | 18965 | 2830 | 561 | 28068 | 11380 |

# 3-2-6 限额以下文化批发和零售业企业主要财务指标(2013年)
# Main Economic Indicators of Cultural Wholesale and Retail Trades Enterprises under Designated Size(2013)

单位：万元 (10 000 yuan)

| 分组 | Group | 企业单位数(个) Number of Enterprises (unit) | 年末从业人员(人) Engaged Persons at Year-end (person) | #女性 Female | 营业收入 Total Revenue | #主营业务收入 Revenue from Principal Business |
|---|---|---|---|---|---|---|
| **合计** | **Total** | **132268** | **959810** | **449385** | **50539620** | **50009295** |
| **按登记注册类型分** | **Grouped by Status of Registration** | | | | | |
| 内资企业 | Domestic Funded Enterprises | 130665 | 941185 | 439089 | 48422274 | 47909692 |
| 国有企业 | Stats-owned Enterprises | 1447 | 23180 | 11238 | 1218355 | 1187559 |
| 集体企业 | Collective-owned Enterprises | 1317 | 11852 | 5271 | 308751 | 300633 |
| 股份合作企业 | Cooperative Enterprises | 1288 | 7380 | 3751 | 347987 | 343953 |
| 联营企业 | Joint Ownership Enterprises | 290 | 2412 | 1110 | 79357 | 77920 |
| 有限责任公司 | Limited Liability Corporations | 22361 | 176664 | 85551 | 9876239 | 9760612 |
| 股份有限公司 | Share-holding Corporations Ltd. | 1332 | 12192 | 6156 | 578222 | 564014 |
| 私营公司 | Private Enterprises | 97887 | 666110 | 306726 | 32849191 | 32533123 |
| 其他企业 | Other Enterprises | 4743 | 41395 | 19286 | 3164173 | 3141878 |
| 港、澳、台商投资企业 | Enterprises with Funds from Hong Kong, Macao and Taiwan | 821 | 10446 | 6116 | 1200243 | 1191813 |
| 外商投资企业 | Foreign Funded Enterprises | 782 | 8179 | 4180 | 917103 | 907791 |
| **按企业控股情况分** | **by Status of Holding** | | | | | |
| 国有控股 | State-holding | 2129 | 35760 | 17581 | 2258643 | 2202097 |
| 集体控股 | Collective-holding | 1997 | 19754 | 8874 | 1922418 | 1910080 |
| 私人控股 | Private-holding | 119494 | 827123 | 384782 | 41187932 | 40780909 |
| 港澳台商控股 | Hong Kong, Macao and Taiwan-holding | 721 | 9548 | 5636 | 887230 | 879994 |
| 外商控股 | Foreign-holding | 696 | 7226 | 3691 | 901253 | 892432 |
| 其他 | Others | 7231 | 60399 | 28821 | 3382144 | 3343784 |

3-2-6 续表 continued

单位：万元 (10 000 yuan)

| 分 组 | Group | 营业税金及附加 Total Tax and Extra Charges | #主营业务税金及附加 Tax and Extra Charges from Principal Business | 资产总计 Total Assets | 实收资本 Paid-in Capital |
|---|---|---|---|---|---|
| **合 计** | **Total** | **845553** | **824018** | **50543266** | **20653253** |
| **按登记注册类型分** | **Grouped by Status of Registration** | | | | |
| 内资企业 | Domestic Funded Enterprises | 825360 | 804394 | 48304721 | 19488592 |
| 国有企业 | Stats-owned Enterprises | 16526 | 15638 | 1583165 | 436246 |
| 集体企业 | Collective-owned Enterprises | 7587 | 7392 | 551554 | 167239 |
| 股份合作企业 | Cooperative Enterprises | 5088 | 4929 | 302866 | 119233 |
| 联营企业 | Joint Ownership Enterprises | 2247 | 2120 | 123208 | 76230 |
| 有限责任公司 | Limited Liability Corporations | 154136 | 149331 | 11568521 | 5032868 |
| 股份有限公司 | Share-holding Corporations Ltc. | 11385 | 10925 | 1232871 | 455143 |
| 私营公司 | Private Enterprises | 568325 | 555025 | 31056427 | 12451530 |
| 其他企业 | Other Enterprises | 60068 | 59034 | 1886109 | 750103 |
| 港、澳、台商投资企业 | Enterprises with Funds from Hong Kong, Macao and Taiwan | 9597 | 9453 | 1292520 | 613919 |
| 外商投资企业 | Foreign Funded Enterprises | 10596 | 10171 | 946026 | 550742 |
| **按企业控股情况分** | **by Status of Holding** | | | | |
| 国有控股 | State-holding | 28462 | 26849 | 2752364 | 1196399 |
| 集体控股 | Collective-holding | 36700 | 36325 | 1461954 | 320841 |
| 私人控股 | Private-holding | 696001 | 679147 | 41785498 | 16937448 |
| 港澳台商控股 | Hong Kong, Macao and Taiwan-holding | 7092 | 6956 | 1000784 | 480277 |
| 外商控股 | Foreign-holding | 9955 | 9548 | 705720 | 435788 |
| 其他 | Others | 67343 | 65193 | 2836946 | 1282500 |

# 3-2-7 按类别分限额以下文化批发和零售业企业主要财务指标(2013年)
# Main Economic Indicators of Cultural Wholesale and Retail Trades Enterprises under Designated Size by Category(2013)

单位：万元 (10 000 yuan)

| 类别 | Category | 企业单位数(个) Number of Enterprises | 年末从业人员(人) Engaged Persons at Year-end | #女性 Female | 营业收入 Total Revenue | #主营业务收入 Revenue from Principal Business |
|---|---|---|---|---|---|---|
| **合 计** | **Total** | **132268** | **959810** | **449385** | **50539620** | **50009295** |
| 发行服务 | Distribution Service | 13061 | 107211 | 53797 | 3958944 | 3888371 |
| 工艺美术品的销售 | Retail Sale of Arts and Crafts | 38626 | 291904 | 157446 | 13398707 | 13269457 |
| 文化贸易代理与拍卖服务 | Culture Trade Agency and Auction Service | 5685 | 50113 | 20169 | 4435334 | 4410181 |
| 文具乐器照相器材的销售 | Retail Sale of Stationery, Musical Instruments and Photographic Equipment | 38618 | 225816 | 99380 | 11562364 | 11427217 |
| 文化用家电的销售 | Retail Sale of Cultural Household Electric Appliances | 12688 | 106764 | 45416 | 6258497 | 6212650 |
| 其他文化用品的销售 | Retail Sale of Other Cultural Products | 17704 | 123748 | 52885 | 6187208 | 6108971 |
| 广播电视电影专用设备的批发 | Wholesale of Radio, Film and Television Equipment | 3600 | 31222 | 12389 | 2196430 | 2162856 |
| 舞台照明设备的批发 | Wholesale of Stage Lighting Equipment | 2286 | 23032 | 7903 | 2542136 | 2529593 |

3-2-7 续表 continued

单位：万元 (10 000 yuan)

| 类别 | Category | 营业税金及附加 Total Tax and Extra Charges | #主营业务税金及附加 Tax and Extra Charges from Principal Business | 资产总计 Total Assets | 实收资本 Paid-in Capital |
|---|---|---|---|---|---|
| **合 计** | **Total** | **845553** | **824018** | **50543266** | **20653253** |
| 发行服务 | Distribution Service | 61900 | 58631 | 5212362 | 2441223 |
| 工艺美术品的销售 | Retail Sale of Arts and Crafts | 219859 | 215305 | 17615365 | 7400239 |
| 文化贸易代理与拍卖服务 | Culture Trade Agency and Auction Service | 82624 | 81660 | 3564455 | 1546009 |
| 文具乐器照相器材的销售 | Retail Sale of Stationery, Musical Instruments and Photographic Equipment | 168260 | 161985 | 10782965 | 3847451 |
| 文化用家电的销售 | Retail Sale of Cultural Household Electric Appliances | 120043 | 117840 | 4351623 | 1748787 |
| 其他文化用品的销售 | Retail Sale of Other Cultural Products | 104283 | 100901 | 6049238 | 2492009 |
| 广播电视电影专用设备的批发 | Wholesale of Radio, Film and Television Equipment | 31362 | 30646 | 1864750 | 756237 |
| 舞台照明设备的批发 | Wholesale of Stage Lighting Equipment | 57222 | 57051 | 1102510 | 421298 |

# 3-2-8 分地区限额以下文化批发和零售业企业主要财务指标(2013年)

# Main Economic Indicators of Cultural Wholesale and Retail Trades Enterprises under Designated Size by Region(2013)

单位：万元 (10 000 yuan)

| 地 区 | Region | 企业单位数(个) Number of Enterprises (unit) | 年末从业人员(人) Engaged Persons at Year-end (person) | #女性 Female | 营业收入 Total Revenue | #主营业务收入 Revenue from Principal Business |
|---|---|---|---|---|---|---|
| **全 国** | **National Total** | **132268** | **959810** | **449385** | **50539620** | **50009295** |
| 北 京 | Beijing | 15723 | 60063 | 28999 | 2877171 | 2821515 |
| 天 津 | Tianjin | 3966 | 25469 | 9772 | 1793133 | 1755937 |
| 河 北 | Hebei | 5063 | 36850 | 18158 | 1440596 | 1427515 |
| 山 西 | Shanxi | 1698 | 12426 | 6782 | 272839 | 271065 |
| 内蒙古 | Inner Mongolia | 1338 | 9192 | 4820 | 336811 | 333743 |
| 辽 宁 | Liaoning | 3448 | 19468 | 7822 | 952996 | 951596 |
| 吉 林 | Jilin | 792 | 6524 | 3561 | 180761 | 178832 |
| 黑龙江 | Heilongjiang | 874 | 11534 | 4624 | 290631 | 283352 |
| 上 海 | Shanghai | 7479 | 53589 | 24558 | 3728556 | 3648944 |
| 江 苏 | Jiangsu | 14683 | 105331 | 47998 | 6946215 | 6894579 |
| 浙 江 | Zhejiang | 12612 | 67115 | 32368 | 5207533 | 5182111 |
| 安 徽 | Anhui | 4269 | 26267 | 11777 | 1642849 | 1636772 |
| 福 建 | Fujian | 4700 | 34305 | 16396 | 1658825 | 1644416 |
| 江 西 | Jiangxi | 1011 | 11800 | 5929 | 437461 | 430194 |
| 山 东 | Shandong | 12659 | 131373 | 53767 | 7970821 | 7949236 |
| 河 南 | Henan | 4311 | 43781 | 22345 | 1531936 | 1517325 |
| 湖 北 | Hubei | 5087 | 35486 | 16181 | 1209986 | 1193355 |
| 湖 南 | Hunan | 3021 | 34636 | 17182 | 1251381 | 1242848 |
| 广 东 | Guangdong | 14934 | 121740 | 56918 | 5797107 | 5694613 |
| 广 西 | Guangxi | 2099 | 14767 | 7798 | 352919 | 344306 |
| 海 南 | Hainan | 441 | 3925 | 2186 | 222650 | 221368 |
| 重 庆 | Chongqing | 2878 | 20641 | 10107 | 1079444 | 1070095 |
| 四 川 | Sichuan | 1574 | 14367 | 7688 | 1208775 | 1195161 |
| 贵 州 | Guizhou | 1054 | 7378 | 3779 | 305829 | 301791 |
| 云 南 | Yunnan | 1718 | 14597 | 7956 | 513667 | 509809 |
| 西 藏 | Tibet | 126 | 1229 | 535 | 32972 | 32465 |
| 陕 西 | Shaanxi | 2078 | 19231 | 10176 | 750171 | 741595 |
| 甘 肃 | Gansu | 1150 | 8186 | 4539 | 273925 | 268873 |
| 青 海 | Qinghai | 256 | 2105 | 1091 | 28344 | 27811 |
| 宁 夏 | Ningxia | 394 | 2190 | 1195 | 65862 | 63538 |
| 新 疆 | Xinjiang | 832 | 4245 | 2378 | 177456 | 174536 |

3-2-8 续表 continued

单位: 万元 (10 000 yuan)

| 地 区 | Region | 营业税金及附加 Total Tax and Extra Charges | #主营业务税金及附加 Tax and Extra Charges from Principal Business | 资产总计 Total Assets | 实收资本 Paid-in Capital |
|---|---|---|---|---|---|
| **全 国** | **National Total** | **845553** | **824018** | **50543266** | **20653253** |
| | | | | | |
| 北 京 | Beijing | 12968 | 11376 | 4281280 | 2003557 |
| 天 津 | Tianjin | 19575 | 19220 | 2318755 | 794739 |
| 河 北 | Hebei | 22052 | 21659 | 1348691 | 685751 |
| 山 西 | Shanxi | 8559 | 8491 | 1055592 | 260586 |
| 内蒙古 | Inner Mongolia | 10900 | 10688 | 375549 | 175197 |
| | | | | | |
| 辽 宁 | Liaoning | 22946 | 22717 | 880187 | 316547 |
| 吉 林 | Jilin | 3298 | 3251 | 155338 | 77949 |
| 黑龙江 | Heilongjiang | 9797 | 8671 | 209218 | 102668 |
| | | | | | |
| 上 海 | Shanghai | 34185 | 31842 | 3562392 | 1179365 |
| 江 苏 | Jiangsu | 115722 | 113527 | 4658504 | 2073648 |
| 浙 江 | Zhejiang | 54761 | 53940 | 4820116 | 1723185 |
| 安 徽 | Anhui | 22343 | 21440 | 1193709 | 591256 |
| 福 建 | Fujian | 18913 | 18416 | 2189343 | 1078048 |
| 江 西 | Jiangxi | 10992 | 10241 | 431042 | 280002 |
| 山 东 | Shandong | 204246 | 202818 | 4965359 | 1849148 |
| | | | | | |
| 河 南 | Henan | 41272 | 40805 | 1747998 | 838483 |
| 湖 北 | Hubei | 25188 | 24687 | 1386218 | 661877 |
| 湖 南 | Hunan | 40700 | 40327 | 921869 | 500422 |
| 广 东 | Guangdong | 88178 | 83858 | 7219850 | 2796032 |
| 广 西 | Guangxi | 10328 | 9419 | 634624 | 257613 |
| 海 南 | Hainan | 1712 | 1657 | 335657 | 84756 |
| | | | | | |
| 重 庆 | Chongqing | 19066 | 18751 | 892898 | 518527 |
| 四 川 | Sichuan | 9450 | 8883 | 1327674 | 281738 |
| 贵 州 | Guizhou | 2971 | 2883 | 505006 | 133878 |
| 云 南 | Yunnan | 10590 | 10371 | 1017422 | 352531 |
| 西 藏 | Tibet | 1001 | 989 | 79119 | 59325 |
| | | | | | |
| 陕 西 | Shaanxi | 13354 | 13123 | 1003079 | 531214 |
| 甘 肃 | Gansu | 6770 | 6666 | 538305 | 198666 |
| 青 海 | Qinghai | 508 | 469 | 103013 | 72956 |
| 宁 夏 | Ningxia | 1338 | 1062 | 159582 | 66254 |
| 新 疆 | Xinjiang | 1869 | 1772 | 225876 | 107336 |

# 3-3-1 规模以上文化服务业企业基本情况(2013年)
# Basic Statistics on Cultural Enterprises of Service Industry above Designated Size(2013)

单位：万元 (10 000 yuan)

| 分 组 | Group | 企业单位数(个) Number of Enterprises (unit) | 年末从业人员(人) Engaged Persons at Year-end (person) | 资产总计 Total Assets |
|---|---|---|---|---|
| **合 计** | **Total** | **15658** | **2053781** | **255366267** |
| **按登记注册类型分** | **Grouped by Status of Registration** | | | |
| 内资企业 | Domestic Funded Enterprises | 14471 | 1791807 | 218987785 |
| 国有企业 | Stats-owned Enterprises | 1473 | 286108 | 37858917 |
| 集体企业 | Collective-owned Enterprises | 127 | 11709 | 548862 |
| 股份合作企业 | Cooperative Enterprises | 36 | 2161 | 229769 |
| 联营企业 | Joint Ownership Enterprises | 9 | 1485 | 86280 |
| 有限责任公司 | Limited Liability Corporations | 5409 | 776090 | 110407065 |
| 股份有限公司 | Share-holding Corporations Ltd. | 615 | 180735 | 33499946 |
| 私营公司 | Private Enterprises | 6661 | 515039 | 35361894 |
| 其他企业 | Other Enterprises | 141 | 18480 | 995051 |
| 港、澳、台商投资企业 | Enterprises with Funds from Hong Kong, Macao and Taiwan | 504 | 104818 | 24850569 |
| 外商投资企业 | Foreign Funded Enterprises | 683 | 157156 | 11527913 |
| **按企业控股情况分** | **by Status of Holding** | | | |
| 国有控股 | State-holding | 3700 | 765180 | 134709830 |
| 集体控股 | Collective-holding | 500 | 62516 | 6219973 |
| 私人控股 | Private-holding | 9109 | 791020 | 59352160 |
| 港澳台商控股 | Hong Kong, Macao and Taiwan-holding | 472 | 101721 | 24901653 |
| 外商控股 | Foreign-holding | 593 | 128487 | 8171773 |
| 其他 | Others | 1284 | 204857 | 22010879 |

3-3-1 续表 1 continued

单位：万元 (10 000 yuan)

| 分 组 | Group | 营业收入 Total Revenue | #主营业务收入 Revenue from Principal Business |
|---|---|---|---|
| **合 计** | **Total** | **134817457** | **132201235** |
| **按登记注册类型分** | **Grouped by Status of Registration** | | |
| 内资企业 | Domestic Funded Enterprises | 106948085 | 104735994 |
| 国有企业 | Stats-owned Enterprises | 16076588 | 15273016 |
| 集体企业 | Collective-owned Enterprises | 226591 | 218409 |
| 股份合作企业 | Cooperative Enterprises | 81272 | 80432 |
| 联营企业 | Joint Ownership Enterprises | 31910 | 31390 |
| 有限责任公司 | Limited Liability Corporations | 46653286 | 45712165 |
| 股份有限公司 | Share-holding Corporations Ltd. | 12126798 | 11927288 |
| 私营公司 | Private Enterprises | 31190455 | 30960964 |
| 其他企业 | Other Enterprises | 561185 | 532330 |
| 港、澳、台商投资企业 | Enterprises with Funds from Hong Kong, Macao and Taiwan | 16621012 | 16294907 |
| 外商投资企业 | Foreign Funded Enterprises | 11248361 | 11170334 |
| **按企业控股情况分** | **by Status of Holding** | | |
| 国有控股 | State-holding | 50278606 | 48693591 |
| 集体控股 | Collective-holding | 2508790 | 2458352 |
| 私人控股 | Private-holding | 46010081 | 45648397 |
| 港澳台商控股 | Hong Kong, Macao and Taiwan-holding | 16599686 | 16276936 |
| 外商控股 | Foreign-holding | 9425035 | 9362553 |
| 其他 | Others | 9995260 | 9761407 |

3-3-1 续表 2 continued

单位：万元 (10 000 yuan)

| 分 组 | Group | 营业税金及附加 Total Tax and Extra Charges | #主营业务税金及附加 Tax and Extra Charges from Principal Business |
|---|---|---|---|
| **合 计** | **Total** | **2386916** | **2303254** |
| **按登记注册类型分** | **Grouped by Status of Registration** | | |
| 内资企业 | Domestic Funded Enterprises | 2119832 | 2052148 |
| 国有企业 | Stats-owned Enterprises | 325342 | 307131 |
| 集体企业 | Collective-owned Enterprises | 7022 | 6497 |
| 股份合作企业 | Cooperative Enterprises | 1403 | 1308 |
| 联营企业 | Joint Ownership Enterprises | 1029 | 1029 |
| 有限责任公司 | Limited Liability Corporations | 956954 | 926230 |
| 股份有限公司 | Share-holding Corporations Ltd. | 215376 | 209429 |
| 私营公司 | Private Enterprises | 598872 | 587361 |
| 其他企业 | Other Enterprises | 13833 | 13162 |
| 港、澳、台商投资企业 | Enterprises with Funds from Hong Kong, Macao and Taiwan | 167357 | 158149 |
| 外商投资企业 | Foreign Funded Enterprises | 99727 | 92956 |
| **按企业控股情况分** | **by Status of Holding** | | |
| 国有控股 | State-holding | 985718 | 941941 |
| 集体控股 | Collective-holding | 55795 | 53507 |
| 私人控股 | Private-holding | 918805 | 900369 |
| 港澳台商控股 | Hong Kong, Macao and Taiwan-holding | 165930 | 155076 |
| 外商控股 | Foreign-holding | 75354 | 74343 |
| 其他 | Others | 185314 | 178017 |

3-3-1 续表 3 continued

单位：万元 (10 000 yuan)

| 分 组 | Group | 营业利润 Operating Profit | 应交增值税 Value-added Tax Payable |
|---|---|---|---|
| **合 计** | **Total** | **18260977** | **2758287** |
| **按登记注册类型分** | **Grouped by Status of Registration** | | |
| 内资企业 | Domestic Funded Enterprises | 11194402 | 2046875 |
| 国有企业 | Stats-owned Enterprises | 1741523 | 387932 |
| 集体企业 | Collective-owned Enterprises | 12252 | 3896 |
| 股份合作企业 | Cooperative Enterprises | 6360 | 2270 |
| 联营企业 | Joint Ownership Enterprises | 1810 | 778 |
| 有限责任公司 | Limited Liability Corporations | 4900193 | 893959 |
| 股份有限公司 | Share-holding Corporations Ltd. | 1744162 | 191648 |
| 私营公司 | Private Enterprises | 2724156 | 555265 |
| 其他企业 | Other Enterprises | 63946 | 11128 |
| 港、澳、台商投资企业 | Enterprises with Funds from Hong Kong, Macao and Taiwan | 6252647 | 565600 |
| 外商投资企业 | Foreign Funded Enterprises | 813927 | 145812 |
| **按企业控股情况分** | **by Status of Holding** | | |
| 国有控股 | State-holding | 6006827 | 968049 |
| 集体控股 | Collective-holding | 244526 | 46046 |
| 私人控股 | Private-holding | 4370981 | 817731 |
| 港澳台商控股 | Hong Kong, Macao and Taiwan-holding | 6267450 | 572309 |
| 外商控股 | Foreign-holding | 641464 | 107452 |
| 其他 | Others | 729729 | 246699 |

# 3-3-2 按类别分规模以上文化服务业企业基本情况(2013年)

# Basic Statistics on Cultural Enterprises of Service Industry above Designated Size by Category(2013)

单位：万元 (10 000 yuan)

| 类 别 | Category | 企业单位数(个) Number of Enterprises (unit) | #亏损企业 Unprofitable Enterprise | 年末从业人员(人) Engaged Persons at Year-end (person) | #女性 Female |
|---|---|---|---|---|---|
| **合 计** | **Total** | **15658** | **4021** | **2053781** | **817962** |
| 新闻服务 | News Service | 20 | 7 | 12588 | 3151 |
| 出版服务 | Publishing Service | 1107 | 295 | 196791 | 86881 |
| 广播电视服务 | Radio and Television Service | 188 | 55 | 43513 | 18114 |
| 电影和影视录音服务 | Film and Video Recording Service | 919 | 300 | 60538 | 28280 |
| 文艺创作与表演服务 | Art Creation and Performance Service | 336 | 129 | 36690 | 16310 |
| 图书馆与档案馆服务 | Library and Archive Service | 3 | 1 | 229 | 100 |
| 文化遗产保护服务 | Cultural Heritage Protection Service | 46 | 11 | 4170 | 2096 |
| 群众文化服务 | Mass Culture Service | 34 | 8 | 2796 | 1433 |
| 文化研究和社团服务 | Cultural Studies and Social Organization Service | 2 | 1 | 329 | 139 |
| 文化艺术培训服务 | Culture and Arts Training Service | 50 | 13 | 5373 | 3160 |
| 其他文化艺术业服务 | Other Culture and Art Industry Service | 111 | 39 | 5924 | 2814 |
| 互联网信息服务 | Internet Information Service | 622 | 195 | 159770 | 72938 |
| 增值电信服务(文化部分) | Value-Added Telecommunication Service(Culture Part) | 133 | 44 | 26683 | 9643 |
| 广播电视传输服务 | Radio and Television Transmission Service | 481 | 125 | 165062 | 51996 |
| 广告服务 | Advertisement Service | 3246 | 697 | 178398 | 86888 |
| 文化软件服务 | Cultural Software Service | 1648 | 548 | 330551 | 115406 |
| 建筑设计服务 | Architectural Design Service | 2255 | 255 | 352920 | 107624 |
| 专业设计服务 | Professional Design Service | 680 | 146 | 79704 | 28258 |
| 景区游览服务 | Scenic Touring Service | 1281 | 437 | 194168 | 86816 |
| 娱乐休闲服务 | Entertainment and Recreation Service | 956 | 273 | 99549 | 48235 |
| 摄影扩印服务 | Photography and Enlarge-Printing Service | 172 | 55 | 15565 | 8760 |
| 版权服务 | Copyright Service | 64 | 14 | 7469 | 4891 |
| 文化经纪代理服务 | Culture Broker and Agency Service | 74 | 24 | 3275 | 1818 |
| 文化出租服务 | Cultural Rental Service | 25 | 11 | 1274 | 402 |
| 会展服务 | Exhibition Service | 813 | 215 | 45102 | 20209 |
| 其他文化辅助服务 | Other Cultural Support Service | 392 | 123 | 25350 | 11600 |

3-3-2 续表 continued

单位：万元 (10 000 yuan)

| 类 别 | Category | 资产总计 Total Assets | 营业收入 Total Revenue | 营业成本 Total Cost | 营业税金及附加 Total Tax and Extra Charges | 利润总额 Total Profit |
|---|---|---|---|---|---|---|
| **合 计** | **Total** | **255366267** | **134817457** | **86568895** | **2386916** | **20534383** |
| 新闻服务 | News Service | 1303251 | 311486 | 214834 | 10704 | 24211 |
| 出版服务 | Publishing Service | 29768690 | 11737691 | 7415564 | 170988 | 1692108 |
| 广播电视服务 | Radio and Television Service | 10235821 | 3685691 | 2376980 | 58369 | 769204 |
| 电影和影视录音服务 | Film and Video Recording Service | 17636452 | 5140195 | 3329983 | 95688 | 1143152 |
| 文艺创作与表演服务 | Art Creation and Performance Service | 5636345 | 1733399 | 1113876 | 72147 | 172258 |
| 图书馆与档案馆服务 | Library and Archive Service | 15297 | 2955 | 997 | 91 | 88 |
| 文化遗产保护服务 | Cultural Heritage Protection Service | 1755376 | 87748 | 31270 | 3755 | 20221 |
| 群众文化服务 | Mass Culture Service | 421057 | 166812 | 111454 | 4330 | 17504 |
| 文化研究和社团服务 | Cultural Studies and Social Organization Service | 4062 | 6666 | 1400 | 225 | 453 |
| 文化艺术培训服务 | Culture and Arts Training Service | 164993 | 156770 | 75371 | 4931 | 11329 |
| 其他文化艺术业服务 | Other Culture and Art Industry Service | 1478799 | 660662 | 447924 | 49472 | 83287 |
| 互联网信息服务 | Internet Information Service | 24746973 | 17273487 | 7199414 | 283362 | 5909201 |
| 增值电信服务(文化部分) | Value-Added Telecommunication Service(Culture Part) | 1981595 | 1544052 | 1086009 | 32517 | 201526 |
| 广播电视传输服务 | Radio and Television Transmission Service | 21376018 | 6437914 | 4033433 | 150522 | 1008468 |
| 广告服务 | Advertisement Service | 21886279 | 28856397 | 22957823 | 363271 | 1894005 |
| 文化软件服务 | Cultural Software Service | 23432675 | 17594643 | 10040007 | 179288 | 2957452 |
| 建筑设计服务 | Architectural Design Service | 25326942 | 19217700 | 14115639 | 392823 | 2053022 |
| 专业设计服务 | Professional Design Service | 8003296 | 6384591 | 4762919 | 66429 | 627073 |
| 景区游览服务 | Scenic Touring Service | 35327049 | 4939899 | 2144533 | 209203 | 804661 |
| 娱乐休闲服务 | Entertainment and Recreation Service | 9364349 | 2125481 | 1044299 | 116697 | 172551 |
| 摄影扩印服务 | Photography and Enlarge-Printing Service | 238875 | 286070 | 124245 | 13917 | 13791 |
| 版权服务 | Copyright Service | 533817 | 380304 | 174878 | 5434 | 51450 |
| 文化经纪代理服务 | Culture Broker and Agency Service | 728660 | 239980 | 146778 | 7856 | 60554 |
| 文化出租服务 | Cultural Rental Service | 101486 | 70546 | 46327 | 1929 | 3071 |
| 会展服务 | Exhibition Service | 10521715 | 4124739 | 2505560 | 62016 | 670765 |
| 其他文化辅助服务 | Other Cultural Support Service | 3376397 | 1651580 | 1067381 | 30955 | 172976 |

# 3-3-3 分地区规模以上文化服务业企业基本情况(2013年)

# Basic Statistics on Cultural Enterprises of Service Industry above Designated Size by Region(2013)

单位：万元 (10 000 yuan)

| 地区 | Region | 企业单位数(个) Number of Enterprises (unit) | #亏损企业 Unprofitable Enterprise | 年末从业人员(人) Engaged Persons at Year-end (person) | #女性 Female |
|---|---|---|---|---|---|
| **全国** | **National Total** | **15658** | **4021** | **2053781** | **817962** |
| 北京 | Beijing | 3319 | 998 | 320451 | 147358 |
| 天津 | Tianjin | 359 | 88 | 48587 | 15249 |
| 河北 | Hebei | 217 | 82 | 30865 | 12664 |
| 山西 | Shanxi | 120 | 52 | 15394 | 6457 |
| 内蒙古 | Inner Mongolia | 78 | 26 | 14048 | 5873 |
| 辽宁 | Liaoning | 486 | 156 | 91362 | 39528 |
| 吉林 | Jilin | 79 | 25 | 15107 | 5204 |
| 黑龙江 | Heilongjiang | 39 | 16 | 8520 | 3065 |
| 上海 | Shanghai | 1254 | 377 | 210413 | 84412 |
| 江苏 | Jiangsu | 2353 | 408 | 285784 | 107112 |
| 浙江 | Zhejiang | 1018 | 292 | 126232 | 49472 |
| 安徽 | Anhui | 292 | 58 | 40954 | 15180 |
| 福建 | Fujian | 466 | 121 | 49973 | 20631 |
| 江西 | Jiangxi | 161 | 36 | 24248 | 9782 |
| 山东 | Shandong | 861 | 155 | 87556 | 36023 |
| 河南 | Henan | 370 | 43 | 73654 | 27742 |
| 湖北 | Hubei | 578 | 78 | 81433 | 30245 |
| 湖南 | Hunan | 476 | 118 | 56550 | 21234 |
| 广东 | Guangdong | 1919 | 502 | 270523 | 98593 |
| 广西 | Guangxi | 159 | 55 | 25827 | 10084 |
| 海南 | Hainan | 76 | 33 | 12808 | 5266 |
| 重庆 | Chongqing | 197 | 72 | 41766 | 15755 |
| 四川 | Sichuan | 268 | 70 | 34334 | 13488 |
| 贵州 | Guizhou | 86 | 21 | 13085 | 5457 |
| 云南 | Yunnan | 151 | 46 | 26205 | 11190 |
| 西藏 | Tibet | 3 | | 280 | 179 |
| 陕西 | Shaanxi | 154 | 58 | 28590 | 12067 |
| 甘肃 | Gansu | 44 | 15 | 6208 | 2929 |
| 青海 | Qinghai | 8 | 3 | 1681 | 864 |
| 宁夏 | Ningxia | 21 | 6 | 3205 | 1329 |
| 新疆 | Xinjiang | 41 | 11 | 8138 | 3530 |

3-3-3 续表 continued

单位：万元 (10 000 yuan)

| 地 区 | Region | 资产总计 Total Assets | 营业收入 Total Revenue | 营业成本 Total Cost | 营业税金及附加 Total Tax and Extra Charges | 利润总额 Total Profit |
|---|---|---|---|---|---|---|
| **全 国** | **National Total** | **255366267** | **134817457** | **86568895** | **2386916** | **20534383** |
| 北 京 | Beijing | 40380110 | 29281315 | 19529562 | 410838 | 3166735 |
| 天 津 | Tianjin | 12299375 | 4225976 | 3031416 | 54919 | 702865 |
| 河 北 | Hebei | 2164754 | 900600 | 568269 | 22279 | 53731 |
| 山 西 | Shanxi | 1483784 | 271341 | 174518 | 8678 | -3794 |
| 内蒙古 | Inner Mongolia | 1494959 | 547620 | 398842 | 8662 | 49482 |
| 辽 宁 | Liaoning | 5471442 | 2945742 | 2014404 | 59089 | 238718 |
| 吉 林 | Jilin | 1288031 | 423229 | 292615 | 10562 | 73593 |
| 黑龙江 | Heilongjiang | 640013 | 277983 | 170497 | 9411 | 22026 |
| 上 海 | Shanghai | 36488132 | 23087127 | 16038868 | 268252 | 3039226 |
| 江 苏 | Jiangsu | 31366322 | 13548811 | 8870413 | 241660 | 1931997 |
| 浙 江 | Zhejiang | 22919223 | 12307547 | 5635958 | 150246 | 4183132 |
| 安 徽 | Anhui | 5570609 | 2017150 | 1303807 | 33618 | 292075 |
| 福 建 | Fujian | 4846304 | 2174823 | 1283651 | 50893 | 337959 |
| 江 西 | Jiangxi | 1762406 | 926344 | 466974 | 30686 | 144064 |
| 山 东 | Shandong | 7901731 | 2954749 | 1681894 | 104333 | 534902 |
| 河 南 | Henan | 6085037 | 2569850 | 1580900 | 56355 | 406529 |
| 湖 北 | Hubei | 9464628 | 4533926 | 3031899 | 130770 | 506869 |
| 湖 南 | Hunan | 8061936 | 2752520 | 1572378 | 74349 | 491528 |
| 广 东 | Guangdong | 29503729 | 20015917 | 12942087 | 354280 | 3285841 |
| 广 西 | Guangxi | 1795031 | 818310 | 478964 | 25888 | 135065 |
| 海 南 | Hainan | 1559312 | 630419 | 314910 | 23285 | 107937 |
| 重 庆 | Chongqing | 6002109 | 2092408 | 1562666 | 53049 | 143536 |
| 四 川 | Sichuan | 4192353 | 1387247 | 908244 | 48559 | 196013 |
| 贵 州 | Guizhou | 1306724 | 406966 | 286548 | 15966 | 44512 |
| 云 南 | Yunnan | 3281166 | 916302 | 604168 | 25157 | 102307 |
| 西 藏 | Tibet | 7081 | 3963 | 951 | 139 | 1482 |
| 陕 西 | Shaanxi | 6832644 | 2196832 | 1451828 | 99035 | 263536 |
| 甘 肃 | Gansu | 488227 | 212847 | 142250 | 4384 | 30492 |
| 青 海 | Qinghai | 95905 | 40029 | 26962 | 1187 | 2546 |
| 宁 夏 | Ningxia | 285105 | 113569 | 42414 | 3156 | 29523 |
| 新 疆 | Xinjiang | 328085 | 235999 | 160042 | 7232 | 19957 |

# 3-3-4 按类别分规模以上文化服务业企业主要财务指标(2013年)

# Main Economic Indicators of Cultural Enterprises of Service Industry above Designated Size by Category(2013)

单位：万元 (10 000 yuan)

| 类 别 | Category | 企业单位数(个) Number of Enterprises (unit) | 固定资产原价 Original Value of Fixed Assets | 本年折旧 Depreciation This Year | 主营业务收入 Revenue of Principal Business | 主营业务成本 Cost of Principal Business |
|---|---|---|---|---|---|---|
| **合 计** | **Total** | **15658** | **62242599** | **5246344** | **132201235** | **84656252** |
| 新闻服务 | News Service | 20 | 264586 | 16206 | 290899 | 192918 |
| 出版服务 | Publishing Service | 1107 | 6104153 | 305402 | 11097236 | 7096270 |
| 广播电视服务 | Radio and Television Service | 188 | 2295390 | 150064 | 3302331 | 2324408 |
| 电影和影视录音服务 | Film and Video Recording Service | 919 | 2448955 | 198916 | 4963110 | 3266097 |
| 文艺创作与表演服务 | Art Creation and Performance Service | 336 | 1010092 | 64764 | 1693050 | 1089258 |
| 图书馆与档案馆服务 | Library and Archive Service | 3 | 10040 | 83 | 2765 | 989 |
| 文化遗产保护服务 | Cultural Heritage Protection Service | 46 | 252442 | 13365 | 84690 | 31045 |
| 群众文化服务 | Mass Culture Service | 34 | 134457 | 9004 | 166186 | 111441 |
| 文化研究和社团服务 | Cultural Studies and Social Organization Service | 2 | 954 | 55 | 6666 | 1400 |
| 文化艺术培训服务 | Culture and Arts Training Service | 50 | 44369 | 3992 | 155981 | 75074 |
| 其他文化艺术业服务 | Other Culture and Art Industry Service | 111 | 425547 | 31590 | 657101 | 443941 |
| 互联网信息服务 | Internet Information Service | 622 | 3318212 | 477516 | 16952072 | 7148732 |
| 增值电信服务（文化部分） | Value-Added Telecommunication Service(Culture Part) | 133 | 433679 | 33208 | 1521209 | 1072480 |
| 广播电视传输服务 | Radio and Television Transmission Service | 481 | 13170073 | 1396193 | 6221526 | 3704695 |
| 广告服务 | Advertisement Service | 3246 | 2888772 | 265998 | 28712534 | 22788111 |
| 文化软件服务 | Cultural Software Service | 1648 | 3432851 | 418507 | 17411818 | 9739785 |
| 建筑设计服务 | Architectural Design Service | 2255 | 3322591 | 279559 | 19127051 | 13966815 |
| 专业设计服务 | Professional Design Service | 680 | 1416720 | 113167 | 6355694 | 4508271 |
| 景区游览服务 | Scenic Touring Service | 1281 | 12346243 | 770997 | 4736596 | 2076244 |
| 娱乐休闲服务 | Entertainment and Recreation Service | 956 | 4021633 | 433493 | 2083107 | 1021575 |
| 摄影扩印服务 | Photography and Enlarge-Printing Service | 172 | 123925 | 10981 | 278845 | 121272 |
| 版权服务 | Copyright Service | 64 | 47646 | 6493 | 375450 | 173521 |
| 文化经纪代理服务 | Culture Broker and Agency Service | 74 | 178893 | 8798 | 237634 | 146471 |
| 文化出租服务 | Cultural Rental Service | 25 | 42811 | 3662 | 70532 | 46317 |
| 会展服务 | Exhibition Service | 813 | 4055472 | 201058 | 4066679 | 2458993 |
| 其他文化辅助服务 | Other Cultural Support Service | 392 | 452092 | 33277 | 1630473 | 1050130 |

3-3-4 续表 continued

单位：万元 (10 000 yuan)

| 类 别 | Category | 主营业务税金及附加 Tax and Extra Charges from Principal Business | 营业利润 Operating Profit | 应付职工薪酬 Employee Benefits Payable | 应交增值税 Value-added Tax Payable |
|---|---|---|---|---|---|
| **合 计** | **Total** | **2303254** | **18260977** | **21072744** | **2758287** |
| 新闻服务 | News Service | 10607 | 10903 | 63036 | 3870 |
| 出版服务 | Publishing Service | 154190 | 1107991 | 2317406 | 377389 |
| 广播电视服务 | Radio and Television Service | 57425 | 701470 | 479562 | 79978 |
| 电影和影视录音服务 | Film and Video Recording Service | 87434 | 903385 | 492702 | 95430 |
| 文艺创作与表演服务 | Art Creation and Performance Service | 70809 | 98215 | 228056 | 9633 |
| 图书馆与档案馆服务 | Library and Archive Service | 91 | 88 | 914 | 76 |
| 文化遗产保护服务 | Cultural Heritage Protection Service | 3721 | 15981 | 15802 | 150 |
| 群众文化服务 | Mass Culture Service | 3779 | 15727 | 14830 | 1267 |
| 文化研究和社团服务 | Cultural Studies and Social Organization Service | 225 | 63 | 2754 | 17 |
| 文化艺术培训服务 | Culture and Arts Training Service | 4867 | 19920 | 30617 | 1128 |
| 其他文化艺术业服务 | Other Culture and Art Industry Service | 49335 | 78985 | 45595 | 5495 |
| 互联网信息服务 | Internet Information Service | 275965 | 5616858 | 2309643 | 550346 |
| 增值电信服务(文化部分) | Value-Added Telecommunication Service(Culture Part) | 28637 | 191932 | 271424 | 10535 |
| 广播电视传输服务 | Radio and Television Transmission Service | 143610 | 816841 | 1362163 | 108576 |
| 广告服务 | Advertisement Service | 356731 | 1823046 | 1973478 | 360536 |
| 文化软件服务 | Cultural Software Service | 174964 | 2539700 | 4109034 | 475199 |
| 建筑设计服务 | Architectural Design Service | 384500 | 1986419 | 4165854 | 439827 |
| 专业设计服务 | Professional Design Service | 64739 | 586420 | 1094201 | 90615 |
| 景区游览服务 | Scenic Touring Service | 202923 | 707108 | 857314 | 15142 |
| 娱乐休闲服务 | Entertainment and Recreation Service | 114085 | 158913 | 421252 | 14557 |
| 摄影扩印服务 | Photography and Enlarge-Printing Service | 13012 | 15106 | 75095 | 1755 |
| 版权服务 | Copyright Service | 5388 | 45662 | 94748 | 10335 |
| 文化经纪代理服务 | Culture Broker and Agency Service | 7847 | 50627 | 28083 | 2131 |
| 文化出租服务 | Cultural Rental Service | 1909 | 3995 | 8690 | 717 |
| 会展服务 | Exhibition Service | 58052 | 617057 | 391925 | 70930 |
| 其他文化辅助服务 | Other Cultural Support Service | 28408 | 148566 | 218567 | 32657 |

# 3-3-5 分地区规模以上文化服务业企业主要财务指标(2013年)

# Main Economic Indicators of Cultural Enterprises of Service Industry above Designated Size by Region(2013)

单位：万元 (10 000 yuan)

| 地 区 | Region | 企业单位数(个) Number of Enterprises (unit) | 固定资产原价 Original Value of Fixed Assets | 本年折旧 Depreciation This Year | 主营业务收入 Revenue of Principal Business | 主营业务成本 Cost of Principal Business |
|---|---|---|---|---|---|---|
| **全 国** | **National Total** | **15658** | **62242599** | **5246344** | **132201235** | **84656252** |
| 北 京 | Beijing | 3319 | 8016805 | 665627 | 28897922 | 19387802 |
| 天 津 | Tianjin | 359 | 1471284 | 126753 | 4196967 | 2988222 |
| 河 北 | Hebei | 217 | 1188525 | 219694 | 869563 | 553674 |
| 山 西 | Shanxi | 120 | 687152 | 40929 | 263483 | 165228 |
| 内蒙古 | Inner Mongolia | 78 | 550791 | 40588 | 536865 | 362100 |
| 辽 宁 | Liaoning | 486 | 2138338 | 176274 | 2871380 | 1825703 |
| 吉 林 | Jilin | 79 | 739665 | 58144 | 414896 | 232987 |
| 黑龙江 | Heilongjiang | 39 | 412564 | 30289 | 272601 | 164160 |
| 上 海 | Shanghai | 1254 | 6196845 | 533123 | 22906666 | 15607171 |
| 江 苏 | Jiangsu | 2358 | 9393392 | 792603 | 13240356 | 8727833 |
| 浙 江 | Zhejiang | 1018 | 4306600 | 360511 | 11935361 | 5494473 |
| 安 徽 | Anhui | 292 | 1827626 | 153384 | 1962594 | 1289256 |
| 福 建 | Fujian | 466 | 1280757 | 69108 | 2124982 | 1245060 |
| 江 西 | Jiangxi | 161 | 739562 | 66528 | 906285 | 456090 |
| 山 东 | Shandong | 861 | 2905857 | 170197 | 2921437 | 1645639 |
| 河 南 | Henan | 370 | 1779944 | 118134 | 2507548 | 1557587 |
| 湖 北 | Hubei | 578 | 2640762 | 181283 | 4382504 | 2944253 |
| 湖 南 | Hunan | 476 | 2007820 | 161645 | 2422700 | 1532093 |
| 广 东 | Guangdong | 1919 | 7378759 | 748578 | 19844994 | 12730786 |
| 广 西 | Guangxi | 159 | 814085 | 38530 | 789725 | 456751 |
| 海 南 | Hainan | 76 | 747520 | 63355 | 603233 | 309368 |
| 重 庆 | Chongqing | 197 | 1445943 | 113180 | 2025017 | 1502783 |
| 四 川 | Sichuan | 268 | 964114 | 67159 | 1322673 | 877422 |
| 贵 州 | Guizhou | 86 | 409330 | 29826 | 398904 | 245833 |
| 云 南 | Yunnan | 151 | 851008 | 124747 | 831736 | 576299 |
| 西 藏 | Tibet | 3 | 5250 | 304 | 3423 | 951 |
| 陕 西 | Shaanxi | 154 | 900417 | 65509 | 2178212 | 1437395 |
| 甘 肃 | Gansu | 44 | 122772 | 8415 | 192424 | 122325 |
| 青 海 | Qinghai | 8 | 56065 | 4606 | 37554 | 26807 |
| 宁 夏 | Ningxia | 21 | 133959 | 7971 | 109172 | 33472 |
| 新 疆 | Xinjiang | 41 | 129089 | 9351 | 230061 | 156729 |

3-3-5 续表 continued

单位：万元 (10 000 yuan)

| 地 区 | Region | 主营业务税金及附加 Tax and Extra Charges from Principal Business | 营业利润 Operating Profit | 应付职工薪酬 Employee Benefits Payable | 应交增值税 Value-added Tax Payable |
|---|---|---|---|---|---|
| **全 国** | **National Total** | **2303254** | **18260977** | **21072744** | **2758287** |
| 北 京 | Beijing | 408046 | 2581599 | 4590379 | 661011 |
| 天 津 | Tianjin | 54468 | 449891 | 693074 | 89903 |
| 河 北 | Hebei | 21649 | 32403 | 182844 | 5567 |
| 山 西 | Shanxi | 8171 | -12505 | 52853 | 4947 |
| 内蒙古 | Inner Mongolia | 8606 | 44020 | 88572 | 24306 |
| 辽 宁 | Liaoning | 55230 | 181852 | 870011 | 33221 |
| 吉 林 | Jilin | 9941 | 61698 | 95500 | 7244 |
| 黑龙江 | Heilongjiang | 9179 | 14526 | 41333 | 2981 |
| 上 海 | Shanghai | 249730 | 2670513 | 3172743 | 497949 |
| 江 苏 | Jiangsu | 236336 | 1797179 | 2271370 | 212043 |
| 浙 江 | Zhejiang | 141817 | 3956639 | 1574649 | 384652 |
| 安 徽 | Anhui | 32932 | 261579 | 302698 | 30923 |
| 福 建 | Fujian | 48727 | 281775 | 361633 | 34400 |
| 江 西 | Jiangxi | 29809 | 152828 | 115156 | 10128 |
| 山 东 | Shandong | 102313 | 474715 | 499239 | 49510 |
| 河 南 | Henan | 49512 | 401730 | 378202 | 35581 |
| 湖 北 | Hubei | 124115 | 494499 | 762941 | 73396 |
| 湖 南 | Hunan | 73107 | 464299 | 381163 | 43730 |
| 广 东 | Guangdong | 345167 | 3028511 | 3173479 | 474036 |
| 广 西 | Guangxi | 24670 | 110643 | 181648 | 12713 |
| 海 南 | Hainan | 22695 | 105980 | 90002 | 6457 |
| 重 庆 | Chongqing | 51570 | 122957 | 409969 | 19998 |
| 四 川 | Sichuan | 46951 | 160420 | 207080 | 19410 |
| 贵 州 | Guizhou | 14183 | 40153 | 90758 | -2702 |
| 云 南 | Yunnan | 21065 | 91638 | 136565 | 6534 |
| 西 藏 | Tibet | 127 | 1262 | 777 | 76 |
| 陕 西 | Shaanxi | 98156 | 225733 | 220286 | 13340 |
| 甘 肃 | Gansu | 4227 | 27765 | 42444 | 3060 |
| 青 海 | Qinghai | 1175 | 2323 | 11126 | 121 |
| 宁 夏 | Ningxia | 3062 | 26533 | 29236 | 943 |
| 新 疆 | Xinjiang | 6517 | 7822 | 45018 | 2810 |

# 3-3-6　规模以下文化服务业企业主要财务指标(2013年)

# Main Economic Indicators of Cultural Enterprises of Service Industry under Designated Size(2013)

单位：万元　　(10 000 yuan)

| 分　组 | Group | 企业单位数(个) Number of Enterprises (unit) | 年末从业人员(人) Engaged Persons at Year-end (person) | #女性 Female | 营业收入 Total Revenue | #主营业务收入 Revenue from Principal Business |
|---|---|---|---|---|---|---|
| **合　计** | **Total** | **467594** | **3912673** | **1593178** | **82802229** | **81378554** |
| **按登记注册类型分** | **Grouped by Status of Registration** | | | | | |
| 内资企业 | Domestic Funded Enterprises | 463766 | 3837576 | 1560761 | 80588894 | 79235541 |
| 国有企业 | Stats-owned Enterprises | 6664 | 184765 | 74728 | 4643998 | 4763479 |
| 集体企业 | Collective-owned Enterprises | 2823 | 32712 | 14350 | 470281 | 457139 |
| 股份合作企业 | Cooperative Enterprises | 3321 | 22951 | 9754 | 337368 | 330569 |
| 联营企业 | Joint Ownership Enterprises | 1050 | 10234 | 4225 | 169880 | 167243 |
| 有限责任公司 | Limited Liability Corporations | 88500 | 849571 | 346796 | 18829421 | 18393085 |
| 股份有限公司 | Share-holding Corporations Ltd. | 5497 | 93702 | 35619 | 2150766 | 2104940 |
| 私营公司 | Private Enterprises | 335468 | 2454333 | 997679 | 51018369 | 50127867 |
| 其他企业 | Other Enterprises | 20443 | 189308 | 77610 | 2968811 | 2891220 |
| 港、澳、台商投资企业 | Enterprises with Funds from Hong Kong, Macao and Taiwan | 1819 | 44251 | 19375 | 1102411 | 1064849 |
| 外商投资企业 | Foreign Funded Enterprises | 2009 | 30846 | 13042 | 1110924 | 1078164 |
| **按企业控股情况分** | **by Status of Holding** | | | | | |
| 国有控股 | State-holding | 10154 | 306707 | 122364 | 8183250 | 8173087 |
| 集体控股 | Collective-holding | 5402 | 68430 | 28943 | 1056311 | 1030899 |
| 私人控股 | Private-holding | 419356 | 3165352 | 1288696 | 65481900 | 64309272 |
| 港澳台商控股 | Hong Kong, Macao and Taiwan-holding | 1685 | 41090 | 18004 | 1080541 | 1043497 |
| 外商控股 | Foreign-holding | 1606 | 26325 | 11318 | 1034168 | 1005345 |
| 其他 | Others | 29391 | 304769 | 123853 | 5966059 | 5816455 |

3-3-6 续表 continued

单位：万元 (10 000 yuan)

| 分 组 | Group | 营业税金及附加 Total Tax and Extra Charges | #主营业务税金及附加 Tax and Extra Charges from Principal Business | 资产总计 Total Assets | 实收资本 Paid-in Capital |
|---|---|---|---|---|---|
| **合 计** | **Total** | **2709432** | **2552482** | **251173317** | **91068125** |
| **按登记注册类型分** | **Grouped by Status of Registration** | | | | |
| 内资企业 | Domestic Funded Enterprises | 2660884 | 2505013 | 244078642 | 86254529 |
| 国有企业 | Stats-owned Enterprises | 159717 | 140288 | 21708997 | 6333118 |
| 集体企业 | Collective-owned Enterprises | 16943 | 15942 | 1988131 | 505028 |
| 股份合作企业 | Cooperative Enterprises | 11544 | 11639 | 710321 | 333138 |
| 联营企业 | Joint Ownership Enterprises | 6122 | 5942 | 844505 | 295124 |
| 有限责任公司 | Limited Liability Corporations | 590276 | 575292 | 80914182 | 26363754 |
| 股份有限公司 | Share-holding Corporations Ltd. | 71481 | 70198 | 8097551 | 3738651 |
| 私营公司 | Private Enterprises | 1692247 | 1576393 | 121857296 | 46052777 |
| 其他企业 | Other Enterprises | 112555 | 109319 | 7957661 | 2632939 |
| 港、澳、台商投资企业 | Enterprises with Funds from Hong Kong, Macao and Taiwan | 27361 | 26727 | 4361078 | 3084760 |
| 外商投资企业 | Foreign Funded Enterprises | 21187 | 20742 | 2733597 | 1728837 |
| **按企业控股情况分** | **by Status of Holding** | | | | |
| 国有控股 | State-holding | 270262 | 246797 | 48027758 | 14014718 |
| 集体控股 | Collective-holding | 39972 | 38449 | 6489180 | 2132346 |
| 私人控股 | Private-holding | 2149273 | 2023831 | 163216845 | 63930855 |
| 港澳台商控股 | Hong Kong, Macao and Taiwan-holding | 26573 | 25940 | 3526892 | 2695309 |
| 外商控股 | Foreign-holding | 18976 | 18702 | 2571832 | 1431841 |
| 其他 | Others | 204376 | 198764 | 27340810 | 6863057 |

# 3-3-7 按类别分规模以下文化服务业企业主要财务指标(2013年)

# Main Economic Indicators of Cultural Enterprises of Service Industry under Designated Size by Category(2013)

单位：万元 (10 000 yuan)

| 类别 | Category | 企业单位数(个) Number of Enterprises (unit) | 年末从业人员(人) Engaged Persons at Year-end (person) | #女性 Female | 营业收入 Total Revenue | #主营业务收入 Revenue from Principal Business |
|---|---|---|---|---|---|---|
| **合计** | **Total** | **467594** | **3912673** | **1593178** | **82802229** | **81378554** |
| 新闻服务 | News Service | 211 | 3515 | 1615 | 66099 | 64471 |
| 出版服务 | Publishing Service | 3391 | 72862 | 34810 | 1993974 | 2183140 |
| 广播电视服务 | Radio and Television Service | 1153 | 26925 | 10522 | 736735 | 722645 |
| 电影和影视录音服务 | Film and Video Recording Service | 10318 | 133007 | 59377 | 2879570 | 2792788 |
| 文艺创作与表演服务 | Art Creation and Performance Service | 7602 | 112755 | 52401 | 1192371 | 1151053 |
| 图书馆与档案馆服务 | Library and Archive Service | 301 | 3039 | 1753 | 39310 | 38625 |
| 文化遗产保护服务 | Cultural Heritage Protection Service | 945 | 11453 | 4923 | 174233 | 168124 |
| 群众文化服务 | Mass Culture Service | 4716 | 27154 | 12038 | 377296 | 369375 |
| 文化研究和社团服务 | Cultural Studies and Social Organization Service | 831 | 8202 | 3267 | 100177 | 98902 |
| 文化艺术培训服务 | Culture and Arts Training Service | 6704 | 50999 | 30521 | 544238 | 532206 |
| 其他文化艺术业服务 | Other Culture and Art Industry Service | 17521 | 90341 | 39181 | 1581445 | 1535748 |
| 互联网信息服务 | Internet Information Service | 14791 | 142062 | 56518 | 2784515 | 2732510 |
| 增值电信服务（文化部分） | Value-Added Telecommunication Service (Culture Part) | 565 | 13619 | 5631 | 574548 | 547360 |
| 广播电视传输服务 | Radio and Television Transmission Service | 2056 | 82765 | 27647 | 2077442 | 2004142 |
| 广告服务 | Advertisement Service | 141660 | 942551 | 380812 | 25157653 | 24727898 |
| 文化软件服务 | Cultural Software Service | 20324 | 245303 | 84189 | 5431585 | 5342550 |
| 建筑设计服务 | Architectural Design Service | 32902 | 377559 | 126781 | 9786013 | 9643017 |
| 专业设计服务 | Professional Design Service | 38293 | 335600 | 120101 | 7736758 | 7578064 |
| 景区游览服务 | Scenic Touring Service | 7791 | 155714 | 65118 | 2444611 | 2359075 |
| 娱乐休闲服务 | Entertainment and Recreation Service | 89682 | 640504 | 280824 | 8424071 | 8261469 |
| 摄影扩印服务 | Photography and Enlarge-Printing Service | 8054 | 65196 | 35258 | 899149 | 866755 |
| 版权服务 | Copyright Service | 1354 | 10857 | 5095 | 209348 | 207161 |
| 文化经纪代理服务 | Culture Broker and Agency Service | 3474 | 21169 | 9364 | 393311 | 384251 |
| 文化出租服务 | Cultural Rental Service | 792 | 5495 | 2000 | 88369 | 86035 |
| 会展服务 | Exhibition Service | 25064 | 162251 | 68183 | 3848138 | 3772000 |
| 其他文化辅助服务 | Other Cultural Support Service | 27099 | 171776 | 75249 | 3261270 | 3209190 |

3-3-7 续表 continued

单位：万元 (10 000 yuan)

| 类 别 | Category | 营业税金及附加 Total Tax and Extra Charges | #主营业务税金及附加 Tax and Extra Charges from Principal Business | 资产总计 Total Assets | 实收资本 Paid-in Capital |
|---|---|---|---|---|---|
| **合 计** | **Total** | **2709432** | **2552482** | **251173317** | **91068125** |
| 新闻服务 | News Service | 2099 | 1950 | 199291 | 58136 |
| 出版服务 | Publishing Service | 51654 | 55841 | 8979767 | 2288409 |
| 广播电视服务 | Radio and Television Service | 22103 | 21391 | 2176885 | 883313 |
| 电影和影视录音服务 | Film and Video Recording Service | 112351 | 94745 | 12218357 | 4254796 |
| 文艺创作与表演服务 | Art Creation and Performance Service | 39803 | 38795 | 4261065 | 1784577 |
| 图书馆与档案馆服务 | Library and Archive Service | 1796 | 1623 | 80222 | 21506 |
| 文化遗产保护服务 | Cultural Heritage Protection Service | 6162 | 5935 | 1846633 | 624516 |
| 群众文化服务 | Mass Culture Service | 12103 | 12457 | 2570224 | 1003650 |
| 文化研究和社团服务 | Cultural Studies and Social Organization Service | 3011 | 2959 | 299069 | 95211 |
| 文化艺术培训服务 | Culture and Arts Training Service | 22969 | 22775 | 1102605 | 499394 |
| 其他文化艺术业服务 | Other Culture and Art Industry Service | 42644 | 41051 | 8349822 | 3312473 |
| 互联网信息服务 | Internet Information Service | 79920 | 77427 | 7441782 | 3505702 |
| 增值电信服务(文化部分) | Value-Added Telecommunication Service (Culture Part) | 18776 | 18740 | 684227 | 490893 |
| 广播电视传输服务 | Radio and Television Transmission Service | 60773 | 59673 | 12543519 | 2167998 |
| 广告服务 | Advertisement Service | 821078 | 725573 | 66942278 | 17665754 |
| 文化软件服务 | Cultural Software Service | 120780 | 114873 | 12914744 | 6078585 |
| 建筑设计服务 | Architectural Design Service | 334956 | 325767 | 20590400 | 10934299 |
| 专业设计服务 | Professional Design Service | 196877 | 188572 | 15172688 | 6993383 |
| 景区游览服务 | Scenic Touring Service | 101062 | 98197 | 30745877 | 8399354 |
| 娱乐休闲服务 | Entertainment and Recreation Service | 405881 | 398405 | 13091826 | 6861184 |
| 摄影扩印服务 | Photography and Enlarge-Printing Service | 30952 | 30281 | 1187998 | 530586 |
| 版权服务 | Copyright Service | 5141 | 5029 | 321887 | 374401 |
| 文化经纪代理服务 | Culture Broker and Agency Service | 14702 | 14471 | 1737500 | 696003 |
| 文化出租服务 | Cultural Rental Service | 3750 | 3689 | 328059 | 109384 |
| 会展服务 | Exhibition Service | 94267 | 90178 | 11356983 | 5735570 |
| 其他文化辅助服务 | Other Cultural Support Service | 103821 | 102085 | 14029609 | 5699048 |

# 3-3-8 分地区规模以下文化服务业企业主要财务指标(2013年)

# Main Economic Indicators of Cultural Enterprises of Service Industry under Designated Size by Region(2013)

单位：万元 (10 000 yuan)

| 地区 | Region | 企业单位数(个) Number of Enterprises (unit) | 年末从业人员(人) Engaged Persons at Year-end (person) | #女性 Female | 营业收入 Total Revenue | #主营业务收入 Revenue from Principal Business |
|---|---|---|---|---|---|---|
| **全国** | **National Total** | **467594** | **3912673** | **1593178** | **82802229** | **81378554** |
| 北京 | Beijing | 73000 | 322838 | 139392 | 8927835 | 8741675 |
| 天津 | Tianjin | 10767 | 106439 | 36346 | 2770697 | 2795165 |
| 河北 | Hebei | 13332 | 116494 | 49135 | 1841385 | 1774047 |
| 山西 | Shanxi | 6681 | 63435 | 28622 | 688783 | 671423 |
| 内蒙古 | Inner Mongolia | 4581 | 40643 | 17921 | 742675 | 738849 |
| 辽宁 | Liaoning | 15300 | 93726 | 34745 | 1370966 | 1358700 |
| 吉林 | Jilin | 3852 | 36212 | 15683 | 622678 | 596233 |
| 黑龙江 | Heilongjiang | 4540 | 37789 | 15415 | 580329 | 564823 |
| 上海 | Shanghai | 23057 | 215579 | 85957 | 7206276 | 7027170 |
| 江苏 | Jiangsu | 45064 | 358074 | 141088 | 10625860 | 10497504 |
| 浙江 | Zhejiang | 33919 | 250721 | 101918 | 5177114 | 5098671 |
| 安徽 | Anhui | 21453 | 156865 | 61812 | 3002986 | 2973022 |
| 福建 | Fujian | 14662 | 149692 | 61712 | 2995628 | 2941539 |
| 江西 | Jiangxi | 6327 | 76989 | 32293 | 1675690 | 1645015 |
| 山东 | Shandong | 25906 | 248019 | 97135 | 6338525 | 6258150 |
| 河南 | Henan | 13644 | 154531 | 66773 | 2399023 | 2334713 |
| 湖北 | Hubei | 17725 | 148381 | 61787 | 2660149 | 2594731 |
| 湖南 | Hunan | 17813 | 195292 | 87704 | 3330137 | 3250380 |
| 广东 | Guangdong | 49721 | 508802 | 194423 | 9108198 | 9134304 |
| 广西 | Guangxi | 8690 | 62356 | 26029 | 615752 | 587266 |
| 海南 | Hainan | 2090 | 19894 | 8407 | 349859 | 333658 |
| 重庆 | Chongqing | 11542 | 111681 | 46361 | 2423601 | 2380192 |
| 四川 | Sichuan | 12698 | 135216 | 57081 | 2331638 | 2247228 |
| 贵州 | Guizhou | 4601 | 45746 | 18652 | 679663 | 657569 |
| 云南 | Yunnan | 6698 | 66960 | 27232 | 984100 | 944840 |
| 西藏 | Tibet | 278 | 3665 | 1777 | 126937 | 125372 |
| 陕西 | Shaanxi | 10005 | 104392 | 42735 | 1992857 | 1946631 |
| 甘肃 | Gansu | 4111 | 39221 | 16712 | 485241 | 470510 |
| 青海 | Qinghai | 835 | 8455 | 3526 | 89478 | 85275 |
| 宁夏 | Ningxia | 1321 | 10850 | 4928 | 154171 | 122507 |
| 新疆 | Xinjiang | 3381 | 23716 | 9877 | 503997 | 481395 |

3-3-8 续表 continued

单位：万元 (10 000 yuan)

| 地 区 | Region | 营业税金及附加 Total Tax and Extra Charges | #主营业务税金及附加 Tax and Extra Charges from Principal Business | 资产总计 Total Assets | 实收资本 Paid-in Capital |
|---|---|---|---|---|---|
| **全 国** | **National Total** | **2709432** | **2552482** | **251173317** | **91068125** |
| 北 京 | Beijing | 114304 | 109551 | 29513602 | 16641212 |
| 天 津 | Tianjin | 69480 | 71741 | 14019282 | 8109211 |
| 河 北 | Hebei | 60893 | 59974 | 7151936 | 2744004 |
| 山 西 | Shanxi | 40393 | 25595 | 2407336 | 1105113 |
| 内蒙古 | Inner Mongolia | 29080 | 33845 | 2361957 | 702020 |
| 辽 宁 | Liaoning | 49235 | 48654 | 4316489 | 1560442 |
| 吉 林 | Jilin | 19096 | 18690 | 1993912 | 472349 |
| 黑龙江 | Heilongjiang | 25387 | 25033 | 2227366 | 574383 |
| 上 海 | Shanghai | 290999 | 213902 | 15719197 | 4886125 |
| 江 苏 | Jiangsu | 319833 | 309811 | 26246297 | 10764321 |
| 浙 江 | Zhejiang | 128433 | 126704 | 13373421 | 5195893 |
| 安 徽 | Anhui | 79288 | 76063 | 5645554 | 3000931 |
| 福 建 | Fujian | 86268 | 83531 | 5287608 | 2880155 |
| 江 西 | Jiangxi | 70494 | 67602 | 3762332 | 1578790 |
| 山 东 | Shandong | 232687 | 230958 | 40595778 | 3633603 |
| 河 南 | Henan | 93956 | 92430 | 7070967 | 2689480 |
| 湖 北 | Hubei | 97719 | 94634 | 13938814 | 2644976 |
| 湖 南 | Hunan | 141175 | 138214 | 6128861 | 2580708 |
| 广 东 | Guangdong | 306013 | 294011 | 17613874 | 8469927 |
| 广 西 | Guangxi | 29320 | 27461 | 1906483 | 736652 |
| 海 南 | Hainan | 16052 | 15769 | 3440513 | 670320 |
| 重 庆 | Chongqing | 99788 | 97917 | 4278291 | 1232477 |
| 四 川 | Sichuan | 98958 | 91298 | 6485360 | 2016574 |
| 贵 州 | Guizhou | 33406 | 31513 | 3959679 | 767149 |
| 云 南 | Yunnan | 43333 | 40738 | 3273487 | 1184029 |
| 西 藏 | Tibet | 5040 | 5005 | 193278 | 107943 |
| 陕 西 | Shaanxi | 69053 | 67072 | 4585981 | 2596272 |
| 甘 肃 | Gansu | 23570 | 23418 | 1536848 | 732439 |
| 青 海 | Qinghai | 3914 | 3682 | 289354 | 131281 |
| 宁 夏 | Ningxia | 12271 | 9007 | 726139 | 216758 |
| 新 疆 | Xinjiang | 19994 | 18659 | 1123321 | 442592 |

# 3-3-9 按类别分文化服务业事业单位主要财务指标(2013年)

# Main Economic Indicators of Cultural Public Institutions of Service Industry by Category(2013)

| 类 别 | Category | 单位数(个) Number of Institutions (unit) | 年末从业人员(人) Engaged Persons at Year-end (person) | #女性 Female |
|---|---|---|---|---|
| **合 计** | **Total** | **50514** | **1243088** | **541341** |
| 新闻服务 | News Service | 997 | 29407 | 12848 |
| 出版服务 | Publishing Service | 1993 | 76426 | 34395 |
| 广播电视服务 | Radio and Television Service | 4354 | 268173 | 112022 |
| 电影和影视录音服务 | Film and Video Recording Service | 1276 | 37686 | 14395 |
| 文艺创作与表演服务 | Art Creation and Performance Service | 2642 | 95281 | 42519 |
| 图书馆与档案馆服务 | Library and Archive Service | 5345 | 88885 | 52725 |
| 文化遗产保护服务 | Cultural Heritage Protection Service | 5079 | 105440 | 47675 |
| 群众文化服务 | Mass Culture Service | 10315 | 103548 | 49910 |
| 文化研究和社团服务 | Cultural Studies and Social Organization Service | 6423 | 91394 | 35357 |
| 文化艺术培训服务 | Culture and Arts Training Service | 1540 | 40102 | 20976 |
| 其他文化艺术业服务 | Other Culture and Art Industry Service | 1408 | 14662 | 6252 |
| 互联网信息服务 | Internet Information Service | 372 | 5432 | 2101 |
| 增值电信服务(文化部分) | Value-Added Telecommunication Service (Culture Part) | 7 | 136 | 61 |
| 广播电视传输服务 | Radio and Television Transmission Service | 3104 | 74185 | 25653 |
| 广告服务 | Advertisement Service | 216 | 5558 | 2285 |
| 文化软件服务 | Cultural Software Service | 20 | 238 | 86 |
| 建筑设计服务 | Architectural Design Service | 736 | 22233 | 7231 |
| 专业设计服务 | Professional Design Service | 294 | 7859 | 2687 |
| 景区游览服务 | Scenic Touring Service | 3280 | 157758 | 63866 |
| 娱乐休闲服务 | Entertainment and Recreation Service | 451 | 5978 | 2553 |
| 摄影扩印服务 | Photography and Enlarge-Printing Service | 18 | 220 | 110 |
| 版权服务 | Copyright Service | 60 | 637 | 305 |
| 文化经纪代理服务 | Culture Broker and Agency Service | 49 | 664 | 274 |
| 文化出租服务 | Cultural Rental Service | 59 | 393 | 222 |
| 会展服务 | Exhibition Service | 326 | 8288 | 3719 |
| 其他文化辅助服务 | Other Cultural Support Service | 150 | 2505 | 1114 |

3-3-9 续表 continued

单位：万元 (10 000 yuan)

| 类 别 | Category | 非企业单位支出(费用) Non-enterprise Units Spending (Cost) | 年末资产 Assets at the Year-end |
|---|---|---|---|
| **合 计** | **Total** | **27825307** | **73270221** |
| 新闻服务 | News Service | 662111 | 1341132 |
| 出版服务 | Publishing Service | 1443178 | 4415183 |
| 广播电视服务 | Radio and Television Service | 8711327 | 22295088 |
| 电影和影视录音服务 | Film and Video Recording Service | 885758 | 2448312 |
| 文艺创作与表演服务 | Art Creation and Performance Service | 1419773 | 2755611 |
| 图书馆与档案馆服务 | Library and Archive Service | 1653455 | 6227020 |
| 文化遗产保护服务 | Cultural Heritage Protection Service | 2465809 | 8338448 |
| 群众文化服务 | Mass Culture Service | 1508558 | 2962631 |
| 文化研究和社团服务 | Cultural Studies and Social Organization Service | 1731390 | 2718461 |
| 文化艺术培训服务 | Culture and Arts Training Service | 643399 | 1422607 |
| 其他文化艺术业服务 | Other Culture and Art Industry Service | 243401 | 386829 |
| 互联网信息服务 | Internet Information Service | 228417 | 551141 |
| 增值电信服务(文化部分) | Value-Added Telecommunication Service (Culture Part) | 6732 | 164563 |
| 广播电视传输服务 | Radio and Television Transmission Service | 1152077 | 4212322 |
| 广告服务 | Advertisement Service | 103643 | 225382 |
| 文化软件服务 | Cultural Software Service | 5574 | 33537 |
| 建筑设计服务 | Architectural Design Service | 636810 | 1028196 |
| 专业设计服务 | Professional Design Service | 186588 | 355721 |
| 景区游览服务 | Scenic Touring Service | 3456504 | 10165905 |
| 娱乐休闲服务 | Entertainment and Recreation Service | 81587 | 177951 |
| 摄影扩印服务 | Photography and Enlarge-Printing Service | 1000 | 784 |
| 版权服务 | Copyright Service | 15760 | 39800 |
| 文化经纪代理服务 | Culture Broker and Agency Service | 15547 | 44893 |
| 文化出租服务 | Cultural Rental Service | 4536 | 6072 |
| 会展服务 | Exhibition Service | 472140 | 797217 |
| 其他文化辅助服务 | Other Cultural Support Service | 90233 | 155415 |

# 3-3-10 分地区文化服务业事业单位主要财务指标(2013年)
# Main Economic Indicators of Cultural Public Institutions of Service Industry by Region(2013)

单位：万元 (10 000 yuan)

| 地 区 | Region | 单位数(个) Number of Institutions (unit) | 年末从业人员(人) Engaged Persons at Year-end (person) | #女性 Female | 非企业单位支出(费用) Non-enterprise Units Spending (Cost) | 年末资产 Assets at the Year-end |
|---|---|---|---|---|---|---|
| **全 国** | **National Total** | **50514** | **1243088** | **541341** | **27825307** | **73270221** |
| 北 京 | Beijing | 1397 | 96006 | 45242 | 6684510 | 18312143 |
| 天 津 | Tianjin | 560 | 19750 | 8522 | 602522 | 1134029 |
| 河 北 | Hebei | 1830 | 56640 | 25404 | 785016 | 1459379 |
| 山 西 | Shanxi | 1991 | 47388 | 21916 | 575258 | 895802 |
| 内蒙古 | Inner Mongolia | 1259 | 34925 | 16223 | 565174 | 996283 |
| 辽 宁 | Liaoning | 1763 | 44691 | 19469 | 809449 | 1360436 |
| 吉 林 | Jilin | 1167 | 31213 | 13743 | 400561 | 916533 |
| 黑龙江 | Heilongjiang | 1269 | 34916 | 15737 | 475471 | 738142 |
| 上 海 | Shanghai | 581 | 19694 | 8799 | 634696 | 2285866 |
| 江 苏 | Jiangsu | 3278 | 68180 | 28988 | 1728753 | 8093256 |
| 浙 江 | Zhejiang | 2151 | 61207 | 27576 | 1648273 | 4245022 |
| 安 徽 | Anhui | 1523 | 33725 | 13371 | 756108 | 1517011 |
| 福 建 | Fujian | 2052 | 32826 | 13467 | 614387 | 1294287 |
| 江 西 | Jiangxi | 1668 | 32605 | 12964 | 609849 | 1037927 |
| 山 东 | Shandong | 2470 | 75889 | 31823 | 1672711 | 4321373 |
| 河 南 | Henan | 3006 | 72339 | 32105 | 1015675 | 3041467 |
| 湖 北 | Hubei | 2691 | 50349 | 20692 | 716372 | 1801983 |
| 湖 南 | Hunan | 2406 | 55641 | 23136 | 773076 | 1489210 |
| 广 东 | Guangdong | 2365 | 73211 | 29698 | 1840660 | 5545979 |
| 广 西 | Guangxi | 2405 | 35542 | 14837 | 499571 | 1000351 |
| 海 南 | Hainan | 213 | 7026 | 2998 | 144903 | 231779 |
| 重 庆 | Chongqing | 1152 | 18849 | 8548 | 354062 | 550492 |
| 四 川 | Sichuan | 3910 | 61374 | 24949 | 1260978 | 3076281 |
| 贵 州 | Guizhou | 879 | 15622 | 6800 | 285241 | 564576 |
| 云 南 | Yunnan | 1880 | 30637 | 14154 | 560223 | 1206641 |
| 西 藏 | Tibet | 219 | 6617 | 2903 | 105739 | 444665 |
| 陕 西 | Shaanxi | 1749 | 45272 | 20110 | 623168 | 1718341 |
| 甘 肃 | Gansu | 1074 | 34754 | 15035 | 305798 | 922494 |
| 青 海 | Qinghai | 306 | 7345 | 3501 | 98567 | 163101 |
| 宁 夏 | Ningxia | 239 | 10285 | 4942 | 143249 | 336064 |
| 新 疆 | Xinjiang | 1061 | 28570 | 13689 | 535288 | 2569309 |

# 3-3-11 按类别分文化服务业其他单位主要财务指标(2013年)
# Main Economic Indicators of Other Cultural Institutions of Service Industry by Category(2013)

| 类 别 | Category | 单位数(个) Number of Units (unit) | 年末从业人员(人) Engaged Persons at Year-end (person) | #女性 Female |
|---|---|---|---|---|
| **合 计** | **Total** | **82353** | **874152** | **383028** |
| 新闻服务 | News Service | 113 | 901 | 321 |
| 出版服务 | Publishing Service | 280 | 3858 | 1755 |
| 广播电视服务 | Radio and Television Service | 315 | 6835 | 2700 |
| 电影和影视录音服务 | Film and Video Recording Service | 389 | 4047 | 1596 |
| 文艺创作与表演服务 | Art Creation and Performance Service | 2824 | 54089 | 30555 |
| 图书馆与档案馆服务 | Library and Archive Service | 527 | 3537 | 1613 |
| 文化遗产保护服务 | Cultural Heritage Protection Service | 2245 | 22217 | 8292 |
| 群众文化服务 | Mass Culture Service | 5569 | 68753 | 39053 |
| 文化研究和社团服务 | Cultural Studies and Social Organization Service | 28958 | 390827 | 144242 |
| 文化艺术培训服务 | Culture and Arts Training Service | 9491 | 106251 | 65190 |
| 其他文化艺术业服务 | Other Culture and Art Industry Service | 1494 | 13678 | 6148 |
| 互联网信息服务 | Internet Information Service | 983 | 6586 | 2486 |
| 增值电信服务(文化部分) | Value-Added Telecommunication Service(Culture Part) | 27 | 160 | 67 |
| 广播电视传输服务 | Radio and Television Transmission Service | 453 | 4353 | 1415 |
| 广告服务 | Advertisement Service | 4345 | 29215 | 11431 |
| 文化软件服务 | Cultural Software Service | 280 | 4304 | 1984 |
| 建筑设计服务 | Architectural Design Service | 712 | 7177 | 2229 |
| 专业设计服务 | Professional Design Service | 805 | 6662 | 2479 |
| 景区游览服务 | Scenic Touring Service | 1004 | 16915 | 5982 |
| 娱乐休闲服务 | Entertainment and Recreation Service | 18501 | 101184 | 43873 |
| 摄影扩印服务 | Photography and Enlarge-Printing Service | 779 | 6544 | 3426 |
| 版权服务 | Copyright Service | 33 | 253 | 100 |
| 文化经纪代理服务 | Culture Broker and Agency Service | 132 | 980 | 454 |
| 文化出租服务 | Cultural Rental Service | 659 | 1621 | 646 |
| 会展服务 | Exhibition Service | 482 | 3480 | 1478 |
| 其他文化辅助服务 | Other Cultural Support Service | 953 | 9725 | 3513 |

3-3-11 续表 continued

单位：万元 (10 000 yuan)

| 类 别 | Category | 非企业单位支出(费用) Non-enterprise Units Spending (Cost) | 年末资产 Assets at the Year-end |
|---|---|---|---|
| **合 计** | **Total** | **3522651** | **6580244** |
| 新闻服务 | News Service | 10437 | 3413 |
| 出版服务 | Publishing Service | 28421 | 49785 |
| 广播电视服务 | Radio and Television Service | 60250 | 151575 |
| 电影和影视录音服务 | Film and Video Recording Service | 14961 | 30363 |
| 文艺创作与表演服务 | Art Creation and Performance Service | 119012 | 136711 |
| 图书馆与档案馆服务 | Library and Archive Service | 23738 | 73024 |
| 文化遗产保护服务 | Cultural Heritage Protection Service | 220342 | 1178680 |
| 群众文化服务 | Mass Culture Service | 199828 | 285063 |
| 文化研究和社团服务 | Cultural Studies and Social Organization Service | 1318023 | 2260764 |
| 文化艺术培训服务 | Culture and Arts Training Service | 1022369 | 1011244 |
| 其他文化艺术业服务 | Other Culture and Art Industry Service | 53367 | 196173 |
| 互联网信息服务 | Internet Information Service | 9355 | 8380 |
| 增值电信服务(文化部分) | Value-Added Telecommunication Service(Culture Part) | 395 | 569 |
| 广播电视传输服务 | Radio and Television Transmission Service | 30201 | 70866 |
| 广告服务 | Advertisement Service | 28587 | 24264 |
| 文化软件服务 | Cultural Software Service | 8763 | 5466 |
| 建筑设计服务 | Architectural Design Service | 10821 | 15640 |
| 专业设计服务 | Professional Design Service | 15814 | 12470 |
| 景区游览服务 | Scenic Touring Service | 154854 | 738160 |
| 娱乐休闲服务 | Entertainment and Recreation Service | 73240 | 135202 |
| 摄影扩印服务 | Photography and Enlarge-Printing Service | 7516 | 7019 |
| 版权服务 | Copyright Service | 1167 | 1175 |
| 文化经纪代理服务 | Culture Broker and Agency Service | 2604 | 3101 |
| 文化出租服务 | Cultural Rental Service | 2932 | 6636 |
| 会展服务 | Exhibition Service | 43709 | 85324 |
| 其他文化辅助服务 | Other Cultural Support Service | 61944 | 89180 |

# 3-3-12 分地区文化服务业其他单位主要财务指标(2013年)

# Main Economic Indicators of Other Cultural Institutions of Service Industry by Region(2013)

单位：万元 (10 000 yuan)

| 地 区 | Region | 单位数(个) Number of Units (unit) | 年末从业人员(人) Engaged Persons at Year-end (person) | #女性 Female | 非企业单位支出(费用) Non-enterprise Units Spending (Cost) | 年末资产 Assets at the Year-end |
|---|---|---|---|---|---|---|
| **全 国** | **National Total** | **82353** | **874152** | **383028** | **3522651** | **6580244** |
| 北 京 | Beijing | 1418 | 14911 | 8340 | 313518 | 608053 |
| 天 津 | Tianjin | 928 | 15189 | 6505 | 27566 | 52944 |
| 河 北 | Hebei | 2923 | 25360 | 10337 | 78581 | 193727 |
| 山 西 | Shanxi | 2517 | 28821 | 12906 | 40572 | 103987 |
| 内蒙古 | Inner Mongolia | 1515 | 22800 | 11035 | 21897 | 85093 |
| 辽 宁 | Liaoning | 2113 | 13838 | 6418 | 58704 | 117029 |
| 吉 林 | Jilin | 1045 | 12522 | 5343 | 36643 | 101196 |
| 黑龙江 | Heilongjiang | 1844 | 15048 | 7281 | 49601 | 46430 |
| 上 海 | Shanghai | 1604 | 13350 | 6563 | 89087 | 352017 |
| 江 苏 | Jiangsu | 5564 | 44757 | 20881 | 405668 | 633412 |
| 浙 江 | Zhejiang | 4983 | 37315 | 16824 | 159186 | 359741 |
| 安 徽 | Anhui | 2474 | 25981 | 10408 | 81625 | 207135 |
| 福 建 | Fujian | 3752 | 36537 | 14348 | 103296 | 207874 |
| 江 西 | Jiangxi | 2647 | 27772 | 11256 | 42170 | 72286 |
| 山 东 | Shandong | 3820 | 42711 | 18464 | 382493 | 529192 |
| 河 南 | Henan | 8078 | 99599 | 47327 | 516857 | 634118 |
| 湖 北 | Hubei | 4360 | 28743 | 12284 | 164050 | 391703 |
| 湖 南 | Hunan | 5681 | 74791 | 37407 | 204363 | 251369 |
| 广 东 | Guangdong | 4865 | 68649 | 27171 | 298469 | 656654 |
| 广 西 | Guangxi | 2199 | 16398 | 6176 | 15709 | 56321 |
| 海 南 | Hainan | 497 | 5489 | 1546 | 7547 | 7997 |
| 重 庆 | Chongqing | 3206 | 29335 | 13276 | 74045 | 199060 |
| 四 川 | Sichuan | 5117 | 54925 | 24741 | 140253 | 330145 |
| 贵 州 | Guizhou | 1344 | 16265 | 5948 | 16053 | 24647 |
| 云 南 | Yunnan | 2655 | 30356 | 11670 | 37809 | 87138 |
| 西 藏 | Tibet | 112 | 1410 | 310 | 8341 | 9200 |
| 陕 西 | Shaanxi | 1425 | 23211 | 9803 | 83748 | 140949 |
| 甘 肃 | Gansu | 1361 | 18060 | 6566 | 31639 | 52281 |
| 青 海 | Qinghai | 509 | 7663 | 2976 | 4223 | 24078 |
| 宁 夏 | Ningxia | 518 | 4852 | 2460 | 11029 | 10814 |
| 新 疆 | Xinjiang | 1279 | 17494 | 6458 | 17909 | 33656 |

# 4

# 主要文化行业发展情况

Development of Main Cultural Industries

# 4-1-1 出版物基本情况
## Basic Statistics on Publications

| 年份 地区 | Year Region | 图书 Books Published 种数(种) Number of Publications (kind) | 图书 Books Published 总印数(万册、万张) Printed Copies (10 000 copies) | 期刊 Magazines Published 种数(种) Number of Publications (kind) | 期刊 Magazines Published 总印数(万册) Printed Copies (10 000 copies) |
|---|---|---|---|---|---|
| | 2005 | 222473 | 646597 | 9468 | 275894 |
| | 2006 | 233971 | 640809 | 9468 | 285216 |
| | 2007 | 248283 | 629331 | 9468 | 304106 |
| | 2008 | 274123 | 706185 | 9549 | 310490 |
| | 2009 | 301719 | 703675 | 9851 | 315250 |
| | 2010 | 328387 | 717051 | 9884 | 321535 |
| | 2011 | 369523 | 770518 | 9849 | 328522 |
| | 2012 | 414005 | 792464 | 9867 | 334798 |
| | 2013 | 444427 | 831048 | 9877 | 327243 |
| 中　央 | Central Level | 182307 | 227285 | 2883 | 99803 |
| 地　方 | Local Level | 262120 | 603763 | 6994 | 227440 |
| 北　京 | Beijing | 9830 | 12857 | 170 | 3749 |
| 天　津 | Tianjin | 5539 | 5132 | 253 | 3964 |
| 河　北 | Hebei | 6896 | 23736 | 229 | 5391 |
| 山　西 | Shanxi | 4009 | 13452 | 199 | 3384 |
| 内蒙古 | Inner Mongolia | 3015 | 6543 | 148 | 2636 |
| 辽　宁 | Liaoning | 10737 | 11788 | 323 | 9185 |
| 吉　林 | Jilin | 21770 | 26585 | 237 | 10259 |
| 黑龙江 | Heilongjiang | 5247 | 6637 | 314 | 5789 |
| 上　海 | Shanghai | 24694 | 33288 | 635 | 16233 |
| 江　苏 | Jiangsu | 23268 | 56657 | 468 | 11846 |
| 浙　江 | Zhejiang | 12706 | 38491 | 223 | 8149 |
| 安　徽 | Anhui | 9444 | 25798 | 186 | 6227 |
| 福　建 | Fujian | 3320 | 8870 | 176 | 4920 |
| 江　西 | Jiangxi | 5583 | 18668 | 161 | 7328 |
| 山　东 | Shandong | 13885 | 49943 | 269 | 11998 |
| 河　南 | Henan | 6889 | 23897 | 248 | 9748 |
| 湖　北 | Hubei | 13900 | 26274 | 423 | 30937 |
| 湖　南 | Hunan | 11468 | 35901 | 253 | 12991 |
| 广　东 | Guangdong | 10355 | 33023 | 388 | 17460 |
| 广　西 | Guangxi | 8803 | 34385 | 182 | 4870 |
| 海　南 | Hainan | 3431 | 6353 | 44 | 793 |
| 重　庆 | Chongqing | 5356 | 13942 | 137 | 5664 |
| 四　川 | Sichuan | 8554 | 23416 | 351 | 7508 |
| 贵　州 | Guizhou | 894 | 6279 | 88 | 1575 |
| 云　南 | Yunnan | 7739 | 17167 | 128 | 4158 |
| 西　藏 | Tibet | 658 | 1200 | 35 | 225 |
| 陕　西 | Shaanxi | 9395 | 19327 | 286 | 5498 |
| 甘　肃 | Gansu | 2907 | 6574 | 136 | 11038 |
| 青　海 | Qinghai | 663 | 1331 | 53 | 379 |
| 宁　夏 | Ningxia | 2385 | 3530 | 37 | 1743 |
| 新　疆 | Xinjiang | 8780 | 12719 | 214 | 1794 |

4-1-1 续表 1 continued

| 年份 Year<br>地区 Region | 报纸 Newspapers Published | | 音像制品 Audio-Vedio Products | |
|---|---|---|---|---|
| | 种数（种）Number of Publications (kind) | 总印数（万份）Printed Copies (10 000 copies) | 种数（种）Number of Publications (kind) | 出版数量（万盒、万张）Volume of Publication (10 000 cassettes, 10 000 discs) |
| 2005 | 1931 | 4126040 | 34961 | 61543.1 |
| 2006 | 1938 | 4245172 | 33706 | 58306.7 |
| 2007 | 1938 | 4379882 | 31955 | 49098.0 |
| 2008 | 1943 | 4429222 | 23493 | 43268.0 |
| 2009 | 1937 | 4391132 | 25384 | 39146.5 |
| 2010 | 1939 | 4521391 | 21552 | 42383.9 |
| 2011 | 1928 | 4674326 | 19408 | 46431.0 |
| 2012 | 1918 | 4822568 | 18485 | 39365.8 |
| 2013 | 1915 | 4824132 | 16972 | 40604.6 |
| 中央 Central Level | 219 | 808190 | 7946 | 24116.8 |
| 地方 Local Level | 1696 | 4015942 | 9026 | 16487.8 |
| 北京 Beijing | 35 | 108986 | 232 | 310.5 |
| 天津 Tianjin | 24 | 81627 | 100 | 53.5 |
| 河北 Hebei | 64 | 164244 | 95 | 177.8 |
| 山西 Shanxi | 60 | 219427 | 86 | 69.2 |
| 内蒙古 Inner Mongolia | 60 | 27465 | 41 | 25.1 |
| 辽宁 Liaoning | 70 | 163232 | 590 | 7897.9 |
| 吉林 Jilin | 52 | 99827 | 88 | 21.3 |
| 黑龙江 Heilongjiang | 68 | 74931 | 21 | 7.6 |
| 上海 Shanghai | 73 | 131055 | 2819 | 2609.3 |
| 江苏 Jiangsu | 81 | 285738 | 516 | 1072.1 |
| 浙江 Zhejiang | 69 | 346280 | 293 | 400.8 |
| 安徽 Anhui | 51 | 124719 | 185 | 58.0 |
| 福建 Fujian | 42 | 120576 | 117 | 54.8 |
| 江西 Jiangxi | 41 | 128159 | 228 | 159.0 |
| 山东 Shandong | 87 | 316315 | 221 | 216.7 |
| 河南 Henan | 78 | 214226 | 119 | 46.4 |
| 湖北 Hubei | 74 | 198202 | 292 | 152.3 |
| 湖南 Hunan | 49 | 133717 | 350 | 871.1 |
| 广东 Guangdong | 101 | 436021 | 1646 | 1488.1 |
| 广西 Guangxi | 54 | 71812 | 199 | 108.7 |
| 海南 Hainan | 14 | 25331 | 56 | 31.3 |
| 重庆 Chongqing | 27 | 62639 | 128 | 79.8 |
| 四川 Sichuan | 89 | 169920 | 112 | 65.2 |
| 贵州 Guizhou | 31 | 38816 | 6 | 1.0 |
| 云南 Yunnan | 42 | 65124 | 206 | 242.8 |
| 西藏 Tibet | 23 | 7624 | 14 | 7.3 |
| 陕西 Shaanxi | 43 | 68281 | 178 | 224.5 |
| 甘肃 Gansu | 51 | 51548 | 27 | 5.7 |
| 青海 Qinghai | 27 | 12418 | 15 | 8.5 |
| 宁夏 Ningxia | 14 | 11164 | 2 | 9.0 |
| 新疆 Xinjiang | 102 | 56518 | 44 | 12.6 |

4-1-1 续表 2 continued

| 年 份 Year<br>地 区 Region | | 电子出版物 Electronic Products | |
|---|---|---|---|
| | | 种数（种）Number of Publications (kind) | 数量（万张）Volume of Publication (10 000 discs) |
| | 2005 | 6152 | 14009.0 |
| | 2006 | 7207 | 16035.7 |
| | 2007 | 8652 | 13584.0 |
| | 2008 | 9668 | 15770.6 |
| | 2009 | 10708 | 22914.0 |
| | 2010 | 11175 | 25911.9 |
| | 2011 | 11154 | 21322.2 |
| | 2012 | 11822 | 26344.9 |
| | 2013 | 11708 | 35220.2 |
| 中 央 | Central Level | 8058 | 27234.6 |
| 地 方 | Local Level | 3650 | 7985.6 |
| 北 京 | Beijing | 71 | 38.7 |
| 天 津 | Tianjin | 121 | 40.8 |
| 河 北 | Hebei | 50 | 19.0 |
| 山 西 | Shanxi | 64 | 9.3 |
| 内蒙古 | Inner Mongolia | | |
| 辽 宁 | Liaoning | 262 | 247.2 |
| 吉 林 | Jilin | 12 | 1.0 |
| 黑龙江 | Heilongjiang | | |
| 上 海 | Shanghai | 695 | 1889.0 |
| 江 苏 | Jiangsu | 442 | 2921.4 |
| 浙 江 | Zhejiang | 267 | 588.1 |
| 安 徽 | Anhui | 55 | 7.4 |
| 福 建 | Fujian | 95 | 16.3 |
| 江 西 | Jiangxi | 33 | 20.7 |
| 山 东 | Shandong | 286 | 182.4 |
| 河 南 | Henan | 45 | 280.0 |
| 湖 北 | Hubei | 215 | 122.9 |
| 湖 南 | Hunan | 93 | 287.5 |
| 广 东 | Guangdong | 195 | 1078.4 |
| 广 西 | Guangxi | 34 | 5.3 |
| 海 南 | Hainan | | |
| 重 庆 | Chongqing | 162 | 70.7 |
| 四 川 | Sichuan | 366 | 96.9 |
| 贵 州 | Guizhou | | |
| 云 南 | Yunnan | 21 | 48.8 |
| 西 藏 | Tibet | | |
| 陕 西 | Shaanxi | 53 | 11.6 |
| 甘 肃 | Gansu | 6 | 0.6 |
| 青 海 | Qinghai | 6 | 1.8 |
| 宁 夏 | Ningxia | 1 | 0.1 |
| 新 疆 | Xinjiang | | |

# 4-1-2 分地区少年儿童读物和课本出版情况（2013年）
# Number of Books Published for Children and Textbooks by Region (2013)

| 地 区 | Region | 种数(种) Number of Publications (kind) | | 总印数（万册） Printed Copies (10 000 copies) | | 总印张(千印张) Printed Sheets (1000 sheets) | |
|---|---|---|---|---|---|---|---|
| | | 少儿读物 Books for Children | 课 本 Textbooks | 少儿读物 Books for Children | 课 本 Textbooks | 少儿读物 Books for Children | 课 本 Textbooks |
| **全 国** | **National Total** | **32400** | **87509** | **45686** | **345002** | **2815938** | **26902976** |
| 中 央 | Central Level | 7272 | 52835 | 9375 | 101155 | 499050 | 10081546 |
| 地 方 | Local Level | 25128 | 34674 | 36311 | 243847 | 2316888 | 16821430 |
| 北 京 | Beijing | 2036 | 579 | 2480 | 1207 | 203300 | 97343 |
| 天 津 | Tianjin | 680 | 705 | 872 | 1953 | 45972 | 156594 |
| 河 北 | Hebei | 598 | 399 | 776 | 13104 | 43506 | 869459 |
| 山 西 | Shanxi | 199 | 44 | 218 | 4809 | 16296 | 349593 |
| 内蒙古 | Inner Mongolia | 175 | 876 | 68 | 4574 | 3903 | 322871 |
| 辽 宁 | Liaoning | 864 | 2558 | 1078 | 2947 | 85468 | 226342 |
| 吉 林 | Jilin | 3476 | 1276 | 3341 | 5659 | 253204 | 403671 |
| 黑龙江 | Heilongjiang | 454 | 714 | 232 | 2488 | 18117 | 161514 |
| 上 海 | Shanghai | 1382 | 5213 | 3275 | 14427 | 155205 | 1221093 |
| 江 苏 | Jiangsu | 1826 | 3278 | 2151 | 22871 | 139939 | 1500835 |
| 浙 江 | Zhejiang | 2394 | 1321 | 5179 | 11746 | 389850 | 750819 |
| 安 徽 | Anhui | 1893 | 797 | 1613 | 11815 | 115187 | 859605 |
| 福 建 | Fujian | 161 | 355 | 249 | 3997 | 13182 | 278081 |
| 江 西 | Jiangxi | 1627 | 278 | 2786 | 7290 | 159399 | 533672 |
| 山 东 | Shandong | 1227 | 1353 | 2476 | 19570 | 135875 | 1179715 |
| 河 南 | Henan | 274 | 1103 | 372 | 14277 | 15024 | 945576 |
| 湖 北 | Hubei | 367 | 2407 | 539 | 8321 | 51618 | 642344 |
| 湖 南 | Hunan | 1119 | 1208 | 1310 | 12523 | 94946 | 717778 |
| 广 东 | Guangdong | 541 | 1329 | 1040 | 19794 | 37232 | 1351218 |
| 广 西 | Guangxi | 941 | 381 | 1743 | 10639 | 109189 | 697691 |
| 海 南 | Hainan | 142 | 138 | 676 | 1552 | 39423 | 84646 |
| 重 庆 | Chongqing | 26 | 1897 | 34 | 6440 | 1160 | 428753 |
| 四 川 | Sichuan | 892 | 1772 | 1120 | 9976 | 46633 | 786711 |
| 贵 州 | Guizhou | 95 | 84 | 224 | 4468 | 6654 | 313514 |
| 云 南 | Yunnan | 78 | 169 | 57 | 7323 | 1947 | 487611 |
| 西 藏 | Tibet | 3 | 142 | 1 | 879 | 21 | 58102 |
| 陕 西 | Shaanxi | 333 | 1830 | 553 | 7990 | 19872 | 592564 |
| 甘 肃 | Gansu | 76 | 98 | 75 | 3686 | 4399 | 286402 |
| 青 海 | Qinghai | 2 | 195 | 5 | 999 | 185 | 68183 |
| 宁 夏 | Ningxia | 135 | | 50 | 890 | 2626 | 63656 |
| 新 疆 | Xinjiang | 1112 | 2175 | 1718 | 5633 | 107556 | 385474 |

# 4-1-3 全国出版机构及人员情况

## Institutions and Engaged Persons of Publication Industry

| 年 份<br>地 区 | Year<br>Region | 图书出版社<br>Press Publishing Books | | 音像出版单位<br>Units Publishing Audio-Vedio Products | |
|---|---|---|---|---|---|
| | | 机构数<br>(个)<br>Number of Institutions<br>(unit) | 职工人数<br>(人)<br>Number of Personnel<br>(person) | 机构数<br>(个)<br>Number of Institutions<br>(unit) | 职工人数<br>(人)<br>Number of Personnel<br>(person) |
| | 2005 | 573 | 54605 | 328 | 6171 |
| | 2006 | 573 | 58405 | 339 | 6060 |
| | 2007 | 578 | 58849 | 363 | 6327 |
| | 2008 | 579 | 60906 | 378 | 5696 |
| | 2009 | 580 | 62890 | 380 | 5993 |
| | 2010 | 581 | 63903 | 374 | 5010 |
| | 2011 | 580 | 67173 | 369 | 5130 |
| | 2012 | 580 | 67125 | 369 | 4563 |
| | 2013 | 582 | 64757 | 370 | 4171 |
| 中 央 | Central Level | 221 | 28383 | 148 | 911 |
| 地 方 | Local Level | 361 | 36374 | 222 | 3260 |
| 北 京 | Beijing | 18 | 882 | 9 | 95 |
| 天 津 | Tianjin | 12 | 1044 | 7 | 67 |
| 河 北 | Hebei | 8 | 920 | 5 | 51 |
| 山 西 | Shanxi | 8 | 465 | 3 | 77 |
| 内蒙古 | Inner Mongolia | 7 | 521 | 1 | 30 |
| 辽 宁 | Liaoning | 18 | 1622 | 13 | 73 |
| 吉 林 | Jilin | 15 | 1908 | 8 | 79 |
| 黑龙江 | Heilongjiang | 13 | 809 | 4 | 22 |
| 上 海 | Shanghai | 38 | 3756 | 27 | 610 |
| 江 苏 | Jiangsu | 18 | 2732 | 7 | 136 |
| 浙 江 | Zhejiang | 14 | 1049 | 7 | 70 |
| 安 徽 | Anhui | 11 | 991 | 7 | 82 |
| 福 建 | Fujian | 11 | 699 | 5 | 234 |
| 江 西 | Jiangxi | 7 | 992 | 5 | 129 |
| 山 东 | Shandong | 17 | 1444 | 13 | 213 |
| 河 南 | Henan | 12 | 1301 | 5 | 113 |
| 湖 北 | Hubei | 14 | 1819 | 7 | 160 |
| 湖 南 | Hunan | 13 | 1226 | 12 | 131 |
| 广 东 | Guangdong | 19 | 1352 | 24 | 256 |
| 广 西 | Guangxi | 8 | 1053 | 5 | 54 |
| 海 南 | Hainan | 4 | 403 | 2 | 5 |
| 重 庆 | Chongqing | 3 | 1971 | 6 | 30 |
| 四 川 | Sichuan | 16 | 2052 | 10 | 169 |
| 贵 州 | Guizhou | 5 | 293 | 1 | 12 |
| 云 南 | Yunnan | 8 | 763 | 8 | 62 |
| 西 藏 | Tibet | 2 | 102 | 2 | 11 |
| 陕 西 | Shaanxi | 17 | 1708 | 11 | 60 |
| 甘 肃 | Gansu | 9 | 321 | 3 | 55 |
| 青 海 | Qinghai | 2 | 154 | 2 | 15 |
| 宁 夏 | Ningxia | 3 | 998 | 1 | 14 |
| 新 疆 | Xinjiang | 11 | 1024 | 2 | 145 |

# 4-1-4 出版物发行购、销、存情况

## Basic Statistics on Purchase,Sales and Stock of Publications

单位：万册(张、份、盒)，万元 (10 000 copies,10 000 cassettes)

| 年份 Year<br>地区 Region | 购进 Purchase | | 销售 Sales | | 库存 Stock | |
|---|---|---|---|---|---|---|
| | 数量 Number | 金额 Value | 数量 Number | 金额 Value | 数量 Number | 金额 Value |
| 2005 | 1601918 | 12760018 | 1579753 | 12298056 | 424758 | 4829178 |
| 2006 | 1605144 | 13360474 | 1565333 | 12909439 | 445924 | 5249714 |
| 2007 | 1615739 | 14060746 | 1611944 | 13666742 | 447828 | 5659045 |
| 2008 | 1701945 | 15438415 | 1664305 | 14563927 | 511036 | 6727773 |
| 2009 | 1620914 | 16005755 | 1594152 | 15569553 | 506247 | 6582141 |
| 2010 | 1725342 | 17753997 | 1697036 | 17541569 | 529995 | 7377979 |
| 2011 | 1840642 | 20248910 | 1781734 | 19534916 | 558558 | 8040534 |
| 2012 | 1890434 | 21609143 | 1900761 | 21598845 | 559953 | 8418751 |
| 2013 | 2053467 | 24182149 | 1993343 | 23461488 | 651911 | 9643972 |
| 中　央 Central Level | 247065 | 5306529 | 245569 | 5059459 | 131027 | 3767938 |
| 地　方 Local Level | 1806402 | 18875621 | 1747774 | 18402029 | 520884 | 5876034 |
| 北　京 Beijing | 16149 | 440391 | 14471 | 392586 | 9638 | 249569 |
| 天　津 Tianjin | 10932 | 152863 | 11222 | 158853 | 4635 | 99847 |
| 河　北 Hebei | 93474 | 737371 | 87841 | 727223 | 48448 | 165612 |
| 山　西 Shanxi | 44764 | 596288 | 51701 | 665542 | 6840 | 71308 |
| 内蒙古 Inner Mongolia | 13077 | 182914 | 10586 | 175085 | 5587 | 34566 |
| 辽　宁 Liaoning | 29128 | 379320 | 28561 | 377884 | 11758 | 243675 |
| 吉　林 Jilin | 26602 | 312327 | 25629 | 310717 | 11341 | 123160 |
| 黑龙江 Heilongjiang | 20087 | 271087 | 18891 | 262931 | 7694 | 75076 |
| 上　海 Shanghai | 47473 | 736759 | 48037 | 764405 | 21032 | 463069 |
| 江　苏 Jiangsu | 191589 | 1786498 | 181174 | 1718779 | 64369 | 712275 |
| 浙　江 Zhejiang | 112726 | 1401637 | 110224 | 1319693 | 59075 | 833144 |
| 安　徽 Anhui | 113409 | 1074545 | 85925 | 974467 | 34701 | 234079 |
| 福　建 Fujian | 37343 | 407033 | 38364 | 399903 | 8298 | 84607 |
| 江　西 Jiangxi | 82551 | 785492 | 82129 | 788492 | 7315 | 112089 |
| 山　东 Shandong | 154796 | 1433069 | 145257 | 1307911 | 59299 | 460836 |
| 河　南 Henan | 127756 | 1033593 | 132910 | 1069284 | 14032 | 170265 |
| 湖　北 Hubei | 71551 | 764477 | 72723 | 776470 | 13599 | 193778 |
| 湖　南 Hunan | 132591 | 1586139 | 138728 | 1628610 | 31003 | 340021 |
| 广　东 Guangdong | 64852 | 758190 | 52046 | 651673 | 24179 | 207608 |
| 广　西 Guangxi | 72307 | 614502 | 71768 | 609061 | 5144 | 67328 |
| 海　南 Hainan | 11934 | 139792 | 12697 | 140321 | 1245 | 22113 |
| 重　庆 Chongqing | 30754 | 393237 | 28860 | 376204 | 9976 | 160237 |
| 四　川 Sichuan | 80466 | 759790 | 80466 | 753276 | 15584 | 225858 |
| 贵　州 Guizhou | 36401 | 249708 | 38344 | 261276 | 2837 | 19201 |
| 云　南 Yunnan | 44448 | 482563 | 40872 | 446366 | 10860 | 133322 |
| 西　藏 Tibet | 3368 | 23751 | 2571 | 22652 | 2930 | 10986 |
| 陕　西 Shaanxi | 61165 | 570087 | 60932 | 550237 | 16816 | 215971 |
| 甘　肃 Gansu | 36299 | 336067 | 36271 | 332510 | 4603 | 49804 |
| 青　海 Qinghai | 3764 | 29533 | 3696 | 28282 | 852 | 7808 |
| 宁　夏 Ningxia | 4128 | 74349 | 4020 | 73477 | 636 | 14063 |
| 新　疆 Xinjiang | 30521 | 362248 | 30859 | 337859 | 6559 | 74760 |

注：本表数据为全国新华书店系统和出版社自办发行单位的数据(以下相关表同)。

a)Data in the table above refer to data of issuing units owned by Xinhua bookstores and presses. The same applies to the relevant tables following.

# 4-1-5 出版物纯销售情况

## Basic Statistics on Sales of Publications

单位：万元 (10 000 yuan)

| 年份 地区 | Year Region | 总额 Total Sales | 零售 Retails | 批发给县以下单位或个人 Wholesale for Units or Individuals Under County Level | 出口 Export | 其他 Others |
|---|---|---|---|---|---|---|
| | 2005 | 4932215 | 4039509 | 589874 | 21350 | 281482 |
| | 2006 | 5043320 | 4159807 | 651421 | 25580 | 206512 |
| | 2007 | 5126213 | 4293952 | 618122 | 23274 | 190865 |
| | 2008 | 5396638 | 4639733 | 495855 | 22468 | 238582 |
| | 2009 | 5809916 | 4989994 | 540550 | 28208 | 251165 |
| | 2010 | 5998777 | 5332174 | 196320 | 25290 | 444993 |
| | 2011 | 6535864 | 5823950 | 271063 | 19902 | 420949 |
| | 2012 | 7125801 | 6480018 | 315181 | 21617 | 308985 |
| | 2013 | 7356363 | 6879350 | 240630 | 29439 | 206944 |
| 中　央 | Central Level | 422251 | 317645 | 16585 | 18669 | 69353 |
| 地　方 | Local Level | 6934112 | 6561705 | 224045 | 10770 | 137591 |
| 北　京 | Beijing | 135694 | 128620 | 1055 | 823 | 5195 |
| 天　津 | Tianjin | 42781 | 42039 | 4 | 512 | 226 |
| 河　北 | Hebei | 242738 | 242362 | 359 | | 16 |
| 山　西 | Shanxi | 285189 | 276218 | 7007 | | 1964 |
| 内蒙古 | Inner Mongolia | 84265 | 84236 | 29 | | |
| 辽　宁 | Liaoning | 105385 | 92938 | 2405 | 21 | 10021 |
| 吉　林 | Jilin | 57645 | 51536 | 5591 | | 517 |
| 黑龙江 | Heilongjiang | 106423 | 105831 | 375 | | 217 |
| 上　海 | Shanghai | 185002 | 169877 | 4530 | 5785 | 4811 |
| 江　苏 | Jiangsu | 581878 | 558352 | 11180 | 80 | 12266 |
| 浙　江 | Zhejiang | 522594 | 514233 | 4613 | 66 | 3682 |
| 安　徽 | Anhui | 397499 | 396266 | 243 | 702 | 289 |
| 福　建 | Fujian | 179168 | 172322 | 1747 | 2581 | 2518 |
| 江　西 | Jiangxi | 327775 | 312718 | 13885 | | 1172 |
| 山　东 | Shandong | 493640 | 481435 | 3 | | 12203 |
| 河　南 | Henan | 383936 | 382941 | 995 | | |
| 湖　北 | Hubei | 187065 | 184574 | 1668 | 200 | 623 |
| 湖　南 | Hunan | 579566 | 570728 | 2974 | | 5865 |
| 广　东 | Guangdong | 296095 | 229870 | 66115 | | 111 |
| 广　西 | Guangxi | 194996 | 125653 | 68795 | | 547 |
| 海　南 | Hainan | 13634 | 13634 | | | |
| 重　庆 | Chongqing | 181018 | 142832 | 896 | | 37290 |
| 四　川 | Sichuan | 431035 | 411508 | 2232 | | 17295 |
| 贵　州 | Guizhou | 157382 | 126812 | 11050 | | 19520 |
| 云　南 | Yunnan | 197266 | 197163 | 27 | | 75 |
| 西　藏 | Tibet | 8391 | 8391 | | | |
| 陕　西 | Shaanxi | 232298 | 216211 | 15562 | | 525 |
| 甘　肃 | Gansu | 124730 | 123382 | 705 | | 643 |
| 青　海 | Qinghai | 10172 | 10172 | | | |
| 宁　夏 | Ningxia | 2466 | 2466 | | | |
| 新　疆 | Xinjiang | 186386 | 186386 | | | |

# 4-1-6 出版物发行网点数

## Basic Statistics on Issuing Institutions of Publications

单位：个 (unit)

| 年份 地区 | Year Region | 发行网点合计 Total Number of Issuing Institutions | 新华书店及其发行网点 Xinhua Bookstore and Its Issuing Spots | 供销社 Supply and Marketing Cooperatives | 出版社 Press |
|---|---|---|---|---|---|
| | 2005 | 159508 | 11897 | 3200 | 585 |
| | 2006 | 159706 | 11041 | 2431 | 561 |
| | 2007 | 167254 | 10726 | 2103 | 562 |
| | 2008 | 161256 | 10302 | 1868 | 534 |
| | 2009 | 160407 | 9953 | 1636 | 508 |
| | 2010 | 167882 | 9985 | 1520 | 462 |
| | 2011 | 168586 | 9513 | 997 | 447 |
| | 2012 | 172633 | 9403 | 748 | 446 |
| | 2013 | 172447 | 9255 | 839 | 447 |
| 中 央 | Central Level | 140 | 3 | | 137 |
| 地 方 | Local Level | 172307 | 9252 | 839 | 310 |
| 北 京 | Beijing | 9232 | 124 | | 18 |
| 天 津 | Tianjin | 2807 | 67 | | 13 |
| 河 北 | Hebei | 7272 | 376 | | 7 |
| 山 西 | Shanxi | 2830 | 396 | 6 | 7 |
| 内蒙古 | Inner Mongolia | 1707 | 179 | | 7 |
| 辽 宁 | Liaoning | 6008 | 294 | | 12 |
| 吉 林 | Jilin | 3331 | 113 | | 4 |
| 黑龙江 | Heilongjiang | 2326 | 197 | 101 | 5 |
| 上 海 | Shanghai | 8594 | 181 | | 71 |
| 江 苏 | Jiangsu | 14428 | 884 | | 18 |
| 浙 江 | Zhejiang | 11004 | 600 | | 15 |
| 安 徽 | Anhui | 8568 | 651 | | 11 |
| 福 建 | Fujian | 4330 | 223 | | 3 |
| 江 西 | Jiangxi | 3455 | 333 | 28 | 6 |
| 山 东 | Shandong | 8233 | 529 | | 4 |
| 河 南 | Henan | 8574 | 1012 | | 12 |
| 湖 北 | Hubei | 4876 | 119 | | 14 |
| 湖 南 | Hunan | 6150 | 390 | | 14 |
| 广 东 | Guangdong | 12895 | 409 | 624 | 4 |
| 广 西 | Guangxi | 4988 | 250 | 80 | 20 |
| 海 南 | Hainan | 724 | 28 | | 4 |
| 重 庆 | Chongqing | 5230 | 267 | | 3 |
| 四 川 | Sichuan | 10496 | 217 | | |
| 贵 州 | Guizhou | 3739 | 221 | | 3 |
| 云 南 | Yunnan | 8929 | 253 | | 7 |
| 西 藏 | Tibet | 140 | 61 | | 1 |
| 陕 西 | Shaanxi | 4300 | 197 | | 24 |
| 甘 肃 | Gansu | 2206 | 293 | | 2 |
| 青 海 | Qinghai | 987 | 58 | | |
| 宁 夏 | Ningxia | 945 | 31 | | 1 |
| 新 疆 | Xinjiang | 3003 | 299 | | |

4-1-6 续表 continued

单位：个 (unit)

| 年 份 Year / 地 区 Region | | 网上书店 Online Bookstore | 文化教育广电邮政系统 Cultural, Radio and TV Broadcasting Educational and Postal System | 新华书店系统外批发 Wholesale Spots Outside Xinhua Bookstore | 集体个体零售 Collective and Individual Retail Spots |
|---|---|---|---|---|---|
| | 2005 | 64 | 30529 | 5103 | 108130 |
| | 2006 | 91 | 29883 | 5137 | 110562 |
| | 2007 | 936 | 32016 | 5946 | 114965 |
| | 2008 | 19 | 37516 | 5454 | 105563 |
| | 2009 | 26 | 38215 | 5800 | 104269 |
| | 2010 | 174 | 39264 | 6483 | 109994 |
| | 2011 | 101 | 36455 | 7141 | 113932 |
| | 2012 | 619 | 37821 | 7505 | 116091 |
| | 2013 | 728 | 38062 | 7984 | 115132 |
| 中 央 | Central Level | | | | |
| 地 方 | Local Level | 728 | 38062 | 7984 | 115132 |
| 北 京 | Beijing | 602 | 2347 | 1865 | 4276 |
| 天 津 | Tianjin | | | 160 | 2567 |
| 河 北 | Hebei | | 2107 | 214 | 4568 |
| 山 西 | Shanxi | | 363 | 136 | 1922 |
| 内蒙古 | Inner Mongolia | | | 71 | 1450 |
| 辽 宁 | Liaoning | | 483 | 366 | 4853 |
| 吉 林 | Jilin | 19 | 985 | 258 | 1952 |
| 黑龙江 | Heilongjiang | 1 | 388 | 138 | 1496 |
| 上 海 | Shanghai | 76 | 2114 | 345 | 5807 |
| 江 苏 | Jiangsu | 2 | 2414 | 238 | 10872 |
| 浙 江 | Zhejiang | 1 | 2208 | 316 | 7864 |
| 安 徽 | Anhui | 3 | 3582 | 301 | 4020 |
| 福 建 | Fujian | 8 | 1126 | 372 | 2598 |
| 江 西 | Jiangxi | | 21 | 171 | 2896 |
| 山 东 | Shandong | | 890 | 191 | 6619 |
| 河 南 | Henan | | 2290 | 290 | 4970 |
| 湖 北 | Hubei | 6 | 600 | 530 | 3607 |
| 湖 南 | Hunan | | 4580 | 163 | 1003 |
| 广 东 | Guangdong | | | 453 | 11405 |
| 广 西 | Guangxi | | 1920 | 78 | 2640 |
| 海 南 | Hainan | | 373 | 41 | 278 |
| 重 庆 | Chongqing | | 897 | 208 | 3855 |
| 四 川 | Sichuan | 1 | 3200 | 238 | 6840 |
| 贵 州 | Guizhou | 1 | 875 | 128 | 2511 |
| 云 南 | Yunnan | | 1814 | 120 | 6735 |
| 西 藏 | Tibet | | 8 | | 70 |
| 陕 西 | Shaanxi | | 1597 | 258 | 2224 |
| 甘 肃 | Gansu | | 82 | 210 | 1619 |
| 青 海 | Qinghai | | 189 | 28 | 712 |
| 宁 夏 | Ningxia | 6 | 439 | 42 | 426 |
| 新 疆 | Xinjiang | 2 | 170 | 55 | 2477 |

# 4-1-7 按类别分出版物销售情况
# Basic Statistics on Sales of Publications by Category

| 项　目 | Item | 2005 | 2006 | 2007 | 2008 | 2009 |
|---|---|---|---|---|---|---|
| **销售数量合计** | **Total Number of Sales** | **1579753** | **1565333** | **1611944** | **1664305** | **1594152** |
| 图书（万册、万张） | Books (10 000 copies) | 1516121 | 1499395 | 1539318 | 1587776 | 1537842 |
| 期刊（万册） | Magazines (10 000 copies) | 32343 | 26889 | 30476 | 30523 | 18477 |
| 报纸（万份） | Newspapers (10 000 copies) | 8626 | 15239 | 12049 | 16366 | 12427 |
| 音像制品（万盒、万张） | Audio-Vedio Products (10 000 copies,10 000 discs) | 20154 | 20981 | 26970 | 26509 | 22996 |
| 电子出版物（万盒、万张） | Electronic Publications (10 000 copies,10 000 discs) | 2509 | 2829 | 3131 | 3131 | 2410 |
| **销售金额合计（万元）** | **Total Value of Sales (10 000 yuan)** | **12298056** | **12909439** | **13666742** | **14563927** | **15569553** |
| 图书 | Books | 11767109 | 12360997 | 13053394 | 13923157 | 14969728 |
| 期刊 | Magazines | 216722 | 211888 | 229252 | 258927 | 217375 |
| 报纸 | Newspapers | 17154 | 23322 | 23890 | 33272 | 28296 |
| 音像制品 | Audio-Vedio Products | 256022 | 254187 | 300679 | 292963 | 277927 |
| 电子出版物 | Electronic Publications | 41049 | 59045 | 59527 | 55608 | 76227 |
| 数字出版物 | Digital Publications | | | | | |

4-1-7 续表 continued

| 项　目 | Item | 2010 | 2011 | 2012 | 2013 |
|---|---|---|---|---|---|
| **销售数量合计** | **Total Number of Sales** | **1697036** | **1781734** | **1900761** | **1993343** |
| 图书（万册、万张） | Books (10 000 copies) | 567493 | 582630 | 615454 | 634671 |
| 期刊（万册） | Magazines (10 000 copies) | 1901 | 1684 | 2029 | 1939 |
| 报纸（万份） | Newspapers (10 000 copies) | 1423 | 846 | 1881 | 1345 |
| 音像制品（万盒、万张） | Audio-Vedio Products (10 000 copies,10 000 discs) | 8854 | 6901 | 6525 | 4387 |
| 电子出版物（万盒、万张） | Electronic Publications (10 000 copies,10 000 discs) | 3604 | 3310 | 1888 | 1111 |
| **销售金额合计（万元）** | **Total Value of Sales (10 000 yuan)** | **17541569** | **19534916** | **21598845** | **23461488** |
| 图书 | Books | 5058276 | 5588107 | 6171319 | 6591508 |
| 期刊 | Magazines | 103729 | 44398 | 117485 | 104275 |
| 报纸 | Newspapers | 10877 | 5748 | 18836 | 14944 |
| 音像制品 | Audio-Vedio Products | 103376 | 92733 | 84221 | 78563 |
| 电子出版物 | Electronic Publications | 75916 | 92964 | 86793 | 57313 |
| 数字出版物 | Digital Publications | | | 1363 | 32746 |

注：自2010年起，出版物分类别的销售数量和金额只包括零售部分，因此分项之和不等于合计。

a)Since 2010,total number and value of publication sales by category only refers to publication retails, so the sum of all categories do not equal to the total.

# 4-1-8 出版物印刷机构情况
## Basic Statistics on Printing Institutions

| 年份 地区 | Year Region | 印刷单位数（个） Number of Printing Institutions (unit) | 职工人数（万人） Number of Engaged Persons (10 000 persons) | 工业销售产值（万元） Sales Value (10 000 yuan) |
|---|---|---|---|---|
| | 2005 | 8279 | 69.44 | 6925013 |
| | 2006 | 7995 | 62.46 | 7804171 |
| | 2007 | 6427 | 59.55 | 8283628 |
| | 2008 | 6290 | 58.34 | 9769019 |
| | 2009 | 8189 | 63.14 | 11277554 |
| | 2010 | 8484 | 61.28 | 12342607 |
| | 2011 | 8309 | 57.62 | 13206765 |
| | 2012 | 8714 | 55.09 | 14098802 |
| | 2013 | 8963 | 51.68 | 14267771 |
| 北　京 | Beijing | 768 | 4.18 | 1136035 |
| 天　津 | Tianjin | 126 | 0.80 | 189838 |
| 河　北 | Hebei | 773 | 3.07 | 750447 |
| 山　西 | Shanxi | 168 | 1.05 | 161867 |
| 内蒙古 | Inner Mongolia | 87 | 0.31 | 48788 |
| 辽　宁 | Liaoning | 215 | 0.79 | 238404 |
| 吉　林 | Jilin | 212 | 1.22 | 303623 |
| 黑龙江 | Heilongjiang | 156 | 0.70 | 133971 |
| 上　海 | Shanghai | 255 | 2.18 | 1071368 |
| 江　苏 | Jiangsu | 400 | 2.88 | 812407 |
| 浙　江 | Zhejiang | 898 | 3.45 | 2083589 |
| 安　徽 | Anhui | 283 | 1.55 | 429520 |
| 福　建 | Fujian | 323 | 1.39 | 374226 |
| 江　西 | Jiangxi | 138 | 0.94 | 265129 |
| 山　东 | Shandong | 471 | 3.25 | 992044 |
| 河　南 | Henan | 423 | 2.61 | 384044 |
| 湖　北 | Hubei | 343 | 2.02 | 456166 |
| 湖　南 | Hunan | 495 | 2.27 | 798291 |
| 广　东 | Guangdong | 881 | 8.49 | 1949510 |
| 广　西 | Guangxi | 175 | 0.82 | 209476 |
| 海　南 | Hainan | 27 | 0.10 | 13867 |
| 重　庆 | Chongqing | 193 | 1.40 | 256271 |
| 四　川 | Sichuan | 242 | 1.20 | 259579 |
| 贵　州 | Guizhou | 168 | 0.48 | 76297 |
| 云　南 | Yunnan | 144 | 1.00 | 231551 |
| 西　藏 | Tibet | 30 | 0.11 | 17579 |
| 陕　西 | Shaanxi | 217 | 2.21 | 418455 |
| 甘　肃 | Gansu | 96 | 0.52 | 75984 |
| 青　海 | Qinghai | 52 | 0.16 | 23307 |
| 宁　夏 | Ningxia | 82 | 0.25 | 29375 |
| 新　疆 | Xinjiang | 122 | 0.28 | 76760 |

4-1-8 续表 1 continued

| 年 份 地 区 | Year Region | 印刷产量 Output of Printing 黑白（万令） Black and White (10 000 ream) | 彩色（万对开色令） Color (10 000 bisect color ream) | 装订产量（万令） Output of Bookbinding (10 000 ream) |
|---|---|---|---|---|
| | 2005 | 19951 | 102905 | 21985 |
| | 2006 | 20891 | 100488 | 20842 |
| | 2007 | 20182 | 129157 | 23062 |
| | 2008 | 29047 | 93251 | 25129 |
| | 2009 | 27034 | 129520 | 35498 |
| | 2010 | 28272 | 141917 | 29007 |
| | 2011 | 30091 | 152913 | 28985 |
| | 2012 | 32654 | 164713 | 29740 |
| | 2013 | 32608 | 255672 | 36316 |
| 北 京 | Beijing | 2830 | 16744 | 3193 |
| 天 津 | Tianjin | 3152 | 75734 | 3764 |
| 河 北 | Hebei | 1420 | 3349 | 3000 |
| 山 西 | Shanxi | 293 | 1969 | 301 |
| 内蒙古 | Inner Mongolia | 84 | 494 | 82 |
| 辽 宁 | Liaoning | 2043 | 2979 | 818 |
| 吉 林 | Jilin | 1347 | 2403 | 465 |
| 黑龙江 | Heilongjiang | 319 | 2712 | 370 |
| 上 海 | Shanghai | 875 | 15303 | 668 |
| 江 苏 | Jiangsu | 1251 | 6839 | 1227 |
| 浙 江 | Zhejiang | 1662 | 23824 | 1983 |
| 安 徽 | Anhui | 788 | 3802 | 1340 |
| 福 建 | Fujian | 491 | 1719 | 302 |
| 江 西 | Jiangxi | 1081 | 1380 | 912 |
| 山 东 | Shandong | 3050 | 29884 | 4195 |
| 河 南 | Henan | 1088 | 3799 | 1137 |
| 湖 北 | Hubei | 1606 | 3491 | 1555 |
| 湖 南 | Hunan | 1267 | 5385 | 1917 |
| 广 东 | Guangdong | 2749 | 37587 | 4815 |
| 广 西 | Guangxi | 2029 | 3716 | 823 |
| 海 南 | Hainan | 73 | 448 | 60 |
| 重 庆 | Chongqing | 410 | 1004 | 381 |
| 四 川 | Sichuan | 1234 | 3994 | 1318 |
| 贵 州 | Guizhou | 155 | 1630 | 141 |
| 云 南 | Yunnan | 316 | 1547 | 281 |
| 西 藏 | Tibet | 37 | 84 | 31 |
| 陕 西 | Shaanxi | 559 | 2333 | 725 |
| 甘 肃 | Gansu | 232 | 449 | 233 |
| 青 海 | Qinghai | 31 | 177 | 32 |
| 宁 夏 | Ningxia | 42 | 110 | 44 |
| 新 疆 | Xinjiang | 95 | 784 | 204 |

4-1-8 续表 2 continued

| 年 份 地 区 | Year Region | 资产合计（万元）Total Assets (10 000 yuan) | 负债合计（万元）Total Liabilities (10 000 yuan) | 所有者权益合计（万元）Owner's Equity (10 000 yuan) |
|---|---|---|---|---|
| | 2005 | 11817682 | 6189459 | 5628222 |
| | 2006 | 12397946 | 6539663 | 5858283 |
| | 2007 | 12798625 | 6543101 | 6255524 |
| | 2008 | 13261258 | 6904193 | 6357065 |
| | 2009 | 15891848 | 7538831 | 8353017 |
| | 2010 | 17497609 | 8955184 | 8542424 |
| | 2011 | 17819901 | 9153789 | 8666112 |
| | 2012 | 19972151 | 9799736 | 10172415 |
| | 2013 | 21237311 | 10928496 | 10308815 |
| 北 京 | Beijing | 2340042 | 1313752 | 1026290 |
| 天 津 | Tianjin | 334418 | 215000 | 119418 |
| 河 北 | Hebei | 1377847 | 706453 | 671394 |
| 山 西 | Shanxi | 289115 | 150733 | 138383 |
| 内蒙古 | Inner Mongolia | 58134 | 28040 | 30095 |
| 辽 宁 | Liaoning | 297475 | 175536 | 121939 |
| 吉 林 | Jilin | 917382 | 106194 | 811189 |
| 黑龙江 | Heilongjiang | 189292 | 97241 | 92051 |
| 上 海 | Shanghai | 1933874 | 1099664 | 834210 |
| 江 苏 | Jiangsu | 1249923 | 640762 | 609161 |
| 浙 江 | Zhejiang | 1880761 | 1045778 | 834983 |
| 安 徽 | Anhui | 693150 | 344680 | 348471 |
| 福 建 | Fujian | 447176 | 200611 | 246565 |
| 江 西 | Jiangxi | 416181 | 180589 | 235591 |
| 山 东 | Shandong | 1261086 | 724707 | 536379 |
| 河 南 | Henan | 749830 | 389369 | 360461 |
| 湖 北 | Hubei | 593634 | 325546 | 268088 |
| 湖 南 | Hunan | 996949 | 491876 | 505073 |
| 广 东 | Guangdong | 2460451 | 1246339 | 1214112 |
| 广 西 | Guangxi | 291550 | 128436 | 163114 |
| 海 南 | Hainan | 40290 | 20188 | 20102 |
| 重 庆 | Chongqing | 449815 | 246380 | 203436 |
| 四 川 | Sichuan | 393866 | 242535 | 151331 |
| 贵 州 | Guizhou | 129725 | 73485 | 56239 |
| 云 南 | Yunnan | 419706 | 201711 | 217995 |
| 西 藏 | Tibet | 27102 | 8706 | 18396 |
| 陕 西 | Shaanxi | 650434 | 359110 | 291325 |
| 甘 肃 | Gansu | 184119 | 78019 | 106100 |
| 青 海 | Qinghai | 35763 | 21486 | 14277 |
| 宁 夏 | Ningxia | 34442 | 12157 | 22285 |
| 新 疆 | Xinjiang | 93778 | 53414 | 40364 |

4-1-8 续表 3 continued

| 年 份<br>地 区 | Year<br>Region | 主营业务收入（万元）Revenue from Principal Business (10 000 yuan) | 营业利润（万元）Business Profits (10 000 yuan) | 利润总额（万元）Total Profits (10 000 yuan) |
|---|---|---|---|---|
| | 2005 | 8056432 | 264622 | 304697 |
| | 2006 | 8792937 | 317715 | 357130 |
| | 2007 | 9690887 | 386249 | 405097 |
| | 2008 | 9387940 | 417901 | 502048 |
| | 2009 | 10508176 | 641043 | 767465 |
| | 2010 | 12005220 | 675096 | 801680 |
| | 2011 | 13124096 | 655189 | 783728 |
| | 2012 | 13977021 | 967888 | 1068202 |
| | 2013 | 14943024 | 1127035 | 1249956 |
| 北 京 | Beijing | 1285567 | 55756 | 71009 |
| 天 津 | Tianjin | 191586 | 5472 | 8812 |
| 河 北 | Hebei | 1062594 | 92702 | 95886 |
| 山 西 | Shanxi | 193438 | 7255 | 7750 |
| 内蒙古 | Inner Mongolia | 37969 | 1239 | 1984 |
| 辽 宁 | Liaoning | 132929 | -3081 | 240 |
| 吉 林 | Jilin | 333542 | 69671 | 77913 |
| 黑龙江 | Heilongjiang | 134924 | 1812 | 2647 |
| 上 海 | Shanghai | 1089370 | 46171 | 71924 |
| 江 苏 | Jiangsu | 811535 | 60695 | 68069 |
| 浙 江 | Zhejiang | 1320296 | 71092 | 78794 |
| 安 徽 | Anhui | 475813 | 45438 | 49222 |
| 福 建 | Fujian | 481002 | 26663 | 31685 |
| 江 西 | Jiangxi | 289402 | 58313 | 58724 |
| 山 东 | Shandong | 1202918 | 150533 | 154097 |
| 河 南 | Henan | 595569 | 29663 | 32281 |
| 湖 北 | Hubei | 460326 | 18173 | 20445 |
| 湖 南 | Hunan | 995268 | 150710 | 157111 |
| 广 东 | Guangdong | 1922693 | 62875 | 76703 |
| 广 西 | Guangxi | 234070 | 13273 | 14103 |
| 海 南 | Hainan | 25557 | 1852 | 1872 |
| 重 庆 | Chongqing | 340842 | 29607 | 30972 |
| 四 川 | Sichuan | 316617 | 30705 | 31508 |
| 贵 州 | Guizhou | 73436 | 7179 | 8489 |
| 云 南 | Yunnan | 302547 | 42294 | 43970 |
| 西 藏 | Tibet | 17329 | 802 | 1110 |
| 陕 西 | Shaanxi | 421132 | 43939 | 44404 |
| 甘 肃 | Gansu | 87543 | -52 | 484 |
| 青 海 | Qinghai | 25998 | -66 | 1276 |
| 宁 夏 | Ningxia | 32900 | 5057 | 5156 |
| 新 疆 | Xinjiang | 48314 | 1293 | 1315 |

## 4-1-9 全国图书、期刊、报纸进出口情况
## Basic Statistics on Imports and Exports of Books, Magazines and Newspapers

| 年 份<br>Year | 进口 Imports | | 出口 Exports | |
|---|---|---|---|---|
| | 数量<br>(万册、份)<br>Number<br>(10 000 copies) | 金额<br>(万美元)<br>Value<br>(10 000 USD) | 数量<br>(万册、份)<br>Number<br>(10 000 copies) | 金额<br>(万美元)<br>Value<br>(10 000 USD) |
| 2005 | 1429.25 | 16418.35 | 732.41 | 3287.19 |
| 2006 | 2395.34 | 18093.51 | 1007.78 | 3631.44 |
| 2007 | 2385.99 | 21105.44 | 1027.83 | 3787.46 |
| 2008 | 3452.54 | 24061.40 | 801.82 | 3487.25 |
| 2009 | 2794.53 | 24505.27 | 885.16 | 3437.72 |
| 2010 | 2881.87 | 26008.58 | 945.64 | 3711.00 |
| 2011 | 2979.88 | 28373.26 | 1144.18 | 3905.51 |
| 2012 | 3138.07 | 30121.65 | 1639.27 | 4863.15 |
| 2013 | 2361.54 | 28048.63 | 1992.86 | 6012.40 |

注：本表仅包括有出版物进口经营许可证的出版物进出口经营单位数据(下表同)。
a)Data in the table above only source from those units with the quanlification of publication imports and exports.The same applies to the table following.

## 4-1-10 全国音像制品、电子出版物与数字出版物进出口情况
## Basic Statistics on Audio-Vedio Product, Electronic Publications and Digital Publications

| 年 份<br>Year | 进口 Imports | | 出口 Exports | |
|---|---|---|---|---|
| | 数量<br>(盒、张)<br>Number<br>(cassette, disc) | 金额<br>(万美元)<br>Value<br>(10 000 USD) | 数量<br>(盒、张)<br>Number<br>(cassette, disc) | 金额<br>(万美元)<br>Value<br>(10 000 USD) |
| 2005 | 148631 | 1933.00 | 751796 | 211.00 |
| 2006 | 177965 | 3079.31 | 1053294 | 284.99 |
| 2007 | 150906 | 4340.26 | 637396 | 180.51 |
| 2008 | 163822 | 4556.81 | 271204 | 101.32 |
| 2009 | 167428 | 6527.06 | 100053 | 61.11 |
| 2010 | 629542 | 11382.70 | 1018687 | 47.16 |
| 2011 | 396287 | 14134.78 | 77091 | 35.17 |
| 2012 | 185646 | 16685.95 | 93448 | 33.54 |
| 2013 | 285070 | 20022.34 | 34136 | 122.43 |

# 4-1-11 版权合同登记情况

## Basic Statistics on Registration of Copyright Contracts

单位：份 (unit)

| 年份 地区 | Year Region | 合计 Total | 图书 Books | 期刊 Magazines | 音像制品 Audio-vedio Products |
|---|---|---|---|---|---|
| | 2005 | 10787 | 9176 | 746 | 140 |
| | 2006 | 13004 | 10795 | 432 | 476 |
| | 2007 | 11164 | 9515 | 305 | 431 |
| | 2008 | 12002 | 10414 | 322 | 451 |
| | 2009 | 14223 | 12449 | 292 | 257 |
| | 2010 | 15160 | 13303 | 234 | 306 |
| | 2011 | 20797 | 14401 | 288 | 245 |
| | 2012 | 18645 | 16554 | 199 | 319 |
| | 2013 | 19521 | 17205 | 226 | 150 |
| 北　京 | Beijing | 9577 | 9215 | 186 | |
| 天　津 | Tianjin | 345 | 314 | | 10 |
| 河　北 | Hebei | 197 | 197 | | |
| 山　西 | Shanxi | 55 | 55 | | |
| 内蒙古 | Inner Mongolia | | | | |
| 辽　宁 | Liaoning | 343 | 327 | | 2 |
| 吉　林 | Jilin | 229 | 193 | 36 | |
| 黑龙江 | Heilongjiang | 130 | 130 | | |
| 上　海 | Shanghai | 1596 | 990 | | 138 |
| 江　苏 | Jiangsu | 2031 | 1632 | | |
| 浙　江 | Zhejiang | 568 | 307 | | |
| 安　徽 | Anhui | 166 | 163 | | |
| 福　建 | Fujian | 86 | 76 | | |
| 江　西 | Jiangxi | 620 | 620 | | |
| 山　东 | Shandong | 351 | 348 | | |
| 河　南 | Henan | 260 | 260 | | |
| 湖　北 | Hubei | 314 | 276 | | |
| 湖　南 | Hunan | 559 | 551 | | |
| 广　东 | Guangdong | 223 | 190 | | |
| 广　西 | Guangxi | 301 | 301 | | |
| 海　南 | Hainan | | | | |
| 重　庆 | Chongqing | 361 | 361 | | |
| 四　川 | Sichuan | 206 | 201 | 4 | |
| 贵　州 | Guizhou | 43 | 43 | | |
| 云　南 | Yunnan | 148 | 148 | | |
| 西　藏 | Tibet | | | | |
| 陕　西 | Shaanxi | 782 | 277 | | |
| 甘　肃 | Gansu | | | | |
| 青　海 | Qinghai | | | | |
| 宁　夏 | Ningxia | 17 | 17 | | |
| 新　疆 | Xinjiang | 13 | 13 | | |

## 4-1-11 续表 continued

单位：份 (unit)

| 年 份 Year<br>地 区 Region | 电子出版物 Electronic Publications | 软件 Software | 电影 Films | 电视节目 TV Programs | 其他 Others |
|---|---|---|---|---|---|
| 2005 | 168 | 557 | | | |
| 2006 | 620 | 609 | 29 | 5 | 38 |
| 2007 | 389 | 515 | 1 | | 8 |
| 2008 | 311 | 499 | | 1 | 4 |
| 2009 | 473 | 393 | | | 359 |
| 2010 | 418 | 453 | 2 | 1 | 443 |
| 2011 | 485 | 955 | | 3 | 4420 |
| 2012 | 417 | 1085 | 24 | 14 | 33 |
| 2013 | 183 | 1161 | 44 | 9 | 543 |
| 北 京 Beijing | 56 | 120 | | | |
| 天 津 Tianjin | 2 | 19 | | | |
| 河 北 Hebei | | | | | |
| 山 西 Shanxi | | | | | |
| 内蒙古 Inner Mongolia | | | | | |
| 辽 宁 Liaoning | | 14 | | | |
| 吉 林 Jilin | | | | | |
| 黑龙江 Heilongjiang | | | | | |
| 上 海 Shanghai | 65 | 232 | 43 | | 128 |
| 江 苏 Jiangsu | | 8 | | | 391 |
| 浙 江 Zhejiang | 56 | 205 | | | |
| 安 徽 Anhui | | 3 | | | |
| 福 建 Fujian | | 10 | | | |
| 江 西 Jiangxi | | | | | |
| 山 东 Shandong | | 3 | | | |
| 河 南 Henan | | | | | |
| 湖 北 Hubei | | 37 | 1 | | |
| 湖 南 Hunan | 4 | 1 | | 3 | |
| 广 东 Guangdong | | 3 | | 6 | 24 |
| 广 西 Guangxi | | | | | |
| 海 南 Hainan | | | | | |
| 重 庆 Chongqing | | | | | |
| 四 川 Sichuan | | 1 | | | |
| 贵 州 Guizhou | | | | | |
| 云 南 Yunnan | | | | | |
| 西 藏 Tibet | | | | | |
| 陕 西 Shaanxi | | 505 | | | |
| 甘 肃 Gansu | | | | | |
| 青 海 Qinghai | | | | | |
| 宁 夏 Ningxia | | | | | |
| 新 疆 Xinjiang | | | | | |

# 4-1-12 全国作品自愿登记情况

## Basic Statistics on Registration of Original Products

单位：件 (piece)

| 年份<br>地区 | Year<br>Region | 合计<br>Total | #文字<br>Literature | #音乐<br>Music | #曲艺<br>Recitation and Ballad | #舞蹈<br>Dance |
|---|---|---|---|---|---|---|
| | 2005 | 58523 | 1878 | 855 | 12 | 13 |
| | 2006 | 149900 | 2206 | 1589 | 6 | 27 |
| | 2007 | 133789 | 2390 | 2193 | 29 | 18 |
| | 2008 | 1040454 | 2823 | 2084 | 56 | 22 |
| | 2009 | 336086 | 3509 | 1360 | 94 | 47 |
| | 2010 | 359871 | 6294 | 1425 | 112 | 18 |
| | 2011 | 442983 | 80424 | 2004 | 46 | 34 |
| | 2012 | 560583 | 179471 | 3901 | 58 | 40 |
| | 2013 | 834569 | 124948 | 62119 | 118 | 21 |
| 北 京 | Beijing | 428701 | 78077 | 194 | 2 | |
| 天 津 | Tianjin | 87 | 29 | 12 | 3 | |
| 河 北 | Hebei | 187 | 71 | 11 | | |
| 山 西 | Shanxi | 263 | 28 | 19 | | |
| 内蒙古 | Inner Mongolia | 170 | 38 | 37 | | |
| 辽 宁 | Liaoning | 21126 | 4395 | 288 | 47 | 2 |
| 吉 林 | Jilin | 2277 | 595 | 106 | 1 | 1 |
| 黑龙江 | Heilongjiang | 1192 | 968 | 95 | | |
| 上 海 | Shanghai | 82563 | 2169 | 76 | 7 | |
| 江 苏 | Jiangsu | 32488 | 5486 | 121 | 5 | 2 |
| 浙 江 | Zhejiang | 16050 | 129 | 23 | | 1 |
| 安 徽 | Anhui | 647 | 145 | 6 | | |
| 福 建 | Fujian | 21038 | 158 | 189 | | |
| 江 西 | Jiangxi | 643 | 59 | 16 | | |
| 山 东 | Shandong | 30292 | 1649 | 58 | 36 | 6 |
| 河 南 | Henan | 594 | 135 | 152 | 2 | |
| 湖 北 | Hubei | 1126 | 362 | 16 | | |
| 湖 南 | Hunan | 1201 | 87 | 13 | | 1 |
| 广 东 | Guangdong | 14185 | 2362 | 121 | | |
| 广 西 | Guangxi | 115 | 45 | 32 | | |
| 海 南 | Hainan | | | | | |
| 重 庆 | Chongqing | 35370 | 3822 | 84 | | |
| 四 川 | Sichuan | 1309 | 242 | 20 | | |
| 贵 州 | Guizhou | 181 | 16 | 1 | | |
| 云 南 | Yunnan | 215 | 58 | 60 | | |
| 西 藏 | Tibet | | | | | |
| 陕 西 | Shaanxi | 680 | 459 | 12 | 9 | |
| 甘 肃 | Gansu | 81 | 40 | 4 | | |
| 青 海 | Qinghai | 28 | 9 | | | |
| 宁 夏 | Ningxia | 120 | 46 | 18 | | 2 |
| 新 疆 | Xinjiang | 1082 | 275 | 482 | | |

注：全国作品自愿登记中包含中国版权保护中心数据，故各地区合计与全国合计不等。

a)The total data of registration of original products include those registered in Copyright Protection Center of China, so the sum of regional data do not equal to the total.

4-1-12 续表 continued

单位：件 (piece)

| 年 份 地 区 | Year Region | #美术 Arts | #摄影 Photograph | #影视 Films and TV |
|---|---|---|---|---|
| | 2005 | 51327 | 3681 | 52 |
| | 2006 | 15989 | 113012 | 102 |
| | 2007 | 17681 | 110030 | 457 |
| | 2008 | 19903 | 1014365 | 267 |
| | 2009 | 30501 | 299218 | 291 |
| | 2010 | 37607 | 311897 | 1243 |
| | 2011 | 53326 | 297028 | 7544 |
| | 2012 | 85873 | 239801 | 30335 |
| | 2013 | 171059 | 429903 | 11943 |
| 北 京 | Beijing | 12817 | 334680 | 760 |
| 天 津 | Tianjin | 18 | 23 | 1 |
| 河 北 | Hebei | 104 | | |
| 山 西 | Shanxi | 133 | 17 | 18 |
| 内蒙古 | Inner Mongolia | 85 | | 6 |
| 辽 宁 | Liaoning | 2053 | 69 | 4928 |
| 吉 林 | Jilin | 1025 | | 2 |
| 黑龙江 | Heilongjiang | 67 | | 51 |
| 上 海 | Shanghai | 13715 | 63295 | 984 |
| 江 苏 | Jiangsu | 15893 | 9662 | 311 |
| 浙 江 | Zhejiang | 15632 | 51 | 53 |
| 安 徽 | Anhui | 169 | | 102 |
| 福 建 | Fujian | 20518 | 15 | 85 |
| 江 西 | Jiangxi | 461 | 3 | 58 |
| 山 东 | Shandong | 4114 | 12961 | 375 |
| 河 南 | Henan | 227 | | 15 |
| 湖 北 | Hubei | 299 | 200 | 205 |
| 湖 南 | Hunan | 781 | | 224 |
| 广 东 | Guangdong | 7826 | 2962 | 131 |
| 广 西 | Guangxi | 33 | 5 | |
| 海 南 | Hainan | | | |
| 重 庆 | Chongqing | 29977 | 1148 | |
| 四 川 | Sichuan | 1007 | 12 | 13 |
| 贵 州 | Guizhou | 159 | 4 | 1 |
| 云 南 | Yunnan | 96 | | |
| 西 藏 | Tibet | | | |
| 陕 西 | Shaanxi | 158 | 1 | 18 |
| 甘 肃 | Gansu | 33 | | |
| 青 海 | Qinghai | 18 | 1 | |
| 宁 夏 | Ningxia | 54 | | |
| 新 疆 | Xinjiang | 24 | 258 | 13 |

# 4-1-13　版权引进和输出情况
## Basic Statistics on Copyright Import and Export

单位：项 (item)

| 项　目 | Item | 2005 | 2006 | 2007 | 2008 | 2009 |
|---|---|---|---|---|---|---|
| **引进合计** | **Total Number of Copyright Import** | **10894** | **12386** | **11101** | **16969** | **13793** |
| 图书 | Books | 9382 | 10950 | 10255 | 15776 | 12914 |
| 录音制品 | Audio Products | 90 | 150 | 270 | 251 | 262 |
| 录像制品 | Vedio Products | 114 | 108 | 106 | 153 | 124 |
| 电子出版物 | Electronic Publications | 155 | 174 | 130 | 117 | 86 |
| 软件 | Software | 401 | 434 | 337 | 362 | 249 |
| 电影 | Films |  | 29 | 1 |  | 2 |
| 电视节目 | TV Programs | 3 | 1 |  | 2 | 155 |
| 其他 | Others | 749 | 540 | 2 | 308 | 1 |
| **输出合计** | **Total Number of Copyright Export** | **1517** | **2057** | **2593** | **2455** | **4205** |
| 图书 | Books | 1434 | 2050 | 2571 | 2440 | 3103 |
| 录音制品 | Audio Products | 1 |  |  | 8 | 77 |
| 录像制品 | Vedio Products | 2 |  | 19 | 3 |  |
| 电子出版物 | Electronic Publications | 78 | 5 | 1 | 1 | 34 |
| 软件 | Software |  |  |  | 3 |  |
| 电影 | Films |  |  |  |  | 1 |
| 电视节目 | TV Programs |  |  | 2 |  | 988 |
| 其他 | Others | 2 | 2 |  |  | 2 |

4-1-13　续表　continued

单位：项 (item)

| 项　目 | Item | 2010 | 2011 | 2012 | 2013 |
|---|---|---|---|---|---|
| **引进合计** | **Total Number of Copyright Import** | **16602** | **16639** | **17589** | **18167** |
| 图书 | Books | 13724 | 14708 | 16115 | 16625 |
| 录音制品 | Audio Products | 439 | 278 | 475 | 378 |
| 录像制品 | Vedio Products | 356 | 421 | 503 | 538 |
| 电子出版物 | Electronic Publications | 49 | 185 | 100 | 72 |
| 软件 | Software | 304 | 273 | 189 | 169 |
| 电影 | Films | 284 | 37 | 12 |  |
| 电视节目 | TV Programs | 1446 | 734 | 190 | 381 |
| 其他 | Others |  | 3 | 5 | 4 |
| **输出合计** | **Total Number of Copyright Export** | **5691** | **7783** | **9365** | **10401** |
| 图书 | Books | 3880 | 5922 | 7568 | 7305 |
| 录音制品 | Audio Products | 36 | 130 | 97 | 300 |
| 录像制品 | Vedio Products | 8 | 20 | 51 | 193 |
| 电子出版物 | Electronic Publications | 187 | 125 | 115 | 646 |
| 软件 | Software |  | 5 | 2 | 20 |
| 电影 | Films |  | 2 |  |  |
| 电视节目 | TV Programs | 1561 | 1559 | 1531 | 1937 |
| 其他 | Others | 19 | 20 | 1 |  |

# 4-2-1 全国广播和电视综合人口覆盖情况

## Population Coverage Rate of Radio and TV Programs

单位：% (%)

| 年 份<br>地 区 | Year<br>Region | 广播节目综合人口覆盖率<br>Population Covertage Rate of Radio Programs | #农村<br>Rural | 电视节目综合人口覆盖率<br>Population Covertage Rate of TV Programs | #农村<br>Rural |
|---|---|---|---|---|---|
| | 2005 | 94.48 | | 95.81 | |
| | 2006 | 95.04 | 94.11 | 96.23 | 95.56 |
| | 2007 | 95.43 | 94.12 | 96.58 | 95.60 |
| | 2008 | 95.95 | 94.74 | 96.95 | 91.60 |
| | 2009 | 96.31 | 95.10 | 97.23 | 91.90 |
| | 2010 | 96.78 | 95.64 | 97.62 | 96.78 |
| | 2011 | 97.06 | 96.09 | 97.82 | 97.10 |
| | 2012 | 97.51 | 96.60 | 98.20 | 97.55 |
| | 2013 | 97.79 | 97.00 | 98.42 | 97.86 |
| 北 京 | Beijing | 100.00 | 100.00 | 100.00 | 100.00 |
| 天 津 | Tianjin | 100.00 | 100.00 | 100.00 | 100.00 |
| 河 北 | Hebei | 99.34 | 99.11 | 99.27 | 99.03 |
| 山 西 | Shanxi | 96.76 | 94.60 | 98.45 | 97.64 |
| 内蒙古 | Inner Mongolia | 98.25 | 96.70 | 97.64 | 95.70 |
| 辽 宁 | Liaoning | 98.63 | 97.58 | 98.72 | 97.72 |
| 吉 林 | Jilin | 98.59 | 97.99 | 98.71 | 98.14 |
| 黑龙江 | Heilongjiang | 98.60 | 98.15 | 98.80 | 98.44 |
| 上 海 | Shanghai | 100.00 | 100.00 | 100.00 | 100.00 |
| 江 苏 | Jiangsu | 99.99 | 99.99 | 99.88 | 99.83 |
| 浙 江 | Zhejiang | 99.56 | 99.46 | 99.64 | 99.56 |
| 安 徽 | Anhui | 98.34 | 97.90 | 98.57 | 98.19 |
| 福 建 | Fujian | 98.20 | 97.82 | 98.63 | 98.37 |
| 江 西 | Jiangxi | 97.42 | 96.90 | 98.50 | 98.15 |
| 山 东 | Shandong | 98.49 | 98.09 | 98.21 | 97.79 |
| 河 南 | Henan | 98.09 | 97.71 | 98.11 | 97.79 |
| 湖 北 | Hubei | 98.80 | 98.48 | 98.81 | 98.41 |
| 湖 南 | Hunan | 93.25 | 89.86 | 97.40 | 96.08 |
| 广 东 | Guangdong | 99.90 | 99.80 | 99.90 | 99.80 |
| 广 西 | Guangxi | 96.24 | 95.72 | 98.00 | 97.73 |
| 海 南 | Hainan | 96.48 | 95.37 | 95.45 | 93.87 |
| 重 庆 | Chongqing | 98.30 | 97.73 | 98.88 | 98.51 |
| 四 川 | Sichuan | 96.98 | 96.26 | 97.89 | 97.38 |
| 贵 州 | Guizhou | 90.00 | 88.55 | 94.10 | 93.41 |
| 云 南 | Yunnan | 96.27 | 95.46 | 97.28 | 96.71 |
| 西 藏 | Tibet | 94.38 | 93.22 | 95.51 | 94.49 |
| 陕 西 | Shaanxi | 97.37 | 96.76 | 98.26 | 97.76 |
| 甘 肃 | Gansu | 97.69 | 97.26 | 98.04 | 97.65 |
| 青 海 | Qinghai | 95.74 | 94.06 | 96.93 | 95.98 |
| 宁 夏 | Ningxia | 96.06 | 93.31 | 99.09 | 98.49 |
| 新 疆 | Xinjiang | 95.68 | 95.32 | 95.95 | 95.11 |

# 4-2-2 全国有线广播电视用户情况
# Users of Cable Radios and TVs

| 年 份<br>地 区 | Year<br>Region | 有线广播电视用户数（万户）<br>Users of Cable Radios and TVs (10 000 households) | #农村<br>Rural | #数字电视<br>Digital TV | 有线广播电视用户数占家庭总户数的比重(%)<br>Popularization Rate of Cable Radios and TVs (%) |
|---|---|---|---|---|---|
| | 2005 | 12842 | 4262 | | 35.4 |
| | 2006 | 14044 | 5526 | 1266 | 37.0 |
| | 2007 | 15331 | 6135 | 2686 | 39.9 |
| | 2008 | 16398 | 6568 | 4528 | 41.6 |
| | 2009 | 17523 | 6863 | 6322 | 44.0 |
| | 2010 | 18872 | 7293 | 8870 | 46.4 |
| | 2011 | 20264 | 8123 | 11489 | 49.4 |
| | 2012 | 21509 | 8432 | 14303 | 51.5 |
| | 2013 | 22894 | 8911 | 17160 | 54.1 |
| 北 京 | Beijing | 637 | 105 | 514 | 125.1 |
| 天 津 | Tianjin | 292 | 37 | 256 | 83.2 |
| 河 北 | Hebei | 866 | 283 | 687 | 37.7 |
| 山 西 | Shanxi | 499 | 160 | 345 | 38.9 |
| 内蒙古 | Inner Mongolia | 318 | 84 | 241 | 37.8 |
| 辽 宁 | Liaoning | 996 | 258 | 673 | 66.0 |
| 吉 林 | Jilin | 556 | 167 | 477 | 56.9 |
| 黑龙江 | Heilongjiang | 704 | 193 | 621 | 55.2 |
| 上 海 | Shanghai | 682 | 72 | 519 | 130.0 |
| 江 苏 | Jiangsu | 2249 | 1247 | 1662 | 93.1 |
| 浙 江 | Zhejiang | 1449 | 878 | 1334 | 89.7 |
| 安 徽 | Anhui | 708 | 334 | 348 | 33.1 |
| 福 建 | Fujian | 692 | 384 | 489 | 66.9 |
| 江 西 | Jiangxi | 595 | 434 | 420 | 48.3 |
| 山 东 | Shandong | 1870 | 1033 | 1369 | 61.8 |
| 河 南 | Henan | 1034 | 394 | 369 | 33.3 |
| 湖 北 | Hubei | 1045 | 470 | 872 | 51.5 |
| 湖 南 | Hunan | 841 | 245 | 679 | 41.7 |
| 广 东 | Guangdong | 1960 | 544 | 1571 | 80.6 |
| 广 西 | Guangxi | 623 | 285 | 371 | 45.8 |
| 海 南 | Hainan | 110 | 32 | 92 | 42.7 |
| 重 庆 | Chongqing | 520 | 157 | 360 | 42.6 |
| 四 川 | Sichuan | 1451 | 651 | 948 | 46.5 |
| 贵 州 | Guizhou | 394 | 45 | 394 | 32.1 |
| 云 南 | Yunnan | 520 | 166 | 479 | 37.5 |
| 西 藏 | Tibet | 22 | 3 | 13 | 30.4 |
| 陕 西 | Shaanxi | 639 | 170 | 526 | 51.4 |
| 甘 肃 | Gansu | 207 | 24 | 196 | 25.7 |
| 青 海 | Qinghai | 62 | 4 | 58 | 37.8 |
| 宁 夏 | Ningxia | 90 | 2 | 90 | 45.7 |
| 新 疆 | Xinjiang | 200 | 53 | 186 | 32.5 |
| 新疆生产建设兵团 | Xinjiang Production and Construction Crops | 62 | | | |

# 4-2-3 全国广播电视节目制作和播出情况

## Production and Broadcasting of Radio and TV Programs

单位：小时 (hour)

| 年 份<br>Year | 广播节目<br>制作时间<br>Radio Programs Produced | 公共广播节目<br>播出时间<br>Broadcasting Hours of Public Radio Programs | 电视节目<br>制作时间<br>TV Programs Produced | 公共电视节目<br>播出时间<br>Broadcasting Hours of Public TV Programs |
|---|---|---|---|---|
| 2005 | 6139227 | 10304214 | 2553861 | 12591570 |
| 2006 | 6192339 | 10780486 | 2618034 | 13604469 |
| 2007 | 6386696 | 11314370 | 2567065 | 14560513 |
| 2008 | 6443045 | 11530860 | 2628524 | 14823185 |
| 2009 | 6716500 | 12265513 | 2653552 | 15776767 |
| 2010 | 6814226 | 12660314 | 2742949 | 16355043 |
| 2011 | 6936960 | 13057496 | 2950490 | 16753029 |
| 2012 | 7188245 | 13383651 | 3436301 | 16985291 |
| 2013 | 7391245 | 13795461 | 3397834 | 17057212 |

# 4-2-4 分地区广播节目制作交易情况(2013年)

# Production and Transaction of Radio Program by Region (2013)

单位：小时 (hour)

| 地　区 | Region | 全年制作广播节目时间 Radio Programs Produced | 新闻资讯类 News | 专题服务类 Special Subject | 综艺类 General Entertainment |
|---|---|---|---|---|---|
| **全　国** | **National Total** | **7391245** | **1397353** | **2091787** | **1976162** |
| 总局直属 | Directly under the State Administration | 288932 | 94845 | 152782 | 34181 |
| 北　京 | Beijing | 116172 | 14281 | 27489 | 35157 |
| 天　津 | Tianjin | 81193 | 12938 | 18397 | 27324 |
| 河　北 | Hebei | 332520 | 50854 | 95166 | 116777 |
| 山　西 | Shanxi | 176120 | 34069 | 53035 | 49336 |
| 内蒙古 | Inner Mongolia | 267415 | 42249 | 94886 | 80093 |
| 辽　宁 | Liaoning | 393807 | 55607 | 120539 | 124218 |
| 吉　林 | Jilin | 253921 | 33715 | 72638 | 94015 |
| 黑龙江 | Heilongjiang | 293119 | 38871 | 102319 | 53576 |
| 上　海 | Shanghai | 80707 | 17967 | 24451 | 28565 |
| 江　苏 | Jiangsu | 600722 | 108120 | 147833 | 149553 |
| 浙　江 | Zhejiang | 493436 | 92998 | 148726 | 124453 |
| 安　徽 | Anhui | 172742 | 34928 | 43894 | 41836 |
| 福　建 | Fujian | 252276 | 58729 | 67694 | 69517 |
| 江　西 | Jiangxi | 182702 | 38001 | 50271 | 51703 |
| 山　东 | Shandong | 500328 | 88186 | 116799 | 155200 |
| 河　南 | Henan | 301634 | 50966 | 79078 | 94621 |
| 湖　北 | Hubei | 242884 | 47285 | 65225 | 69577 |
| 湖　南 | Hunan | 172781 | 34214 | 34675 | 33456 |
| 广　东 | Guangdong | 612440 | 111031 | 134972 | 126714 |
| 广　西 | Guangxi | 188549 | 36505 | 35929 | 67585 |
| 海　南 | Hainan | 58825 | 10094 | 12431 | 12449 |
| 重　庆 | Chongqing | 71968 | 19603 | 27350 | 11940 |
| 四　川 | Sichuan | 212853 | 54670 | 66757 | 51892 |
| 贵　州 | Guizhou | 120589 | 15535 | 34766 | 32849 |
| 云　南 | Yunnan | 156399 | 42671 | 39557 | 33924 |
| 西　藏 | Tibet | 29035 | 4507 | 10913 | 10601 |
| 陕　西 | Shanxi | 254575 | 51026 | 70035 | 61688 |
| 甘　肃 | Gansu | 119622 | 25320 | 28532 | 28821 |
| 青　海 | Qinghai | 37555 | 8719 | 11419 | 12051 |
| 宁　夏 | Ningxia | 44648 | 9827 | 10893 | 14009 |
| 新　疆 | Xinjiang | 280777 | 59022 | 92337 | 78485 |

4-2-4 续表 continued

单位：小时 (hour)

| 地 区 | Region | 广播剧类 Radio Plays | 广告类 Advertising | 其他类 Others |
|---|---|---|---|---|
| **全 国** | **National Total** | **178163** | **785279** | **962502** |
| 总局直属 | Directly under the State Administration | 754 | 5561 | 810 |
| 北 京 | Beijing | 4215 | 15774 | 19256 |
| 天 津 | Tianjin | 183 | 19339 | 3013 |
| 河 北 | Hebei | 5415 | 33899 | 30411 |
| 山 西 | Shanxi | 4748 | 14557 | 20376 |
| 内蒙古 | Inner Mongolia | 13490 | 25986 | 10712 |
| 辽 宁 | Liaoning | 7006 | 47218 | 39219 |
| 吉 林 | Jilin | 5792 | 32150 | 15610 |
| 黑龙江 | Heilongjiang | 13758 | 23417 | 61179 |
| 上 海 | Shanghai | 408 | 8514 | 802 |
| 江 苏 | Jiangsu | 16204 | 87249 | 91763 |
| 浙 江 | Zhejiang | 10965 | 53122 | 63172 |
| 安 徽 | Anhui | 3318 | 17464 | 31303 |
| 福 建 | Fujian | 4032 | 20023 | 32280 |
| 江 西 | Jiangxi | 3742 | 21662 | 17324 |
| 山 东 | Shandong | 14716 | 53693 | 71735 |
| 河 南 | Henan | 1369 | 31315 | 44284 |
| 湖 北 | Hubei | 2446 | 39422 | 18929 |
| 湖 南 | Hunan | 2499 | 21552 | 46386 |
| 广 东 | Guangdong | 21420 | 51994 | 166309 |
| 广 西 | Guangxi | 484 | 15801 | 32246 |
| 海 南 | Hainan | 1440 | 3498 | 18913 |
| 重 庆 | Chongqing | 2323 | 5328 | 5425 |
| 四 川 | Sichuan | 1918 | 17612 | 20004 |
| 贵 州 | Guizhou | 3323 | 15677 | 18439 |
| 云 南 | Yunnan | 4731 | 17650 | 17866 |
| 西 藏 | Tibet | 4 | 2645 | 366 |
| 陕 西 | Shaanxi | 12594 | 35273 | 23960 |
| 甘 肃 | Gansu | 3788 | 17915 | 15245 |
| 青 海 | Qinghai | 1554 | 1812 | 2001 |
| 宁 夏 | Ningxia | 1503 | 6619 | 1797 |
| 新 疆 | Xinjiang | 8028 | 21538 | 21368 |

# 4-2-5 分地区电视节目制作交易情况(2013年)
# Production and Transaction of TV Program by Region (2013)

| 地 区 | Region | 全年制作电视节目时间(小时) TV Programs Produced (hour) | 新闻资讯类 News | 专题服务类 Special Subject | 综艺益智类 General Entertainment |
|---|---|---|---|---|---|
| **全 国** | **National Total** | **3397834** | **866756** | **854124** | **464977** |
| 总局直属 | Directly under the State Administration | 317568 | 29658 | 82435 | 32602 |
| 北 京 | Beijing | 133946 | 11111 | 50578 | 19681 |
| 天 津 | Tianjin | 27792 | 5048 | 15278 | 5044 |
| 河 北 | Hebei | 159715 | 29851 | 41806 | 31743 |
| 山 西 | Shanxi | 88764 | 24330 | 15023 | 13093 |
| 内蒙古 | Inner Mongolia | 70073 | 23559 | 17757 | 7816 |
| 辽 宁 | Liaoning | 184837 | 28684 | 38564 | 50283 |
| 吉 林 | Jilin | 92169 | 18220 | 27438 | 24175 |
| 黑龙江 | Heilongjiang | 107224 | 30123 | 22874 | 17479 |
| 上 海 | Shanghai | 53122 | 15337 | 11560 | 3458 |
| 江 苏 | Jiangsu | 217672 | 61432 | 54437 | 23195 |
| 浙 江 | Zhejiang | 148609 | 42730 | 31579 | 12232 |
| 安 徽 | Anhui | 76886 | 24560 | 22111 | 8459 |
| 福 建 | Fujian | 66182 | 25189 | 18162 | 4839 |
| 江 西 | Jiangxi | 97097 | 28695 | 23645 | 9768 |
| 山 东 | Shandong | 212823 | 47796 | 53521 | 39180 |
| 河 南 | Henan | 141506 | 35366 | 32637 | 26993 |
| 湖 北 | Hubei | 106515 | 30756 | 27268 | 12877 |
| 湖 南 | Hunan | 137551 | 45501 | 26767 | 13405 |
| 广 东 | Guangdong | 175786 | 56878 | 37347 | 21585 |
| 广 西 | Guangxi | 106334 | 34943 | 24981 | 12015 |
| 海 南 | Hainan | 18087 | 5288 | 3291 | 1451 |
| 重 庆 | Chongqing | 59503 | 13123 | 24688 | 6044 |
| 四 川 | Sichuan | 126308 | 43555 | 36518 | 13137 |
| 贵 州 | Guizhou | 41518 | 15298 | 6770 | 4855 |
| 云 南 | Yunnan | 96923 | 30681 | 26121 | 7556 |
| 西 藏 | Tibet | 10520 | 3353 | 3453 | 610 |
| 陕 西 | Shaanxi | 118154 | 36690 | 26453 | 16868 |
| 甘 肃 | Gansu | 66597 | 21681 | 18073 | 8179 |
| 青 海 | Qinghai | 20497 | 7021 | 5720 | 1204 |
| 宁 夏 | Ningxia | 24460 | 6672 | 7065 | 3407 |
| 新 疆 | Xinjiang | 93098 | 33624 | 20204 | 11747 |

4-2-5 续表 1 continued

| 地 区 | Region | 影视剧类 TV Plays | 广告类 Advertising | 其他类 Others | 全年制作电视剧（集） TV plays Produced (part) |
|---|---|---|---|---|---|
| **全 国** | **National Total** | **201117** | **542823** | **468035** | **18276** |
| 总局直属 | Directly under the State Administration | 86652 | 7202 | 79019 | 286 |
| 北 京 | Beijing | 21792 | 7314 | 23470 | 2952 |
| 天 津 | Tianjin | 226 | 1807 | 389 | 224 |
| 河 北 | Hebei | 906 | 34109 | 21300 | 94 |
| 山 西 | Shanxi | 1395 | 20580 | 14343 | 199 |
| 内蒙古 | Inner Mongolia | 34 | 16619 | 4289 | 39 |
| 辽 宁 | Liaoning | 4774 | 34871 | 27659 | 482 |
| 吉 林 | Jilin | 2546 | 13281 | 6509 | 359 |
| 黑龙江 | Heilongjiang | 2905 | 14148 | 19695 | |
| 上 海 | Shanghai | 3232 | 1818 | 17716 | 1925 |
| 江 苏 | Jiangsu | 12818 | 46610 | 19180 | 318 |
| 浙 江 | Zhejiang | 4939 | 43226 | 13904 | 3071 |
| 安 徽 | Anhui | 1911 | 11662 | 8184 | 175 |
| 福 建 | Fujian | 2437 | 8886 | 6668 | 245 |
| 江 西 | Jiangxi | 3853 | 21104 | 10027 | 93 |
| 山 东 | Shandong | 14995 | 35966 | 21365 | 360 |
| 河 南 | Henan | | 22310 | 24200 | |
| 湖 北 | Hubei | 1371 | 22684 | 11560 | 151 |
| 湖 南 | Hunan | 416 | 26286 | 25175 | 487 |
| 广 东 | Guangdong | 17340 | 25030 | 17605 | 3627 |
| 广 西 | Guangxi | 117 | 22157 | 12121 | 52 |
| 海 南 | Hainan | 1722 | 4570 | 1766 | |
| 重 庆 | Chongqing | 482 | 5004 | 10162 | 163 |
| 四 川 | Sichuan | 1572 | 14966 | 16559 | 97 |
| 贵 州 | Guizhou | 30 | 4183 | 10382 | 35 |
| 云 南 | Yunnan | 3792 | 18275 | 10498 | 660 |
| 西 藏 | Tibet | 1300 | 848 | 956 | 1350 |
| 陕 西 | Shaanxi | 1837 | 19582 | 16724 | 768 |
| 甘 肃 | Gansu | 278 | 9716 | 8670 | |
| 青 海 | Qinghai | 1020 | 4499 | 1033 | |
| 宁 夏 | Ningxia | 26 | 5378 | 1913 | 34 |
| 新 疆 | Xinjiang | 4394 | 18136 | 4992 | 30 |

4-2-5 续表 2 continued

| 地 区 | Region | 全年电视节目制作投资额(万元) Investment in Production of TV Programs (10 000 yuan) | #电视剧 TV Plays | #动画电视 Cartoon |
|---|---|---|---|---|
| **全 国** | **National Total** | **3135608** | **1037305** | **161439** |
| 总局直属 | Directly under the State Administration | 1226651 | 28971 | 5753 |
| 北 京 | Beijing | 771009 | 448628 | 25920 |
| 天 津 | Tianjin | 29879 | 4935 | |
| 河 北 | Hebei | 6612 | 2052 | 2851 |
| 山 西 | Shanxi | 9988 | 9511 | 36 |
| 内蒙古 | Inner Mongolia | 3231 | 2340 | 3 |
| 辽 宁 | Liaoning | 42351 | 5513 | 744 |
| 吉 林 | Jilin | 1753 | 1173 | |
| 黑龙江 | Heilongjiang | | | |
| 上 海 | Shanghai | 138494 | 67896 | 2014 |
| 江 苏 | Jiangsu | 29463 | 3488 | 25635 |
| 浙 江 | Zhejiang | 278244 | 243298 | 16525 |
| 安 徽 | Anhui | 54911 | 14297 | 10581 |
| 福 建 | Fujian | 40868 | 19546 | 18462 |
| 江 西 | Jiangxi | 1429 | 546 | |
| 山 东 | Shandong | 26480 | 20937 | 896 |
| 河 南 | Henan | 25244 | | |
| 湖 北 | Hubei | 122256 | 13851 | 12860 |
| 湖 南 | Hunan | 82070 | 42777 | 3582 |
| 广 东 | Guangdong | 99957 | 23448 | 26382 |
| 广 西 | Guangxi | 3643 | 1520 | 1100 |
| 海 南 | Hainan | | | |
| 重 庆 | Chongqing | 8774 | 1175 | 3555 |
| 四 川 | Sichuan | 4907 | 3950 | 30 |
| 贵 州 | Guizhou | 1425 | | |
| 云 南 | Yunnan | 16446 | 15733 | |
| 西 藏 | Tibet | | | |
| 陕 西 | Shaanxi | 103860 | 61446 | 2807 |
| 甘 肃 | Gansu | 5111 | 80 | 1603 |
| 青 海 | Qinghai | 18 | | |
| 宁 夏 | Ningxia | 348 | 100 | 100 |
| 新 疆 | Xinjiang | 185 | 95 | |

4-2-5 续表 3 continued

| 地 区 | Region | 全年电视节目国内销售额（万元） Domestic Sales of TV Programs (10 000 yuan) | #电视剧 TV Plays | #动画电视 Cartoon |
|---|---|---|---|---|
| **全 国** | **National Total** | **1515502** | **1000891** | **170048** |
| 总局直属 | Directly under the State Administration | 115159 | 53622 | 7889 |
| 北 京 | Beijing | 456466 | 303615 | 7429 |
| 天 津 | Tianjin | 3641 | 3547 | |
| 河 北 | Hebei | 2965 | 2280 | |
| 山 西 | Shanxi | 1787 | 1536 | 38 |
| 内蒙古 | Inner Mongolia | 31 | | |
| 辽 宁 | Liaoning | 1306 | 687 | 403 |
| 吉 林 | Jilin | 1228 | 1228 | |
| 黑龙江 | Heilongjiang | | | |
| 上 海 | Shanghai | 113764 | 94204 | 843 |
| 江 苏 | Jiangsu | 69160 | 39326 | 29701 |
| 浙 江 | Zhejiang | 390948 | 353088 | 11111 |
| 安 徽 | Anhui | 28978 | 1700 | 14123 |
| 福 建 | Fujian | 30880 | 8941 | 13882 |
| 江 西 | Jiangxi | 2566 | 1986 | |
| 山 东 | Shandong | 19534 | 18913 | 334 |
| 河 南 | Henan | | | |
| 湖 北 | Hubei | 22505 | 6469 | 12358 |
| 湖 南 | Hunan | 40968 | 18043 | 1552 |
| 广 东 | Guangdong | 103575 | 33729 | 61023 |
| 广 西 | Guangxi | 300 | 25 | 90 |
| 海 南 | Hainan | | | |
| 重 庆 | Chongqing | 9142 | 1519 | 3466 |
| 四 川 | Sichuan | 3240 | 3240 | |
| 贵 州 | Guizhou | 184 | 184 | |
| 云 南 | Yunnan | 6299 | 6210 | |
| 西 藏 | Tibet | | | |
| 陕 西 | Shaanxi | 89876 | 46647 | 5394 |
| 甘 肃 | Gansu | 848 | | 412 |
| 青 海 | Qinghai | | | |
| 宁 夏 | Ningxia | 152 | 152 | |
| 新 疆 | Xinjiang | | | |

# 4-2-6 分地区广播节目播出情况(2013年)

## Broadcasting of Radio Program by Region (2013)

| 地区 | Region | 公共广播节目套数(套) Number of Public Radio Programs (set) | 全年公共广播节目播出时间(小时) Broadcasting Hours of Radio Programs (hour) | #转中央台节目 Relaying Programs of CCTV | #自制节目 Own-produced Programs |
|---|---|---|---|---|---|
| **全　国** | **National Total** | **2637** | **13795461** | **1434979** | **9074165** |
| 总局直属 | Directly under the State Administration | 34 | 432014 | 10718 | 398446 |
| 北　京 | Beijing | 25 | 172870 | 2376 | 137129 |
| 天　津 | Tianjin | 23 | 149805 | 2796 | 90731 |
| 河　北 | Hebei | 133 | 646445 | 42391 | 409539 |
| 山　西 | Shanxi | 111 | 398437 | 49043 | 239431 |
| 内蒙古 | Inner Mongolia | 125 | 669487 | 132725 | 338910 |
| 辽　宁 | Liaoning | 110 | 673293 | 35365 | 470101 |
| 吉　林 | Jilin | 69 | 454417 | 24121 | 321771 |
| 黑龙江 | Heilongjiang | 90 | 470438 | 44131 | 306053 |
| 上　海 | Shanghai | 21 | 137771 | 3973 | 111412 |
| 江　苏 | Jiangsu | 128 | 800938 | 51877 | 623210 |
| 浙　江 | Zhejiang | 110 | 740977 | 48753 | 550776 |
| 安　徽 | Anhui | 105 | 508540 | 47300 | 321528 |
| 福　建 | Fujian | 89 | 519253 | 100470 | 311621 |
| 江　西 | Jiangxi | 105 | 369701 | 62485 | 212976 |
| 山　东 | Shandong | 158 | 883163 | 66552 | 576176 |
| 河　南 | Henan | 151 | 643749 | 71520 | 430246 |
| 湖　北 | Hubei | 87 | 470737 | 44625 | 320636 |
| 湖　南 | Hunan | 100 | 385904 | 60089 | 230117 |
| 广　东 | Guangdong | 129 | 767484 | 45326 | 580589 |
| 广　西 | Guangxi | 65 | 324793 | 33048 | 239239 |
| 海　南 | Hainan | 24 | 117559 | 17567 | 69782 |
| 重　庆 | Chongqing | 35 | 158143 | 20605 | 105158 |
| 四　川 | Sichuan | 123 | 593509 | 100164 | 331553 |
| 贵　州 | Guizhou | 38 | 225502 | 24993 | 140605 |
| 云　南 | Yunnan | 49 | 293647 | 31790 | 215856 |
| 西　藏 | Tibet | 8 | 42486 | 1638 | 32325 |
| 陕　西 | Shaanxi | 107 | 458273 | 60807 | 285911 |
| 甘　肃 | Gansu | 88 | 309519 | 61012 | 166765 |
| 青　海 | Qinghai | 12 | 74926 | 9831 | 52200 |
| 宁　夏 | Ningxia | 24 | 100453 | 12135 | 68321 |
| 新　疆 | Xinjiang | 161 | 801225 | 114752 | 385050 |

4-2-6 续表 1 continued

| 地 区 | Region | #购买交换节目 Purchased or Exchanged Programs | 按节目类型分播出时间(小时) by Type of Programs (hour) 新闻资讯类 News | 专题服务类 Special Subject | 综艺益智类 General Entertainment |
|---|---|---|---|---|---|
| **全 国** | **National Total** | **1881680** | **2820086** | **3108653** | **3732369** |
| 总局直属 | Directly under the State Administration | 18779 | 150206 | 163562 | 92581 |
| 北 京 | Beijing | 32391 | 18448 | 35423 | 88267 |
| 天 津 | Tianjin | 5922 | 20105 | 29684 | 47869 |
| 河 北 | Hebei | 164730 | 107484 | 144395 | 253708 |
| 山 西 | Shanxi | 58142 | 83947 | 88517 | 108763 |
| 内蒙古 | Inner Mongolia | 58407 | 111377 | 152974 | 215884 |
| 辽 宁 | Liaoning | 147579 | 95486 | 170418 | 222101 |
| 吉 林 | Jilin | 91141 | 60353 | 107213 | 187503 |
| 黑龙江 | Heilongjiang | 48532 | 80710 | 120151 | 90097 |
| 上 海 | Shanghai | 17436 | 37261 | 35279 | 43841 |
| 江 苏 | Jiangsu | 105652 | 150426 | 179234 | 188027 |
| 浙 江 | Zhejiang | 77037 | 156168 | 188969 | 177616 |
| 安 徽 | Anhui | 91553 | 93210 | 112987 | 105257 |
| 福 建 | Fujian | 32675 | 133403 | 112043 | 139448 |
| 江 西 | Jiangxi | 54783 | 86334 | 84652 | 96882 |
| 山 东 | Shandong | 197731 | 151594 | 161790 | 246827 |
| 河 南 | Henan | 86481 | 119774 | 132840 | 203310 |
| 湖 北 | Hubei | 73035 | 95865 | 111258 | 130796 |
| 湖 南 | Hunan | 38373 | 92854 | 69093 | 75923 |
| 广 东 | Guangdong | 68189 | 141488 | 139945 | 164765 |
| 广 西 | Guangxi | 31469 | 73695 | 53015 | 112071 |
| 海 南 | Hainan | 20162 | 27430 | 18923 | 29061 |
| 重 庆 | Chongqing | 20514 | 40512 | 40844 | 26977 |
| 四 川 | Sichuan | 79467 | 138183 | 132770 | 133188 |
| 贵 州 | Guizhou | 36571 | 41829 | 46950 | 49523 |
| 云 南 | Yunnan | 33971 | 69339 | 62273 | 63251 |
| 西 藏 | Tibet | 8163 | 7853 | 12994 | 16563 |
| 陕 西 | Shaanxi | 67008 | 99563 | 106287 | 96048 |
| 甘 肃 | Gansu | 33066 | 85311 | 59310 | 63361 |
| 青 海 | Qinghai | 6288 | 15921 | 15891 | 27361 |
| 宁 夏 | Ningxia | 13360 | 25415 | 20023 | 30880 |
| 新 疆 | Xinjiang | 62973 | 208544 | 198948 | 204620 |

4-2-6 续表 2 continued

| 地 区 | Region | 按节目类型分播出时间(小时) by Type of Programs (hour) 广播剧类 Radio Plays | 广告类 Advertising | 其他类 Others |
|---|---|---|---|---|
| **全 国** | **National Total** | **770085** | **1259269** | **2104998** |
| 总局直属 | Directly under the State Administration | 4686 | 16518 | 4462 |
| 北 京 | Beijing | 10513 | 12705 | 7515 |
| 天 津 | Tianjin | 2481 | 23957 | 25709 |
| 河 北 | Hebei | 28623 | 60322 | 51914 |
| 山 西 | Shanxi | 33074 | 23810 | 60327 |
| 内蒙古 | Inner Mongolia | 45546 | 48978 | 94729 |
| 辽 宁 | Liaoning | 45483 | 68352 | 71453 |
| 吉 林 | Jilin | 20883 | 55184 | 23282 |
| 黑龙江 | Heilongjiang | 24931 | 32694 | 121855 |
| 上 海 | Shanghai | 5423 | 14107 | 1860 |
| 江 苏 | Jiangsu | 42729 | 101539 | 138983 |
| 浙 江 | Zhejiang | 28500 | 73230 | 116493 |
| 安 徽 | Anhui | 38136 | 49997 | 108953 |
| 福 建 | Fujian | 16617 | 29412 | 88330 |
| 江 西 | Jiangxi | 32643 | 32200 | 36991 |
| 山 东 | Shandong | 71647 | 99256 | 152049 |
| 河 南 | Henan | 36396 | 59262 | 92167 |
| 湖 北 | Hubei | 25474 | 67287 | 40058 |
| 湖 南 | Hunan | 21098 | 39771 | 87164 |
| 广 东 | Guangdong | 34820 | 64821 | 221645 |
| 广 西 | Guangxi | 7597 | 26859 | 51558 |
| 海 南 | Hainan | 9740 | 5581 | 26825 |
| 重 庆 | Chongqing | 15824 | 9699 | 24287 |
| 四 川 | Sichuan | 24710 | 49648 | 115011 |
| 贵 州 | Guizhou | 13125 | 23338 | 50737 |
| 云 南 | Yunnan | 18347 | 30967 | 49470 |
| 西 藏 | Tibet | 1151 | 2824 | 1102 |
| 陕 西 | Shaanxi | 39040 | 57471 | 59863 |
| 甘 肃 | Gansu | 20613 | 25811 | 55113 |
| 青 海 | Qinghai | 3749 | 3715 | 8290 |
| 宁 夏 | Ningxia | 6516 | 12143 | 5476 |
| 新 疆 | Xinjiang | 39973 | 37814 | 111326 |

# 4-2-7 分地区电视节目播出情况(2013年)

## Broadcasting of TV Program by Region (2013)

| 地 区 | Region | 公共电视节目套数(套) Number of Public TV Programs (set) | 全年公共电视节目播出时间(小时) Broadcasting Hours of TV Programs (hour) | #转中央台节目 Relaying Programs of CCTV | #自制节目 Own-produced Programs |
|---|---|---|---|---|---|
| **全 国** | **National Total** | **3250** | **17057212** | **1242145** | **5739442** |
| 总局直属 | Directly under the State Administration | 34 | 270112 | 2 | 217700 |
| 北 京 | Beijing | 26 | 126983 | 374 | 60402 |
| 天 津 | Tianjin | 24 | 168804 | 6950 | 57158 |
| 河 北 | Hebei | 178 | 781739 | 40016 | 280742 |
| 山 西 | Shanxi | 116 | 477807 | 46041 | 144893 |
| 内蒙古 | Inner Mongolia | 120 | 638963 | 88735 | 185880 |
| 辽 宁 | Liaoning | 117 | 734274 | 18385 | 287723 |
| 吉 林 | Jilin | 76 | 504992 | 13150 | 199754 |
| 黑龙江 | Heilongjiang | 105 | 625562 | 94787 | 162059 |
| 上 海 | Shanghai | 25 | 180115 | 2967 | 77858 |
| 江 苏 | Jiangsu | 130 | 821477 | 30228 | 337731 |
| 浙 江 | Zhejiang | 114 | 738055 | 20998 | 281144 |
| 安 徽 | Anhui | 112 | 602604 | 40213 | 164125 |
| 福 建 | Fujian | 100 | 340564 | 3142 | 153018 |
| 江 西 | Jiangxi | 112 | 638828 | 96269 | 155115 |
| 山 东 | Shandong | 188 | 1044781 | 65069 | 360452 |
| 河 南 | Henan | 166 | 882412 | 71422 | 309546 |
| 湖 北 | Hubei | 114 | 683933 | 27597 | 251115 |
| 湖 南 | Hunan | 139 | 744875 | 85757 | 212988 |
| 广 东 | Guangdong | 134 | 703382 | 35746 | 211459 |
| 广 西 | Guangxi | 116 | 543051 | 26822 | 192584 |
| 海 南 | Hainan | 15 | 88300 | 4327 | 46999 |
| 重 庆 | Chongqing | 46 | 299695 | 15879 | 105503 |
| 四 川 | Sichuan | 205 | 1104931 | 141162 | 333980 |
| 贵 州 | Guizhou | 102 | 235020 | 16415 | 107451 |
| 云 南 | Yunnan | 159 | 762972 | 66271 | 227215 |
| 西 藏 | Tibet | 12 | 58484 | 3294 | 21718 |
| 陕 西 | Shaanxi | 123 | 611539 | 52353 | 197349 |
| 甘 肃 | Gansu | 106 | 441917 | 33453 | 131713 |
| 青 海 | Qinghai | 16 | 89313 | 6016 | 32197 |
| 宁 夏 | Ningxia | 28 | 153984 | 8295 | 54049 |
| 新 疆 | Xinjiang | 192 | 957744 | 80013 | 177823 |

4-2-7 续表 1 continued

| 地 区 | Region | #购买交换节目 Purchased or Exchanged Programs | 按节目类型分播出时间(小时) by Type of Programs (hour) | | |
|---|---|---|---|---|---|
| | | | 新闻资讯类 News | 专题服务类 Special Subject | 综艺益智类 General Entertainment |
| **全 国** | **National Total** | **8808942** | **2352285** | **2108918** | **1419911** |
| 总局直属 | Directly under the State Administration | 36010 | 69008 | 81855 | 37647 |
| 北 京 | Beijing | 66025 | 22538 | 52342 | 6876 |
| 天 津 | Tianjin | 104111 | 20079 | 57091 | 10026 |
| 河 北 | Hebei | 426440 | 96750 | 85256 | 86486 |
| 山 西 | Shanxi | 225090 | 63150 | 40069 | 46243 |
| 内蒙古 | Inner Mongolia | 257031 | 81200 | 65250 | 52515 |
| 辽 宁 | Liaoning | 412954 | 65293 | 96591 | 116766 |
| 吉 林 | Jilin | 283140 | 46433 | 81574 | 101486 |
| 黑龙江 | Heilongjiang | 218047 | 67689 | 57785 | 48159 |
| 上 海 | Shanghai | 98384 | 32641 | 36039 | 10226 |
| 江 苏 | Jiangsu | 443431 | 110052 | 109428 | 57733 |
| 浙 江 | Zhejiang | 424258 | 98587 | 84682 | 32971 |
| 安 徽 | Anhui | 359470 | 79614 | 69426 | 36398 |
| 福 建 | Fujian | 174083 | 59761 | 64844 | 20162 |
| 江 西 | Jiangxi | 345250 | 78812 | 62568 | 44295 |
| 山 东 | Shandong | 566263 | 120348 | 126848 | 110231 |
| 河 南 | Henan | 451896 | 105550 | 98030 | 77020 |
| 湖 北 | Hubei | 388884 | 82923 | 88238 | 49464 |
| 湖 南 | Hunan | 365644 | 116018 | 71677 | 61956 |
| 广 东 | Guangdong | 383976 | 117019 | 81957 | 46492 |
| 广 西 | Guangxi | 288751 | 90555 | 66705 | 28429 |
| 海 南 | Hainan | 35031 | 15369 | 8606 | 6247 |
| 重 庆 | Chongqing | 168232 | 36442 | 57308 | 21761 |
| 四 川 | Sichuan | 498270 | 172900 | 127206 | 75014 |
| 贵 州 | Guizhou | 91654 | 69482 | 25367 | 16288 |
| 云 南 | Yunnan | 398308 | 114137 | 75815 | 53634 |
| 西 藏 | Tibet | 30579 | 8345 | 7416 | 1721 |
| 陕 西 | Shaanxi | 304999 | 85756 | 65574 | 54892 |
| 甘 肃 | Gansu | 250377 | 58113 | 44633 | 25243 |
| 青 海 | Qinghai | 46682 | 11222 | 10573 | 9394 |
| 宁 夏 | Ningxia | 86106 | 19482 | 16571 | 13786 |
| 新 疆 | Xinjiang | 579565 | 137015 | 91591 | 60352 |

4-2-7 续表 2 continued

| 地 区 | Region | 按节目类型分播出时间(小时) by Type of Programs (hour) | | |
|---|---|---|---|---|
| | | 影视剧类 TV Plays | 广告类 Advertising | 其他类 Others |
| **全 国** | **National Total** | **7366010** | **1951125** | **1858964** |
| 总局直属 | Directly under the State Administration | 48976 | 7490 | 25137 |
| 北 京 | Beijing | 26055 | 9945 | 9226 |
| 天 津 | Tianjin | 57125 | 16631 | 7852 |
| 河 北 | Hebei | 389270 | 86051 | 37928 |
| 山 西 | Shanxi | 199043 | 54198 | 75104 |
| 内蒙古 | Inner Mongolia | 301535 | 66544 | 71919 |
| 辽 宁 | Liaoning | 294864 | 88295 | 72464 |
| 吉 林 | Jilin | 198275 | 57653 | 19571 |
| 黑龙江 | Heilongjiang | 213774 | 49838 | 188316 |
| 上 海 | Shanghai | 65367 | 17674 | 18167 |
| 江 苏 | Jiangsu | 334091 | 119648 | 90524 |
| 浙 江 | Zhejiang | 332551 | 122328 | 66936 |
| 安 徽 | Anhui | 290286 | 90311 | 36569 |
| 福 建 | Fujian | 109523 | 41726 | 44548 |
| 江 西 | Jiangxi | 305124 | 67201 | 80828 |
| 山 东 | Shandong | 470494 | 129118 | 87741 |
| 河 南 | Henan | 412683 | 88537 | 100592 |
| 湖 北 | Hubei | 321458 | 102388 | 39461 |
| 湖 南 | Hunan | 334008 | 82029 | 79187 |
| 广 东 | Guangdong | 249195 | 81957 | 126761 |
| 广 西 | Guangxi | 213276 | 88314 | 55772 |
| 海 南 | Hainan | 33665 | 14618 | 9795 |
| 重 庆 | Chongqing | 121922 | 26102 | 36161 |
| 四 川 | Sichuan | 470506 | 116959 | 142346 |
| 贵 州 | Guizhou | 67260 | 25586 | 31038 |
| 云 南 | Yunnan | 362149 | 75605 | 81632 |
| 西 藏 | Tibet | 28696 | 4852 | 7454 |
| 陕 西 | Shaanxi | 254878 | 70440 | 80000 |
| 甘 肃 | Gansu | 229843 | 34092 | 49992 |
| 青 海 | Qinghai | 44884 | 6326 | 6914 |
| 宁 夏 | Ningxia | 72443 | 22104 | 9599 |
| 新 疆 | Xinjiang | 512793 | 86564 | 69428 |

# 4-2-8 分地区电视剧播出情况(2013年)
# Broadcasting of TV Plays by Region (2013)

| 地 区 | Region | 全年电视剧播出数 Number of TV Plays Broadcasted | | #进口电视剧 Imported TV Plays | | 全年动画电视播出时间(小时) Broadcasting Hours of Cartoon Cartoon (hour) | #进口动画电视 Imported Cartoon |
|---|---|---|---|---|---|---|---|
| | | 部 Set | 集 Part | 部 Set | 集 Part | | |
| **全 国** | **National Total** | **240996** | **6614157** | **3616** | **98939** | **293140** | **14015** |
| 总局直属 | Directly under the State Administration | 1500 | 45442 | 41 | 1106 | 4366 | 978 |
| 北 京 | Beijing | 455 | 15629 | 2 | 47 | 5603 | 105 |
| 天 津 | Tianjin | 3309 | 47140 | 40 | 972 | 2973 | 503 |
| 河 北 | Hebei | 13140 | 387461 | 87 | 3272 | 7868 | 1269 |
| 山 西 | Shanxi | 5989 | 158738 | 42 | 1172 | 7977 | 172 |
| 内蒙古 | Inner Mongolia | 12324 | 292517 | 65 | 1535 | 11230 | 85 |
| 辽 宁 | Liaoning | 9125 | 265578 | 256 | 7439 | 7584 | 450 |
| 吉 林 | Jilin | 7010 | 211039 | 207 | 5978 | 1692 | |
| 黑龙江 | Heilongjiang | 7794 | 129081 | 190 | 6360 | 2717 | 625 |
| 上 海 | Shanghai | 1249 | 43702 | 49 | 1018 | 13280 | 2552 |
| 江 苏 | Jiangsu | 9910 | 294923 | 65 | 2242 | 15521 | 596 |
| 浙 江 | Zhejiang | 9290 | 294491 | 77 | 1743 | 17236 | 195 |
| 安 徽 | Anhui | 10091 | 266441 | 175 | 5267 | 7630 | 813 |
| 福 建 | Fujian | 3362 | 102883 | | | 7426 | 192 |
| 江 西 | Jiangxi | 10178 | 254276 | 323 | 9319 | 12747 | 480 |
| 山 东 | Shandong | 11449 | 348372 | 102 | 2722 | 13562 | 684 |
| 河 南 | Henan | 15132 | 433735 | 52 | 1289 | 6990 | 170 |
| 湖 北 | Hubei | 13162 | 352351 | 80 | 2030 | 10074 | 41 |
| 湖 南 | Hunan | 10830 | 283420 | 57 | 2225 | 22364 | 869 |
| 广 东 | Guangdong | 5803 | 203396 | 54 | 2127 | 25207 | 828 |
| 广 西 | Guangxi | 6573 | 180736 | 63 | 1498 | 8656 | |
| 海 南 | Hainan | 889 | 25411 | | | 2881 | |
| 重 庆 | Chongqing | 4779 | 121093 | 277 | 6530 | 6973 | 41 |
| 四 川 | Sichuan | 17884 | 481960 | 181 | 4907 | 16230 | 580 |
| 贵 州 | Guizhou | 2471 | 57522 | 107 | 2352 | 2038 | |
| 云 南 | Yunnan | 9936 | 274074 | | | 10275 | 347 |
| 西 藏 | Tibet | 674 | 23035 | 3 | 100 | 877 | |
| 陕 西 | Shaanxi | 8559 | 240706 | 12 | 543 | 6775 | |
| 甘 肃 | Gansu | 6773 | 196668 | 5 | 356 | 8291 | |
| 青 海 | Qinghai | 973 | 29363 | | | 2075 | |
| 宁 夏 | Ningxia | 2026 | 52549 | 12 | 679 | 3774 | |
| 新 疆 | Xinjiang | 18357 | 500425 | 992 | 24111 | 20248 | 1440 |

# 4-2-9 全国广播电视从业人员情况

## Persons Engaged in Radio and TV Broadcasting Industry

单位：人 (person)

| 年份<br>地区 | Year<br>Region | 从业人员<br>Number of Engaged Persons | #编辑、记者<br>Editors and Reporters | #播音员、主持人<br>Announcers and Anchor Persons | #工程技术人员<br>Engineering Technical Personnel |
|---|---|---|---|---|---|
| | 2005 | 595377 | 102097 | 22108 | 107780 |
| | 2006 | 624287 | 107546 | 22409 | 116713 |
| | 2007 | 644206 | 110416 | 23345 | 117662 |
| | 2008 | 672722 | 116045 | 23691 | 124159 |
| | 2009 | 705817 | 122004 | 24627 | 126257 |
| | 2010 | 750899 | 132186 | 25743 | 132431 |
| | 2011 | 786372 | 135748 | 28007 | 143474 |
| | 2012 | 820410 | 142297 | 28164 | 151884 |
| | 2013 | 844330 | 146798 | 29683 | 152130 |
| 总局直属 | Directly under the State Administration | 50950 | 7370 | 749 | 11927 |
| 北京 | Beijing | 45150 | 5642 | 705 | 5693 |
| 天津 | Tianjin | 7968 | 1874 | 332 | 1150 |
| 河北 | Hebei | 37932 | 6682 | 1666 | 6160 |
| 山西 | Shanxi | 21688 | 5263 | 698 | 3386 |
| 内蒙古 | Inner Mongolia | 18076 | 4629 | 929 | 3370 |
| 辽宁 | Liaoning | 28436 | 5268 | 1028 | 6970 |
| 吉林 | Jilin | 20759 | 5005 | 825 | 5168 |
| 黑龙江 | Heilongjiang | 18807 | 4591 | 805 | 4016 |
| 上海 | Shanghai | 29549 | 3222 | 626 | 3383 |
| 江苏 | Jiangsu | 52089 | 8263 | 1824 | 10111 |
| 浙江 | Zhejiang | 44752 | 7566 | 1728 | 7604 |
| 安徽 | Anhui | 22517 | 4753 | 1262 | 4563 |
| 福建 | Fujian | 26015 | 3729 | 675 | 2933 |
| 江西 | Jiangxi | 19616 | 2879 | 847 | 2494 |
| 山东 | Shandong | 52959 | 11087 | 2494 | 11337 |
| 河南 | Henan | 51704 | 9366 | 1461 | 6664 |
| 湖北 | Hubei | 38197 | 5902 | 1187 | 7326 |
| 湖南 | Hunan | 39413 | 5417 | 1082 | 6418 |
| 广东 | Guangdong | 49730 | 6696 | 1666 | 9673 |
| 广西 | Guangxi | 15594 | 3531 | 759 | 3791 |
| 海南 | Hainan | 5047 | 1277 | 163 | 1692 |
| 重庆 | Chongqing | 12317 | 1571 | 320 | 1793 |
| 四川 | Sichuan | 39183 | 5017 | 1656 | 5853 |
| 贵州 | Guizhou | 15115 | 3061 | 563 | 2375 |
| 云南 | Yunnan | 17966 | 4121 | 849 | 4186 |
| 西藏 | Tibet | 3923 | 487 | 127 | 824 |
| 陕西 | Shaanxi | 19266 | 4079 | 827 | 3647 |
| 甘肃 | Gansu | 14919 | 2742 | 594 | 1943 |
| 青海 | Qinghai | 3543 | 874 | 228 | 1171 |
| 宁夏 | Ningxia | 4877 | 1054 | 155 | 906 |
| 新疆 | Xinjiang | 16273 | 3780 | 853 | 3603 |

# 4-2-10 全国广播电视收入资产情况

## Revenue and Assets of Radio and TV Broadcasting Industry

单位：万元 (10 000 yuan)

| 年 份<br>Year | 总收入<br>Total Revenue | 行政事业单位总收入<br>Revenue of Administrative Organs and Institutions | 企业单位总 收 入<br>Revenue of Enterprises | #广告收入<br>Revenue from Advertising | #广播广告收入<br>Radio Advertising Revenue |
|---|---|---|---|---|---|
| 2005 | 9311473 | 6536422 | 2775050 | 4687858 | 505811 |
| 2006 | 10991237 | 7125726 | 3865511 | 5273464 | 590108 |
| 2007 | 13049963 | 8498819 | 4551144 | 5999267 | 656863 |
| 2008 | 15827997 | 10053783 | 5774214 | 7016926 | 722244 |
| 2009 | 18528471 | 11080321 | 7448150 | 7817757 | 814648 |
| 2010 | 23018677 | 12725101 | 10293576 | 9399745 | 995807 |
| 2011 | 27173157 | 13479783 | 13693374 | 11228956 | 1233178 |
| 2012 | 32687891 | 14978310 | 17709581 | 12702465 | 1361954 |
| 2013 | 37348848 | 15058411 | 22290436 | 13870071 | 1399245 |

4-2-10 续表 continued

单位：万元 (10 000 yuan)

| 年 份<br>Year | #电视广告收入<br>TV Advertising Revenue | #网络收入<br>Revenue from Network Services | #有线电视收视费收入<br>Revenue from Subscription of Cable TV Programs | #付 费数字电视收入<br>Revenue from Pay Digital TV | 资产总额<br>Total Assets |
|---|---|---|---|---|---|
| 2005 | 4065339 | | | | 27148379 |
| 2006 | 4533350 | 2515097 | 1835454 | 52331 | 29718427 |
| 2007 | 5183081 | 3059343 | 2115395 | 83371 | 33555382 |
| 2008 | 6091123 | 3694988 | 2500593 | 142183 | 39082171 |
| 2009 | 6758184 | 4188499 | 2846206 | 181747 | 44977878 |
| 2010 | 7965883 | 4874430 | 3225188 | 252921 | 57331162 |
| 2011 | 9345355 | 5637763 | 3641728 | 376876 | 62633579 |
| 2012 | 10462897 | 6609791 | 4083530 | 448793 | 74067132 |
| 2013 | 11192629 | 7549089 | 4378749 | 585982 | 89196673 |

# 4-2-11 分地区广播电视收入情况(2013年)

## Revenue of Radio and TV Broadcasting Industry by Region (2013)

单位：万元 (10 000 yuan)

| 地 区 | Region | 总收入 Total Revenue | #广告收入 Revenue from Advertising | 广播广告 Radio Advertising Revenue | 电视广告 TV Advertising Revenue | 其他广告 Other Advertising Revenue |
|---|---|---|---|---|---|---|
| **全 国** | **National Total** | **37348848** | **13870071** | **1399245** | **11192629** | **1278197** |
| 总局直属 | Directly under the State Administration | 6355319 | 3364784 | 87675 | 3221481 | 55629 |
| 北 京 | Beijing | 4187070 | 1698425 | 94395 | 804805 | 799225 |
| 天 津 | Tianjin | 466794 | 168321 | 47859 | 109081 | 11381 |
| 河 北 | Hebei | 574191 | 224172 | 48162 | 159870 | 16140 |
| 山 西 | Shanxi | 353459 | 107462 | 22824 | 80656 | 3982 |
| 内蒙古 | Inner Mongolia | 373872 | 49552 | 13085 | 35906 | 561 |
| 辽 宁 | Liaoning | 816578 | 297012 | 75090 | 217554 | 4368 |
| 吉 林 | Jilin | 439455 | 134649 | 28107 | 106149 | 394 |
| 黑龙江 | Heilongjiang | 548639 | 223281 | 50185 | 167768 | 5328 |
| 上 海 | Shanghai | 3229097 | 720188 | 54785 | 562439 | 102964 |
| 江 苏 | Jiangsu | 2597395 | 998275 | 128516 | 837580 | 32179 |
| 浙 江 | Zhejiang | 3045362 | 817921 | 125617 | 649808 | 42495 |
| 安 徽 | Anhui | 832176 | 434438 | 30340 | 392829 | 11269 |
| 福 建 | Fujian | 891679 | 213940 | 32138 | 157608 | 24194 |
| 江 西 | Jiangxi | 529238 | 181291 | 13303 | 162890 | 5097 |
| 山 东 | Shandong | 1453627 | 613082 | 113578 | 478215 | 21288 |
| 河 南 | Henan | 636740 | 239507 | 36851 | 192022 | 10635 |
| 湖 北 | Hubei | 820199 | 266136 | 44337 | 209705 | 12094 |
| 湖 南 | Hunan | 1895665 | 917295 | 38247 | 860934 | 18113 |
| 广 东 | Guangdong | 2364526 | 931329 | 122302 | 783368 | 25659 |
| 广 西 | Guangxi | 478871 | 130798 | 16446 | 102497 | 11855 |
| 海 南 | Hainan | 139581 | 59653 | 4440 | 52469 | 2744 |
| 重 庆 | Chongqing | 389124 | 124597 | 17754 | 97632 | 9210 |
| 四 川 | Sichuan | 1157753 | 310947 | 42466 | 259630 | 8850 |
| 贵 州 | Guizhou | 545929 | 128813 | 16509 | 107323 | 4981 |
| 云 南 | Yunnan | 512362 | 151177 | 22875 | 124930 | 3372 |
| 西 藏 | Tibet | 97695 | 16489 | 71 | 16302 | 116 |
| 陕 西 | Shaanxi | 705516 | 207236 | 39995 | 135376 | 31865 |
| 甘 肃 | Gansu | 265706 | 38751 | 7177 | 31255 | 319 |
| 青 海 | Qinghai | 126821 | 5978 | 1510 | 4411 | 57 |
| 宁 夏 | Ningxia | 129178 | 25588 | 2479 | 21703 | 1406 |
| 新 疆 | Xinjiang | 365961 | 55794 | 20127 | 35239 | 428 |
| 新疆生产建设兵团 | Xinjiang Production and Construction Crops | 23269 | 13192 | | 13192 | |

4-2-11 续表 countinued

单位：万元 (10 000 yuan)

| 地 区 | Region | #网络收入 Revenue from Network Services | 有线广播电视收视费收入 Revenue from Subscription of Cable Radio and TV Programs | 付费数字电视收入 Revenue from Pay Digital TV | 三网融合业务收入 Revenue from Three-network Convergence | 其他网络收入 Revenue from Other Network Services | #广播电视节目销售收入 Revenue from Sales of Radio and TV Programs |
|---|---|---|---|---|---|---|---|
| **全 国** | **National Total** | **7549089** | **4378749** | **585982** | **501372** | **2082985** | **1806244** |
| 总局直属 | Directly under the State Administration | 255215 | 109658 | 34488 | 53658 | 57412 | 121396 |
| 北 京 | Beijing | 442142 | 106736 | 6236 | 86996 | 242174 | 538109 |
| 天 津 | Tianjin | 98863 | 53826 | 2046 | 15928 | 27063 | 12508 |
| 河 北 | Hebei | 197167 | 166455 | 4662 | 2106 | 23944 | 3490 |
| 山 西 | Shanxi | 111605 | 95234 | 592 | 325 | 15454 | 2268 |
| 内蒙古 | Inner Mongolia | 145207 | 100038 | 12995 | | 32174 | 31 |
| 辽 宁 | Liaoning | 259903 | 201280 | 3654 | 8275 | 46695 | 1380 |
| 吉 林 | Jilin | 192731 | 104342 | 28892 | 5045 | 54452 | 1554 |
| 黑龙江 | Heilongjiang | 179058 | 151528 | 8410 | 475 | 18645 | 710 |
| 上 海 | Shanghai | 307632 | 136036 | 29459 | 12941 | 129196 | 113944 |
| 江 苏 | Jiangsu | 725065 | 396323 | 47061 | 44164 | 237516 | 94682 |
| 浙 江 | Zhejiang | 600575 | 309492 | 38602 | 72446 | 180035 | 425509 |
| 安 徽 | Anhui | 136445 | 43525 | 58723 | 3915 | 30283 | 29871 |
| 福 建 | Fujian | 208822 | 102851 | 21456 | 5835 | 78681 | 33819 |
| 江 西 | Jiangxi | 177156 | 131301 | 15633 | 1416 | 28806 | 3314 |
| 山 东 | Shandong | 513090 | 337482 | 28262 | 10902 | 136443 | 27261 |
| 河 南 | Henan | 134216 | 99315 | 2380 | 6068 | 26453 | 5 |
| 湖 北 | Hubei | 295127 | 221720 | 19695 | 13645 | 40066 | 40504 |
| 湖 南 | Hunan | 288770 | 191519 | 27547 | 17932 | 51772 | 59736 |
| 广 东 | Guangdong | 759604 | 446981 | 34591 | 37811 | 240221 | 182161 |
| 广 西 | Guangxi | 181364 | 89420 | 10736 | 4208 | 77000 | 300 |
| 海 南 | Hainan | 37980 | 26005 | 849 | | 11126 | |
| 重 庆 | Chongqing | 177351 | 99241 | 13786 | 20874 | 43450 | 9386 |
| 四 川 | Sichuan | 447336 | 232851 | 49636 | 33048 | 131802 | 3837 |
| 贵 州 | Guizhou | 149463 | 78371 | 28587 | 1328 | 41177 | 2085 |
| 云 南 | Yunnan | 160153 | 95453 | 23337 | 12004 | 29360 | 6478 |
| 西 藏 | Tibet | 4647 | 4000 | 107 | | 540 | |
| 陕 西 | Shaanxi | 162850 | 109295 | 28000 | 25555 | | 90812 |
| 甘 肃 | Gansu | 67460 | 52323 | 3310 | 913 | 10913 | 936 |
| 青 海 | Qinghai | 24179 | 17482 | 2023 | 281 | 4393 | |
| 宁 夏 | Ningxia | 29001 | 24800 | | | 4201 | 160 |
| 新 疆 | Xinjiang | 74616 | 39572 | 226 | 3278 | 31540 | |
| 新疆生产建设兵团 | Xinjiang Production and Construction Crops | 4296 | 4296 | | | | |

# 4-2-12 分地区广播电视行政事业单位财务收支情况（2013年）

# Main Financial Indicators of Administrative Organs and Institutions Engaged in Radio and TV Broadcasting (2013)

单位：万元 (10 000 yuan)

| 地 区 | Region | 总收入 Total Revenue | 财政补助收入 Government Subsidy | 事业收入 Revenue from Radio and TV Institutions | 经营收入 Business Revenue |
|---|---|---|---|---|---|
| **全 国** | **National Total** | **15058411** | **4370100** | **9056792** | **816365** |
| 总局直属 | Directly under the State Administration | 3709989 | 675795 | 2905564 | |
| 北 京 | Beijing | 701314 | 212095 | 386261 | 4 |
| 天 津 | Tianjin | 236164 | 42871 | 151497 | 44 |
| 河 北 | Hebei | 309453 | 87706 | 195122 | 15659 |
| 山 西 | Shanxi | 267297 | 106440 | 128775 | 6176 |
| 内蒙古 | Inner Mongolia | 232034 | 210268 | 14086 | 779 |
| 辽 宁 | Liaoning | 450978 | 115780 | 322570 | 3394 |
| 吉 林 | Jilin | 233786 | 200539 | 29681 | 36 |
| 黑龙江 | Heilongjiang | 355666 | 73024 | 229793 | 45569 |
| 上 海 | Shanghai | 79671 | 59891 | 4915 | |
| 江 苏 | Jiangsu | 771930 | 94847 | 488893 | 136223 |
| 浙 江 | Zhejiang | 710978 | 119134 | 438459 | 92729 |
| 安 徽 | Anhui | 531321 | 95155 | 426334 | 2205 |
| 福 建 | Fujian | 329641 | 154598 | 149404 | 833 |
| 江 西 | Jiangxi | 231302 | 164850 | 51143 | 7900 |
| 山 东 | Shandong | 698731 | 95598 | 547397 | 30638 |
| 河 南 | Henan | 429993 | 154973 | 243084 | 11074 |
| 湖 北 | Hubei | 367543 | 79838 | 271733 | 2438 |
| 湖 南 | Hunan | 1041749 | 101831 | 864559 | 40744 |
| 广 东 | Guangdong | 1038330 | 108765 | 590348 | 284781 |
| 广 西 | Guangxi | 250472 | 125292 | 86788 | 27258 |
| 海 南 | Hainan | 100164 | 37794 | 22005 | 424 |
| 重 庆 | Chongqing | 43763 | 32280 | 4171 | 2972 |
| 四 川 | Sichuan | 455131 | 273009 | 93284 | 50978 |
| 贵 州 | Guizhou | 84530 | 70401 | 9362 | 814 |
| 云 南 | Yunnan | 309510 | 162574 | 134218 | 3435 |
| 西 藏 | Tibet | 97695 | 74180 | 21017 | 1637 |
| 陕 西 | Shaanxi | 341548 | 128100 | 162387 | 41122 |
| 甘 肃 | Gansu | 162483 | 125950 | 28796 | 544 |
| 青 海 | Qinghai | 97254 | 85524 | 8261 | 4 |
| 宁 夏 | Ningxia | 71840 | 39800 | 26702 | 2151 |
| 新 疆 | Xinjiang | 292884 | 261197 | 20182 | 3800 |
| 新疆生产建设兵团 | Xinjiang Production and Construction Crops | 23269 | | | |

4-2-12 续表 continued

单位：万元 (10 000 yuan)

| 地 区 | Region | 其他收入 Other Revenue | 总支出 Total Expenditure | 固定资产投资额 Investment in Fixed Assets |
|---|---|---|---|---|
| **全 国** | **National Total** | **791887** | **14037023** | **2201987** |
| 总局直属 | Directly under the State Administration | 128630 | 3436951 | 740175 |
| 北 京 | Beijing | 102954 | 694837 | 62499 |
| 天 津 | Tianjin | 41751 | 246705 | 82165 |
| 河 北 | Hebei | 10966 | 315407 | 22550 |
| 山 西 | Shanxi | 25906 | 256862 | 37228 |
| 内蒙古 | Inner Mongolia | 6901 | 280735 | 82395 |
| 辽 宁 | Liaoning | 9235 | 443001 | 27999 |
| 吉 林 | Jilin | 3529 | 223645 | 23658 |
| 黑龙江 | Heilongjiang | 7279 | 326102 | 16808 |
| 上 海 | Shanghai | 14865 | 76570 | 5605 |
| 江 苏 | Jiangsu | 51968 | 774429 | 189426 |
| 浙 江 | Zhejiang | 60657 | 678398 | 59824 |
| 安 徽 | Anhui | 7627 | 478550 | 79874 |
| 福 建 | Fujian | 24806 | 298556 | 28668 |
| 江 西 | Jiangxi | 7408 | 219180 | 46790 |
| 山 东 | Shandong | 25098 | 661272 | 41189 |
| 河 南 | Henan | 20861 | 426392 | 39430 |
| 湖 北 | Hubei | 13535 | 359499 | 42473 |
| 湖 南 | Hunan | 34616 | 753801 | 85066 |
| 广 东 | Guangdong | 54435 | 1007739 | 108818 |
| 广 西 | Guangxi | 11134 | 243882 | 38329 |
| 海 南 | Hainan | 39941 | 60586 | 7660 |
| 重 庆 | Chongqing | 4340 | 48268 | 12649 |
| 四 川 | Sichuan | 37860 | 418001 | 55309 |
| 贵 州 | Guizhou | 3953 | 83409 | 8591 |
| 云 南 | Yunnan | 9283 | 289662 | 31292 |
| 西 藏 | Tibet | 861 | 86884 | 14074 |
| 陕 西 | Shaanxi | 9939 | 239507 | 45151 |
| 甘 肃 | Gansu | 7192 | 160035 | 16887 |
| 青 海 | Qinghai | 3465 | 79139 | 32123 |
| 宁 夏 | Ningxia | 3187 | 68514 | 9309 |
| 新 疆 | Xinjiang | 7704 | 300504 | 107973 |

# 4-2-13 分地区广播电视行政事业单位实际创收情况（2013年）

# Actual Revenue of Administrative Organs and Institutions Engaged in Radio and TV Broadcasting by Region (2013)

单位：万元 (10 000 yuan)

| 地 区 | Region | 实际创收收入 Actual Revenue | 广告收入 Revenue from Advertising | 广播广告 Radio Advertising Revenue | 电视广告 TV Advertising Revenue | 其他广告 Other Advertising Revenue |
|---|---|---|---|---|---|---|
| **全 国** | **National Total** | **10888124** | **8872233** | **1058235** | **7681892** | **132105** |
| 总局直属 | Directly under the State Administration | 3010048 | 2761532 | 52435 | 2707021 | 2076 |
| 北 京 | Beijing | 430296 | 389727 | 72867 | 316209 | 650 |
| 天 津 | Tianjin | 169449 | 74039 | 47859 | 25989 | 192 |
| 河 北 | Hebei | 238184 | 199797 | 43520 | 150956 | 5321 |
| 山 西 | Shanxi | 155401 | 103431 | 22654 | 78970 | 1806 |
| 内蒙古 | Inner Mongolia | 59141 | 49552 | 13085 | 35906 | 561 |
| 辽 宁 | Liaoning | 339821 | 268022 | 65998 | 201327 | 697 |
| 吉 林 | Jilin | 143877 | 131189 | 28107 | 103056 | 26 |
| 黑龙江 | Heilongjiang | 285637 | 223099 | 50185 | 167768 | 5145 |
| 上 海 | Shanghai | 16664 | 3204 | 463 | 2424 | 317 |
| 江 苏 | Jiangsu | 670697 | 401539 | 78826 | 304188 | 18525 |
| 浙 江 | Zhejiang | 588882 | 257669 | 56452 | 191204 | 10013 |
| 安 徽 | Anhui | 432230 | 406704 | 30340 | 374423 | 1941 |
| 福 建 | Fujian | 155738 | 143195 | 18753 | 123712 | 730 |
| 江 西 | Jiangxi | 162987 | 146024 | 13303 | 130940 | 1781 |
| 山 东 | Shandong | 613015 | 537212 | 101652 | 419981 | 15579 |
| 河 南 | Henan | 267904 | 226740 | 36851 | 187531 | 2358 |
| 湖 北 | Hubei | 292424 | 198905 | 40509 | 155066 | 3330 |
| 湖 南 | Hunan | 945835 | 832891 | 37332 | 786688 | 8870 |
| 广 东 | Guangdong | 922152 | 719422 | 104073 | 609887 | 5463 |
| 广 西 | Guangxi | 146619 | 123828 | 16228 | 102184 | 5416 |
| 海 南 | Hainan | 60867 | 59653 | 4440 | 52469 | 2744 |
| 重 庆 | Chongqing | 12914 | 7629 | 203 | 6820 | 607 |
| 四 川 | Sichuan | 186063 | 125129 | 26222 | 94788 | 4120 |
| 贵 州 | Guizhou | 20427 | 18459 | 6721 | 10948 | 791 |
| 云 南 | Yunnan | 151286 | 137673 | 22875 | 114347 | 450 |
| 西 藏 | Tibet | 23797 | 16489 | 71 | 16302 | 116 |
| 陕 西 | Shaanxi | 216241 | 200543 | 39995 | 128783 | 31765 |
| 甘 肃 | Gansu | 31505 | 10306 | 2098 | 8068 | 140 |
| 青 海 | Qinghai | 8319 | 5978 | 1510 | 4411 | 57 |
| 宁 夏 | Ningxia | 41987 | 23667 | 2479 | 21096 | 92 |
| 新 疆 | Xinjiang | 68643 | 55794 | 20127 | 35239 | 428 |
| 新疆生产建设兵团 | Xinjiang Production and Construction Crops | 19074 | 13192 | | 13192 | |

4-2-13 续表 continued

单位：万元 (10 000 yuan)

| 地 区 | Region | 网络收入 Revenue from Network Services | 有线广播电视收视费收入 Revenue from Subscription of Cable Radio and TV Programs | 付费数字电视收入 Revenue from Pay Digital TV | 三网融合业务收入 Revenue from Three-network Convergence | 其他网络收入 Revenue from Other Network Services | 广播电视节目销售收入 Revenue from Sales of Radio and TV Programs | 其他创收收入 Revenue from Other Services |
|---|---|---|---|---|---|---|---|---|
| **全 国** | **National Total** | **1101984** | **854025** | **46219** | **19918** | **181823** | **41738** | **872172** |
| 总局直属 | Directly under the State Administration | 84153 | 77408 | 6745 | | | 3136 | 161228 |
| 北 京 | Beijing | | | | | | 941 | 39629 |
| 天 津 | Tianjin | | | | | | 146 | 95264 |
| 河 北 | Hebei | 30604 | 26125 | 760 | 29 | 3690 | 311 | 7472 |
| 山 西 | Shanxi | 40237 | 34842 | 424 | 12 | 4959 | 442 | 11292 |
| 内蒙古 | Inner Mongolia | 3400 | 3045 | 35 | | 320 | | 6189 |
| 辽 宁 | Liaoning | 57065 | 53494 | 7 | | 3564 | | 14734 |
| 吉 林 | Jilin | 4203 | 3876 | | | 327 | | 8485 |
| 黑龙江 | Heilongjiang | 13232 | 13212 | 0 | 19 | | 710 | 48596 |
| 上 海 | Shanghai | 540 | | | | 540 | 1177 | 11742 |
| 江 苏 | Jiangsu | 199166 | 136572 | 8237 | 3270 | 51087 | 1107 | 68885 |
| 浙 江 | Zhejiang | 263227 | 159091 | 16911 | 10829 | 76396 | 70 | 67916 |
| 安 徽 | Anhui | 15812 | 14470 | 532 | 111 | 699 | | 9715 |
| 福 建 | Fujian | 64 | | | | 64 | 72 | 12407 |
| 江 西 | Jiangxi | 6829 | 5532 | 880 | | 416 | | 10134 |
| 山 东 | Shandong | 18148 | 11634 | 3132 | 5 | 3377 | 18193 | 39462 |
| 河 南 | Henan | 31061 | 27661 | 390 | | 3009 | | 10103 |
| 湖 北 | Hubei | 76969 | 68109 | 1063 | 936 | 6860 | 171 | 16379 |
| 湖 南 | Hunan | 58329 | 46533 | 1734 | 2342 | 7719 | 9649 | 44967 |
| 广 东 | Guangdong | 168587 | 147556 | 3239 | 2363 | 15429 | 4913 | 29229 |
| 广 西 | Guangxi | 53 | 53 | | | | | 22738 |
| 海 南 | Hainan | 504 | 492 | | | 12 | | 710 |
| 重 庆 | Chongqing | 951 | 920 | | | 31 | 2 | 4332 |
| 四 川 | Sichuan | 9942 | 6317 | 1861 | | 1764 | 486 | 50507 |
| 贵 州 | Guizhou | | | | | | | 1967 |
| 云 南 | Yunnan | | | | | | | 13613 |
| 西 藏 | Tibet | 4647 | 4000 | 107 | | 540 | | 2661 |
| 陕 西 | Shaanxi | 192 | 192 | | | | 210 | 15296 |
| 甘 肃 | Gansu | | | | | | | 21199 |
| 青 海 | Qinghai | 91 | 46 | | | 45 | | 2250 |
| 宁 夏 | Ningxia | 1 | | | | 1 | 4 | 18319 |
| 新 疆 | Xinjiang | 9684 | 8550 | 161 | | 974 | | 3164 |
| 新疆生产建设兵团 | Xinjiang Production and Construction Crops | 4296 | 4296 | | | | | 1586 |

# 4-2-14 分地区广播电视行政事业单位资产负债情况(2013年)

# Assets and Liabilities of Administrative Organs and Institutions Engaged in Radio and TV Broadcasting by Region (2013)

单位：万元 (10 000 yuan)

| 地区 | Region | 资产总额 Total Assets | #固定资产净值 Net Value of Fixed Assets | #专业设备 Radio and TV Equipment |
|---|---|---|---|---|
| **全　国** | **National Total** | **34930792** | **15114014** | **6469231** |
| 总局直属 | Directly under the State Administration | 10534533 | 2501281 | 1371898 |
| 北　京 | Beijing | 1230179 | 509466 | 243670 |
| 天　津 | Tianjin | 616437 | 241900 | 58253 |
| 河　北 | Hebei | 604971 | 408257 | 173654 |
| 山　西 | Shanxi | 471239 | 250252 | 134161 |
| 内蒙古 | Inner Mongolia | 415374 | 225470 | 134410 |
| 辽　宁 | Liaoning | 981170 | 518758 | 285694 |
| 吉　林 | Jilin | 604111 | 336992 | 160506 |
| 黑龙江 | Heilongjiang | 658706 | 348890 | 118544 |
| 上　海 | Shanghai | 180155 | 82730 | 37625 |
| 江　苏 | Jiangsu | 2815854 | 928100 | 393089 |
| 浙　江 | Zhejiang | 1950316 | 1130962 | 352638 |
| 安　徽 | Anhui | 695188 | 381434 | 145127 |
| 福　建 | Fujian | 833177 | 538085 | 174307 |
| 江　西 | Jiangxi | 355963 | 210060 | 97466 |
| 山　东 | Shandong | 1923450 | 1338888 | 494732 |
| 河　南 | Henan | 734856 | 522750 | 291866 |
| 湖　北 | Hubei | 852951 | 475351 | 228075 |
| 湖　南 | Hunan | 2141576 | 621890 | 255004 |
| 广　东 | Guangdong | 2473064 | 1255668 | 417613 |
| 广　西 | Guangxi | 458400 | 270054 | 142210 |
| 海　南 | Hainan | 120982 | 73116 | 9661 |
| 重　庆 | Chongqing | 102075 | 71829 | 39913 |
| 四　川 | Sichuan | 711472 | 443140 | 132746 |
| 贵　州 | Guizhou | 252983 | 175586 | 66157 |
| 云　南 | Yunnan | 521567 | 292703 | 155220 |
| 西　藏 | Tibet | 159751 | 122885 | 42706 |
| 陕　西 | Shaanxi | 616617 | 243911 | 66481 |
| 甘　肃 | Gansu | 269606 | 172192 | 55787 |
| 青　海 | Qinghai | 91632 | 44857 | 17152 |
| 宁　夏 | Ningxia | 110381 | 93027 | 13613 |
| 新　疆 | Xinjiang | 442053 | 283530 | 159250 |

# 4-2-15 分地区广播电视企业单位经营情况（2013年）
# Main Financial Indicators of Enterprises Engaged in Radio and TV Broadcasting by Region (2013)

单位：万元 (10 000 yuan)

| 地 区 | Region | 总收入 Total Revenue | #营业收入 Revenue from Principal Business | 本年应缴税金 Value Tax Payable | 固定资产投资额 Investment in Fixed Assets | 本年新增固定资产 Newly Increased Fixed Assets |
|---|---|---|---|---|---|---|
| **全 国** | **National Total** | **22290436** | **21509390** | **1256048** | **2592534** | **2603347** |
| 总局直属 | Directly under the State Administration | 2645330 | 2534062 | 205797 | 118481 | 129660 |
| 北 京 | Beijing | 3485757 | 3342876 | 237116 | 203463 | 163661 |
| 天 津 | Tianjin | 230630 | 222758 | 13724 | 26671 | 23751 |
| 河 北 | Hebei | 264738 | 255236 | 8584 | 108973 | 51575 |
| 山 西 | Shanxi | 86162 | 83942 | 2056 | 5573 | 11557 |
| 内蒙古 | Inner Mongolia | 141838 | 141838 | 3144 | 11375 | 11646 |
| 辽 宁 | Liaoning | 365600 | 356988 | 25564 | 89330 | 94782 |
| 吉 林 | Jilin | 205669 | 195414 | 17896 | 135435 | 105684 |
| 黑龙江 | Heilongjiang | 192973 | 176409 | 9814 | 457 | 9153 |
| 上 海 | Shanghai | 3149427 | 3074822 | 216443 | 271644 | 301636 |
| 江 苏 | Jiangsu | 1825464 | 1738539 | 46785 | 210910 | 256686 |
| 浙 江 | Zhejiang | 2334384 | 2265838 | 162579 | 181119 | 112803 |
| 安 徽 | Anhui | 300855 | 294710 | 13628 | 58923 | 121753 |
| 福 建 | Fujian | 562038 | 542938 | 26269 | 49756 | 41578 |
| 江 西 | Jiangxi | 297936 | 292430 | 12056 | 36054 | 26107 |
| 山 东 | Shandong | 754895 | 737348 | 26479 | 108225 | 151793 |
| 河 南 | Henan | 206748 | 198284 | 11149 | 113506 | 74227 |
| 湖 北 | Hubei | 452655 | 431397 | 10506 | 87985 | 77774 |
| 湖 南 | Hunan | 853916 | 838892 | 22447 | 102292 | 78818 |
| 广 东 | Guangdong | 1326196 | 1273064 | 81429 | 35003 | 229408 |
| 广 西 | Guangxi | 228399 | 218329 | 7251 | 35020 | 34054 |
| 海 南 | Hainan | 39417 | 37476 | -230 | | |
| 重 庆 | Chongqing | 345361 | 335821 | 12042 | 147649 | 99181 |
| 四 川 | Sichuan | 702622 | 679691 | 29874 | 195503 | 188605 |
| 贵 州 | Guizhou | 461399 | 452692 | 32532 | 56993 | 32295 |
| 云 南 | Yunnan | 202852 | 182775 | 5118 | 58934 | 64767 |
| 西 藏 | Tibet | | | | | |
| 陕 西 | Shaanxi | 363969 | 358904 | 8842 | 93946 | 71466 |
| 甘 肃 | Gansu | 103224 | 100162 | 461 | 24031 | 19687 |
| 青 海 | Qinghai | 29567 | 29052 | 1063 | 5699 | 3703 |
| 宁 夏 | Ningxia | 57338 | 47984 | 1670 | 5421 | 5607 |
| 新 疆 | Xinjiang | 73078 | 68719 | 3955 | 14164 | 9932 |

# 4-2-16 分地区广播电视企业单位创收情况（2013年）

## Actual Revenue of Enterprises Engaged in Radio and TV Broadcasting by Region (2013)

单位：万元　(10 000 yuan)

| 地　区 | Region | 实际创收收　入 Actual Revenue | 广告收入 Revenue from Advertising | 广播广告收　入 Radio Advertising Revenue | 电视广告收　入 TV Advertising Revenue | 其他广告收　入 Other Advertising Revenue |
|---|---|---|---|---|---|---|
| **全　国** | **National Total** | **21539564** | **4997838** | **341009** | **3510737** | **1146092** |
| 总局直属 | Directly under the State Administration | 2562534 | 603252 | 35239 | 514460 | 53553 |
| 北　京 | Beijing | 3179174 | 1308698 | 21527 | 488596 | 798575 |
| 天　津 | Tianjin | 222758 | 94282 | | 83093 | 11189 |
| 河　北 | Hebei | 258750 | 24375 | 4641 | 8914 | 10820 |
| 山　西 | Shanxi | 84481 | 4031 | 170 | 1685 | 2176 |
| 内蒙古 | Inner Mongolia | 141838 | | | | |
| 辽　宁 | Liaoning | 359008 | 28990 | 9091 | 16227 | 3671 |
| 吉　林 | Jilin | 197511 | 3460 | | 3093 | 367 |
| 黑龙江 | Heilongjiang | 192973 | 182 | | | 182 |
| 上　海 | Shanghai | 3090387 | 716983 | 54322 | 560014 | 102647 |
| 江　苏 | Jiangsu | 1777691 | 596736 | 49690 | 533393 | 13654 |
| 浙　江 | Zhejiang | 2317024 | 560251 | 69165 | 458604 | 32482 |
| 安　徽 | Anhui | 298821 | 27735 | | 18406 | 9329 |
| 福　建 | Fujian | 452088 | 70745 | 13385 | 33896 | 23464 |
| 江　西 | Jiangxi | 297946 | 35266 | | 31951 | 3316 |
| 山　东 | Shandong | 743425 | 75869 | 11926 | 58234 | 5709 |
| 河　南 | Henan | 201891 | 12768 | | 4491 | 8277 |
| 湖　北 | Hubei | 438821 | 67231 | 3827 | 54639 | 8764 |
| 湖　南 | Hunan | 848164 | 84404 | 915 | 74246 | 9243 |
| 广　东 | Guangdong | 1296030 | 211907 | 18229 | 173481 | 20196 |
| 广　西 | Guangxi | 221989 | 6971 | 218 | 313 | 6439 |
| 海　南 | Hainan | 39417 | | | | |
| 重　庆 | Chongqing | 339597 | 116967 | 17551 | 90813 | 8604 |
| 四　川 | Sichuan | 704278 | 185817 | 16244 | 164843 | 4731 |
| 贵　州 | Guizhou | 453813 | 110353 | 9788 | 96375 | 4190 |
| 云　南 | Yunnan | 201319 | 13505 | | 10583 | 2921 |
| 西　藏 | Tibet | | | | | |
| 陕　西 | Shaanxi | 359700 | 6693 | | 6593 | 100 |
| 甘　肃 | Gansu | 103158 | 28445 | 5079 | 23187 | 179 |
| 青　海 | Qinghai | 29052 | | | | |
| 宁　夏 | Ningxia | 53613 | 1921 | | 607 | 1314 |
| 新　疆 | Xinjiang | 72314 | | | | |

4-2-16 续表 continued

单位：万元 (10 000 yuan)

| 地 区 | Region | 网络收入 Revenue from Network Services | 有线广播电视收视费收入 Revenue from Subscription of Cable Radio and TV Programs | 付费数字电视收入 Revenue from Pay Digital TV | 三网融合业务收入 Revenue from Three-network Convergence | 其他网络收入 Revenue from Other Network Services | 广播电视节目销售收入 Revenue from Sales of Radio and TV Programs | 其他创收收入 Revenue from Other Services |
|---|---|---|---|---|---|---|---|---|
| **全 国** | **National Total** | **6447104** | **3524724** | **539763** | **481455** | **1901162** | **1764506** | **8330116** |
| 总局直属 | Directly under the State Administration | 171062 | 32250 | 27743 | 53658 | 57412 | 118261 | 1669959 |
| 北 京 | Beijing | 442142 | 106736 | 6236 | 86996 | 242174 | 537168 | 891166 |
| 天 津 | Tianjin | 98863 | 53826 | 2046 | 15928 | 27063 | 12362 | 17252 |
| 河 北 | Hebei | 166563 | 140331 | 3901 | 2077 | 20254 | 3179 | 64633 |
| 山 西 | Shanxi | 71368 | 60392 | 168 | 313 | 10495 | 1825 | 7256 |
| 内蒙古 | Inner Mongolia | 141807 | 96993 | 12960 | | 31854 | 31 | |
| 辽 宁 | Liaoning | 202839 | 147785 | 3647 | 8275 | 43131 | 1380 | 125800 |
| 吉 林 | Jilin | 188528 | 100466 | 28892 | 5045 | 54125 | 1554 | 3968 |
| 黑龙江 | Heilongjiang | 165826 | 138316 | 8409 | 455 | 18645 | | 26965 |
| 上 海 | Shanghai | 307092 | 136036 | 29459 | 12941 | 128655 | 112767 | 1953545 |
| 江 苏 | Jiangsu | 525899 | 259752 | 38825 | 40894 | 186429 | 93575 | 561481 |
| 浙 江 | Zhejiang | 337348 | 150402 | 21691 | 61617 | 103639 | 425439 | 993985 |
| 安 徽 | Anhui | 120634 | 29055 | 58191 | 3804 | 29584 | 29871 | 120582 |
| 福 建 | Fujian | 208757 | 102851 | 21456 | 5835 | 78616 | 33748 | 138838 |
| 江 西 | Jiangxi | 170328 | 125769 | 14753 | 1416 | 28390 | 3314 | 89038 |
| 山 东 | Shandong | 494942 | 325848 | 25130 | 10897 | 133066 | 9068 | 163546 |
| 河 南 | Henan | 103156 | 71654 | 1990 | 6068 | 23444 | 5 | 85963 |
| 湖 北 | Hubei | 218158 | 153611 | 18632 | 12709 | 33206 | 40332 | 113100 |
| 湖 南 | Hunan | 230441 | 144986 | 25813 | 15590 | 44053 | 50088 | 483231 |
| 广 东 | Guangdong | 591017 | 299425 | 31352 | 35448 | 224792 | 177248 | 315858 |
| 广 西 | Guangxi | 181311 | 89367 | 10736 | 4208 | 77000 | 300 | 33407 |
| 海 南 | Hainan | 37476 | 25513 | 849 | | 11114 | | 1941 |
| 重 庆 | Chongqing | 176400 | 98321 | 13786 | 20874 | 43419 | 9385 | 36845 |
| 四 川 | Sichuan | 437395 | 226533 | 47775 | 33048 | 130039 | 3351 | 77715 |
| 贵 州 | Guizhou | 149463 | 78371 | 28587 | 1328 | 41177 | 2085 | 191912 |
| 云 南 | Yunnan | 160153 | 95453 | 23337 | 12004 | 29360 | 6478 | 21183 |
| 西 藏 | Tibet | | | | | | | |
| 陕 西 | Shaanxi | 162658 | 109103 | 28000 | 25555 | | 90602 | 99747 |
| 甘 肃 | Gansu | 67460 | 52323 | 3310 | 913 | 10913 | 936 | 6317 |
| 青 海 | Qinghai | 24088 | 17436 | 2023 | 281 | 4348 | | 4964 |
| 宁 夏 | Ningxia | 29000 | 24800 | | | 4200 | 156 | 22536 |
| 新 疆 | Xinjiang | 64931 | 31022 | 65 | 3278 | 30566 | | 7383 |

# 4-2-17 分地区广播电视企业单位资产负债情况(2013年)

# Assets and Liabilities of Enterprises Engaged in Radio and TV Broadcasting by Region (2013)

单位：万元　　(10 000 yuan)

| 地区 | Region | 资产总额 Total Assets | #固定资产净值 Net Value of Fixed Assets | 负债总额 Total Liabilities | 所有者权益 Owner's Equity |
|---|---|---|---|---|---|
| **全国** | **National Total** | **54265881** | **12990227** | **26267701** | **27998180** |
| 总局直属 | Directly under the State Administration | 3810769 | 719003 | 1756753 | 2054017 |
| 北京 | Beijing | 7837870 | 853548 | 4557187 | 3280684 |
| 天津 | Tianjin | 407860 | 155568 | 285470 | 122389 |
| 河北 | Hebei | 606438 | 301366 | 389492 | 216946 |
| 山西 | Shanxi | 313907 | 93806 | 189388 | 124519 |
| 内蒙古 | Inner Mongolia | 260221 | 80551 | 98935 | 161286 |
| 辽宁 | Liaoning | 1429920 | 397667 | 1021266 | 408654 |
| 吉林 | Jilin | 1331673 | 314540 | 487982 | 843691 |
| 黑龙江 | Heilongjiang | 458532 | 267718 | 222374 | 236158 |
| 上海 | Shanghai | 7775597 | 1367578 | 2828030 | 4947566 |
| 江苏 | Jiangsu | 5734712 | 1266198 | 2685051 | 3049662 |
| 浙江 | Zhejiang | 4716089 | 653665 | 2067683 | 2648406 |
| 安徽 | Anhui | 804482 | 375796 | 482284 | 322198 |
| 福建 | Fujian | 935216 | 276338 | 521295 | 413921 |
| 江西 | Jiangxi | 691689 | 134796 | 518755 | 172935 |
| 山东 | Shandong | 1714197 | 870546 | 60906 | 1653291 |
| 河南 | Henan | 891244 | 248996 | 625728 | 265516 |
| 湖北 | Hubei | 1526933 | 477682 | 768062 | 758872 |
| 湖南 | Hunan | 2295255 | 503062 | 867813 | 1427442 |
| 广东 | Guangdong | 3667724 | 962960 | 1426536 | 2241188 |
| 广西 | Guangxi | 476856 | 255355 | 254212 | 222644 |
| 海南 | Hainan | 155154 | 87781 | 71932 | 83222 |
| 重庆 | Chongqing | 943112 | 311548 | 632314 | 310798 |
| 四川 | Sichuan | 1993430 | 811278 | 1447876 | 545553 |
| 贵州 | Guizhou | 630541 | 212714 | 328004 | 302537 |
| 云南 | Yunnan | 1222328 | 316444 | 782461 | 439867 |
| 西藏 | Tibet | | | | |
| 陕西 | Shaanxi | 796782 | 335943 | 499712 | 297071 |
| 甘肃 | Gansu | 379133 | 188937 | 166980 | 212153 |
| 青海 | Qinghai | 68750 | 28351 | 36591 | 32159 |
| 宁夏 | Ningxia | 142741 | 41067 | 69084 | 73656 |
| 新疆 | Xinjiang | 246726 | 79428 | 117545 | 129181 |

# 4-2-18 全国电视节目进出口情况
# Basic Statistics on Imported and Exported TV Programs

单位：万元 (10 000 yuan)

| 年 份<br>Year | 电视节目进口额<br>Value of Imported TV Programs | #电视剧<br>TV Plays | #动画电视<br>Cartoon | 电视节目出口额<br>Value of Exported TV Programs | #电视剧<br>TV Plays | #动画电视<br>Cartoon |
|---|---|---|---|---|---|---|
| 2006 | 33714 | 18513 | 803 | 16940 | 11085 | 5148 |
| 2007 | 32067 | 10757 | 981 | 12175 | 2435 | 7354 |
| 2008 | 45421 | 24293 | 878 | 12476 | 7525 | 2948 |
| 2009 | 49146 | 26887 | 128 | 9173 | 3584 | 4456 |
| 2010 | 43047 | 21450 | 247 | 21010 | 7484 | 11133 |
| 2011 | 54099 | 34564 | 702 | 22662 | 14649 | 3662 |
| 2012 | 62534 | 39584 | 1489 | 22824 | 15020 | 3105 |
| 2013 | 58658 | 24498 | 4432 | 18166 | 9250 | 4894 |

# 4-2-19 全国电视节目进出口情况(2013年)

## Basic Statistics on Imported and Exported TV Programs (2013)

| 指　　标 | Item | 合计 Total | 欧洲 Europe | 非洲 Africa |
|---|---|---|---|---|
| **全年电视节目进口总额(万元)** | **Value of Imported TV Programs (10 000 yuan)** | **58658.1** | **12804.1** | **126.4** |
| #电视剧 | TV Play | 24497.7 | 1939.0 | |
| 动画电视 | Cartoon | 4432.4 | 419.6 | |
| 纪录片 | Documentary | 9273.3 | 4178.9 | |
| **全年电视节目进口量(小时)** | **Time of Imported TV Programs (hour)** | **18943** | **6657** | **11** |
| #电视剧(部/集) | TV Play (set) | 213/6547 | 30/278 | |
| 动画电视(小时) | Cartoon (hour) | 2879 | 878 | |
| 纪录片(小时) | Documentary (hour) | 2637 | 1195 | |
| **全年电视节目出口总额(万元)** | **Value of Exported TV Programs (10 000 yuan)** | **18165.6** | **3922.1** | **899.6** |
| #电视剧 | TV Play | 9249.8 | 623.7 | 548.0 |
| 动画电视 | Cartoon | 4894.2 | 2127.0 | 312.5 |
| 纪录片 | Documentary | 2693.5 | 361.8 | 39.1 |
| **全年电视节目出口量(小时)** | **Time of Exported TV Programs (hour)** | **21270** | **1065** | **1240** |
| #电视剧(部/集) | TV Play (set) | 243/11180 | 5/184 | 11/414 |
| 动画电视(小时) | Cartoon (hour) | 2507 | 223 | 850 |
| 纪录片(小时) | Documentary (hour) | 3241 | 154 | 80 |

4-2-19 续表 1 continued

| 指　　标 | Item | 美洲 America | #美国 United States | 亚洲 Asia |
|---|---|---|---|---|
| **全年电视节目进口总额(万元)** | **Value of Imported TV Programs (10 000 yuan)** | **10898.4** | **10455.6** | **33834.9** |
| #电视剧 | TV Play | 2420.0 | 2420.0 | 20138.7 |
| 动画电视 | Cartoon | 1159.2 | 1146.8 | 2853.6 |
| 纪录片 | Documentary | 1232.9 | 1097.0 | 3471.6 |
| **全年电视节目进口量(小时)** | **Time of Imported TV Programs (hour)** | **4863** | **4603** | **7294** |
| #电视剧(部/集) | TV Play (set) | 43/970 | 42/950 | 140/5299 |
| 动画电视(小时) | Cartoon (hour) | 805 | 639 | 1196 |
| 纪录片(小时) | Documentary (hour) | 467 | 417 | 960 |
| **全年电视节目出口总额(万元)** | **Value of Exported TV Programs (10 000 yuan)** | **3264.9** | **2796.0** | **9607.3** |
| #电视剧 | TV Play | 1279.5 | 868.4 | 6597.8 |
| 动画电视 | Cartoon | 517.5 | 517.5 | 1937.2 |
| 纪录片 | Documentary | 1271.3 | 1216.9 | 941.3 |
| **全年电视节目出口量(小时)** | **Time of Exported TV Programs (hour)** | **10617** | **9380** | **8136** |
| #电视剧(部/集) | TV Play (set) | 45/2840 | 39/1564 | 177/7541 |
| 动画电视(小时) | Cartoon (hour) | 417 | 417 | 1018 |
| 纪录片(小时) | Documentary (hour) | 2055 | 1809 | 943 |

4-2-19 续表 2 continued

| 指标 | Item | #日本 Japan | #韩国 Republic of Korea | #东南亚 Southeast Asia |
|---|---|---|---|---|
| **全年电视节目进口总额(万元)** | **Value of Imported TV Programs (10 000 yuan)** | 2291.7 | 7683.2 | 8557.0 |
| #电视剧 | TV Play | | 7404.5 | 6535.7 |
| 动画电视 | Cartoon | 1970.1 | 60.0 | |
| 纪录片 | Documentary | 15.0 | 22.0 | 13.0 |
| **全年电视节目进口量(小时)** | **Time of Imported TV Programs (hour)** | 1299 | 1383 | 813 |
| #电视剧(部/集) | TV Play (set) | | 43/1706 | 22/787 |
| 动画电视(小时) | Cartoon (hour) | 1004 | 30 | |
| 纪录片(小时) | Documentary (hour) | 12 | 26 | 2 |
| **全年电视节目出口总额(万元)** | **Value of Exported TV Programs (10 000 yuan)** | 2569.5 | 1346.2 | 1967.0 |
| #电视剧 | TV Play | 1545.8 | 1126.5 | 1516.5 |
| 动画电视 | Cartoon | 1017.9 | 53.3 | 289.7 |
| 纪录片 | Documentary | 2.1 | 166.4 | 105.0 |
| **全年电视节目出口量(小时)** | **Time of Exported TV Programs (hour)** | 561 | 763 | 3549 |
| #电视剧(部/集) | TV Play (set) | 13/575 | 19/828 | 93/3798 |
| 动画电视(小时) | Cartoon (hour) | 121 | 45 | 422 |
| 纪录片(小时) | Documentary (hour) | 7 | 97 | 155 |

4-2-19 续表 3 continued

| 指标 | Item | #中国香港 Hong Kong, China | #中国台湾 Taiwan, China | 大洋洲 Oceania |
|---|---|---|---|---|
| **全年电视节目进口总额(万元)** | **Value of Imported TV Programs (10 000 yuan)** | 12626.5 | 2676.5 | 994.3 |
| #电视剧 | TV Play | 4368.5 | 1830.0 | |
| 动画电视 | Cartoon | 712.4 | 111.1 | |
| 纪录片 | Documentary | 3421.6 | | 389.9 |
| **全年电视节目进口量(小时)** | **Time of Imported TV Programs (hour)** | 3612 | 187 | 119 |
| #电视剧(部/集) | TV Play (set) | 70/2640 | 5/166 | |
| 动画电视(小时) | Cartoon (hour) | 144 | 18 | |
| 纪录片(小时) | Documentary (hour) | 920 | | 16 |
| **全年电视节目出口总额(万元)** | **Value of Exported TV Programs (10 000 yuan)** | 1141.8 | 2582.9 | 471.8 |
| #电视剧 | TV Play | 553.9 | 1855.1 | 200.8 |
| 动画电视 | Cartoon | 234.9 | 341.5 | |
| 纪录片 | Documentary | 283.6 | 384.2 | 80.0 |
| **全年电视节目出口量(小时)** | **Time of Exported TV Programs (hour)** | 1481 | 1782 | 210 |
| #电视剧(部/集) | TV Play (set) | 16/731 | 36/1609 | 5/201 |
| 动画电视(小时) | Cartoon (hour) | 240 | 190 | |
| 纪录片(小时) | Documentary (hour) | 294 | 390 | 10 |

# 4-2-20 分地区电视节目进出口情况(2013年)

## Basic Statistics on Imported and Exported TV Programs by Region (2013)

| 地区 | Region | 全年电视节目进口总额(万元) Value of Imported TV Programs (10 000 yuan) | #电视剧 TV Play | #动画电视 Cartoon | 全年电视节目进口量(小时) Time of Imported TV Programs (hour) | #动画电视 Cartoon | 进口电视剧 Imported TV Plays 部 set | 集 part |
|---|---|---|---|---|---|---|---|---|
| **全　国** | **National Total** | **58658** | **24498** | **4432** | **18943** | **2879** | **213** | **6547** |
| 总局直属 | Directly under the State Administration | 33575 | 9364 | 1319 | 7546 | 184 | 32 | 814 |
| 北　京 | Beijing | 7170 | 3941 | 2825 | 4743 | 2305 | 87 | 2351 |
| 天　津 | Tianjin | | | | | | | |
| 河　北 | Hebei | 40 | | | 104 | | | |
| 山　西 | Shanxi | | | | | | | |
| 内蒙古 | Inner Mongolia | | | | | | | |
| 辽　宁 | Liaoning | | | | | | | |
| 吉　林 | Jilin | | | | | | | |
| 黑龙江 | Heilongjiang | | | | | | | |
| 上　海 | Shanghai | 6928 | 1142 | 75 | 3465 | 233 | 8 | 86 |
| 江　苏 | Jiangsu | 250 | 250 | | 16 | | 1 | 20 |
| 浙　江 | Zhejiang | | | | | | | |
| 安　徽 | Anhui | 8475 | 8475 | | 216 | | 9 | 288 |
| 福　建 | Fujian | | | | | | | |
| 江　西 | Jiangxi | | | | | | | |
| 山　东 | Shandong | | | | | | | |
| 河　南 | Henan | | | | | | | |
| 湖　北 | Hubei | | | | | | | |
| 湖　南 | Hunan | | | | | | | |
| 广　东 | Guangdong | 1535 | 1052 | 50 | 2424 | 79 | 61 | 2564 |
| 广　西 | Guangxi | 204 | 204 | | 287 | | 13 | 382 |
| 海　南 | Hainan | | | | | | | |
| 重　庆 | Chongqing | | | | | | | |
| 四　川 | Sichuan | | | | | | | |
| 贵　州 | Guizhou | 59 | 59 | | 17 | | 1 | 22 |
| 云　南 | Yunnan | | | | | | | |
| 西　藏 | Tibet | | | | | | | |
| 陕　西 | Shaanxi | 412 | | 164 | 111 | 78 | | |
| 甘　肃 | Gansu | | | | | | | |
| 青　海 | Qinghai | 10 | 10 | | 15 | | 1 | 20 |
| 宁　夏 | Ningxia | | | | | | | |
| 新　疆 | Xinjiang | | | | | | | |

4-2-20 续表 continued

| 地 区 | Region | 全年电视节目出口总额（万元）Value of Exported TV Programs (10 000 yuan) | #电视剧 TV Play | #动画电视 Cartoon | 全年电视节目出口量（小时）Time of Exported TV Programs (hour) | #动画电视 Cartoon | 出口电视剧 Exported TV Plays 部 set | 集 part |
|---|---|---|---|---|---|---|---|---|
| **全 国** | **National Total** | **18166** | **9250** | **4894** | **21270** | **2507** | **243** | **11180** |
| 总局直属 | Directly under the State Administration | 1759 | 1092 | 11 | 5641 | 19 | 114 | 5944 |
| 北 京 | Beijing | 6397 | 2290 | 2102 | 4820 | 231 | 40 | 1529 |
| 天 津 | Tianjin | | | | | | | |
| 河 北 | Hebei | | | | | | | |
| 山 西 | Shanxi | | | | | | | |
| 内蒙古 | Inner Mongolia | | | | | | | |
| 辽 宁 | Liaoning | | | | | | | |
| 吉 林 | Jilin | | | | | | | |
| 黑龙江 | Heilongjiang | | | | | | | |
| 上 海 | Shanghai | 1162 | 857 | 12 | 5537 | 13 | 19 | 676 |
| 江 苏 | Jiangsu | | | | | | | |
| 浙 江 | Zhejiang | 3831 | 3521 | 310 | 1364 | 165 | 34 | 1600 |
| 安 徽 | Anhui | | | | | | | |
| 福 建 | Fujian | 14 | | 14 | 39 | 39 | | |
| 江 西 | Jiangxi | | | | | | | |
| 山 东 | Shandong | 10 | 10 | | 27 | | 1 | 36 |
| 河 南 | Henan | | | | | | | |
| 湖 北 | Hubei | 108 | 108 | | 72 | | 3 | 94 |
| 湖 南 | Hunan | 313 | | 313 | 850 | 850 | | |
| 广 东 | Guangdong | 4571 | 1372 | 2132 | 2921 | 1191 | 32 | 1301 |
| 广 西 | Guangxi | | | | | | | |
| 海 南 | Hainan | | | | | | | |
| 重 庆 | Chongqing | | | | | | | |
| 四 川 | Sichuan | | | | | | | |
| 贵 州 | Guizhou | | | | | | | |
| 云 南 | Yunnan | | | | | | | |
| 西 藏 | Tibet | | | | | | | |
| 陕 西 | Shaanxi | | | | | | | |
| 甘 肃 | Gansu | | | | | | | |
| 青 海 | Qinghai | | | | | | | |
| 宁 夏 | Ningxia | | | | | | | |
| 新 疆 | Xinjiang | | | | | | | |

# 4-2-21 全国电影发展情况
## Basic Statistics on Film Industry

| 年 份 Year | 电影故事片厂（个） Number of Feature Film Studios (unit) | 生产故事影片（部） Feature Films (reel) | 生产动画影片（部） Cartoons (reel) | 生产科教影片（部） Popular Science Films (reel) | 生产纪录影片（部） Documentary Films (reel) | 生产特种影片（部） Special Films (reel) |
|---|---|---|---|---|---|---|
| 2005 | 32 | 260 | 7 | 33 | 2 | |
| 2006 | 32 | 330 | 13 | 36 | 13 | |
| 2007 | 32 | 402 | 6 | 34 | 9 | |
| 2008 | 33 | 406 | 16 | 39 | 16 | 2 |
| 2009 | 31 | 456 | 27 | 52 | 19 | 4 |
| 2010 | 31 | 526 | 16 | 54 | 16 | 9 |
| 2011 | 31 | 558 | 24 | 76 | 26 | 5 |
| 2012 | 31 | 745 | 33 | 74 | 15 | 26 |
| 2013 | 31 | 638 | 29 | 121 | 18 | 18 |

4-2-21 续表 continued

| 年 份 Year | 电影院线 Movie Circuit | | | 国内电影票房收入（亿元） Domestic Movie Box Office Revenue (100 million yuan) | 电视播映收入（亿元） Revenue from the Movie Channel Play (100 million yuan) | 国产影片海外销售收入（亿元） Sales of Domestic-Produced Movies to Foreign Countries (100 million yuan) |
|---|---|---|---|---|---|---|
| | 数量（条） Number of Movie Circuit (line) | 院线内影院（家） Cinemas in Movie Circuit (unit) | 银幕（块） Screens in Movie Circuit (unit) | | | |
| 2005 | 36 | 1243 | 2668 | 20.00 | | |
| 2006 | 34 | 1325 | 3034 | 26.20 | 12.00 | 19.10 |
| 2007 | 34 | 1427 | 3527 | 33.27 | 13.79 | 20.20 |
| 2008 | 34 | 1545 | 4097 | 43.41 | 25.28 | 15.64 |
| 2009 | 37 | 1687 | 4723 | 62.06 | 16.89 | 27.70 |
| 2010 | 37 | 1820 | 6256 | 101.72 | 20.32 | 35.17 |
| 2011 | 39 | 2803 | 9286 | 131.15 | 25.86 | 20.46 |
| 2012 | 40 | | 13118 | 170.73 | 26.81 | 10.63 |
| 2013 | 42 | | 18195 | | | |

# 4-3-1 博物馆基本情况

# Basic Statistics on Museums

| 年份 Year | 机构数 (个) Number of Institutions (unit) | 从业人员 (人) Number of Engaged Persons (person) | 藏品数 (件/套) Number of Collections (piece/set) | 基本陈列、展览 (个) Displays and Exhibitions (unit) | 参观人次 (万人次) Spectators (10 000 person-times) |
|---|---|---|---|---|---|
| 2005 | 1581 | 38603 | 16199377 | 5929 | 11819 |
| 2006 | 1617 | 40818 | 13024192 | 5879 | 12032 |
| 2007 | 1722 | 42636 | 13760448 | 7689 | 25625 |
| 2008 | 1893 | 51587 | 14554158 | 8364 | 28328 |
| 2009 | 2252 | 59919 | 15711150 | 14057 | 32716 |
| 2010 | 2435 | 57431 | 17552482 | 26704 | 40679 |
| 2011 | 2650 | 62181 | 19023423 | 16921 | 47051 |
| 2012 | 3069 | 71748 | 23180726 | 20115 | 56401 |
| 2013 | 3473 | 79075 | 27191601 | 16822 | 63777 |

4-3-1 续表 continued

| 年份 Year | 实际使用房屋建筑面积 (万平方米) Floor Space of Buildings Actually Used (10 000 sq.m) | 收入合计 (万元) Total Revenue (10 000 yuan) | #财政补助收入 Government Subsidy | 支出合计 (万元) Total Expenditure (10 000 yuan) |
|---|---|---|---|---|
| 2005 | 556 | 344539 | 166731 | 319862 |
| 2006 | 580 | 409927 | 203740 | 363518 |
| 2007 | 676 | 506375 | 264585 | 472082 |
| 2008 | 748 | 609161 | 427451 | 572440 |
| 2009 | 967 | 765924 | 569299 | 700720 |
| 2010 | 1088 | 961176 | 728877 | 878727 |
| 2011 | 1179 | 1205789 | 991036 | 1171131 |
| 2012 | 1471 | 1492024 | 1203789 | 1424802 |
| 2013 | 1700 | 1755739 | 1402781 | 1706897 |

# 4-3-2 分地区博物馆基本情况(2013年)
# Basic Statistics on Museums by Region (2013)

| 地 区 | Region | 机构数(个) Number of Institutions (unit) | 从业人员(人) Number of Engaged Persons (person) | #专业技术人员 Professional Technical Staff | 藏品数(件/套) Number of Collections (piece/set) | 基本陈列、展览(个) Displays and Exhibitions (unit) |
|---|---|---|---|---|---|---|
| **全 国** | **National Total** | **3473** | **79075** | **29918** | **27191601** | **16822** |
| 中央本级 | Central-level | 5 | 2869 | 1311 | 2956953 | 163 |
| 北 京 | Beijing | 41 | 1101 | 369 | 1142291 | 201 |
| 天 津 | Tianjin | 20 | 669 | 432 | 688456 | 110 |
| 河 北 | Hebei | 103 | 3126 | 900 | 271992 | 479 |
| 山 西 | Shanxi | 97 | 2215 | 787 | 598381 | 233 |
| 内蒙古 | Inner Mongolia | 72 | 1412 | 802 | 498069 | 333 |
| 辽 宁 | Liaoning | 63 | 2164 | 1034 | 444906 | 309 |
| 吉 林 | Jilin | 73 | 1214 | 666 | 361260 | 362 |
| 黑龙江 | Heilongjiang | 156 | 2369 | 1193 | 487097 | 570 |
| 上 海 | Shanghai | 100 | 3131 | 1519 | 2282961 | 630 |
| 江 苏 | Jiangsu | 292 | 5668 | 2071 | 1662661 | 1658 |
| 浙 江 | Zhejiang | 183 | 3788 | 1374 | 1002041 | 1421 |
| 安 徽 | Anhui | 154 | 2500 | 922 | 670420 | 731 |
| 福 建 | Fujian | 98 | 1798 | 735 | 482562 | 614 |
| 江 西 | Jiangxi | 137 | 2972 | 1105 | 448996 | 497 |
| 山 东 | Shandong | 194 | 4748 | 2159 | 1352501 | 1419 |
| 河 南 | Henan | 222 | 5885 | 1556 | 964804 | 907 |
| 湖 北 | Hubei | 170 | 3360 | 1664 | 1668740 | 796 |
| 湖 南 | Hunan | 103 | 2515 | 788 | 510258 | 399 |
| 广 东 | Guangdong | 175 | 3396 | 1480 | 996706 | 1163 |
| 广 西 | Guangxi | 104 | 1696 | 711 | 397058 | 350 |
| 海 南 | Hainan | 18 | 235 | 64 | 39895 | 87 |
| 重 庆 | Chongqing | 71 | 1897 | 749 | 679375 | 313 |
| 四 川 | Sichuan | 188 | 5417 | 1421 | 3141223 | 638 |
| 贵 州 | Guizhou | 75 | 1261 | 349 | 94124 | 212 |
| 云 南 | Yunnan | 84 | 942 | 615 | 1191016 | 365 |
| 西 藏 | Tibet | 2 | 75 | 39 | 63150 | 20 |
| 陕 西 | Shaanxi | 221 | 6225 | 1737 | 1174563 | 847 |
| 甘 肃 | Gansu | 143 | 2871 | 803 | 506315 | 616 |
| 青 海 | Qinghai | 22 | 196 | 128 | 183255 | 64 |
| 宁 夏 | Ningxia | 11 | 248 | 149 | 74808 | 59 |
| 新 疆 | Xinjiang | 76 | 1112 | 286 | 154764 | 256 |

4-3-2 续表 1 continued

| 地 区 | Region | 参观人次（万人次） Spectators (10 000 person-times) | 门票销售总额（万元） Sales of Admission Tickets (10 000 yuan) | 收入合计（万元） Total Revenue (10 000 yuan) | #财政补助收入 Government Subsidy | 支出合计（万元） Total Expenditure (10 000 yuan) |
|---|---|---|---|---|---|---|
| **全 国** | **National Total** | **63777** | **290050** | **1755739** | **1402781** | **1706897** |
| 中央本级 | Central-level | 2522 | 79886 | 147883 | 120125 | 131733 |
| 北 京 | Beijing | 501 | 2304 | 69415 | 56793 | 56116 |
| 天 津 | Tianjin | 546 | 669 | 27106 | 23628 | 46334 |
| 河 北 | Hebei | 2480 | 1040 | 41814 | 35214 | 40976 |
| 山 西 | Shanxi | 1030 | 15326 | 42137 | 25840 | 35194 |
| 内蒙古 | Inner Mongolia | 908 | 345 | 33911 | 32412 | 30439 |
| 辽 宁 | Liaoning | 1178 | 9100 | 49554 | 48912 | 44671 |
| 吉 林 | Jilin | 726 | 3819 | 25144 | 20203 | 23338 |
| 黑龙江 | Heilongjiang | 1824 | 35 | 40499 | 25991 | 39070 |
| 上 海 | Shanghai | 1768 | 14681 | 128090 | 97237 | 118682 |
| 江 苏 | Jiangsu | 6118 | 9956 | 139776 | 117321 | 132363 |
| 浙 江 | Zhejiang | 3789 | 1577 | 80529 | 68426 | 85615 |
| 安 徽 | Anhui | 2037 | 95 | 28926 | 21414 | 32369 |
| 福 建 | Fujian | 2125 | | 42611 | 33061 | 35327 |
| 江 西 | Jiangxi | 2657 | 5210 | 39629 | 32722 | 35810 |
| 山 东 | Shandong | 4336 | 19798 | 98630 | 58206 | 103783 |
| 河 南 | Henan | 4181 | 6380 | 56993 | 43744 | 69534 |
| 湖 北 | Hubei | 2358 | 434 | 55719 | 43954 | 55947 |
| 湖 南 | Hunan | 2836 | 2474 | 73021 | 69245 | 72654 |
| 广 东 | Guangdong | 3599 | 6207 | 94854 | 86606 | 93542 |
| 广 西 | Guangxi | 1253 | 75 | 39463 | 23213 | 27714 |
| 海 南 | Hainan | 274 | | 4862 | 4608 | 4953 |
| 重 庆 | Chongqing | 1916 | 13011 | 52308 | 40732 | 70996 |
| 四 川 | Sichuan | 4834 | 20028 | 108716 | 79528 | 96862 |
| 贵 州 | Guizhou | 1265 | 23 | 16623 | 11212 | 12645 |
| 云 南 | Yunnan | 1238 | 21 | 27482 | 25782 | 24367 |
| 西 藏 | Tibet | 34 | | 2314 | 2314 | 3098 |
| 陕 西 | Shaanxi | 2875 | 75437 | 104758 | 79582 | 110634 |
| 甘 肃 | Gansu | 1767 | 2077 | 48212 | 45932 | 41424 |
| 青 海 | Qinghai | 54 | | 3810 | 3229 | 2531 |
| 宁 夏 | Ningxia | 111 | | 5006 | 4799 | 5046 |
| 新 疆 | Xinjiang | 636 | 45 | 25944 | 20797 | 23133 |

4-3-2 续表 2 continued

| 地 区 | Region | 资产总计(万元) Total Assets (10 000 yuan) | #固定资产原价 Original Value of Fixed Assets | 实际使用房屋建筑面积(万平方米) Floor Space of Buildings Actually Used (10 000 sq.m) | #展览用房 Buildings for Exhibitions | #库房 Storeroom |
|---|---|---|---|---|---|---|
| **全　国** | **National Total** | **5485990** | **3547939** | **1700.50** | **849.40** | **138.74** |
| 中央本级 | Central-level | 505070 | 156904 | 57.68 | 13.27 | 3.65 |
| 北　京 | Beijing | 53119 | 22772 | 22.87 | 10.06 | 1.86 |
| 天　津 | Tianjin | 30636 | 12533 | 16.76 | 7.84 | 2.21 |
| 河　北 | Hebei | 99813 | 80169 | 53.62 | 25.81 | 2.53 |
| 山　西 | Shanxi | 37320 | 19648 | 34.01 | 17.00 | 3.27 |
| 内蒙古 | Inner Mongolia | 143217 | 129125 | 52.13 | 24.29 | 3.63 |
| 辽　宁 | Liaoning | 94012 | 83073 | 37.90 | 22.29 | 2.51 |
| 吉　林 | Jilin | 32959 | 22313 | 20.30 | 12.59 | 1.13 |
| 黑龙江 | Heilongjiang | 177946 | 155635 | 59.53 | 35.16 | 3.45 |
| 上　海 | Shanghai | 672071 | 421640 | 72.38 | 29.55 | 7.80 |
| 江　苏 | Jiangsu | 673511 | 559870 | 181.97 | 94.18 | 12.76 |
| 浙　江 | Zhejiang | 271650 | 184130 | 89.02 | 42.15 | 8.20 |
| 安　徽 | Anhui | 135033 | 95075 | 49.73 | 27.39 | 4.06 |
| 福　建 | Fujian | 60153 | 28397 | 46.08 | 20.85 | 3.25 |
| 江　西 | Jiangxi | 101312 | 78052 | 50.44 | 27.80 | 4.82 |
| 山　东 | Shandong | 456341 | 234798 | 122.96 | 70.74 | 11.25 |
| 河　南 | Henan | 146807 | 104179 | 93.01 | 49.99 | 10.25 |
| 湖　北 | Hubei | 147913 | 109548 | 99.15 | 66.62 | 6.98 |
| 湖　南 | Hunan | 116093 | 72896 | 40.51 | 16.70 | 3.39 |
| 广　东 | Guangdong | 270309 | 159458 | 99.70 | 40.05 | 5.53 |
| 广　西 | Guangxi | 67881 | 60533 | 38.68 | 17.00 | 3.18 |
| 海　南 | Hainan | 7056 | 6541 | 4.02 | 1.38 | 0.19 |
| 重　庆 | Chongqing | 120103 | 61041 | 41.77 | 18.73 | 3.66 |
| 四　川 | Sichuan | 298191 | 169468 | 97.05 | 48.56 | 8.18 |
| 贵　州 | Guizhou | 106201 | 82983 | 21.09 | 9.99 | 1.13 |
| 云　南 | Yunnan | 108119 | 43752 | 30.69 | 16.78 | 2.32 |
| 西　藏 | Tibet | 288 | 288 | 2.42 | 1.08 | 0.27 |
| 陕　西 | Shaanxi | 321221 | 220556 | 83.45 | 35.93 | 10.01 |
| 甘　肃 | Gansu | 145549 | 112159 | 44.19 | 23.50 | 4.17 |
| 青　海 | Qinghai | 15106 | 13536 | 4.81 | 2.39 | 0.57 |
| 宁　夏 | Ningxia | 12252 | 9192 | 9.13 | 4.38 | 0.72 |
| 新　疆 | Xinjiang | 58741 | 37679 | 23.47 | 15.37 | 1.82 |

# 4-3-3 群众文化机构基本情况
# Basic Statistics on Mass Cultural Institutions

| 年份 Year | 机构数（个） Number of Institutions (unit) | 从业人员（人） Number of Engaged Persons (person) | 组织文艺活动次数（次） Number of Art and Cultural Activities (time) | 举办训练班次（次） Number of Training Courses (time) | 举办展览个数（个） Number of Exhibitions (unit) |
|---|---|---|---|---|---|
| 2005 | 41588 | 122500 | 391439 | 190194 | 111300 |
| 2006 | 40088 | 123465 | 497779 | 218696 | 141150 |
| 2007 | 40601 | 128096 | 546477 | 242055 | 90900 |
| 2008 | 41156 | 131142 | 473613 | 299791 | 100877 |
| 2009 | 41959 | 137484 | 555052 | 304955 | 110251 |
| 2010 | 43382 | 141002 | 576799 | 358719 | 117353 |
| 2011 | 43675 | 147732 | 620586 | 339883 | 107785 |
| 2012 | 43876 | 156228 | 688482 | 387201 | 114774 |
| 2013 | 44260 | 164355 | 740611 | 390758 | 138225 |

4-3-3 续表 continued

| 年份 Year | 收入合计（万元） Total Revenue (10 000 yuan) | #财政补贴收入 Government Subsidy | 支出合计（万元） Total Expenditure (10 000 yuan) | 实际使用房屋建筑面积（万平方米） Floor Space of Buildings Actually Used (10 000 sq.m) |
|---|---|---|---|---|
| 2005 | 365887 | 279033 | 358641 | 1507 |
| 2006 | 428962 | 322773 | 412430 | 1623 |
| 2007 | 548301 | 432311 | 575722 | 1667 |
| 2008 | 660111 | 528838 | 653613 | 1931 |
| 2009 | 807244 | 681147 | 794190 | 2194 |
| 2010 | 944397 | 803918 | 931951 | 2527 |
| 2011 | 1285601 | 1122872 | 1267505 | 2983 |
| 2012 | 1453601 | 1300692 | 1467803 | 3172 |
| 2013 | 1667594 | 1478439 | 1635395 | 3389 |

# 4-3-4 分地区群众文化机构基本情况(2013年)
# Basic Statistics on Mass Cultural Institutions by Region (2013)

| 地 区 | Region | 机构数(个) Number of Institutions (unit) | 从业人员(人) Number of Engaged Persons (person) | #专业技术人员 Professional Technical Staff | 组织文艺活动次数(次) Number of Art and Cultural Activities (time) | 组织文艺活动观众人次(万人次) Attending Art and Cultural Activities (10 000 person-times) |
|---|---|---|---|---|---|---|
| **全 国** | **National Total** | **44260** | **164355** | **65269** | **740611** | **31378.6** |
| 北 京 | Beijing | 346 | 2549 | 756 | 29787 | 991.9 |
| 天 津 | Tianjin | 291 | 1059 | 488 | 6334 | 183.7 |
| 河 北 | Hebei | 2399 | 7190 | 2520 | 34445 | 829.0 |
| 山 西 | Shanxi | 1538 | 4773 | 1827 | 20201 | 522.9 |
| 内蒙古 | Inner Mongolia | 1156 | 4649 | 2331 | 13652 | 560.0 |
| 辽 宁 | Liaoning | 1543 | 5596 | 2359 | 28630 | 1220.4 |
| 吉 林 | Jilin | 975 | 4452 | 2559 | 13412 | 770.0 |
| 黑龙江 | Heilongjiang | 1640 | 5110 | 2365 | 19250 | 604.0 |
| 上 海 | Shanghai | 239 | 4972 | 1084 | 36164 | 1225.7 |
| 江 苏 | Jiangsu | 1394 | 6917 | 2825 | 42647 | 1541.1 |
| 浙 江 | Zhejiang | 1432 | 6724 | 3673 | 45132 | 2118.0 |
| 安 徽 | Anhui | 1557 | 6155 | 3198 | 27422 | 997.7 |
| 福 建 | Fujian | 1237 | 3335 | 1189 | 13771 | 501.9 |
| 江 西 | Jiangxi | 1877 | 5462 | 1864 | 14393 | 738.6 |
| 山 东 | Shandong | 1966 | 7977 | 4008 | 46978 | 1692.4 |
| 河 南 | Henan | 2527 | 10908 | 2449 | 41410 | 1490.3 |
| 湖 北 | Hubei | 1382 | 4912 | 2338 | 21033 | 1096.7 |
| 湖 南 | Hunan | 2672 | 7929 | 2275 | 28049 | 1172.5 |
| 广 东 | Guangdong | 1746 | 10914 | 2804 | 41121 | 3390.8 |
| 广 西 | Guangxi | 1290 | 5018 | 2594 | 26153 | 1369.6 |
| 海 南 | Hainan | 233 | 821 | 253 | 2839 | 198.5 |
| 重 庆 | Chongqing | 1038 | 4663 | 1170 | 14293 | 748.3 |
| 四 川 | Sichuan | 4802 | 9738 | 3372 | 56310 | 2645.6 |
| 贵 州 | Guizhou | 1687 | 5986 | 2628 | 14567 | 571.4 |
| 云 南 | Yunnan | 1546 | 6660 | 5022 | 25762 | 1242.0 |
| 西 藏 | Tibet | 615 | 562 | 163 | 1933 | 77.6 |
| 陕 西 | Shaanxi | 1772 | 7567 | 2506 | 18113 | 696.3 |
| 甘 肃 | Gansu | 1434 | 5400 | 1458 | 11797 | 473.8 |
| 青 海 | Qinghai | 413 | 919 | 428 | 4405 | 151.5 |
| 宁 夏 | Ningxia | 253 | 1282 | 796 | 8890 | 620.0 |
| 新 疆 | Xinjiang | 1260 | 4156 | 1967 | 31718 | 936.5 |

4-3-4 续表 1 continued

| 地 区 | Region | 举办训练班 Training Courses | | 举办展览 Exhibitions | | 收入合计（万元） Total Revenue (10 000 yuan) | #财政补贴收入 Government Subsidy |
|---|---|---|---|---|---|---|---|
| | | 班次（次） Number of Training Courses (time) | 培训人次（万人次） Attending Training (10 000 person-times) | 个数（个） Number of Exhibitions (time) | 参观人次（万人次） Visitors (10 000 person-times) | | |
| **全 国** | **National Total** | **390758** | **3105.1** | **138225** | **9245.7** | **1667594** | **1478439** |
| 北 京 | Beijing | 22353 | 163.0 | 2200 | 120.7 | 34868 | 32389 |
| 天 津 | Tianjin | 5502 | 38.7 | 1097 | 43.7 | 25255 | 24045 |
| 河 北 | Hebei | 14845 | 92.2 | 5402 | 219.8 | 34513 | 33360 |
| 山 西 | Shanxi | 9750 | 79.3 | 3295 | 194.2 | 37527 | 36481 |
| 内蒙古 | Inner Mongolia | 5128 | 33.8 | 2009 | 135.8 | 40710 | 40526 |
| 辽 宁 | Liaoning | 19050 | 136.5 | 3247 | 181.3 | 38383 | 36743 |
| 吉 林 | Jilin | 5498 | 54.7 | 1420 | 149.0 | 39358 | 37904 |
| 黑龙江 | Heilongjiang | 6437 | 49.4 | 2837 | 194.2 | 32452 | 31601 |
| 上 海 | Shanghai | 28102 | 241.0 | 3220 | 461.2 | 129717 | 107981 |
| 江 苏 | Jiangsu | 18787 | 157.8 | 7829 | 431.9 | 127601 | 117387 |
| 浙 江 | Zhejiang | 27119 | 198.2 | 7560 | 628.7 | 162460 | 135334 |
| 安 徽 | Anhui | 15174 | 125.7 | 4730 | 285.3 | 44168 | 37134 |
| 福 建 | Fujian | 8331 | 57.5 | 2991 | 446.6 | 34919 | 28193 |
| 江 西 | Jiangxi | 7648 | 52.8 | 15240 | 196.0 | 32888 | 31555 |
| 山 东 | Shandong | 21061 | 187.9 | 8992 | 598.6 | 73585 | 68401 |
| 河 南 | Henan | 19783 | 140.5 | 8529 | 587.3 | 51677 | 48094 |
| 湖 北 | Hubei | 9756 | 87.8 | 4045 | 444.6 | 40285 | 33866 |
| 湖 南 | Hunan | 13724 | 105.8 | 4152 | 324.1 | 50492 | 44176 |
| 广 东 | Guangdong | 31158 | 279.6 | 8176 | 822.8 | 166169 | 143041 |
| 广 西 | Guangxi | 11312 | 76.2 | 3290 | 265.2 | 43636 | 34578 |
| 海 南 | Hainan | 2119 | 14.0 | 573 | 53.9 | 9045 | 7556 |
| 重 庆 | Chongqing | 11275 | 91.1 | 3701 | 288.9 | 53101 | 45239 |
| 四 川 | Sichuan | 25350 | 189.7 | 9208 | 648.5 | 116259 | 103258 |
| 贵 州 | Guizhou | 7631 | 54.7 | 3033 | 163.5 | 40579 | 32170 |
| 云 南 | Yunnan | 13109 | 141.2 | 5167 | 425.8 | 55757 | 48697 |
| 西 藏 | Tibet | 635 | 5.0 | 351 | 13.1 | 6633 | 5696 |
| 陕 西 | Shaanxi | 11147 | 94.1 | 5441 | 269.1 | 51503 | 47358 |
| 甘 肃 | Gansu | 6207 | 52.0 | 3441 | 214.0 | 33235 | 32129 |
| 青 海 | Qinghai | 1495 | 12.1 | 1416 | 42.7 | 9132 | 8340 |
| 宁 夏 | Ningxia | 1822 | 13.7 | 742 | 94.7 | 14275 | 12758 |
| 新 疆 | Xinjiang | 9450 | 79.1 | 4891 | 300.7 | 37414 | 32450 |

4-3-4 续表 2 continued

| 地 区 | Region | 支出合计(万元) Total Expenditure (10 000 yuan) | 资产总计(万元) Total Assets (10 000 yuan) | #固定资产原价 Original Value of Fixed Assets | 实际使用房屋建筑面积(万平方米) Floor Space of Buildings Actually Used (10 000 sq.m) | #业务用房面积 Buildings for Mass Cultural Activities |
|---|---|---|---|---|---|---|
| **全 国** | **National Total** | **1635395** | **3597450** | **3013984** | **3389.39** | **2449.52** |
| 北 京 | Beijing | 32770 | 42142 | 30685 | 66.11 | 41.34 |
| 天 津 | Tianjin | 24151 | 22946 | 18433 | 25.40 | 16.52 |
| 河 北 | Hebei | 35885 | 100371 | 87914 | 110.27 | 80.49 |
| 山 西 | Shanxi | 38501 | 87487 | 76852 | 89.17 | 68.23 |
| 内蒙古 | Inner Mongolia | 40351 | 62244 | 57632 | 66.72 | 49.39 |
| 辽 宁 | Liaoning | 39134 | 62397 | 49872 | 96.16 | 61.88 |
| 吉 林 | Jilin | 36711 | 45342 | 38293 | 43.13 | 30.78 |
| 黑龙江 | Heilongjiang | 32492 | 54672 | 51738 | 72.89 | 51.81 |
| 上 海 | Shanghai | 111262 | 223796 | 149643 | 136.68 | 94.00 |
| 江 苏 | Jiangsu | 125470 | 305085 | 260679 | 317.85 | 236.66 |
| 浙 江 | Zhejiang | 164864 | 287540 | 220103 | 311.38 | 247.57 |
| 安 徽 | Anhui | 44696 | 108579 | 88119 | 92.20 | 76.12 |
| 福 建 | Fujian | 33856 | 89903 | 64983 | 93.60 | 70.95 |
| 江 西 | Jiangxi | 28471 | 74426 | 62535 | 85.58 | 57.46 |
| 山 东 | Shandong | 74666 | 148835 | 124289 | 243.06 | 159.31 |
| 河 南 | Henan | 50882 | 109623 | 99506 | 127.86 | 93.37 |
| 湖 北 | Hubei | 39667 | 86592 | 73810 | 111.88 | 76.99 |
| 湖 南 | Hunan | 51721 | 125363 | 113094 | 123.70 | 93.62 |
| 广 东 | Guangdong | 161075 | 312742 | 237939 | 356.85 | 243.19 |
| 广 西 | Guangxi | 41108 | 65249 | 59691 | 69.60 | 51.44 |
| 海 南 | Hainan | 9166 | 15761 | 13542 | 9.91 | 7.80 |
| 重 庆 | Chongqing | 53396 | 108107 | 87402 | 77.49 | 55.62 |
| 四 川 | Sichuan | 111844 | 279780 | 244880 | 204.86 | 153.44 |
| 贵 州 | Guizhou | 41033 | 81026 | 70507 | 69.21 | 49.01 |
| 云 南 | Yunnan | 57106 | 113949 | 97255 | 95.14 | 72.47 |
| 西 藏 | Tibet | 8305 | 316296 | 305443 | 29.55 | 21.90 |
| 陕 西 | Shaanxi | 52184 | 84070 | 69762 | 82.32 | 59.85 |
| 甘 肃 | Gansu | 33486 | 74163 | 64322 | 62.33 | 46.42 |
| 青 海 | Qinghai | 9178 | 18014 | 16113 | 12.71 | 10.73 |
| 宁 夏 | Ningxia | 14265 | 15121 | 12707 | 21.62 | 14.99 |
| 新 疆 | Xinjiang | 37701 | 75829 | 66242 | 84.18 | 56.17 |

# 4-3-5 公共图书馆基本情况
# Basic Statistics on Public Libraries

| 年份 Year | 机构数(个) Number of Institutions (unit) | 从业人员(人) Number of Engaged Persons (person) | 总藏量(万册件) Total Collections (10 000 copies) | 总流通人次(万人次) Total Number of Circulation (10 000 person-times) | #外借人次 Borrowing from Libraries | 书刊文献外借册次(万册次) Number of Books and Periodicals Lent to Readers (10 000 copy-times) |
|---|---|---|---|---|---|---|
| 2005 | 2762 | 50423 | 48056 | 23332 | 10821 | 20269 |
| 2006 | 2778 | 51311 | 50024 | 25218 | 11408 | 21039 |
| 2007 | 2799 | 54650 | 52053 | 26103 | 11454 | 21319 |
| 2008 | 2820 | 52021 | 55064 | 28141 | 12251 | 23129 |
| 2009 | 2850 | 52688 | 58521 | 32167 | 13277 | 25857 |
| 2010 | 2884 | 53564 | 61726 | 32823 | 13934 | 26392 |
| 2011 | 2952 | 54475 | 63896 | 37423 | 15316 | 28452 |
| 2012 | 3076 | 54997 | 68827 | 43437 | 17402 | 33191 |
| 2013 | 3112 | 56320 | 74896 | 49232 | 20552 | 40868 |

4-3-5 续表 continued

| 年份 Year | 发放借书证数(万个) Accumulative Number of Library Cards Distributed (10 000 units) | 收入合计(万元) Total Revenue (10 000 yuan) | #财政补贴收入 Government Subsidy | 支出合计(万元) Total Expenditure (10 000 yuan) | 实际使用公用房屋建筑面积(万平方米) Floor Space of Buildings Actually Used (10 000 sq.m) |
|---|---|---|---|---|---|
| 2005 | 1062 | 325880 | 277848 | 312571 | 677 |
| 2006 | 1160 | 366089 | 319479 | 344076 | 719 |
| 2007 | 1273 | 450512 | 395441 | 431326 | 741 |
| 2008 | 1454 | 531926 | 477616 | 519841 | 780 |
| 2009 | 1749 | 613175 | 550808 | 606630 | 850 |
| 2010 | 2020 | 646085 | 583685 | 643629 | 900 |
| 2011 | 2214 | 813232 | 756357 | 776839 | 995 |
| 2012 | 2485 | 1002068 | 934890 | 977556 | 1058 |
| 2013 | 2877 | 1151163 | 1070575 | 1130035 | 1158 |

# 4-3-6 分地区公共图书馆基本情况(2013年)
# Basic Statistics on Public Libraries by Region (2013)

| 地 区 | Region | 机构数(个) Number of Institutions (unit) | 从业人员(人) Number of Engaged Persons (person) | #专业技术人员 Professional Technical Staff | 总藏量(万册) Total Collections (10 000 copies) | #图书 Books |
|---|---|---|---|---|---|---|
| **全 国** | **National Total** | **3112** | **56320** | **39440** | **74896.0** | **56123.7** |
| 北 京 | Beijing | 24 | 1254 | 1015 | 2072.0 | 1842.5 |
| 天 津 | Tianjin | 31 | 1248 | 1067 | 1473.8 | 1297.6 |
| 河 北 | Hebei | 173 | 1851 | 1204 | 1937.4 | 1545.8 |
| 山 西 | Shanxi | 127 | 1539 | 1004 | 1465.7 | 1110.5 |
| 内蒙古 | Inner Mongolia | 116 | 1998 | 1604 | 1324.8 | 1090.0 |
| 辽 宁 | Liaoning | 129 | 2892 | 2101 | 3355.4 | 2661.3 |
| 吉 林 | Jilin | 66 | 1652 | 1380 | 1597.0 | 1283.8 |
| 黑龙江 | Heilongjiang | 107 | 1817 | 1381 | 1843.5 | 1501.8 |
| 上 海 | Shanghai | 25 | 2210 | 1580 | 7239.0 | 2929.9 |
| 江 苏 | Jiangsu | 113 | 3033 | 2203 | 5769.8 | 4902.4 |
| 浙 江 | Zhejiang | 98 | 3273 | 1999 | 5164.8 | 4350.1 |
| 安 徽 | Anhui | 107 | 1412 | 1016 | 1776.5 | 1464.0 |
| 福 建 | Fujian | 91 | 1301 | 938 | 2466.7 | 1839.8 |
| 江 西 | Jiangxi | 114 | 1435 | 871 | 1989.7 | 1464.4 |
| 山 东 | Shandong | 153 | 2760 | 2311 | 4422.0 | 3539.0 |
| 河 南 | Henan | 157 | 2889 | 1394 | 2218.2 | 1773.2 |
| 湖 北 | Hubei | 112 | 2226 | 1741 | 2648.3 | 2155.9 |
| 湖 南 | Hunan | 136 | 2143 | 1511 | 2282.2 | 1768.9 |
| 广 东 | Guangdong | 137 | 4147 | 2640 | 6100.7 | 5208.1 |
| 广 西 | Guangxi | 112 | 1519 | 1083 | 2109.8 | 1554.9 |
| 海 南 | Hainan | 21 | 327 | 251 | 377.1 | 335.4 |
| 重 庆 | Chongqing | 43 | 852 | 579 | 1128.8 | 895.3 |
| 四 川 | Sichuan | 197 | 2170 | 1328 | 3048.1 | 2364.6 |
| 贵 州 | Guizhou | 94 | 1014 | 751 | 1156.1 | 857.5 |
| 云 南 | Yunnan | 152 | 1806 | 1567 | 1765.5 | 1346.7 |
| 西 藏 | Tibet | 78 | 107 | 42 | 100.3 | 83.0 |
| 陕 西 | Shaanxi | 114 | 2231 | 1211 | 1377.1 | 1116.4 |
| 甘 肃 | Gansu | 103 | 1472 | 775 | 1226.2 | 947.2 |
| 青 海 | Qinghai | 49 | 393 | 298 | 378.8 | 316.6 |
| 宁 夏 | Ningxia | 26 | 557 | 438 | 594.7 | 495.4 |
| 新 疆 | Xinjiang | 106 | 1065 | 861 | 1241.6 | 970.0 |

注：全国合计数中包括1个中央级公共图书馆。
a)Data of national total libiaries include one central-level public library.

4-3-6 续表 1 continued

| 地 区 | Region | 本年新购藏量（万册） New Collections During the Year (10 000 copies) | 有效借书证数（个） Accumulative Number of Library Cards Distributed (10 000 units) | 总流通人次（万人次） Total Number of Circulation (10 000 person-times) | #书刊文献外借人次 Borrowing from Libraries | 书刊文献外借册次（万册次） Number of Books and Periodicals Lent to Readers (10 000 copy-times) |
|---|---|---|---|---|---|---|
| **全 国** | **National Total** | **4865.2** | **28773644** | **49232.00** | **20551.8** | **40868.3** |
| 北 京 | Beijing | 152.0 | 786317 | 1033.39 | 325.3 | 893.3 |
| 天 津 | Tianjin | 121.4 | 583031 | 713.55 | 291.9 | 658.0 |
| 河 北 | Hebei | 108.3 | 661312 | 1078.56 | 477.9 | 726.9 |
| 山 西 | Shanxi | 43.6 | 254964 | 602.85 | 280.0 | 404.3 |
| 内蒙古 | Inner Mongolia | 104.7 | 223826 | 574.93 | 285.4 | 577.9 |
| 辽 宁 | Liaoning | 169.0 | 1021177 | 1939.38 | 772.6 | 1749.9 |
| 吉 林 | Jilin | 95.2 | 277460 | 540.18 | 241.5 | 462.3 |
| 黑龙江 | Heilongjiang | 80.8 | 900264 | 821.98 | 303.3 | 575.4 |
| 上 海 | Shanghai | 211.0 | 1579715 | 3605.36 | 1717.3 | 6316.3 |
| 江 苏 | Jiangsu | 436.0 | 3677104 | 5046.69 | 2450.1 | 3996.8 |
| 浙 江 | Zhejiang | 480.1 | 3215180 | 4946.30 | 1911.5 | 3918.9 |
| 安 徽 | Anhui | 340.6 | 650698 | 1346.79 | 798.2 | 1258.1 |
| 福 建 | Fujian | 230.0 | 786512 | 1809.15 | 723.9 | 1805.2 |
| 江 西 | Jiangxi | 76.3 | 700377 | 1165.05 | 675.3 | 946.9 |
| 山 东 | Shandong | 358.6 | 1578114 | 2355.00 | 1430.2 | 2158.1 |
| 河 南 | Henan | 111.2 | 828449 | 1785.17 | 960.1 | 1464.8 |
| 湖 北 | Hubei | 138.4 | 1079349 | 1762.79 | 952.0 | 1570.1 |
| 湖 南 | Hunan | 106.4 | 782474 | 1694.02 | 801.3 | 1424.3 |
| 广 东 | Guangdong | 604.5 | 4100449 | 7356.71 | 1588.0 | 3498.8 |
| 广 西 | Guangxi | 96.8 | 459731 | 1470.51 | 438.7 | 853.9 |
| 海 南 | Hainan | 49.2 | 125091 | 246.73 | 64.1 | 153.4 |
| 重 庆 | Chongqing | 106.6 | 367088 | 1146.78 | 428.6 | 968.7 |
| 四 川 | Sichuan | 129.4 | 590203 | 1738.02 | 788.8 | 1374.1 |
| 贵 州 | Guizhou | 41.0 | 319904 | 467.24 | 261.7 | 337.5 |
| 云 南 | Yunnan | 106.1 | 413229 | 1222.71 | 506.7 | 869.6 |
| 西 藏 | Tibet | 2.8 | 8987 | 11.08 | 3.6 | 8.9 |
| 陕 西 | Shaanxi | 83.2 | 303413 | 879.29 | 335.5 | 608.6 |
| 甘 肃 | Gansu | 68.5 | 274283 | 616.13 | 304.4 | 525.9 |
| 青 海 | Qinghai | 17.2 | 105806 | 113.85 | 58.8 | 89.0 |
| 宁 夏 | Ningxia | 24.1 | 108933 | 221.32 | 131.5 | 253.2 |
| 新 疆 | Xinjiang | 47.6 | 247755 | 501.76 | 243.9 | 419.1 |

4-3-6 续表 2 continued

| 地 区 | Region | 收入合计（万元）Total Revenue (10 000 yuan) | #财政补贴收入 Government Subsidy | 支出合计（万元）Total Expenditure (10 000 yuan) | 资产总计（万元）Total Assets (10 000 yuan) | #固定资产原价 Original Value of Fixed Assets |
|---|---|---|---|---|---|---|
| **全 国** | **National Total** | **1151163** | **1070575** | **1130035** | **3479779** | **2722722** |
| 北 京 | Beijing | 52289 | 49391 | 54556 | 203901 | 132849 |
| 天 津 | Tianjin | 27904 | 27108 | 38499 | 62624 | 52617 |
| 河 北 | Hebei | 22848 | 21637 | 21448 | 54774 | 48389 |
| 山 西 | Shanxi | 20806 | 20406 | 20052 | 60204 | 53422 |
| 内蒙古 | Inner Mongolia | 30840 | 30656 | 31419 | 58933 | 54493 |
| 辽 宁 | Liaoning | 41452 | 40948 | 44930 | 115704 | 103341 |
| 吉 林 | Jilin | 23233 | 22523 | 20660 | 49024 | 35868 |
| 黑龙江 | Heilongjiang | 21943 | 21645 | 18767 | 64917 | 59411 |
| 上 海 | Shanghai | 86639 | 76095 | 84361 | 351006 | 311671 |
| 江 苏 | Jiangsu | 71931 | 65869 | 72904 | 233284 | 204836 |
| 浙 江 | Zhejiang | 78508 | 71759 | 76969 | 213722 | 191237 |
| 安 徽 | Anhui | 24326 | 22034 | 24087 | 72218 | 64429 |
| 福 建 | Fujian | 30020 | 26545 | 28177 | 81559 | 70251 |
| 江 西 | Jiangxi | 20516 | 18748 | 18337 | 48912 | 40432 |
| 山 东 | Shandong | 45314 | 44736 | 44902 | 133262 | 123564 |
| 河 南 | Henan | 31264 | 30279 | 30732 | 68994 | 58555 |
| 湖 北 | Hubei | 44079 | 40567 | 43633 | 161521 | 81934 |
| 湖 南 | Hunan | 25251 | 23292 | 24418 | 53268 | 45676 |
| 广 东 | Guangdong | 107135 | 99593 | 106861 | 317345 | 261461 |
| 广 西 | Guangxi | 29032 | 23491 | 25286 | 57518 | 46341 |
| 海 南 | Hainan | 9933 | 9393 | 9239 | 14534 | 12959 |
| 重 庆 | Chongqing | 19657 | 18838 | 19947 | 39674 | 32974 |
| 四 川 | Sichuan | 64569 | 63021 | 52668 | 105000 | 80586 |
| 贵 州 | Guizhou | 16636 | 14714 | 14154 | 49804 | 25320 |
| 云 南 | Yunnan | 25860 | 24684 | 24899 | 76596 | 68314 |
| 西 藏 | Tibet | 1764 | 1718 | 2129 | 7866 | 7239 |
| 陕 西 | Shaanxi | 23627 | 21708 | 22657 | 66078 | 58092 |
| 甘 肃 | Gansu | 22712 | 22499 | 21308 | 64209 | 50845 |
| 青 海 | Qinghai | 5184 | 4835 | 6004 | 9932 | 9048 |
| 宁 夏 | Ningxia | 9713 | 9556 | 10089 | 27991 | 22957 |
| 新 疆 | Xinjiang | 21845 | 20343 | 17275 | 48531 | 31952 |

4-3-6 续表 3 continued

| 地 区 | Region | 实际使用公用房屋建筑面积(万平方米) Floor Space of Buildings Actually Used (10 000 sq.m) | #书库面积 Stack Rooms | #阅览室面积 Reading Rooms | 阅览室坐席数(个) Seats of Reading Rooms (unit) |
|---|---|---|---|---|---|
| **全 国** | **National Total** | **1158.46** | **240.25** | **318.85** | **809767** |
| 北 京 | Beijing | 24.06 | 4.35 | 5.99 | 16002 |
| 天 津 | Tianjin | 24.74 | 5.00 | 7.74 | 13526 |
| 河 北 | Hebei | 38.80 | 8.13 | 11.50 | 30348 |
| 山 西 | Shanxi | 39.23 | 7.51 | 11.45 | 26050 |
| 内蒙古 | Inner Mongolia | 32.84 | 5.52 | 9.27 | 24363 |
| 辽 宁 | Liaoning | 45.40 | 7.93 | 11.31 | 30523 |
| 吉 林 | Jilin | 19.43 | 3.99 | 5.57 | 15645 |
| 黑龙江 | Heilongjiang | 27.72 | 5.58 | 7.66 | 21952 |
| 上 海 | Shanghai | 41.41 | 9.20 | 10.17 | 22593 |
| 江 苏 | Jiangsu | 89.01 | 13.63 | 19.88 | 44431 |
| 浙 江 | Zhejiang | 74.69 | 14.07 | 17.75 | 42423 |
| 安 徽 | Anhui | 35.37 | 7.37 | 11.15 | 27298 |
| 福 建 | Fujian | 35.26 | 7.99 | 10.95 | 28524 |
| 江 西 | Jiangxi | 34.32 | 8.50 | 10.87 | 28283 |
| 山 东 | Shandong | 71.50 | 15.92 | 18.99 | 47068 |
| 河 南 | Henan | 53.45 | 11.90 | 12.92 | 39766 |
| 湖 北 | Hubei | 51.18 | 10.66 | 13.16 | 34860 |
| 湖 南 | Hunan | 38.06 | 10.84 | 9.37 | 30438 |
| 广 东 | Guangdong | 109.37 | 18.76 | 33.16 | 75838 |
| 广 西 | Guangxi | 28.13 | 7.95 | 7.96 | 27046 |
| 海 南 | Hainan | 8.18 | 1.90 | 2.43 | 5671 |
| 重 庆 | Chongqing | 25.26 | 4.94 | 6.96 | 17369 |
| 四 川 | Sichuan | 48.22 | 11.25 | 14.56 | 40983 |
| 贵 州 | Guizhou | 20.96 | 5.59 | 6.78 | 19224 |
| 云 南 | Yunnan | 34.33 | 7.84 | 8.76 | 26376 |
| 西 藏 | Tibet | 3.76 | 0.80 | 0.76 | 1961 |
| 陕 西 | Shaanxi | 24.13 | 5.23 | 7.65 | 18116 |
| 甘 肃 | Gansu | 19.35 | 4.41 | 5.46 | 17403 |
| 青 海 | Qinghai | 4.59 | 1.23 | 1.29 | 3576 |
| 宁 夏 | Ningxia | 10.71 | 3.11 | 3.27 | 7344 |
| 新 疆 | Xinjiang | 20.57 | 4.31 | 7.52 | 20356 |

# 4-3-7 艺术表演团体基本情况

## Basic Statistics on Art Performance Troupes

| 年份 Year | 机构数（个） Number of Institutions (unit) | 从业人员（人） Number of Engaged Persons (person) | 演出场次（万场次） Number of Performances (10 000 shows) | 国内演出观众人次（万人次） Number of Domestic Audience (10 000 person-times) |
|---|---|---|---|---|
| 2005 | 2805 | 141678 | 47 | 38894 |
| 2006 | 2866 | 144167 | 49 | 46115 |
| 2007 | 4512 | 220653 | 93 | 75896 |
| 2008 | 5114 | 208174 | 91 | 63187 |
| 2009 | 6139 | 184678 | 120 | 81716 |
| 2010 | 6864 | 185413 | 137 | 88456 |
| 2011 | 7055 | 226599 | 155 | 74585 |
| 2012 | 7321 | 242047 | 135 | 82805 |
| 2013 | 8180 | 260865 | 165 | 90064 |

4-3-7 续表 continued

| 年份 Year | 收入合计（万元） Total Revenue (10 000 yuan) | #演出收入 Performance Income | 支出合计（万元） Total Expenditure (10 000 yuan) | 实际使用房屋建筑面积（万平方米） Floor Space of Buildings Actually Used (10 000 sq.m) |
|---|---|---|---|---|
| 2005 | 545640 | 114381 | 527627 | 462 |
| 2006 | 620479 | 134253 | 602838 | 408 |
| 2007 | 829045 | 203757 | 750817 | 429 |
| 2008 | 933685 | 204842 | 832225 | 432 |
| 2009 | 1121559 | 288214 | 1048083 | 457 |
| 2010 | 1239255 | 342696 | 1203561 | 466 |
| 2011 | 1540263 | 526745 | 1486696 | 526 |
| 2012 | 2310460 | 641480 | 2081911 | 617 |
| 2013 | 2800266 | 735532 | 2331821 | 638 |

# 4-3-8　分地区艺术表演团体基本情况(2013年)
# Basic Statistics on Art Performance Troupes by Region (2013)

| 地　区 | Region | 机构数(个) Number of Institutions (unit) | 从业人员(人) Number of Engaged Persons (person) | #专业技术人员 Professional Technical Staff | 演出场次(万场次) Number of Performances (10 000 shows) | #国内演出 Domestic Performances | 国内演出观众人次(万人次) Number of Domestic Audience (10 000 person-times) |
|---|---|---|---|---|---|---|---|
| **全　国** | **National Total** | **8180** | **260865** | **142533** | **165.1** | **162.8** | **90064.3** |
| 中央本级 | Central-level | 20 | 5313 | 3268 | 0.3 | 0.3 | 542.5 |
| 北　京 | Beijing | 292 | 7330 | 4439 | 2.2 | 2.2 | 983.0 |
| 天　津 | Tianjin | 58 | 2564 | 1928 | 0.7 | 0.7 | 284.9 |
| 河　北 | Hebei | 500 | 13444 | 8223 | 7.5 | 7.0 | 5182.8 |
| 山　西 | Shanxi | 226 | 11029 | 5412 | 3.9 | 3.9 | 3700.8 |
| 内蒙古 | Inner Mongolia | 144 | 7053 | 5050 | 2.7 | 2.5 | 1373.1 |
| 辽　宁 | Liaoning | 212 | 6073 | 3495 | 1.8 | 1.6 | 850.7 |
| 吉　林 | Jilin | 54 | 3196 | 2317 | 0.6 | 0.6 | 424.2 |
| 黑龙江 | Heilongjiang | 35 | 3447 | 2570 | 0.5 | 0.5 | 404.4 |
| 上　海 | Shanghai | 148 | 8497 | 4156 | 3.4 | 3.4 | 1175.0 |
| 江　苏 | Jiangsu | 291 | 9105 | 6257 | 7.9 | 7.7 | 2663.1 |
| 浙　江 | Zhejiang | 733 | 24968 | 11516 | 14.5 | 14.5 | 9272.1 |
| 安　徽 | Anhui | 991 | 19767 | 7350 | 31.7 | 31.7 | 8578.1 |
| 福　建 | Fujian | 506 | 14365 | 8391 | 11.0 | 11.0 | 4156.5 |
| 江　西 | Jiangxi | 229 | 6825 | 4053 | 5.1 | 5.1 | 2379.2 |
| 山　东 | Shandong | 414 | 10889 | 7937 | 5.4 | 5.3 | 3602.2 |
| 河　南 | Henan | 429 | 17508 | 7876 | 26.1 | 26.1 | 9122.4 |
| 湖　北 | Hubei | 307 | 9005 | 5667 | 3.7 | 3.7 | 2880.1 |
| 湖　南 | Hunan | 227 | 7890 | 5066 | 3.5 | 3.5 | 1774.9 |
| 广　东 | Guangdong | 405 | 13363 | 6519 | 4.2 | 4.2 | 4600.5 |
| 广　西 | Guangxi | 59 | 3777 | 2420 | 1.5 | 1.5 | 881.8 |
| 海　南 | Hainan | 67 | 2801 | 1223 | 1.0 | 0.9 | 972.3 |
| 重　庆 | Chongqing | 443 | 6762 | 2491 | 4.8 | 4.7 | 1409.9 |
| 四　川 | Sichuan | 510 | 10880 | 4899 | 7.7 | 7.6 | 12541.4 |
| 贵　州 | Guizhou | 106 | 3871 | 1894 | 1.6 | 1.5 | 1229.5 |
| 云　南 | Yunnan | 259 | 8173 | 4306 | 3.9 | 3.8 | 2325.3 |
| 西　藏 | Tibet | 79 | 2324 | 749 | 0.5 | 0.4 | 257.3 |
| 陕　西 | Shaanxi | 119 | 7037 | 4499 | 2.5 | 2.4 | 2681.2 |
| 甘　肃 | Gansu | 124 | 5647 | 3191 | 1.9 | 1.9 | 2190.0 |
| 青　海 | Qinghai | 37 | 1269 | 474 | 0.3 | 0.3 | 163.5 |
| 宁　夏 | Ningxia | 33 | 1526 | 857 | 0.9 | 0.9 | 595.8 |
| 新　疆 | Xinjiang | 123 | 5167 | 4040 | 1.5 | 1.4 | 865.7 |

4-3-8 续表 1 continued

| 地 区 | Region | 收入合计(万元) Total Revenue (10 000 yuan) | #财政补贴收入 Government Subsidy | #演出收入 Performance Income | 支出合计(万元) Total Expenditure (10 000 yuan) | #人员支出 Personnel Expenses | 资产总计(万元) Total Assets (10 000 yuan) |
|---|---|---|---|---|---|---|---|
| **全 国** | **National Total** | **2800266** | **1393811** | **735532** | **2331821** | **739890** | **3958695** |
| 中央本级 | Central-level | 143381 | 83423 | 6898 | 125197 | 60982 | 345648 |
| 北 京 | Beijing | 204545 | 75290 | 75704 | 183670 | 30981 | 368206 |
| 天 津 | Tianjin | 39707 | 33576 | 1822 | 53004 | 18036 | 39003 |
| 河 北 | Hebei | 60040 | 24520 | 25711 | 80999 | 16263 | 85827 |
| 山 西 | Shanxi | 56038 | 29345 | 12116 | 53284 | 27877 | 57893 |
| 内蒙古 | Inner Mongolia | 63790 | 56027 | 3212 | 62222 | 44627 | 41576 |
| 辽 宁 | Liaoning | 50858 | 29415 | 12904 | 40349 | 20383 | 132505 |
| 吉 林 | Jilin | 33320 | 25488 | 5907 | 32014 | 16341 | 52095 |
| 黑龙江 | Heilongjiang | 36009 | 27458 | 2117 | 32226 | 21067 | 61579 |
| 上 海 | Shanghai | 114773 | 46807 | 41507 | 96189 | 30643 | 137031 |
| 江 苏 | Jiangsu | 92692 | 46611 | 31205 | 84397 | 40494 | 107282 |
| 浙 江 | Zhejiang | 448562 | 317114 | 110646 | 170152 | 37485 | 241987 |
| 安 徽 | Anhui | 255512 | 47668 | 64345 | 233861 | 15387 | 720087 |
| 福 建 | Fujian | 97496 | 42452 | 44066 | 84956 | 29349 | 144839 |
| 江 西 | Jiangxi | 46125 | 18504 | 17974 | 35705 | 14120 | 61737 |
| 山 东 | Shandong | 222458 | 54022 | 15178 | 246283 | 36281 | 93805 |
| 河 南 | Henan | 74604 | 36762 | 17791 | 65511 | 29861 | 72219 |
| 湖 北 | Hubei | 68587 | 39620 | 15830 | 62428 | 27242 | 106320 |
| 湖 南 | Hunan | 82376 | 48106 | 24644 | 52880 | 18446 | 68969 |
| 广 东 | Guangdong | 102373 | 44116 | 38840 | 97028 | 30266 | 196703 |
| 广 西 | Guangxi | 35747 | 22824 | 9109 | 35657 | 14304 | 76237 |
| 海 南 | Hainan | 30343 | 10507 | 15481 | 29838 | 5775 | 64588 |
| 重 庆 | Chongqing | 57420 | 19554 | 26713 | 47011 | 9785 | 108166 |
| 四 川 | Sichuan | 90361 | 33293 | 45053 | 76769 | 19090 | 137265 |
| 贵 州 | Guizhou | 27341 | 13583 | 6525 | 22196 | 6908 | 104374 |
| 云 南 | Yunnan | 85316 | 33523 | 43335 | 58072 | 22467 | 100901 |
| 西 藏 | Tibet | 14640 | 14060 | 358 | 14650 | 9181 | 26090 |
| 陕 西 | Shaanxi | 51093 | 29632 | 8613 | 44251 | 25659 | 73061 |
| 甘 肃 | Gansu | 38253 | 25519 | 5728 | 36740 | 17034 | 66784 |
| 青 海 | Qinghai | 8071 | 5251 | 1772 | 7745 | 4727 | 20573 |
| 宁 夏 | Ningxia | 11409 | 7025 | 2648 | 11284 | 1946 | 10875 |
| 新 疆 | Xinjiang | 57025 | 52718 | 1780 | 55254 | 36884 | 34472 |

4-3-8 续表 2 continued

| 地 区 | Region | #固定资产原价 Original Value of Fixed Assets | 实际使用房屋建筑面积(万平方米) Floor Space of Buildings Actually Used (10 000 sq.m) | #排练练功用房 Buildings for Rehearsing | 流动舞台车演出情况 Performances of Flow Stage Car 流动舞台车数量(辆) Number of Flow Stage Cars (unit) | 演出场次(万场次) Number of Performances (10 000 shows) | 观众人次(万人次) Number of Audiences (10 000 person-times) |
|---|---|---|---|---|---|---|---|
| **全 国** | **National Total** | **1171470** | **638.3** | **99.5** | **1311** | **10.03** | **9692.0** |
| 中央本级 | Central-level | 197319 | 26.0 | 4.7 | | | |
| 北 京 | Beijing | 46216 | 15.0 | 0.9 | 1 | | |
| 天 津 | Tianjin | 9091 | 8.0 | 1.0 | 3 | 0.04 | 53.0 |
| 河 北 | Hebei | 25345 | 23.1 | 4.1 | 80 | 0.58 | 438.5 |
| 山 西 | Shanxi | 38933 | 22.8 | 3.9 | 117 | 0.44 | 364.2 |
| 内蒙古 | Inner Mongolia | 26490 | 24.0 | 5.9 | 88 | 0.42 | 308.7 |
| 辽 宁 | Liaoning | 22396 | 17.9 | 3.1 | 13 | 0.03 | 23.9 |
| 吉 林 | Jilin | 23182 | 12.1 | 2.4 | 37 | 0.25 | 236.2 |
| 黑龙江 | Heilongjiang | 20963 | 13.8 | 2.9 | 20 | 0.04 | 38.5 |
| 上 海 | Shanghai | 49210 | 12.3 | 1.0 | | | |
| 江 苏 | Jiangsu | 33444 | 28.6 | 5.0 | 49 | 0.45 | 394.1 |
| 浙 江 | Zhejiang | 50785 | 43.7 | 2.8 | 18 | 0.12 | 154.3 |
| 安 徽 | Anhui | 21421 | 21.7 | 1.8 | 45 | 0.40 | 364.0 |
| 福 建 | Fujian | 85480 | 21.6 | 1.8 | 20 | 0.04 | 44.2 |
| 江 西 | Jiangxi | 31502 | 16.6 | 1.6 | 48 | 0.48 | 244.1 |
| 山 东 | Shandong | 42465 | 33.0 | 7.8 | 72 | 0.95 | 1003.8 |
| 河 南 | Henan | 32897 | 28.4 | 6.4 | 174 | 2.55 | 3063.6 |
| 湖 北 | Hubei | 53580 | 32.9 | 6.3 | 72 | 0.95 | 1039.1 |
| 湖 南 | Hunan | 27291 | 27.0 | 4.3 | 106 | 0.86 | 522.0 |
| 广 东 | Guangdong | 74618 | 31.7 | 3.9 | 4 | 0.02 | 8.6 |
| 广 西 | Guangxi | 22227 | 9.6 | 0.9 | 12 | 0.08 | 97.6 |
| 海 南 | Hainan | 8633 | 5.5 | 0.5 | 13 | 0.03 | 49.5 |
| 重 庆 | Chongqing | 31121 | 17.0 | 1.9 | 11 | 0.07 | 132.1 |
| 四 川 | Sichuan | 25127 | 30.7 | 2.3 | 15 | 0.04 | 40.8 |
| 贵 州 | Guizhou | 27372 | 11.7 | 1.7 | 6 | 0.01 | 13.0 |
| 云 南 | Yunnan | 20577 | 22.7 | 2.7 | 61 | 0.17 | 234.2 |
| 西 藏 | Tibet | 14171 | 14.1 | 4.0 | 7 | 0.01 | 5.9 |
| 陕 西 | Shaanxi | 43186 | 24.8 | 3.6 | 63 | 0.31 | 289.7 |
| 甘 肃 | Gansu | 24682 | 13.6 | 2.1 | 46 | 0.15 | 163.7 |
| 青 海 | Qinghai | 13741 | 3.7 | 1.2 | 11 | 0.07 | 42.8 |
| 宁 夏 | Ningxia | 5144 | 3.2 | 0.9 | 14 | 0.17 | 176.2 |
| 新 疆 | Xinjiang | 22864 | 21.7 | 6.1 | 85 | 0.30 | 145.7 |

# 4-3-9　文化系统艺术表演场馆基本情况

## Basic Statistics on Art Performance Places of Culture System

| 年份 Year | 机构数（个）Number of Institutions (unit) | 从业人员（人）Number of Engaged Persons (person) | 坐席数（个）Seating Capacity (unit) | 演(映)出场次（万场次）Number of Performances (10 000 shows) | #艺术演出 Art Performances |
|---|---|---|---|---|---|
| 2005 | 1866 | 35678 | 1410814 | 60.1 | 8.9 |
| 2006 | 1839 | 34890 | 1413647 | 58.9 | 9.1 |
| 2007 | 1732 | 32806 | 1307456 | 59.9 | 8.2 |
| 2008 | 1662 | 29691 | 1171012 | 64.2 | 7.2 |
| 2009 | 1449 | 28059 | 1126705 | 41.9 | 7.4 |
| 2010 | 1461 | 25280 | 1077250 | 53.8 | 7.2 |
| 2011 | 1429 | 26480 | 1080266 | 56.2 | 5.9 |
| 2012 | 1279 | 25076 | 945580 | 57.5 | 7.2 |
| 2013 | 1344 | 26036 | 1027946 | 82.9 | 6.6 |

4-3-9　续表　continued

| 年份 Year | 观众人次（万人次）Number of Audience (10 000 person-times) | #艺术演出 Art Performances | 收入合计（万元）Total Revenue (10 000 yuan) | #艺术演出 Art Performances Income |
|---|---|---|---|---|
| 2005 | | | 131678 | 50226 |
| 2006 | | | 163431 | 67066 |
| 2007 | 9100.3 | 3637.6 | 173344 | 63162 |
| 2008 | 8121.8 | 3211.1 | 155505 | 40055 |
| 2009 | 7492.6 | 3206.7 | 182863 | 39558 |
| 2010 | 8992.8 | 3165.3 | 177731 | 38309 |
| 2011 | 6927 | 2685.8 | 266099 | 51227 |
| 2012 | 6099.7 | 2191.7 | 218223 | 44454 |
| 2013 | 7776.3 | 2662.4 | 426361 | 82489 |

# 4-3-10 分地区文化系统艺术表演场馆基本情况(2013年)

## Basic Statistics on Art Performance Places of Culture System by Region (2013)

| 地区 | Region | 机构数(个) Number of Institutions (unit) | 从业人员(人) Number of Engaged Persons (person) | #专业技术人员 Professional Technical Staff | 坐席数(个) Seating Capacity (unit) | 演(映)出场次合计(万场次) Number of Performances (10 000 shows) | #艺术演出 Art Performances |
|---|---|---|---|---|---|---|---|
| **全 国** | **National Total** | **1344** | **26036** | **6964** | **1027946** | **82.9** | **6.6** |
| 中央本级 | Central-level | 7 | 176 | 19 | 5657 | 0.1 | 0.1 |
| 北 京 | Beijing | 17 | 1099 | 247 | 16343 | 1.2 | 0.3 |
| 天 津 | Tianjin | 26 | 318 | 18 | 15523 | 1.4 | 0.2 |
| 河 北 | Hebei | 77 | 1119 | 244 | 52479 | 1.8 | 0.1 |
| 山 西 | Shanxi | 100 | 1516 | 387 | 90873 | 9.8 | 0.9 |
| 内蒙古 | Inner Mongolia | 18 | 317 | 88 | 15376 | 0.3 | |
| 辽 宁 | Liaoning | 33 | 535 | 74 | 20130 | 0.4 | 0.2 |
| 吉 林 | Jilin | 26 | 578 | 208 | 17005 | 1.9 | 0.1 |
| 黑龙江 | Heilongjiang | 35 | 299 | 80 | 21139 | 0.1 | |
| 上 海 | Shanghai | 27 | 383 | 47 | 17605 | 1.5 | 0.3 |
| 江 苏 | Jiangsu | 110 | 3076 | 480 | 105567 | 36.8 | 1.5 |
| 浙 江 | Zhejiang | 61 | 1129 | 360 | 59096 | 4.1 | 0.4 |
| 安 徽 | Anhui | 48 | 1261 | 598 | 37961 | 1.7 | 0.3 |
| 福 建 | Fujian | 57 | 895 | 250 | 34211 | 4.7 | 0.1 |
| 江 西 | Jiangxi | 51 | 732 | 228 | 29726 | 0.8 | 0.3 |
| 山 东 | Shandong | 93 | 1719 | 522 | 71440 | 1.1 | 0.2 |
| 河 南 | Henan | 139 | 3306 | 326 | 100867 | 1.0 | 0.2 |
| 湖 北 | Hubei | 53 | 1367 | 387 | 54960 | 2.5 | 0.2 |
| 湖 南 | Hunan | 58 | 1008 | 336 | 51085 | 2.8 | 0.3 |
| 广 东 | Guangdong | 45 | 1501 | 357 | 51371 | 1.3 | 0.2 |
| 广 西 | Guangxi | 19 | 124 | 26 | 13114 | 1.8 | 0.1 |
| 海 南 | Hainan | 7 | 251 | 65 | 7122 | 0.1 | |
| 重 庆 | Chongqing | 15 | 395 | 280 | 5914 | 0.1 | 0.1 |
| 四 川 | Sichuan | 42 | 371 | 185 | 26563 | 0.4 | 0.1 |
| 贵 州 | Guizhou | 6 | 81 | 29 | | | |
| 云 南 | Yunnan | 18 | 115 | 40 | 11869 | 0.1 | 0.1 |
| 西 藏 | Tibet | 14 | 89 | 63 | 6613 | | |
| 陕 西 | Shaanxi | 86 | 1601 | 814 | 51949 | 0.8 | 0.2 |
| 甘 肃 | Gansu | 22 | 281 | 12 | 14025 | 0.4 | |
| 青 海 | Qinghai | 16 | 47 | 8 | 7378 | 0.4 | |
| 宁 夏 | Ningxia | 3 | 27 | 20 | 1604 | 0.1 | |
| 新 疆 | Xinjiang | 15 | 320 | 166 | 13381 | 3.5 | 0.1 |

4-3-10 续表 1 continued

| 地 区 | Region | 观众人次合计(万人次) Number of Audience (10 000 person-times) | #艺术演出观众人次 Art Performances | 收入合计(万元) Total Revenue (10 000 yuan) | #财政拨款 Government Subsidy | #演出收入 Performance Income | 支出合计(万元) Total Expenditure (10 000 yuan) |
|---|---|---|---|---|---|---|---|
| **全 国** | **National Total** | **7776.3** | **2662.4** | **426361** | **160313** | **82489** | **417103** |
| 中央本级 | Central-level | 43.2 | 43.1 | 4331 | 26 | 2111 | 4136 |
| 北 京 | Beijing | 210.0 | 168.2 | 96039 | 43659 | 30236 | 87208 |
| 天 津 | Tianjin | 139.0 | 62.9 | 4308 | 1021 | 545 | 4302 |
| 河 北 | Hebei | 204.2 | 60.4 | 7058 | 1998 | 834 | 7688 |
| 山 西 | Shanxi | 516.6 | 160.4 | 15059 | 6945 | 348 | 13303 |
| 内蒙古 | Inner Mongolia | 87.4 | 29.6 | 7256 | 6804 | 170 | 6677 |
| 辽 宁 | Liaoning | 151.6 | 94.4 | 6471 | 1867 | 1503 | 6498 |
| 吉 林 | Jilin | 178.5 | 43.6 | 4711 | 2236 | 490 | 4647 |
| 黑龙江 | Heilongjiang | 54.6 | 15.6 | 1026 | 624 | 86 | 1239 |
| 上 海 | Shanghai | 215.1 | 169.0 | 14155 | 3162 | 3308 | 12476 |
| 江 苏 | Jiangsu | 2160.1 | 272.5 | 81011 | 13806 | 11267 | 88531 |
| 浙 江 | Zhejiang | 894.4 | 261.0 | 27558 | 9555 | 5001 | 27783 |
| 安 徽 | Anhui | 259.5 | 105.3 | 10144 | 4620 | 2066 | 9683 |
| 福 建 | Fujian | 222.6 | 41.5 | 16836 | 7030 | 761 | 14110 |
| 江 西 | Jiangxi | 203.9 | 95.4 | 8886 | 4748 | 1387 | 8412 |
| 山 东 | Shandong | 299.0 | 162.0 | 13705 | 6808 | 2630 | 15369 |
| 河 南 | Henan | 229.0 | 106.5 | 9816 | 3670 | 1398 | 10451 |
| 湖 北 | Hubei | 256.2 | 140.3 | 14380 | 4264 | 4206 | 14188 |
| 湖 南 | Hunan | 329.3 | 128.8 | 8258 | 3382 | 1358 | 8238 |
| 广 东 | Guangdong | 315.4 | 150.2 | 30220 | 12509 | 4811 | 29269 |
| 广 西 | Guangxi | 122.8 | 58.2 | 1182 | 97 | 260 | 1075 |
| 海 南 | Hainan | 51.1 | 26.3 | 1087 | 325 | 98 | 1189 |
| 重 庆 | Chongqing | 19.4 | 18.3 | 4839 | 2190 | 520 | 4625 |
| 四 川 | Sichuan | 82.6 | 51.2 | 5160 | 2526 | 474 | 5822 |
| 贵 州 | Guizhou | | | 438 | | | 605 |
| 云 南 | Yunnan | 65.1 | 40.1 | 2044 | 430 | 481 | 2044 |
| 西 藏 | Tibet | 10.4 | 9.8 | 1290 | 1231 | 34 | 1203 |
| 陕 西 | Shaanxi | 248.0 | 102.3 | 19805 | 10980 | 5825 | 17533 |
| 甘 肃 | Gansu | 46.3 | 13.5 | 2910 | 723 | 214 | 3007 |
| 青 海 | Qinghai | 51.8 | 4.3 | 929 | 125 | 15 | 578 |
| 宁 夏 | Ningxia | 10.9 | 1.1 | 225 | 138 | 15 | 197 |
| 新 疆 | Xinjiang | 98.3 | 26.6 | 5228 | 2815 | 40 | 5019 |

4-3-10 续表 2 continued

| 地区 | Region | #人员支出 Personnel Expenses | 资产总计(万元) Total Assets (10 000 yuan) | #固定资产原价 Original Value of Fixed Assets | 实际使用房屋建筑面积(万平方米) Floor Space of Buildings Actually Used (10 000 sq.m) | #演(映)业务用房 Buildings for Performances |
|---|---|---|---|---|---|---|
| **全　国** | **National Total** | **111838** | **1901130** | **1021812** | **663.8** | **349.7** |
| 中央本级 | Central-level | 686 | 3196 | 1328 | 6.9 | 5.7 |
| 北　京 | Beijing | 10685 | 140140 | 43158 | 31.1 | 23.7 |
| 天　津 | Tianjin | 1375 | 9489 | 7768 | 8.9 | 5.3 |
| 河　北 | Hebei | 3188 | 62231 | 50907 | 26.1 | 15.9 |
| 山　西 | Shanxi | 3831 | 68887 | 53782 | 46.5 | 32.0 |
| 内蒙古 | Inner Mongolia | 1775 | 68591 | 68434 | 12.6 | 4.6 |
| 辽　宁 | Liaoning | 2466 | 11402 | 11778 | 12.7 | 6.6 |
| 吉　林 | Jilin | 2430 | 21980 | 17558 | 8.6 | 5.4 |
| 黑龙江 | Heilongjiang | 751 | 8131 | 5115 | 6.3 | 3.8 |
| 上　海 | Shanghai | 3491 | 49099 | 43931 | 12.9 | 9.0 |
| 江　苏 | Jiangsu | 14438 | 684592 | 187065 | 133.2 | 48.3 |
| 浙　江 | Zhejiang | 9706 | 71276 | 62110 | 45.1 | 23.9 |
| 安　徽 | Anhui | 3092 | 39747 | 13498 | 22.7 | 14.1 |
| 福　建 | Fujian | 5164 | 101747 | 70919 | 23.1 | 9.2 |
| 江　西 | Jiangxi | 2883 | 45029 | 19697 | 18.9 | 11.7 |
| 山　东 | Shandong | 4875 | 63162 | 48315 | 38.6 | 20.8 |
| 河　南 | Henan | 4664 | 43966 | 38725 | 35.8 | 18.6 |
| 湖　北 | Hubei | 4508 | 46039 | 39113 | 30.9 | 16.8 |
| 湖　南 | Hunan | 3090 | 38860 | 35449 | 21.5 | 11.3 |
| 广　东 | Guangdong | 7860 | 97916 | 83191 | 39.3 | 19.5 |
| 广　西 | Guangxi | 389 | 4109 | 3879 | 6.3 | 3.4 |
| 海　南 | Hainan | 515 | 16550 | 10460 | 2.3 | 1.5 |
| 重　庆 | Chongqing | 1749 | 7388 | 6054 | 4.8 | 2.9 |
| 四　川 | Sichuan | 2732 | 69266 | 24838 | 15.8 | 8.8 |
| 贵　州 | Guizhou | 243 | 8958 | 1980 | 0.7 | |
| 云　南 | Yunnan | 862 | 7015 | 5656 | 4.5 | 2.7 |
| 西　藏 | Tibet | 820 | 7509 | 2667 | 3.1 | 1.1 |
| 陕　西 | Shaanxi | 9276 | 43437 | 29509 | 24.6 | 11.3 |
| 甘　肃 | Gansu | 1130 | 38315 | 15139 | 8.2 | 5.2 |
| 青　海 | Qinghai | 278 | 4762 | 3882 | 3.7 | 2.1 |
| 宁　夏 | Ningxia | 139 | 313 | 301 | 0.4 | 0.2 |
| 新　疆 | Xinjiang | 2750 | 18030 | 15608 | 8.0 | 4.5 |

# 4-3-11 文物保护管理机构基本情况

## Basic Statistics on Agencies of Cultural Relics Preservation

| 年份 Year | 机构数（个） Number of Institutions (unit) | 从业人员（人） Number of Engaged Persons (person) | 藏品数（件/套） Number of Collections (piece/set) | 基本陈列、展览（个） Displays and Exhibitions (unit) |
|---|---|---|---|---|
| 2005 | 2186 | 34052 | 2416460 | 2034 |
| 2006 | 2204 | 29257 | 2342103 | 1987 |
| 2007 | 2229 | 31175 | 2255038 | 2992 |
| 2008 | 2223 | 29661 | 2187639 | 2106 |
| 2009 | 2263 | 28629 | 1958904 | 2449 |
| 2010 | 2436 | 30171 | 2149366 | 3419 |
| 2011 | 2735 | 33035 | 2251805 | 2243 |
| 2012 | 2705 | 34854 | 1767573 | 2128 |
| 2013 | 2809 | 35334 | 1906829 | 1181 |

4-3-11 续表 continued

| 年份 Year | 参观人次（万人次） Spectators (10 000 person-times) | 收入合计（万元） Total Revenue (10 000 yuan) | #财政补助收入 Government Subsidy | 支出合计（万元） Total Expenditure (10 000 yuan) |
|---|---|---|---|---|
| 2005 | 5837 | 214336 | 49539 | 187185 |
| 2006 | 6411 | 225287 | 54485 | 202865 |
| 2007 | 19161 | 269410 | 76441 | 235417 |
| 2008 | 6956 | 311916 | 110983 | 276187 |
| 2009 | 9205 | 308949 | 147401 | 290560 |
| 2010 | 11198 | 365904 | 187973 | 330748 |
| 2011 | 9442 | 463609 | 240214 | 419425 |
| 2012 | 10433 | 535779 | 311260 | 459988 |
| 2013 | 10711 | 819557 | 490110 | 705411 |

## 4-3-12 文物保护科研机构基本情况

## Basic Statistics on Scientific and Research Agencies of Cultural Relics

| 年份 Year | 机构数（个） Number of Institutions (unit) | 从业人员（人） Number of Engaged Persons (person) | 藏品数（件/套） Number of Collections (piece/set) | 实际使用房屋建筑面积（万平方米） Floor Space of Buildings Actually Used (10 000 sq.m) |
|---|---|---|---|---|
| 2009 | 104 | 3799 | 929189 | 30 |
| 2010 | 108 | 3846 | 870223 | 28 |
| 2011 | 107 | 4078 | 822390 | 62 |
| 2012 | 114 | 4917 | 1208701 | 101 |
| 2013 | 115 | 5243 | 1594975 | 96 |

4-3-12 续表 continued

| 年份 Year | 收入合计（万元） Total Revenue (10 000 yuan) | #财政补助收入 Government Subsidy | 支出合计（万元） Total Expenditure (10 000 yuan) |
|---|---|---|---|
| 2009 | 88210 | 27872 | 86062 |
| 2010 | 120767 | 40768 | 110215 |
| 2011 | 139450 | 71760 | 135304 |
| 2012 | 182418 | 118631 | 158831 |
| 2013 | 208924 | 122562 | 170898 |

# 4-3-13 分地区文物保护管理机构基本情况(2013年)

## Basic Statistics on Agencies of Cultural Relics Preservation by Region (2013)

| 地 区 | Region | 机构数(个) Number of Institutions (unit) | 从业人员(人) Number of Engaged Persons (person) | #专业技术人员 Professional Technical Staff | 藏品数(件/套) Number of Collections (piece/set) | 基本陈列、展览(个) Displays and Exhibitions (unit) |
|---|---|---|---|---|---|---|
| **全 国** | **National Total** | **2809** | **35334** | **8465** | **1906829** | **1181** |
| 北 京 | Beijing | 26 | 2855 | 206 | 33398 | 47 |
| 天 津 | Tianjin | 8 | 112 | 85 | 3702 | 5 |
| 河 北 | Hebei | 165 | 4291 | 875 | 104370 | 43 |
| 山 西 | Shanxi | 141 | 2038 | 599 | 166097 | 9 |
| 内蒙古 | Inner Mongolia | 89 | 635 | 392 | 45506 | 59 |
| 辽 宁 | Liaoning | 61 | 1223 | 388 | 35923 | 28 |
| 吉 林 | Jilin | 49 | 172 | 107 | 5036 | |
| 黑龙江 | Heilongjiang | 87 | 273 | 193 | 18758 | 45 |
| 上 海 | Shanghai | 7 | 117 | 81 | 6700 | 16 |
| 江 苏 | Jiangsu | 56 | 375 | 158 | 29692 | 35 |
| 浙 江 | Zhejiang | 96 | 1714 | 540 | 60495 | 120 |
| 安 徽 | Anhui | 92 | 466 | 258 | 43180 | 58 |
| 福 建 | Fujian | 40 | 112 | 56 | 3956 | 10 |
| 江 西 | Jiangxi | 66 | 292 | 99 | 29112 | 38 |
| 山 东 | Shandong | 115 | 3484 | 1004 | 202939 | 38 |
| 河 南 | Henan | 125 | 2456 | 560 | 241499 | 15 |
| 湖 北 | Hubei | 47 | 682 | 250 | 28327 | 34 |
| 湖 南 | Hunan | 80 | 712 | 141 | 132877 | 57 |
| 广 东 | Guangdong | 35 | 321 | 94 | 38139 | 73 |
| 广 西 | Guangxi | 63 | 267 | 151 | 25463 | 39 |
| 海 南 | Hainan | 10 | 144 | 44 | 168 | 8 |
| 重 庆 | Chongqing | 25 | 211 | 70 | 62764 | 16 |
| 四 川 | Sichuan | 171 | 1944 | 481 | 211468 | 91 |
| 贵 州 | Guizhou | 74 | 379 | 182 | 15474 | 23 |
| 云 南 | Yunnan | 120 | 623 | 487 | 72300 | 89 |
| 西 藏 | Tibet | 561 | 5442 | 36 | 161956 | 110 |
| 陕 西 | Shaanxi | 210 | 2859 | 621 | 86663 | 45 |
| 甘 肃 | Gansu | 56 | 599 | 143 | 1860 | 10 |
| 青 海 | Qinghai | 29 | 54 | 24 | 2476 | 3 |
| 宁 夏 | Ningxia | 22 | 297 | 97 | 33829 | 14 |
| 新 疆 | Xinjiang | 83 | 185 | 43 | 2702 | 3 |

4-3-13 续表 1 continued

| 地 区 | Region | 参观人次(万人次) Spectators (10 000 person-times) | 门票销售总额(万元) Sales of Admission Tickets (10 000 yuan) | 收入合计(万元) Total Revenue (10 000 yuan) | #财政补助收入 Government Subsidy | 支出合计(万元) Total Expenditure (10 000 yuan) |
|---|---|---|---|---|---|---|
| **全 国** | **National Total** | **10710.9** | **283767** | **819557** | **490110** | **705411** |
| 北 京 | Beijing | 1259.3 | 40872 | 95984 | 51563 | 91131 |
| 天 津 | Tianjin | 15.1 | 183 | 3143 | 2680 | 2988 |
| 河 北 | Hebei | 778.8 | 27549 | 54296 | 28114 | 52003 |
| 山 西 | Shanxi | 741.2 | 7580 | 37330 | 16867 | 30070 |
| 内蒙古 | Inner Mongolia | 103.8 | 255 | 14357 | 14111 | 14920 |
| 辽 宁 | Liaoning | 232.7 | 2903 | 14729 | 12576 | 14883 |
| 吉 林 | Jilin | | | 1672 | 1653 | 1695 |
| 黑龙江 | Heilongjiang | 46.6 | | 8512 | 7631 | 2119 |
| 上 海 | Shanghai | 40.7 | 14 | 4093 | 2789 | 4046 |
| 江 苏 | Jiangsu | 151.6 | 231 | 14655 | 12814 | 14070 |
| 浙 江 | Zhejiang | 1151.0 | 24322 | 73669 | 41740 | 70580 |
| 安 徽 | Anhui | 161.1 | 290 | 8575 | 6083 | 7218 |
| 福 建 | Fujian | 19.2 | 41 | 3296 | 2474 | 2308 |
| 江 西 | Jiangxi | 101.3 | 228 | 4000 | 2727 | 4433 |
| 山 东 | Shandong | 1398.8 | 91166 | 50525 | 29780 | 47865 |
| 河 南 | Henan | 857.0 | 28405 | 35546 | 24533 | 30766 |
| 湖 北 | Hubei | 153.3 | 1575 | 16351 | 9306 | 12684 |
| 湖 南 | Hunan | 314.1 | 13053 | 28159 | 19885 | 25550 |
| 广 东 | Guangdong | 280.3 | 2189 | 6408 | 3927 | 7058 |
| 广 西 | Guangxi | 127.5 | 171 | 7515 | 3400 | 4368 |
| 海 南 | Hainan | 89.8 | 105 | 2604 | 1923 | 1963 |
| 重 庆 | Chongqing | 49.8 | 4812 | 4465 | 3764 | 4726 |
| 四 川 | Sichuan | 548.1 | 17094 | 48396 | 47617 | 51087 |
| 贵 州 | Guizhou | 127.0 | 866 | 146855 | 61692 | 105422 |
| 云 南 | Yunnan | 368.9 | 27 | 12455 | 10613 | 9953 |
| 西 藏 | Tibet | 160.0 | 3022 | 31678 | 6221 | 13995 |
| 陕 西 | Shaanxi | 1093.8 | 8698 | 52767 | 33779 | 51965 |
| 甘 肃 | Gansu | 185.5 | 5274 | 27296 | 20818 | 16795 |
| 青 海 | Qinghai | 8.0 | | 716 | 585 | 708 |
| 宁 夏 | Ningxia | 134.5 | 2384 | 6899 | 6689 | 5878 |
| 新 疆 | Xinjiang | 11.9 | 460 | 2613 | 1755 | 2165 |

4-3-13 续表 2 continued

| 地 区 | Region | 资产总计(万元) Total Assets (10 000 yuan) | #固定资产原价 Original Value of Fixed Assets | 实际使用房屋建筑面积(万平方米) Floor Space of Buildings Actually Used (10 000 sq.m) | #展览用房 Buildings for Exhibitions | #文物库房 Storeroom |
|---|---|---|---|---|---|---|
| **全 国** | **National Total** | **1031355** | **411161** | **244.63** | **70.40** | **15.13** |
| 北 京 | Beijing | 110491 | 21199 | 11.13 | 1.77 | 0.11 |
| 天 津 | Tianjin | 1984 | 449 | 1.37 | 1.10 | 0.01 |
| 河 北 | Hebei | 70266 | 27654 | 10.16 | 3.64 | 1.01 |
| 山 西 | Shanxi | 34816 | 17281 | 15.26 | 4.50 | 0.89 |
| 内蒙古 | Inner Mongolia | 8236 | 5602 | 7.53 | 3.51 | 0.58 |
| 辽 宁 | Liaoning | 12290 | 8230 | 6.63 | 1.58 | 0.33 |
| 吉 林 | Jilin | 788 | 342 | 0.18 | 0.02 | 0.02 |
| 黑龙江 | Heilongjiang | 2258 | 1428 | 1.50 | 0.72 | 0.14 |
| 上 海 | Shanghai | 8352 | 6687 | 1.68 | 0.97 | 0.08 |
| 江 苏 | Jiangsu | 16384 | 7471 | 4.57 | 2.18 | 0.28 |
| 浙 江 | Zhejiang | 126596 | 76443 | 20.46 | 7.25 | 0.66 |
| 安 徽 | Anhui | 12510 | 2848 | 4.07 | 1.57 | 0.19 |
| 福 建 | Fujian | 3455 | 686 | 2.30 | 0.56 | 0.04 |
| 江 西 | Jiangxi | 4086 | 2758 | 3.32 | 2.13 | 0.16 |
| 山 东 | Shandong | 194388 | 63521 | 31.35 | 9.42 | 0.64 |
| 河 南 | Henan | 118508 | 31004 | 15.22 | 2.87 | 1.71 |
| 湖 北 | Hubei | 10052 | 8267 | 12.25 | 1.72 | 0.33 |
| 湖 南 | Hunan | 31999 | 9433 | 7.90 | 3.01 | 0.46 |
| 广 东 | Guangdong | 8031 | 2155 | 5.46 | 1.93 | 0.14 |
| 广 西 | Guangxi | 5834 | 1888 | 5.10 | 1.67 | 0.18 |
| 海 南 | Hainan | 6920 | 5186 | 0.89 | 0.33 | 0.01 |
| 重 庆 | Chongqing | 5886 | 3200 | 4.48 | 1.86 | 0.72 |
| 四 川 | Sichuan | 133242 | 50572 | 14.88 | 3.22 | 1.72 |
| 贵 州 | Guizhou | 5567 | 4735 | 3.77 | 1.86 | 0.20 |
| 云 南 | Yunnan | 15326 | 4682 | 7.62 | 2.72 | 0.29 |
| 西 藏 | Tibet | 13104 | 5236 | 13.01 | 0.93 | 2.97 |
| 陕 西 | Shaanxi | 40467 | 25677 | 23.93 | 4.92 | 0.99 |
| 甘 肃 | Gansu | 25288 | 13180 | 3.24 | 0.57 | 0.06 |
| 青 海 | Qinghai | 409 | 354 | 0.71 | 0.67 | 0.02 |
| 宁 夏 | Ningxia | 2399 | 2076 | 2.86 | 1.16 | 0.17 |
| 新 疆 | Xinjiang | 1429 | 922 | 1.81 | 0.08 | 0.03 |

# 4-3-14 分地区文物保护科研机构基本情况(2013年)

# Basic Statistics on Scientific and Research Agencies of Cultural Relics by Region (2013)

| 地 区 | Region | 机构数(个) Number of Institutions (unit) | 从业人员(人) Number of Engaged Persons (person) | #专业技术人员 Professional Technical Staff | 藏品数(件/套) Number of Collections (piece/set) | 基本陈列、展览(个) Displays and Exhibitions (unit) | 参观人次(万人次) Spectators (10 000 person-times) |
|---|---|---|---|---|---|---|---|
| **全 国** | **National Total** | **115** | **5243** | **2517** | **1594975** | **33** | **218.2** |
| 中央本级 | Central-level | 1 | 145 | 137 | | | |
| 北 京 | Beijing | 2 | 622 | 47 | 153 | | |
| 天 津 | Tianjin | | | | | | |
| 河 北 | Hebei | 4 | 171 | 118 | 194172 | | |
| 山 西 | Shanxi | 10 | 316 | 154 | 6743 | | 88.0 |
| 内蒙古 | Inner Mongolia | 2 | 54 | 45 | 14479 | 4 | |
| 辽 宁 | Liaoning | 4 | 117 | 77 | 4604 | | |
| 吉 林 | Jilin | 4 | 69 | 52 | 8432 | | |
| 黑龙江 | Heilongjiang | 2 | 52 | 41 | 4801 | | |
| 上 海 | Shanghai | | | | | | |
| 江 苏 | Jiangsu | 5 | 58 | 31 | 7106 | 2 | 0.3 |
| 浙 江 | Zhejiang | 4 | 126 | 66 | 14984 | | |
| 安 徽 | Anhui | 1 | 42 | 32 | 3529 | | |
| 福 建 | Fujian | 1 | 11 | 11 | | | |
| 江 西 | Jiangxi | 2 | 43 | 30 | 1438 | 9 | 4.2 |
| 山 东 | Shandong | 9 | 110 | 89 | 24393 | 2 | |
| 河 南 | Henan | 15 | 1051 | 344 | 688592 | 1 | 1.0 |
| 湖 北 | Hubei | 3 | 115 | 89 | 7425 | | |
| 湖 南 | Hunan | 3 | 123 | 81 | 52348 | | |
| 广 东 | Guangdong | 4 | 188 | 58 | 383860 | 1 | 0.3 |
| 广 西 | Guangxi | 4 | 78 | 70 | 3031 | 1 | 0.2 |
| 海 南 | Hainan | | | | | | |
| 重 庆 | Chongqing | 1 | 138 | 35 | | | |
| 四 川 | Sichuan | 3 | 85 | 58 | | | |
| 贵 州 | Guizhou | 2 | 39 | 33 | 1537 | | |
| 云 南 | Yunnan | 2 | 36 | 31 | 2453 | | |
| 西 藏 | Tibet | 1 | 18 | 12 | | | |
| 陕 西 | Shaanxi | 15 | 394 | 261 | 48099 | | |
| 甘 肃 | Gansu | 5 | 835 | 366 | 63003 | 7 | 114.8 |
| 青 海 | Qinghai | 1 | 40 | 36 | 55420 | | |
| 宁 夏 | Ningxia | 3 | 63 | 44 | 149 | 2 | 4.5 |
| 新 疆 | Xinjiang | 2 | 104 | 69 | 4224 | 4 | 4.9 |

4-3-14 续表 1 continued

| 地 区 | Region | 门票销售总额(万元) Sales of Admission Tickets (10 000 yuan) | 收入合计(万元) Total Revenue (10 000 yuan) | #财政补助收入 Government Subsidy | 支出合计(万元) Total Expenditure (10 000 yuan) | 资产总计(万元) Total Assets (10 000 yuan) |
|---|---|---|---|---|---|---|
| **全 国** | **National Total** | **10137** | **208924** | **122562** | **170898** | **323566** |
| 中央本级 | Central-level | | 10245 | 4633 | 10163 | 37538 |
| 北 京 | Beijing | | 13325 | 1170 | 7245 | 20152 |
| 天 津 | Tianjin | | | | | |
| 河 北 | Hebei | | 8988 | 4039 | 7412 | 8197 |
| 山 西 | Shanxi | 8446 | 32317 | 22100 | 21476 | 13596 |
| 内蒙古 | Inner Mongolia | | 1396 | 1179 | 3201 | 5975 |
| 辽 宁 | Liaoning | | 6343 | 6245 | 3858 | 9273 |
| 吉 林 | Jilin | | 2417 | 1742 | 1712 | 4587 |
| 黑龙江 | Heilongjiang | | 499 | 498 | 499 | 980 |
| 上 海 | Shanghai | | | | | |
| 江 苏 | Jiangsu | 1 | 2614 | 1958 | 1991 | 2003 |
| 浙 江 | Zhejiang | | 3757 | 3382 | 3659 | 1433 |
| 安 徽 | Anhui | | 3754 | 829 | 2771 | 8238 |
| 福 建 | Fujian | | 518 | 114 | 425 | 150 |
| 江 西 | Jiangxi | | 3024 | 1895 | 1852 | 1086 |
| 山 东 | Shandong | | 4730 | 3616 | 3639 | 7594 |
| 河 南 | Henan | | 20280 | 8322 | 14964 | 26369 |
| 湖 北 | Hubei | | 4516 | 1562 | 3385 | 7536 |
| 湖 南 | Hunan | | 3466 | 3466 | 3467 | 7152 |
| 广 东 | Guangdong | | 7012 | 3044 | 5995 | 9260 |
| 广 西 | Guangxi | 10 | 2695 | 188 | 2648 | 7839 |
| 海 南 | Hainan | | | | | |
| 重 庆 | Chongqing | | 5552 | 4079 | 4300 | 4734 |
| 四 川 | Sichuan | | 4921 | 1695 | 5482 | 8454 |
| 贵 州 | Guizhou | | 3560 | 1828 | 2291 | 3368 |
| 云 南 | Yunnan | | 4462 | 544 | 4126 | 797 |
| 西 藏 | Tibet | | 2343 | 2343 | 234 | 138 |
| 陕 西 | Shaanxi | | 17827 | 13320 | 15838 | 13571 |
| 甘 肃 | Gansu | 1476 | 28887 | 22644 | 30868 | 99187 |
| 青 海 | Qinghai | | 1017 | 477 | 1475 | 1240 |
| 宁 夏 | Ningxia | | 3399 | 2939 | 1880 | 4889 |
| 新 疆 | Xinjiang | 204 | 5060 | 2713 | 4042 | 8229 |

4-3-14 续表 2 continued

| 地 区 | Region | #固定资产原价 Original Value of Fixed Assets | 实际使用房屋建筑面积(万平方米) Floor Space of Buildings Actually Used (10 000 sq.m) | #展览用房 Buildings for Exhibitions | #库房 Storeroom | 文化保护规划和方案设计(个) Planning and Project of Cultural Relics Preservation (unit) |
|---|---|---|---|---|---|---|
| **全 国** | **National Total** | **125035** | **96.23** | **8.29** | **1.01** | **387** |
| 中央本级 | Central-level | 21200 | 1.32 | 0.28 | 0.13 | 97 |
| 北 京 | Beijing | 1039 | 0.08 | 0.00 | 0.00 | |
| 天 津 | Tianjin | | | | | |
| 河 北 | Hebei | 3454 | 1.11 | 0.88 | | 16 |
| 山 西 | Shanxi | 4902 | 5.18 | 0.50 | 0.01 | |
| 内蒙古 | Inner Mongolia | 2739 | 1.05 | 0.40 | | 2 |
| 辽 宁 | Liaoning | 3087 | 0.71 | 0.02 | | 9 |
| 吉 林 | Jilin | 2459 | 0.65 | 0.10 | 0.01 | |
| 黑龙江 | Heilongjiang | 980 | 0.20 | 0.06 | 0.03 | |
| 上 海 | Shanghai | | | | | |
| 江 苏 | Jiangsu | 526 | 0.16 | 0.06 | | 6 |
| 浙 江 | Zhejiang | 1403 | 0.59 | 0.25 | 0.01 | |
| 安 徽 | Anhui | 2850 | 1.30 | 0.45 | 0.03 | 12 |
| 福 建 | Fujian | 150 | | | | |
| 江 西 | Jiangxi | 574 | | | | 1 |
| 山 东 | Shandong | 1278 | 0.64 | 0.21 | 0.02 | 13 |
| 河 南 | Henan | 11669 | 68.13 | 1.92 | 0.49 | 51 |
| 湖 北 | Hubei | 1993 | 1.51 | 0.99 | 0.19 | 22 |
| 湖 南 | Hunan | 5591 | 0.99 | 0.49 | 0.03 | 33 |
| 广 东 | Guangdong | 2595 | 0.89 | 0.30 | 0.01 | 10 |
| 广 西 | Guangxi | 1504 | 0.85 | 0.13 | 0.02 | 49 |
| 海 南 | Hainan | | | | | |
| 重 庆 | Chongqing | 406 | 0.96 | | | 9 |
| 四 川 | Sichuan | 1664 | 0.59 | | | 30 |
| 贵 州 | Guizhou | 481 | | | | |
| 云 南 | Yunnan | 797 | 0.19 | | | |
| 西 藏 | Tibet | 138 | | | | |
| 陕 西 | Shaanxi | 9573 | 1.72 | 0.38 | 0.01 | |
| 甘 肃 | Gansu | 35818 | 5.88 | 0.47 | 0.02 | 15 |
| 青 海 | Qinghai | 516 | 0.38 | 0.16 | | |
| 宁 夏 | Ningxia | 903 | 0.16 | 0.01 | | |
| 新 疆 | Xinjiang | 4746 | 1.01 | 0.23 | 0.01 | 12 |

# 4-3-15 文化类社会组织情况

## Basic Statistics on Social Organizations Related with Culture

单位：个 (unit)

| 年份 地区 | Year Region | 机构数 Number of Institutions | 社团 Social Organization | 基金会 Fund Organization | 民办非企业 Non-enterprise Units Run by NGO |
|---|---|---|---|---|---|
| | 2007 | 22383 | 16690 | 115 | 5578 |
| | 2008 | 25154 | 18555 | 94 | 6505 |
| | 2009 | 26988 | 19687 | 113 | 7188 |
| | 2010 | 29180 | 20926 | 140 | 8114 |
| | 2011 | 31483 | 22472 | 184 | 8827 |
| | 2012 | 35808 | 25036 | 182 | 10590 |
| | 2013 | 39022 | 27115 | 213 | 11694 |
| 中央本级 | Central-level | 54 | 41 | | 13 |
| 北京 | Beijing | 599 | 336 | 46 | 217 |
| 天津 | Tianjin | 250 | 144 | 8 | 98 |
| 河北 | Hebei | 1078 | 884 | | 194 |
| 山西 | Shanxi | 1125 | 860 | 8 | 257 |
| 内蒙古 | Inner Mongolia | 738 | 587 | 3 | 148 |
| 辽宁 | Liaoning | 943 | 674 | 6 | 263 |
| 吉林 | Jilin | 635 | 541 | 1 | 93 |
| 黑龙江 | Heilongjiang | 893 | 735 | 2 | 156 |
| 上海 | Shanghai | 658 | 288 | 15 | 355 |
| 江苏 | Jiangsu | 3991 | 2544 | 14 | 1433 |
| 浙江 | Zhejiang | 2629 | 1662 | 11 | 956 |
| 安徽 | Anhui | 1422 | 1154 | 5 | 263 |
| 福建 | Fujian | 1742 | 1431 | 2 | 309 |
| 江西 | Jiangxi | 906 | 728 | 1 | 177 |
| 山东 | Shandong | 3466 | 1826 | 5 | 1635 |
| 河南 | Henan | 1895 | 1257 | 6 | 632 |
| 湖北 | Hubei | 2186 | 1072 | 5 | 1109 |
| 湖南 | Hunan | 1367 | 1009 | 7 | 351 |
| 广东 | Guangdong | 3195 | 2105 | 35 | 1055 |
| 广西 | Guangxi | 674 | 554 | | 120 |
| 海南 | Hainan | 406 | 279 | 6 | 121 |
| 重庆 | Chongqing | 630 | 553 | 3 | 74 |
| 四川 | Sichuan | 2045 | 1633 | 4 | 408 |
| 贵州 | Guizhou | 602 | 533 | | 69 |
| 云南 | Yunnan | 1261 | 1130 | 3 | 128 |
| 西藏 | Tibet | 46 | 40 | 3 | 3 |
| 陕西 | Shaanxi | 1620 | 1135 | 11 | 474 |
| 甘肃 | Gansu | 951 | 686 | 3 | 262 |
| 青海 | Qinghai | 278 | 181 | | 97 |
| 宁夏 | Ningxia | 232 | 156 | | 76 |
| 新疆 | Xinjiang | 505 | 357 | | 148 |

注：本表数据来自民政部的社会组织统计。
a) Data in the table above sources from Ministry of Civil Affairs.

# 4-3-16 烈士纪念建筑物管理单位基本情况

## Basic Statistics on Martyr Memorial Building Management Units

| 年 份 地 区 | Year Region | 机构数(个) Number of Institutions (unit) | 从业人员(人) Number of Engaged Persons (person) | 固定资产总计(亿元) Fixed Assets (100 million yuan) | 收入合计(亿元) Total Revenue (100 million yuan) | 支出合计(亿元) Total Expenditure (100 million yuan) |
|---|---|---|---|---|---|---|
| | 2005 | 989 | 8871 | 25.5 | 5.9 | 5.5 |
| | 2006 | 1072 | 9009 | 22.7 | 6.8 | 6.2 |
| | 2007 | 1056 | 9304 | 26.2 | 7.5 | 7.6 |
| | 2008 | 1133 | 9277 | 27.9 | 7.3 | 12.3 |
| | 2009 | 1137 | 9062 | 28.6 | 9.7 | 8.9 |
| | 2010 | 1195 | 9245 | 31.7 | 9.3 | 9.3 |
| | 2011 | 1227 | 9436 | 36.0 | 10.8 | 11.0 |
| | 2012 | 1306 | 9618 | 42.3 | 13.6 | 13.4 |
| | 2013 | 1463 | 10221 | 49.1 | 14.5 | 14.2 |
| 北 京 | Beijing | 5 | 49 | 0.5 | | |
| 天 津 | Tianjin | 9 | 146 | 1.1 | 0.2 | 0.3 |
| 河 北 | Hebei | 98 | 898 | 2.7 | 1.7 | 1.7 |
| 山 西 | Shanxi | 59 | 404 | 1.0 | 0.5 | 0.5 |
| 内蒙古 | Inner Mongolia | 12 | 115 | 0.8 | 0.2 | 0.2 |
| 辽 宁 | Liaoning | 49 | 339 | 0.7 | 0.5 | 0.4 |
| 吉 林 | Jilin | 30 | 383 | 0.6 | 0.3 | 0.3 |
| 黑龙江 | Heilongjiang | 27 | 194 | 0.6 | 0.1 | 0.1 |
| 上 海 | Shanghai | 11 | 247 | 6.4 | 0.7 | 0.7 |
| 江 苏 | Jiangsu | 89 | 711 | 3.6 | 1.3 | 1.3 |
| 浙 江 | Zhejiang | 40 | 186 | 1.1 | 0.4 | 0.4 |
| 安 徽 | Anhui | 51 | 405 | 2.4 | 0.5 | 0.4 |
| 福 建 | Fujian | 54 | 177 | 0.4 | 0.2 | 0.2 |
| 江 西 | Jiangxi | 68 | 308 | 0.9 | 0.2 | 0.2 |
| 山 东 | Shandong | 111 | 926 | 5.6 | 2.9 | 2.9 |
| 河 南 | Henan | 99 | 1380 | 4.0 | 0.9 | 0.9 |
| 湖 北 | Hubei | 55 | 695 | 2.0 | 0.6 | 0.5 |
| 湖 南 | Hunan | 39 | 385 | 1.8 | 0.4 | 0.4 |
| 广 东 | Guangdong | 86 | 330 | 2.0 | 0.8 | 0.7 |
| 广 西 | Guangxi | 21 | 243 | 1.3 | 0.5 | 0.4 |
| 海 南 | Hainan | 9 | 34 | 0.2 | | |
| 重 庆 | Chongqing | 22 | 76 | 0.4 | 0.1 | 0.1 |
| 四 川 | Sichuan | 153 | 423 | 4.4 | 0.3 | 0.3 |
| 贵 州 | Guizhou | 56 | 140 | 0.9 | 0.1 | 0.1 |
| 云 南 | Yunnan | 64 | 164 | 0.9 | | |
| 西 藏 | Tibet | 4 | 13 | 0.1 | | |
| 陕 西 | Shaanxi | 39 | 358 | 1.4 | 0.3 | 0.3 |
| 甘 肃 | Gansu | 79 | 369 | 0.5 | 0.4 | 0.4 |
| 青 海 | Qinghai | 1 | 9 | | | |
| 宁 夏 | Ningxia | 9 | 29 | 0.1 | | |
| 新 疆 | Xinjiang | 14 | 85 | 0.3 | 0.3 | 0.3 |

4-3-16 续表 continued

| 年份 地区 | Year Region | 烈士纪念建筑物数（个） Number of Martyr Memorial Buildings (unit) | #纪念馆（陈列馆） Memorial Hall | 藏品量（万件） Total Collections (10 000 pieces) | 参观人次（万人次） Spectators (10 000 person-times) | 零散烈士纪念建筑物数（个） Scattered Martyr Memorial Buildings (unit) |
|---|---|---|---|---|---|---|
| | 2005 | 8122 | 987 | 15.9 | 4596.4 | 7483 |
| | 2006 | 7220 | 921 | 17.0 | 5072.2 | 7414 |
| | 2007 | 7402 | 912 | 18.0 | 5231.0 | 7186 |
| | 2008 | 7406 | 919 | 18.8 | 4464.8 | 7569 |
| | 2009 | 8101 | 1076 | 19.3 | 6758.4 | 7622 |
| | 2010 | 7367 | 1090 | 20.1 | 5189.6 | 9729 |
| | 2011 | 9900 | 1143 | 21.3 | 5784.5 | 12378 |
| | 2012 | 12584 | 1209 | 22.7 | 6837.1 | 13151 |
| | 2013 | 13602 | 1282 | 22.8 | 7062.7 | 13601 |
| 北　京 | Beijing | 39 | 6 | 0.1 | 23.4 | 188 |
| 天　津 | Tianjin | 35 | 14 | 0.2 | 35.7 | 5 |
| 河　北 | Hebei | 1232 | 95 | 3.9 | 418.3 | 1522 |
| 山　西 | Shanxi | 152 | 54 | 0.4 | 156.4 | 1427 |
| 内蒙古 | Inner Mongolia | 31 | 15 | | 28.8 | 170 |
| 辽　宁 | Liaoning | 200 | 28 | 1.5 | 186.7 | 291 |
| 吉　林 | Jilin | 72 | 24 | 0.5 | 75.5 | 527 |
| 黑龙江 | Heilongjiang | 391 | 16 | 0.9 | 266.2 | 102 |
| 上　海 | Shanghai | 62 | 16 | 0.3 | 177.8 | 5 |
| 江　苏 | Jiangsu | 1053 | 108 | 2.0 | 722.9 | 892 |
| 浙　江 | Zhejiang | 139 | 38 | 0.7 | 179.9 | 359 |
| 安　徽 | Anhui | 687 | 198 | 0.8 | 398.6 | 451 |
| 福　建 | Fujian | 174 | 23 | 0.2 | 329.3 | 229 |
| 江　西 | Jiangxi | 231 | 19 | 0.8 | 91.9 | 531 |
| 山　东 | Shandong | 667 | 156 | 2.9 | 1386.7 | 548 |
| 河　南 | Henan | 896 | 99 | 1.0 | 345.8 | 500 |
| 湖　北 | Hubei | 481 | 69 | 1.8 | 298.0 | 662 |
| 湖　南 | Hunan | 96 | 19 | 0.4 | 142.6 | 300 |
| 广　东 | Guangdong | 2198 | 20 | 0.2 | 320.4 | 832 |
| 广　西 | Guangxi | 59 | 9 | 0.1 | 92.3 | 904 |
| 海　南 | Hainan | 2499 | 25 | 0.1 | 118.2 | 214 |
| 重　庆 | Chongqing | 142 | 19 | 0.3 | 232.8 | 426 |
| 四　川 | Sichuan | 866 | 93 | 0.9 | 327.2 | 259 |
| 贵　州 | Guizhou | 283 | 12 | | 113.6 | 1371 |
| 云　南 | Yunnan | 208 | 21 | 0.3 | 67.0 | 181 |
| 西　藏 | Tibet | 10 | 3 | 0.6 | 1.4 | 3 |
| 陕　西 | Shaanxi | 413 | 37 | 0.5 | 155.1 | 168 |
| 甘　肃 | Gansu | 232 | 28 | 0.8 | 269.9 | 362 |
| 青　海 | Qinghai | 12 | 3 | 0.5 | 4.5 | 37 |
| 宁　夏 | Ningxia | 9 | 5 | 0.1 | 13.1 | 6 |
| 新　疆 | Xinjiang | 33 | 10 | 0.1 | 82.7 | 129 |

# 4-3-17　档案馆机构和人员情况

# Basic Statistics on Archive Institutions and Personnel

单位：个，人　　(unit, person)

| 年　份 Year | 国家综合档案馆 National Comprehensive Archives | | 国家专门档案馆 National Special Archives | | 部门档案馆 Department Archives | |
|---|---|---|---|---|---|---|
| | 馆　数 Number of Institutions | 专职人员 Full-time Personnel | 馆　数 Number of Institutions | 专职人员 Full-time Personnel | 馆　数 Number of Institutions | 专职人员 Full-time Personnel |
| 2005 | 3142 | 23413 | 238 | 3452 | 145 | 2020 |
| 2006 | 3154 | 22689 | 239 | 3537 | 137 | 1699 |
| 2007 | 3161 | 21399 | 245 | 3737 | 146 | 1985 |
| 2008 | 3170 | 21414 | 240 | 3663 | 154 | 1886 |
| 2009 | 3191 | 20949 | 241 | 3626 | 149 | 1814 |
| 2010 | 3194 | 19750 | 252 | 3833 | 167 | 1747 |
| 2011 | 3196 | 19985 | 255 | 3843 | 170 | 2121 |
| 2012 | 3237 | 18009 | 238 | 3577 | 183 | 2161 |
| 2013 | 3325 | 18106 | 240 | 3579 | 218 | 2182 |

## 4-3-17　续表　continued

单位：个，人　　(unit, person)

| 年　份 Year | 企　业 档案馆数 Enterprise Archive Institutions | 文化事业 档案馆数 Culture Archive Institutions | 科技事业单位档案馆数 Science and Technology Archive Institutions |
|---|---|---|---|
| 2005 | 301 | 105 | 63 |
| 2006 | 216 | 110 | 95 |
| 2007 | 215 | 126 | 94 |
| 2008 | 241 | 141 | 87 |
| 2009 | 233 | 167 | 96 |
| 2010 | 223 | 160 | 111 |
| 2011 | 183 | 179 | 124 |
| 2012 | 204 | 260 | |
| 2013 | 189 | 274 | |

注：2012年新修订的《全国档案事业统计年报制度》不再细分事业单位的属性，统称"省部属事业单位档案馆"。省部属事业单位包括文化事业档案馆数，科技事业单位档案馆数。

a) The newly revised Annual Report of National Archive Statistics in 2012 does not further subcategorize public institutions by their attributes, but generally called public archive institutions affiliated to ministries or provincial governments. Public institutions affiliated to ministries or provincial governments include cultural archive institutions, and science and technology archive institutions.

# 4-3-18 国家综合档案馆基本情况
## Basic Statistics on National Comprehensive Archives

| 年份 Year | 馆藏档案（万卷、万件）Number of Archives (10 000 volumes, 10 000 pieces) | 照片档案（万张）Photos (10 000 sheets) | 开放档案（万卷、万件）Archives Open to Public (10 000 volume, 10 000 pieces) | 利用档案（万卷、万件次）Utilized Archives (10 000 volume-times, 10 000 piece-times) | 档案馆建筑面积（万平方米）Floor Space of Archive Institutions (10 000 sq.m) |
|---|---|---|---|---|---|
| 1991 | 9637.4 | 371.0 | 2094.3 | 937.0 | 348.1 |
| 1992 | 10003.5 | 402.4 | 2018.7 | 773.8 | 255.7 |
| 1993 | 10726.8 | 435.5 | 2140.7 | 891.9 | 275.9 |
| 1994 | 10782.9 | 449.6 | 2454.6 | 674.4 | 268.3 |
| 1995 | 11318.3 | 485.5 | 2790.3 | 529.3 | 282.5 |
| 1996 | 11341.4 | 494.6 | 2939.2 | 485.4 | 297.5 |
| 1997 | 12222.9 | 553.0 | 3304.6 | 501.0 | 347.6 |
| 1998 | 12276.5 | 579.7 | 3556.5 | 446.5 | 310.7 |
| 1999 | 12866.8 | 584.5 | 3808.2 | 508.5 | 328.4 |
| 2000 | 13314.0 | 631.7 | 4072.0 | 494.4 | 336.2 |
| 2001 | 13756.6 | 642.8 | 4129.7 | 575.4 | 342.0 |
| 2002 | 14790.7 | 720.5 | 4301.1 | 548.8 | 351.0 |
| 2003 | 15945.9 | 797.4 | 4618.4 | 602.6 | 361.4 |
| 2004 | 17601.5 | 827.9 | 4868.3 | 813.9 | 376.8 |
| 2005 | 18688.7 | 908.8 | 5132.3 | 868.0 | 393.1 |
| 2006 | 21656.5 | 1277.2 | 5746.3 | 1166.4 | 406.1 |
| 2007 | 23675.3 | 1393.3 | 5875.5 | 1244.9 | 421.9 |
| 2008 | 25051.0 | 1505.3 | 6072.2 | 1257.4 | 465.4 |
| 2009 | 28089.2 | 1646.3 | 6687.4 | 1308.0 | 473.3 |
| 2010 | 32198.6 | 1809.2 | 7428.6 | 1417.3 | 504.4 |
| 2011 | 35445.5 | 1965.8 | 7828.4 | 1564.5 | 551.1 |
| 2012 | 40547.7 | 1827.4 | 8254.6 | 1521.1 | 627.1 |
| 2013 | 44759.1 | 1927.6 | 8490.0 | 1477.8 | 709.3 |

# 4-4-1 分地区国家级风景名胜区基本情况(2013年)
# Basic Statistics on National Scenic Area by Region (2013)

| 地区 | Region | 风景名胜区面积(平方公里) Area of National Scenic Area (sq.km) | #供游览面积 Area for Tourism | 游人量(万人次) Number of Visitors (10 000 person-times) | #境外游人 Overseas Visitors |
|---|---|---|---|---|---|
| **全国** | **National Total** | **96684** | **42065** | **73035.7** | **2417.7** |
| 北京 | Beijing | 263 | 46 | 1295.8 | 62.4 |
| 天津 | Tianjin | 106 | 10 | 228.3 | 7.2 |
| 河北 | Hebei | 4052 | 2854 | 4407.7 | 45.6 |
| 山西 | Shanxi | 1384 | 312 | 628.7 | 7.2 |
| 内蒙古 | Inner Mongolia | 489 | 103 | 30.0 | 0.1 |
| 辽宁 | Liaoning | 1814 | 1224 | 2305.1 | 33.3 |
| 吉林 | Jilin | 828 | 158 | 484.4 | 8.2 |
| 黑龙江 | Heilongjiang | 2874 | 1322 | 366.0 | 2.5 |
| 江苏 | Jiangsu | 1137 | 289 | 8249.6 | 190.3 |
| 浙江 | Zhejiang | 4288 | 1613 | 11667.7 | 339.2 |
| 安徽 | Anhui | 2229 | 1417 | 1340.4 | 62.9 |
| 福建 | Fujian | 1325 | 783 | 3953.3 | 136.0 |
| 江西 | Jiangxi | 3101 | 1326 | 3760.2 | 118.4 |
| 山东 | Shandong | 884 | 458 | 3494.5 | 72.3 |
| 河南 | Henan | 1395 | 1015 | 2033.9 | 50.0 |
| 湖北 | Hubei | 1590 | 727 | 1660.6 | 41.7 |
| 湖南 | Hunan | 3426 | 1594 | 5656.2 | 171.1 |
| 广东 | Guangdong | 727 | 309 | 5043.6 | 18.2 |
| 广西 | Guangxi | 6465 | 2423 | 3746.7 | 200.6 |
| 海南 | Hainan | 231 | 70 | 1171.8 | 267.8 |
| 重庆 | Chongqing | 2500 | 912 | 958.5 | 65.3 |
| 四川 | Sichuan | 17014 | 5147 | 2715.9 | 62.0 |
| 贵州 | Guizhou | 3263 | 1740 | 2153.8 | 16.8 |
| 云南 | Yunnan | 2722 | 889 | 2358.8 | 244.4 |
| 西藏 | Tibet | 14218 | 2248 | 1.1 | 14.4 |
| 陕西 | Shaanxi | 760 | 359 | 2227.5 | 129.2 |
| 甘肃 | Gansu | 1099 | 250 | 459.8 | 43.6 |
| 青海 | Qinghai | 8978 | 8978 | 119.3 | 1.2 |
| 宁夏 | Ningxia | 109 | 19 | 117.2 | 3.1 |
| 新疆 | Xinjiang | 7413 | 3470 | 399.3 | 2.7 |

4-4-1 续表 1 continued

| 地 区 | Region | 景区资金收入合计(万元) Total Revenue (10 000 yuan) | #国家拨款 State Budget | #经营收入 Business Revenue | #门 票 Admission Ticket |
|---|---|---|---|---|---|
| **全 国** | **National Total** | **5158626** | **476598** | **4155953** | **1910789** |
| 北 京 | Beijing | 66958 | 11764 | 48643 | 41499 |
| 天 津 | Tianjin | 7883 | 816 | 7067 | 3738 |
| 河 北 | Hebei | 161086 | 3130 | 132956 | 74389 |
| 山 西 | Shanxi | 29659 | 1550 | 27097 | 25817 |
| 内蒙古 | Inner Mongolia | 450 | | 450 | |
| 辽 宁 | Liaoning | 147756 | 1339 | 142343 | 57493 |
| 吉 林 | Jilin | 13310 | 500 | 12310 | 1147 |
| 黑龙江 | Heilongjiang | 91277 | 30555 | 50936 | 13446 |
| 江 苏 | Jiangsu | 211440 | 30138 | 168683 | 112095 |
| 浙 江 | Zhejiang | 317858 | 102649 | 198738 | 148116 |
| 安 徽 | Anhui | 401760 | 13209 | 355631 | 55747 |
| 福 建 | Fujian | 292502 | 39726 | 196903 | 49042 |
| 江 西 | Jiangxi | 431600 | 31908 | 367358 | 142963 |
| 山 东 | Shandong | 176279 | 6766 | 156558 | 126291 |
| 河 南 | Henan | 128579 | 5475 | 114590 | 90236 |
| 湖 北 | Hubei | 385690 | 101758 | 135766 | 39217 |
| 湖 南 | Hunan | 516831 | 22229 | 464218 | 184512 |
| 广 东 | Guangdong | 106921 | 26040 | 65035 | 29036 |
| 广 西 | Guangxi | 61139 | 486 | 28953 | 11703 |
| 海 南 | Hainan | 119898 | 2372 | 109070 | 62959 |
| 重 庆 | Chongqing | 235961 | 1813 | 223112 | 48781 |
| 四 川 | Sichuan | 470593 | 19063 | 443822 | 230295 |
| 贵 州 | Guizhou | 306538 | 9542 | 281622 | 36845 |
| 云 南 | Yunnan | 231134 | 3921 | 195605 | 119703 |
| 西 藏 | Tibet | 2865 | 288 | 1010 | 765 |
| 陕 西 | Shaanxi | 178924 | 3347 | 174043 | 171421 |
| 甘 肃 | Gansu | 17550 | 950 | 16600 | 11794 |
| 青 海 | Qinghai | 16511 | | 16511 | 9627 |
| 宁 夏 | Ningxia | 5663 | 2342 | 3244 | 234 |
| 新 疆 | Xinjiang | 24006 | 2922 | 17079 | 11878 |

4-4-1 续表 2 continued

| 地 区 | Region | 景区资金支出合计(万元) Total Expenditure (10 000 yuan) | #经营支出 Business Expenditure | #固定资产投资完成额 Investment for Fixed Assets Completed | #维护支出 Maintenance Expenditure |
|---|---|---|---|---|---|
| **全 国** | **National Total** | **4476707** | **2029214** | **1846161** | **457106** |
| 北 京 | Beijing | 63260 | 7650 | 39313 | 21294 |
| 天 津 | Tianjin | 8482 | 461 | 8021 | 393 |
| 河 北 | Hebei | 150840 | 108644 | 39018 | 19576 |
| 山 西 | Shanxi | 5726 | 1560 | 3529 | 2824 |
| 内蒙古 | Inner Mongolia | 450 | | 450 | 25 |
| 辽 宁 | Liaoning | 60134 | 28057 | 27712 | 7461 |
| 吉 林 | Jilin | 6688 | 3819 | 1820 | 1115 |
| 黑龙江 | Heilongjiang | 103915 | 62444 | 18403 | 7087 |
| 江 苏 | Jiangsu | 182140 | 58529 | 87720 | 17754 |
| 浙 江 | Zhejiang | 304834 | 125452 | 151748 | 45579 |
| 安 徽 | Anhui | 499751 | 191504 | 303026 | 18199 |
| 福 建 | Fujian | 121070 | 67928 | 50404 | 10307 |
| 江 西 | Jiangxi | 823554 | 635940 | 184634 | 44777 |
| 山 东 | Shandong | 118866 | 24766 | 88901 | 40514 |
| 河 南 | Henan | 177596 | 99982 | 73925 | 19474 |
| 湖 北 | Hubei | 218291 | 108359 | 79274 | 32937 |
| 湖 南 | Hunan | 263597 | 101632 | 144860 | 47923 |
| 广 东 | Guangdong | 112105 | 32129 | 73489 | 35930 |
| 广 西 | Guangxi | 43365 | 4123 | 31269 | 19321 |
| 海 南 | Hainan | 123456 | 29691 | 77522 | 4992 |
| 重 庆 | Chongqing | 229771 | 95910 | 126034 | 22058 |
| 四 川 | Sichuan | 394334 | 81185 | 95037 | 11249 |
| 贵 州 | Guizhou | 232218 | 54718 | 41064 | 6656 |
| 云 南 | Yunnan | 144885 | 60822 | 61003 | 13759 |
| 西 藏 | Tibet | 1483 | 1380 | 103 | 64 |
| 陕 西 | Shaanxi | 24161 | 11141 | 10940 | 1426 |
| 甘 肃 | Gansu | 14719 | 4029 | 10690 | 2424 |
| 青 海 | Qinghai | 15126 | 2150 | 12976 | 249 |
| 宁 夏 | Ningxia | 4285 | 1210 | 2204 | 871 |
| 新 疆 | Xinjiang | 27605 | 23999 | 1072 | 868 |

# 4-4-2 娱乐场所基本情况
## Basic Statistics on Entertainment Units

| 年 份 Year | 机构数（个） Number of Institutions (unit) | 从业人员（人） Number of Engaged Persons (person) | 资产总计（万元） Total Assets (10 000 yuan) | 营业收入（万元） Business Revenue (10 000 yuan) | 营业利润（万元） Business Profits (10 000 yuan) |
|---|---|---|---|---|---|
| 2005 | 55302 | 494243 | 2898572 | 1882946 | 272150 |
| 2006 | 51742 | 490289 | 2990424 | 2101890 | 329557 |
| 2007 | 82174 | 611108 | 5927457 | 3546201 | 583689 |
| 2008 | 84356 | 639511 | 7048155 | 3709413 | 659403 |
| 2009 | 82200 | 636800 | 6271305 | 4130085 | 1367846 |
| 2010 | 85854 | 703520 | 7635552 | 4772099 | 1718734 |
| 2011 | 92577 | 758377 | 9661392 | 5661798 | 1939320 |
| 2012 | 90271 | 765250 | 11136779 | 6048764 | 1982344 |
| 2013 | 89652 | 835658 | 19109269 | 8842052 | 2224658 |

# 4-4-3 分地区娱乐场所基本情况(2013年)
# Basic Statistics on Entertainment Units by Region (2013)

| 地 区 | Region | 机构数(个) Number of Institutions (unit) | 从业人员(人) Number of Engaged Persons (person) | 资产总计(万元) Total Assets (10 000 yuan) | 营业收入(万元) Business Revenue (10 000 yuan) | 营业成本(万元) Business Costs (10 000 yuan) |
|---|---|---|---|---|---|---|
| **全 国** | **National Total** | **89652** | **835658** | **19109269** | **8842052** | **6617523** |
| 北 京 | Beijing | 1009 | 15710 | 1318520 | 535176 | 458794 |
| 天 津 | Tianjin | 559 | 15363 | 199021 | 61097 | 41883 |
| 河 北 | Hebei | 2726 | 20377 | 274416 | 137459 | 75283 |
| 山 西 | Shanxi | 664 | 6098 | 65421 | 333526 | 76578 |
| 内蒙古 | Inner Mongolia | 3095 | 10790 | 227308 | 107862 | 61854 |
| 辽 宁 | Liaoning | 4700 | 30833 | 463354 | 158519 | 96403 |
| 吉 林 | Jilin | 1592 | 7169 | 145867 | 52097 | 27325 |
| 黑龙江 | Heilongjiang | 3059 | 11010 | 120417 | 58938 | 32816 |
| 上 海 | Shanghai | 2501 | 31537 | 945175 | 518569 | 447624 |
| 江 苏 | Jiangsu | 7587 | 63663 | 1148330 | 648424 | 458658 |
| 浙 江 | Zhejiang | 4407 | 64304 | 3017430 | 680864 | 531851 |
| 安 徽 | Anhui | 3865 | 31200 | 634295 | 292670 | 216504 |
| 福 建 | Fujian | 2135 | 41833 | 730194 | 434409 | 355079 |
| 江 西 | Jiangxi | 3348 | 21632 | 304185 | 160432 | 84929 |
| 山 东 | Shandong | 2973 | 30403 | 401702 | 185304 | 126001 |
| 河 南 | Henan | 2117 | 23513 | 308182 | 173881 | 107494 |
| 湖 北 | Hubei | 2874 | 28415 | 468519 | 272065 | 186124 |
| 湖 南 | Hunan | 2820 | 26713 | 306717 | 179749 | 99839 |
| 广 东 | Guangdong | 7460 | 115053 | 3844182 | 1805292 | 1650708 |
| 广 西 | Guangxi | 3622 | 33421 | 365549 | 205981 | 141882 |
| 海 南 | Hainan | 767 | 7083 | 1055013 | 333167 | 316117 |
| 重 庆 | Chongqing | 2774 | 21942 | 296779 | 189316 | 145298 |
| 四 川 | Sichuan | 6325 | 48979 | 797391 | 479275 | 320190 |
| 贵 州 | Guizhou | 2634 | 20731 | 268497 | 167678 | 114147 |
| 云 南 | Yunnan | 7379 | 56553 | 484929 | 255786 | 165571 |
| 西 藏 | Tibet | 229 | 2672 | 106040 | 41708 | 36808 |
| 陕 西 | Shaanxi | 1136 | 13198 | 271218 | 93782 | 68925 |
| 甘 肃 | Gansu | 1176 | 10928 | 219772 | 105904 | 66389 |
| 青 海 | Qinghai | 601 | 2360 | 21769 | 20749 | 11493 |
| 宁 夏 | Ningxia | 1060 | 5357 | 65363 | 40418 | 19582 |
| 新 疆 | Xinjiang | 2458 | 16818 | 233715 | 111953 | 75376 |

4-4-3 续表 continued

| 地 区 | Region | #养老、医疗、失业等保险费 Endowment, Medical and Unemployment Insurance | #工资总额 Total Wages Payable | #税金总额 Total Taxes | 营业利润(万元) Business Profits (10 000 yuan) |
|---|---|---|---|---|---|
| **全 国** | **National Total** | **183553** | **1845666** | **482493** | **2224658** |
| 北 京 | Beijing | 14103 | 117432 | 59390 | 76382 |
| 天 津 | Tianjin | 1509 | 10573 | 2656 | 19213 |
| 河 北 | Hebei | 999 | 25377 | 5183 | 62176 |
| 山 西 | Shanxi | 876 | 8281 | 2952 | 256949 |
| 内蒙古 | Inner Mongolia | 1389 | 12662 | 1989 | 46008 |
| 辽 宁 | Liaoning | 3298 | 25179 | 5647 | 62116 |
| 吉 林 | Jilin | 267 | 10755 | 2282 | 24772 |
| 黑龙江 | Heilongjiang | 521 | 11308 | 1856 | 26122 |
| 上 海 | Shanghai | 26192 | 113645 | 40707 | 70945 |
| 江 苏 | Jiangsu | 16330 | 131349 | 24683 | 189776 |
| 浙 江 | Zhejiang | 13040 | 158659 | 39385 | 149013 |
| 安 徽 | Anhui | 4795 | 51942 | 11310 | 76167 |
| 福 建 | Fujian | 6583 | 98075 | 37717 | 79331 |
| 江 西 | Jiangxi | 2652 | 33083 | 5663 | 75503 |
| 山 东 | Shandong | 3988 | 38236 | 8416 | 59303 |
| 河 南 | Henan | 1830 | 32342 | 12354 | 66388 |
| 湖 北 | Hubei | 8062 | 62930 | 11810 | 85942 |
| 湖 南 | Hunan | 3071 | 27725 | 6235 | 79909 |
| 广 东 | Guangdong | 43963 | 282681 | 96105 | 154585 |
| 广 西 | Guangxi | 3460 | 59382 | 13647 | 64099 |
| 海 南 | Hainan | 995 | 189274 | 26078 | 17050 |
| 重 庆 | Chongqing | 3167 | 54552 | 7566 | 44018 |
| 四 川 | Sichuan | 13248 | 95580 | 23945 | 159096 |
| 贵 州 | Guizhou | 1416 | 39244 | 6898 | 53531 |
| 云 南 | Yunnan | 2692 | 70747 | 9254 | 90216 |
| 西 藏 | Tibet | 44 | 10823 | 1704 | 4900 |
| 陕 西 | Shaanxi | 778 | 15451 | 3404 | 24968 |
| 甘 肃 | Gansu | 390 | 22880 | 5715 | 39515 |
| 青 海 | Qinghai | 111 | 4273 | 548 | 9256 |
| 宁 夏 | Ningxia | 136 | 5105 | 1321 | 20836 |
| 新 疆 | Xinjiang | 3649 | 26122 | 6073 | 36574 |

# 4-4-4 网吧基本情况
# Basic Statistics on Internet Bars

| 年 份<br>Year | 机构数<br>(个)<br>Number of<br>Institutions<br>(unit) | 从业人员<br>(人)<br>Number of<br>Engaged Persons<br>(person) | 资产总计<br>(万元)<br>Total<br>Assets<br>(10 000 yuan) | 营业收入<br>(万元)<br>Business<br>Revenue<br>(10 000 yuan) | 营业利润<br>(万元)<br>Business<br>Profits<br>(10 000 yuan) |
|---|---|---|---|---|---|
| 2005 | 106526 | 374904 | 1674628 | 1464218 | 408269 |
| 2006 | 114273 | 443745 | 2210843 | 2016913 | 329557 |
| 2007 | 133163 | 539460 | 4304405 | 3434114 | 1036162 |
| 2008 | 134267 | 565707 | 5307279 | 3645153 | 913361 |
| 2009 | 138048 | 580749 | 5585437 | 3785362 | 1510735 |
| 2010 | 140376 | 584912 | 5864306 | 3626809 | 1490620 |
| 2011 | 141275 | 567170 | 6282208 | 3754922 | 1565375 |
| 2012 | 135683 | 529362 | 6222263 | 3539807 | 1431362 |
| 2013 | 131013 | 478242 | 8051486 | 3879399 | 1425890 |

# 4-4-5 分地区网吧基本情况(2013年)
# Basic Statistics on Internet Bars by Region (2013)

| 地 区 | Region | 机构数 (个) Number of Institutions (unit) | 从业人员 (人) Number of Engaged Persons (person) | 资产总计 (万元) Total Assets (10 000 yuan) | 营业收入 (万元) Business Revenue (10 000 yuan) |
|---|---|---|---|---|---|
| **全 国** | **National Total** | **131013** | **478242** | **8051486** | **3879399** |
| 北 京 | Beijing | 972 | 4517 | 272857 | 80339 |
| 天 津 | Tianjin | 913 | 4142 | 61285 | 33302 |
| 河 北 | Hebei | 5992 | 15957 | 165959 | 83787 |
| 山 西 | Shanxi | 1318 | 4381 | 52896 | 30518 |
| 内蒙古 | Inner Mongolia | 3203 | 9434 | 1398499 | 92738 |
| 辽 宁 | Liaoning | 5945 | 17499 | 300031 | 176326 |
| 吉 林 | Jilin | 2456 | 6695 | 94237 | 48605 |
| 黑龙江 | Heilongjiang | 4856 | 14596 | 169192 | 86240 |
| 上 海 | Shanghai | 1263 | 10335 | 113915 | 67145 |
| 江 苏 | Jiangsu | 8560 | 28568 | 505636 | 338523 |
| 浙 江 | Zhejiang | 6531 | 25046 | 503193 | 289045 |
| 安 徽 | Anhui | 5726 | 18886 | 293993 | 159912 |
| 福 建 | Fujian | 2488 | 10010 | 112776 | 69442 |
| 江 西 | Jiangxi | 4424 | 16631 | 236070 | 131075 |
| 山 东 | Shandong | 11023 | 32609 | 501044 | 194508 |
| 河 南 | Henan | 7792 | 29496 | 382230 | 211051 |
| 湖 北 | Hubei | 7234 | 27174 | 329705 | 221727 |
| 湖 南 | Hunan | 10520 | 34080 | 429243 | 238694 |
| 广 东 | Guangdong | 8514 | 40753 | 577057 | 294690 |
| 广 西 | Guangxi | 4520 | 17343 | 162793 | 92059 |
| 海 南 | Hainan | 862 | 3828 | 38374 | 22127 |
| 重 庆 | Chongqing | 3054 | 12142 | 133969 | 109544 |
| 四 川 | Sichuan | 8995 | 37351 | 404795 | 333757 |
| 贵 州 | Guizhou | 2136 | 9814 | 136843 | 84514 |
| 云 南 | Yunnan | 3736 | 14032 | 169371 | 99061 |
| 西 藏 | Tibet | 253 | 833 | 18872 | 13590 |
| 陕 西 | Shaanxi | 2808 | 13825 | 164903 | 106887 |
| 甘 肃 | Gansu | 1548 | 5980 | 121592 | 49899 |
| 青 海 | Qinghai | 436 | 1824 | 21470 | 16032 |
| 宁 夏 | Ningxia | 667 | 3555 | 54055 | 32145 |
| 新 疆 | Xinjiang | 2268 | 6906 | 124630 | 72118 |

4-4-5 续表 continued

| 地 区 | Region | 营业成本(万元) Business Costs (10 000 yuan) | #养老、医疗、失业等保险费 Endowment, Medical and Unemployment Insurance | #工资总额 Total Wages Payable | #税金总额 Total Taxes | 营业利润(万元) Business Profits (10 000 yuan) |
|---|---|---|---|---|---|---|
| **全 国** | **National Total** | **2453678** | **63504** | **794579** | **153317** | **1425890** |
| 北 京 | Beijing | 64674 | 1574 | 22673 | 4758 | 15665 |
| 天 津 | Tianjin | 23785 | 1413 | 5273 | 1137 | 9517 |
| 河 北 | Hebei | 50560 | 646 | 17873 | 2706 | 33228 |
| 山 西 | Shanxi | 20491 | 537 | 6071 | 760 | 10027 |
| 内蒙古 | Inner Mongolia | 50309 | 963 | 13499 | 4717 | 42429 |
| 辽 宁 | Liaoning | 87097 | 2644 | 36268 | 5858 | 89229 |
| 吉 林 | Jilin | 26620 | 209 | 9755 | 2393 | 21985 |
| 黑龙江 | Heilongjiang | 46629 | 1183 | 15339 | 4158 | 39611 |
| 上 海 | Shanghai | 54116 | 1835 | 17965 | 2871 | 13029 |
| 江 苏 | Jiangsu | 220213 | 3852 | 58124 | 11621 | 118310 |
| 浙 江 | Zhejiang | 206535 | 4356 | 64855 | 12531 | 82510 |
| 安 徽 | Anhui | 110675 | 1235 | 27647 | 2550 | 49237 |
| 福 建 | Fujian | 54232 | 1154 | 20058 | 4198 | 15210 |
| 江 西 | Jiangxi | 73497 | 1938 | 23177 | 4180 | 57579 |
| 山 东 | Shandong | 107753 | 2802 | 39116 | 7325 | 86755 |
| 河 南 | Henan | 117214 | 1405 | 34038 | 5835 | 93831 |
| 湖 北 | Hubei | 126118 | 6485 | 45656 | 11466 | 95755 |
| 湖 南 | Hunan | 132771 | 4876 | 40152 | 10282 | 105932 |
| 广 东 | Guangdong | 237131 | 9320 | 93796 | 18005 | 57569 |
| 广 西 | Guangxi | 64265 | 602 | 21809 | 4075 | 27794 |
| 海 南 | Hainan | 13351 | 422 | 5471 | 1431 | 8777 |
| 重 庆 | Chongqing | 73235 | 1298 | 25680 | 1985 | 36305 |
| 四 川 | Sichuan | 202809 | 8798 | 64388 | 13226 | 130962 |
| 贵 州 | Guizhou | 54091 | 825 | 17192 | 3301 | 30423 |
| 云 南 | Yunnan | 61589 | 1045 | 19861 | 2440 | 37472 |
| 西 藏 | Tibet | 7322 | 227 | 3050 | 994 | 6268 |
| 陕 西 | Shaanxi | 63024 | 601 | 14708 | 1845 | 43863 |
| 甘 肃 | Gansu | 30297 | 167 | 9570 | 1575 | 19602 |
| 青 海 | Qinghai | 9337 | 149 | 3018 | 447 | 6695 |
| 宁 夏 | Ningxia | 18275 | 77 | 3797 | 388 | 13869 |
| 新 疆 | Xinjiang | 45663 | 869 | 14701 | 4263 | 26454 |

# 4-4-6 分地区动漫企业基本情况(2013年)

## Basic Statistics on Comic and Animation Enterprises by Region (2013)

单位：万元 (10 000 yuan)

| 地 区 | Region | 企业数(个) Number of Enterprises (unit) | 从业人员(人) Number of Engaged Persons (person) | 资产总计 Total Assets | 营业收入 Business Revenue | #主营业务收入 Revenue from Principal Business |
|---|---|---|---|---|---|---|
| **全 国** | **National Total** | **525** | **31127** | **10363575** | **1397544** | **1262833** |
| 北 京 | Beijing | 59 | 2612 | 151720 | 48340 | 47853 |
| 天 津 | Tianjin | 20 | 805 | 146615 | 26697 | 26643 |
| 河 北 | Hebei | 13 | 482 | 23401 | 2901 | 2843 |
| 山 西 | Shanxi | 6 | 206 | 8974 | 1069 | 1069 |
| 内蒙古 | Inner Mongolia | 4 | 115 | 7904 | 650 | 596 |
| 辽 宁 | Liaoning | 14 | 938 | 29369 | 17809 | 17743 |
| 吉 林 | Jilin | 3 | 560 | 23239 | 1985 | 1985 |
| 黑龙江 | Heilongjiang | 14 | 1258 | 22295 | 11423 | 11361 |
| 上 海 | Shanghai | 32 | 1117 | 197605 | 76985 | 76468 |
| 江 苏 | Jiangsu | 74 | 2881 | 135582 | 42793 | 41795 |
| 浙 江 | Zhejiang | 27 | 1202 | 479859 | 25120 | 23989 |
| 安 徽 | Anhui | 25 | 1247 | 37312 | 26454 | 26126 |
| 福 建 | Fujian | 31 | 1836 | 7227162 | 294438 | 293843 |
| 江 西 | Jiangxi | 13 | 1453 | 17307 | 23579 | 19923 |
| 山 东 | Shandong | 10 | 608 | 19786 | 5737 | 5369 |
| 河 南 | Henan | 19 | 811 | 36758 | 4305 | 3927 |
| 湖 北 | Hubei | 20 | 1612 | 125697 | 49659 | 48455 |
| 湖 南 | Hunan | 24 | 2711 | 426252 | 54952 | 54285 |
| 广 东 | Guangdong | 61 | 6052 | 1159285 | 643767 | 521036 |
| 广 西 | Guangxi | 9 | 323 | 3018 | 2475 | 2329 |
| 海 南 | Hainan | 1 | 47 | 2473 | 1299 | 1299 |
| 重 庆 | Chongqing | 5 | 392 | 16629 | 11325 | 11208 |
| 四 川 | Sichuan | 7 | 501 | 8135 | 4239 | 4197 |
| 贵 州 | Guizhou | 6 | 159 | 3425 | 1588 | 1583 |
| 云 南 | Yunnan | 9 | 346 | 13400 | 5709 | 5598 |
| 西 藏 | Tibet | | | | | |
| 陕 西 | Shaanxi | 8 | 329 | 15696 | 6911 | 6911 |
| 甘 肃 | Gansu | 2 | 269 | 13393 | 757 | 757 |
| 青 海 | Qinghai | | | | | |
| 宁 夏 | Ningxia | 3 | 53 | 5987 | 1743 | 1743 |
| 新 疆 | Xinjiang | 6 | 202 | 5300 | 2838 | 1900 |

4-4-6 续表 1 continued

单位：万元 (10 000 yuan)

| 地 区 | Region | 营业成本 Business Cost | 营业利润 Business Profit | 利润总额 Total Profits | 本年发放工资总额 Total Wages Payable During the Year | 本年支付的职工福利费 Total Welfare Expenses Payable During the Year |
|---|---|---|---|---|---|---|
| **全 国** | **National Total** | **1249163** | **148380** | **344119** | **133367** | **8361** |
| 北 京 | Beijing | 53684 | -5344 | -1508 | 15573 | 437 |
| 天 津 | Tianjin | 26226 | 471 | 2032 | 2885 | 66 |
| 河 北 | Hebei | 4207 | -1306 | -1293 | 1796 | 69 |
| 山 西 | Shanxi | 1176 | -107 | 134 | 259 | 15 |
| 内蒙古 | Inner Mongolia | 863 | -213 | -101 | 344 | 11 |
| 辽 宁 | Liaoning | 11391 | 6417 | 5413 | 4700 | 248 |
| 吉 林 | Jilin | 4515 | -2530 | -1814 | 1770 | 44 |
| 黑龙江 | Heilongjiang | 10844 | 580 | 1279 | 1187 | 13 |
| 上 海 | Shanghai | 85234 | -8250 | -8190 | 6938 | 587 |
| 江 苏 | Jiangsu | 48851 | -6058 | -1766 | 10926 | 398 |
| 浙 江 | Zhejiang | 26044 | -924 | 115385 | 4528 | 173 |
| 安 徽 | Anhui | 22613 | 3841 | 4063 | 3848 | 189 |
| 福 建 | Fujian | 242093 | 52344 | 91955 | 8920 | 3640 |
| 江 西 | Jiangxi | 20064 | 3515 | 3592 | 5432 | 183 |
| 山 东 | Shandong | 5556 | 181 | -224 | 1331 | 86 |
| 河 南 | Henan | 5700 | -1395 | -382 | 2185 | 56 |
| 湖 北 | Hubei | 30353 | 19306 | 23051 | 4438 | 144 |
| 湖 南 | Hunan | 56055 | -1103 | 1640 | 8826 | 519 |
| 广 东 | Guangdong | 557334 | 86433 | 104846 | 38653 | 995 |
| 广 西 | Guangxi | 2448 | 27 | 180 | 879 | 35 |
| 海 南 | Hainan | 1098 | 201 | 1000 | 167 | 11 |
| 重 庆 | Chongqing | 10823 | 502 | 1356 | 2066 | 12 |
| 四 川 | Sichuan | 4799 | -560 | -287 | 2173 | 87 |
| 贵 州 | Guizhou | 811 | 777 | 774 | 272 | 23 |
| 云 南 | Yunnan | 5743 | -35 | 109 | 1426 | 38 |
| 西 藏 | Tibet | | | | | |
| 陕 西 | Shaanxi | 6480 | 431 | 936 | 1073 | 275 |
| 甘 肃 | Gansu | 973 | -215 | -215 | 253 | 5 |
| 青 海 | Qinghai | | | | | |
| 宁 夏 | Ningxia | 1255 | 488 | 488 | 108 | 0 |
| 新 疆 | Xinjiang | 1932 | 906 | 1666 | 410 | 5 |

4-4-6 续表 2 continued

| 地 区 | Region | 本年应交税金总额（万元）Total Taxes Payable During the Year (10 000 yuan) | 实际使用房屋建筑面积（万平方米）Floor Space of Buildings Actually Used (10 000 sq.m) | 原创漫画作品（部）Original Comics (unit) | 原创动画作品（部）Original Animations (unit) |
|---|---|---|---|---|---|
| **全 国** | **National Total** | **128400** | **64** | **9761** | **5206** |
| 北 京 | Beijing | 3255 | 4.52 | 500 | 213 |
| 天 津 | Tianjin | 619 | 1.61 | 103 | 31 |
| 河 北 | Hebei | 408 | 0.67 | 744 | 49 |
| 山 西 | Shanxi | 32 | 0.18 | 18 | 52 |
| 内蒙古 | Inner Mongolia | 516 | 0.26 | 31 | 268 |
| 辽 宁 | Liaoning | 1238 | 1.63 | 35 | 91 |
| 吉 林 | Jilin | 69 | 0.2 | 307 | 325 |
| 黑龙江 | Heilongjiang | 1071 | 1.86 | 447 | 371 |
| 上 海 | Shanghai | 3047 | 1.38 | 43 | 25 |
| 江 苏 | Jiangsu | 1570 | 12.57 | 46 | 115 |
| 浙 江 | Zhejiang | 1282 | 3.78 | 974 | 120 |
| 安 徽 | Anhui | 691 | 2.88 | 6 | 50 |
| 福 建 | Fujian | 64135 | 4.27 | 327 | 148 |
| 江 西 | Jiangxi | 1556 | 2.12 | 104 | 151 |
| 山 东 | Shandong | 411 | 0.58 | 7 | 25 |
| 河 南 | Henan | 142 | 1.87 | 92 | 78 |
| 湖 北 | Hubei | 834 | 1.62 | 32 | 40 |
| 湖 南 | Hunan | 1919 | 3.9 | 4334 | 782 |
| 广 东 | Guangdong | 44245 | 6.74 | 117 | 2020 |
| 广 西 | Guangxi | 105 | 0.68 | 7 | 33 |
| 海 南 | Hainan | 24 | 0.22 | | |
| 重 庆 | Chongqing | 396 | 0.63 | | |
| 四 川 | Sichuan | 167 | 0.2 | 2 | 8 |
| 贵 州 | Guizhou | 68 | 1.11 | 7 | 7 |
| 云 南 | Yunnan | 160 | 5.2 | 12 | 24 |
| 西 藏 | Tibet | | | | |
| 陕 西 | Shaanxi | 326 | 1.06 | 184 | 28 |
| 甘 肃 | Gansu | 18 | 1.94 | 12 | 16 |
| 青 海 | Qinghai | | | | |
| 宁 夏 | Ningxia | 11 | 0.02 | | 5 |
| 新 疆 | Xinjiang | 87 | 0.65 | 1270 | 131 |

# 4-5-1 全国广告业基本情况

## Basic Statistics on Advertising Industry

| 年 份<br>Year | 广告经营单位<br>(个)<br>Number of Advertising Units<br>(unit) | 广告从业人员<br>(人)<br>Number of Persons Engaged in Advertising<br>(person) | 广告经营额<br>(万元)<br>Advertising Turnover<br>(10 000 yuan) |
|---|---|---|---|
| 2005 | 125394 | 940415 | 14163487 |
| 2006 | 143555 | 1040090 | 15730017 |
| 2007 | 172615 | 1112528 | 17409626 |
| 2008 | 185765 | 1266393 | 18995614 |
| 2009 | 209482 | 1334898 | 20410322 |
| 2010 | 243445 | 1480625 | 23406076 |
| 2011 | 296507 | 1673444 | 31255529 |
| 2012 | 377778 | 2177840 | 46982791 |
| 2013 | 445365 | 2622053 | 50197459 |

# 4-5-2　分地区广告经营单位

## Number of Advertising Units by Region

单位：个　　(unit)

| 地　区 | Region | 2006 | 2007 | 2008 | 2009 | 2010 | 2011 | 2012 | 2013 |
|---|---|---|---|---|---|---|---|---|---|
| **全　国** | **National Total** | **143555** | **172615** | **185765** | **204982** | **243445** | **296507** | **377778** | **445365** |
| 北　京 | Beijing | 15614 | 17866 | 15680 | 15692 | 17837 | 18297 | 25176 | 24803 |
| 天　津 | Tianjin | 5350 | 9472 | 7601 | 7601 | 8587 | 12185 | 14272 | 16045 |
| 河　北 | Hebei | 3804 | 4137 | 4340 | 4347 | 3748 | 3863 | 5375 | 7237 |
| 山　西 | Shanxi | 2145 | 2321 | 2827 | 3016 | 4047 | 4275 | 4333 | 5188 |
| 内蒙古 | Inner Mongolia | 1837 | 1794 | 2075 | 2239 | 3347 | 3559 | 6835 | 7891 |
| 辽　宁 | Liaoning | 3763 | 3775 | 4488 | 4829 | 5294 | 5310 | 8671 | 8386 |
| 吉　林 | Jilin | 1681 | 1680 | 1969 | 2852 | 3824 | 4399 | 5650 | 5580 |
| 黑龙江 | Heilongjiang | 2754 | 2635 | 2433 | 2669 | 2468 | 2917 | 3393 | 4441 |
| 上　海 | Shanghai | 15124 | 26480 | 30757 | 36960 | 47563 | 58560 | 68574 | 84451 |
| 江　苏 | Jiangsu | 10380 | 11679 | 12150 | 13486 | 15864 | 17506 | 24824 | 26599 |
| 浙　江 | Zhejiang | 9207 | 10671 | 11848 | 13362 | 15772 | 20284 | 23005 | 27981 |
| 安　徽 | Anhui | 4366 | 5031 | 5464 | 5145 | 6834 | 6994 | 8486 | 9730 |
| 福　建 | Fujian | 4273 | 4593 | 5543 | 7382 | 7588 | 8837 | 10455 | 15430 |
| 江　西 | Jiangxi | 2230 | 3042 | 3215 | 3693 | 4063 | 4173 | 7006 | 7643 |
| 山　东 | Shandong | 9272 | 9504 | 11077 | 11803 | 15436 | 21315 | 26136 | 37634 |
| 河　南 | Henan | 3065 | 3032 | 5894 | 6780 | 7969 | 8621 | 10343 | 12621 |
| 湖　北 | Hubei | 3808 | 4234 | 4644 | 5088 | 5415 | 6565 | 7389 | 12565 |
| 湖　南 | Hunan | 2803 | 2857 | 3173 | 2692 | 4031 | 5473 | 9908 | 14839 |
| 广　东 | Guangdong | 18379 | 20903 | 19004 | 21396 | 25037 | 27178 | 33972 | 32666 |
| 广　西 | Guangxi | 3047 | 2561 | 4256 | 4631 | 4825 | 4857 | 9206 | 10928 |
| 海　南 | Hainan | 1161 | 1281 | 949 | 1155 | 1389 | 1959 | 2097 | 3975 |
| 重　庆 | Chongqing | 3284 | 4496 | 6441 | 8022 | 8584 | 16610 | 21224 | 25637 |
| 四　川 | Sichuan | 5561 | 5567 | 5706 | 5192 | 7075 | 11011 | 14542 | 13640 |
| 贵　州 | Guizhou | 1199 | 1199 | 1199 | 1199 | 1203 | 2330 | 3487 | 1723 |
| 云　南 | Yunnan | 3181 | 3574 | 3887 | 4159 | 4561 | 6539 | 9513 | 11215 |
| 西　藏 | Tibet | 314 | 324 | 352 | 362 | 417 | 621 | 653 | 683 |
| 陕　西 | Shaanxi | 1398 | 1450 | 2040 | 1768 | 2253 | 2816 | 2934 | 2859 |
| 甘　肃 | Gansu | 251 | 227 | 328 | 1612 | 1754 | 1911 | 2018 | 3987 |
| 青　海 | Qinghai | 370 | 378 | 390 | 401 | 413 | 536 | 677 | 730 |
| 宁　夏 | Ningxia | 1052 | 1174 | 1223 | 1281 | 1861 | 1999 | 2191 | 1458 |
| 新　疆 | Xinjiang | 2882 | 4678 | 4812 | 4168 | 4386 | 5007 | 5433 | 6800 |

# 4-5-3 分地区广告从业人员

# Basic Statistics on Persons Engaged in Advertising by Region

单位：人 (person)

| 地 区 | Region | 2006 | 2007 | 2008 | 2009 | 2010 | 2011 | 2012 | 2013 |
|---|---|---|---|---|---|---|---|---|---|
| **全 国** | **National Total** | **1040099** | **1112528** | **1266393** | **1334898** | **1480525** | **1673444** | **2177840** | **2622053** |
| 北 京 | Beijing | 131540 | 129293 | 109838 | 125651 | 123582 | 120975 | 98670 | 106764 |
| 天 津 | Tianjin | 34677 | 39997 | 44734 | 43776 | 57768 | 64219 | 69195 | 80489 |
| 河 北 | Hebei | 27720 | 28920 | 28751 | 30112 | 25584 | 26196 | 20019 | 31720 |
| 山 西 | Shanxi | 16630 | 17641 | 20042 | 20706 | 25353 | 25253 | 24124 | 28047 |
| 内蒙古 | Inner Mongolia | 13097 | 12213 | 15496 | 17370 | 21433 | 23654 | 48397 | 50690 |
| 辽 宁 | Liaoning | 29938 | 28590 | 30000 | 32431 | 38870 | 39088 | 59953 | 62383 |
| 吉 林 | Jilin | 5783 | 5139 | 10230 | 15046 | 19167 | 16338 | 33769 | 35961 |
| 黑龙江 | Heilongjiang | 19437 | 17758 | 21307 | 20613 | 19154 | 22866 | 24011 | 25388 |
| 上 海 | Shanghai | 77800 | 82041 | 114422 | 168488 | 215208 | 182356 | 213539 | 262979 |
| 江 苏 | Jiangsu | 79209 | 87599 | 92696 | 100877 | 108523 | 117462 | 177963 | 253360 |
| 浙 江 | Zhejiang | 67732 | 76711 | 80191 | 94658 | 113701 | 139286 | 156194 | 179573 |
| 安 徽 | Anhui | 28976 | 29830 | 31957 | 31889 | 38526 | 41392 | 51090 | 63578 |
| 福 建 | Fujian | 39211 | 38291 | 41417 | 54752 | 57151 | 67707 | 72907 | 102695 |
| 江 西 | Jiangxi | 23064 | 29445 | 31956 | 32055 | 35260 | 35810 | 56048 | 66088 |
| 山 东 | Shandong | 75194 | 76151 | 79133 | 81513 | 97705 | 114562 | 154247 | 216045 |
| 河 南 | Henan | 30209 | 29943 | 50014 | 49546 | 53463 | 60682 | 69440 | 81481 |
| 湖 北 | Hubei | 24305 | 27830 | 30267 | 33367 | 40745 | 43981 | 44740 | 71736 |
| 湖 南 | Hunan | 25654 | 26090 | 27634 | 16244 | 20136 | 27488 | 45646 | 98389 |
| 广 东 | Guangdong | 102755 | 120679 | 168113 | 157772 | 152136 | 183844 | 207053 | 222086 |
| 广 西 | Guangxi | 27673 | 23278 | 35289 | 34750 | 32491 | 36950 | 162489 | 45836 |
| 海 南 | Hainan | 13248 | 13998 | 5970 | 7289 | 7956 | 11412 | 14105 | 17403 |
| 重 庆 | Chongqing | 27280 | 30176 | 45031 | 46383 | 45763 | 77216 | 98255 | 146197 |
| 四 川 | Sichuan | 56415 | 57140 | 57570 | 30374 | 32477 | 74738 | 91185 | 44375 |
| 贵 州 | Guizhou | 7781 | 7781 | 7781 | 7781 | 7821 | 12110 | 17435 | 7810 |
| 云 南 | Yunnan | 16847 | 17841 | 18856 | 19563 | 20377 | 26647 | 80223 | 260547 |
| 西 藏 | Tibet | 1951 | 1965 | 2105 | 2214 | 2663 | 3892 | 3897 | 1661 |
| 陕 西 | Shaanxi | 5371 | 5432 | 17797 | 11446 | 15125 | 19881 | 20252 | 14741 |
| 甘 肃 | Gansu | 1988 | 1906 | 2434 | 12440 | 12622 | 13527 | 14027 | 9142 |
| 青 海 | Qinghai | 2909 | 3052 | 3109 | 3156 | 3182 | 4127 | 4345 | 4724 |
| 宁 夏 | Ningxia | 7216 | 7505 | 7739 | 7910 | 11126 | 11619 | 13174 | 5896 |
| 新 疆 | Xinjiang | 18489 | 35293 | 34514 | 24726 | 25457 | 28166 | 31448 | 24269 |

# 4-5-4 分地区广告经营额
## Basic Statistics on Advertising Turnover by Region

单位：万元 (10 000 yuan)

| 地 区 | Region | 2005 | 2006 | 2007 | 2008 | 2009 | 2010 | 2011 | 2012 | 2013 |
|---|---|---|---|---|---|---|---|---|---|---|
| **全 国** | **National Total** | **14163487** | **15730017** | **17409626** | **18995614** | **20410322** | **23405076** | **31255529** | **46982791** | **50197459** |
| 北 京 | Beijing | 2515576 | 2888889 | 3455746 | 3922959 | 4238201 | 5366075 | 8096238 | 18076138 | 17947004 |
| 天 津 | Tianjin | 527801 | 618001 | 737137 | 839202 | 929026 | 1041410 | 1224000 | 1400889 | 1859919 |
| 河 北 | Hebei | 87393 | 92717 | 127454 | 128791 | 137833 | 111999 | 117406 | 72509 | 130966 |
| 山 西 | Shanxi | 141259 | 163390 | 186263 | 201665 | 241880 | 258859 | 308566 | 340590 | 357366 |
| 内蒙古 | Inner Mongolia | 38193 | 45471 | 69434 | 84382 | 104449 | 111829 | 134331 | 306339 | 305059 |
| 辽 宁 | Liaoning | 455363 | 516222 | 399644 | 428508 | 442073 | 510257 | 516301 | 954810 | 971860 |
| 吉 林 | Jilin | 131380 | 149796 | 165187 | 188264 | 220607 | 256011 | 284600 | 343428 | 348793 |
| 黑龙江 | Heilongjiang | 171865 | 184117 | 192535 | 203948 | 214565 | 300475 | 347454 | 426538 | 453027 |
| 上 海 | Shanghai | 2664690 | 2656091 | 2989505 | 3133541 | 3182216 | 3780770 | 4376913 | 4378926 | 4495594 |
| 江 苏 | Jiangsu | 906323 | 1260433 | 1305384 | 1535291 | 1789402 | 1532984 | 2498939 | 4362070 | 5008744 |
| 浙 江 | Zhejiang | 956970 | 1087633 | 1246676 | 1382663 | 1518760 | 1922537 | 2205542 | 2361417 | 3105854 |
| 安 徽 | Anhui | 226023 | 256226 | 310609 | 363714 | 467038 | 584573 | 695946 | 820853 | 921441 |
| 福 建 | Fujian | 360925 | 412764 | 497410 | 560714 | 815270 | 953866 | 1101842 | 1202931 | 1407180 |
| 江 西 | Jiangxi | 163354 | 192352 | 212998 | 231682 | 249753 | 287216 | 323216 | 350300 | 378665 |
| 山 东 | Shandong | 611084 | 708912 | 689559 | 702359 | 763132 | 867693 | 1180083 | 1763867 | 2182205 |
| 河 南 | Henan | 229651 | 234520 | 241404 | 330443 | 350996 | 331570 | 355623 | 817906 | 1043717 |
| 湖 北 | Hubei | 263469 | 235809 | 287132 | 319572 | 345067 | 253245 | 554167 | 625525 | 887799 |
| 湖 南 | Hunan | 208724 | 302900 | 333113 | 357640 | 72551 | 658912 | 1043066 | 1151296 | 1443225 |
| 广 东 | Guangdong | 2346230 | 2429041 | 2567197 | 2505990 | 2691187 | 2525674 | 3736551 | 4663079 | 4006717 |
| 广 西 | Guangxi | 115448 | 142822 | 100000 | 61141 | 59614 | 55364 | 56074 | 116165 | 237464 |
| 海 南 | Hainan | 32606 | 31432 | 33156 | 35991 | 50132 | 54905 | 100941 | 134379 | 113240 |
| 重 庆 | Chongqing | 271022 | 278944 | 293442 | 333293 | 331962 | 267376 | 339572 | 375526 | 535289 |
| 四 川 | Sichuan | 295371 | 347945 | 450144 | 506337 | 560468 | 657248 | 751177 | 1026968 | 1107613 |
| 贵 州 | Guizhou | 76419 | 76419 | 76419 | 81419 | 81419 | 81629 | 96450 | 136450 | 47595 |
| 云 南 | Yunnan | 136536 | 160867 | 164465 | 177626 | 202360 | 212087 | 294777 | 343174 | 368878 |
| 西 藏 | Tibet | 18456 | 19426 | 20955 | 12238 | 15004 | 17317 | 22574 | 22596 | 27357 |
| 陕 西 | Shaanxi | 38883 | 37155 | 38566 | 138894 | 140442 | 178182 | 204714 | 167098 | 164167 |
| 甘 肃 | Gansu | 30359 | 36498 | 36122 | 40815 | 52116 | 65664 | 87904 | 90519 | 26341 |
| 青 海 | Qinghai | 11000 | 15698 | 20533 | 24022 | 25168 | 28012 | 38019 | 41206 | 45358 |
| 宁 夏 | Ningxia | 23922 | 24557 | 27193 | 28306 | 16403 | 27899 | 31612 | 33241 | 33064 |
| 新 疆 | Xinjiang | 107192 | 122970 | 134244 | 134209 | 101229 | 103436 | 130929 | 76057 | 235958 |

# 4-5-5 建筑设计资质企业财务状况
# Basic Statistics on Enterprises with Qualification of Architectural Design

单位：万元 (10 000 yuan)

| 年 份<br>Year | 企业数<br>(个)<br>Number of Enterprises<br>(unit) | 年 末<br>从业人员<br>(人)<br>Number of Engaged Persons<br>(person) | 营业收入<br>Business Revenue | 工程设计<br>收 入<br>Revenue from Architectural Design | 营业成本<br>Business Costs | 营业税金<br>及附加<br>Business Tax and Extra Charges | 利润总额<br>Total Profits |
|---|---|---|---|---|---|---|---|
| 2005 | 4884 | 234329 | 3237923 | 2279707 | 2266299 | 166401 | 275254 |
| 2006 | 4927 | 248217 | 4552516 | 2788937 | 3603802 | 192057 | 362412 |
| 2007 | 4770 | 248927 | 5205057 | 3117790 | 3820277 | 237104 | 585939 |
| 2008 | 4898 | 265937 | 6767675 | 3601185 | 5622401 | 291890 | 564984 |
| 2009 | 4639 | 262262 | 7465897 | 4214278 | 5575048 | 393833 | 638462 |
| 2010 | 4503 | 271640 | 9437047 | 5696845 | 7019460 | 477471 | 853991 |
| 2011 | 4741 | 301146 | 10671552 | 7704387 | 7926979 | 542042 | 983842 |
| 2012 | 4756 | 334079 | 16766975 | 8026237 | 13527863 | 907360 | 1105260 |
| 2013 | 4721 | 440723 | 32027066 | 9234444 | 28274503 | 1041536 | 1732014 |

4-5-5 续表 continued

单位：万元 (10 000 yuan)

| 年 份<br>Year | #应交所得税<br>Income Tax | 净利润<br>Net Profit | 资产合计<br>Total Assets | #流动资产<br>Current Assets | #固定资产<br>Fixed Assets | 负债合计<br>Total Liabilities | 所有者<br>权益合计<br>Owner's Equity |
|---|---|---|---|---|---|---|---|
| 2005 | 58188 | 173398 | 3120317 | 1861566 | 912490 | 1597350 | 1255350 |
| 2006 | 81953 | 285219 | 4395009 | 2932160 | 915817 | 2629112 | 1688414 |
| 2007 | 135849 | 443711 | 5650968 | 3894876 | 1756092 | 3439318 | 2333035 |
| 2008 | 125108 | 432196 | 6681307 | 4652548 | 1226162 | 3318025 | 2297147 |
| 2009 | 129068 | 514118 | 7447221 | 5246011 | 1228264 | 4398034 | 3150781 |
| 2010 | 166461 | 717026 | 9202050 | 6605237 | 1349599 | 5391611 | 3732603 |
| 2011 | 204346 | 852486 | 9987260 | 7212448 | 1661136 | 5863598 | 4123662 |
| 2012 | 223003 | 878387 | 17915480 | 13163508 | 2292400 | 13637479 | 6352764 |
| 2013 | 309702 | 1456197 | 33746082 | 25871119 | 3619539 | 24112948 | 9477527 |

# 4-5-6 建筑装饰工程设计资质企业财务状况

## Basic Statistics on Enterprises with Qualification of Architectural Decoration Design

单位：万元 (10 000 yuan)

| 年 份 Year | 企业数（个）Number of Enterprises (unit) | 年末从业人员（人）Number of Engaged Persons (person) | 营业收入 Business Revenue | 工程设计收入 Revenue from Architectural Design | 营业成本 Business Costs | 营业税金及附加 Business Tax and Extra Charges | 利润总额 Total Profits |
|---|---|---|---|---|---|---|---|
| 2005 | 1922 | 116229 | 4845623 | 217989 | 4344140 | 156669 | 174627 |
| 2006 | 1830 | 118365 | 5351344 | 275378 | 4845880 | 175239 | 214781 |
| 2007 | 1761 | 133011 | 6772134 | 304296 | 6886845 | 265928 | 259775 |
| 2008 | 1743 | 144531 | 8770511 | 337127 | 8451226 | 316453 | 287908 |
| 2009 | 1540 | 137928 | 8109865 | 374588 | 7216557 | 294696 | 359116 |
| 2010 | 1431 | 152487 | 10106854 | 498147 | 9431278 | 369509 | 461116 |
| 2011 | 1582 | 183071 | 16787224 | 687997 | 14989836 | 628354 | 827684 |
| 2012 | 1657 | 210874 | 19704075 | 822418 | 19290291 | 843912 | 969811 |
| 2013 | 1627 | 225853 | 25514507 | 892322 | 22999605 | 952834 | 1350681 |

4-5-6 续表 continued

单位：万元 (10 000 yuan)

| 年 份 Year | #应交所得税 Income Tax | 净利润 Net Profit | 资产合计 Total Assets | #流动资产 Current Assets | #固定资产 Fixed Assets | 负债合计 Total Liabilities | 所有者权益合计 Owner's Equity |
|---|---|---|---|---|---|---|---|
| 2005 | 42835 | 121780 | 4748227 | 3864734 | 596025 | 2868364 | 1837941 |
| 2006 | 55610 | 153302 | 5190652 | 4162897 | 593598 | 3022365 | 1847896 |
| 2007 | 72562 | 196918 | 5862296 | 4776311 | 1085985 | 3760263 | 2138982 |
| 2008 | 66152 | 232092 | 6320592 | 5259003 | 613924 | 3934500 | 2261839 |
| 2009 | 87273 | 266457 | 6675043 | 5271951 | 635702 | 3953432 | 2334507 |
| 2010 | 115984 | 313182 | 7569608 | 6336449 | 710851 | 4719375 | 2676857 |
| 2011 | 206080 | 631805 | 12187969 | 10122453 | 1103385 | 7482452 | 4705518 |
| 2012 | 225349 | 746820 | 16427116 | 14154047 | 1039688 | 11686290 | 5363942 |
| 2013 | 281129 | 960104 | 20071977 | 17306144 | 1053119 | 13014844 | 7106297 |

## 4-5-7 与文化产业相关的通信业基本情况

## Basic Statistics on Communication Service Related with Culture Industries

| 指 标 名 称 | Item | 2005 | 2006 | 2007 |
|---|---|---|---|---|
| **用户规模** | **Number of Subscribers** | | | |
| 移动电话用户(万户) | Mobile Telephone Subscribers (10 000 subscribers) | 39340.6 | 46105.8 | 54730.6 |
| #移动个性化回铃用户 | Subsctibers of Mobile Music Ring Back Tone | | | |
| 手机报用户 | Subscribers of Mobile Newspapers | | | |
| (固定)互联网宽带接入用户(万户) | Subscribers with Access to Internet by Broadband (10 000 subscribers) | 3735.0 | 5085.3 | 6641.4 |
| 移动互联网用户(万户) | Subscribers of Mobile Internet (10 000 subscribers) | | | |
| 宽带电视用户(万户) | Subscribers of Broadband TV (10 000 subscribers) | | | |
| 手机电视用户(万户) | Subscribers of Mobile TV (10 000 subscribers) | | | |
| 互联网网民人数(亿人) | Internet Users (100 million persons) | 1.11 | 1.37 | 2.10 |
| **业务使用量** | **Business Volume** | | | |
| 移动短信业务量(亿条) | Short Message Services (100 million messages) | 3046.3 | 4295.4 | 5945.8 |
| 固定互联网宽带接入时长(亿分钟) | Access Length of Fixed Internet by Broadband (100 million minutes) | | | |
| 移动互联网接入流量(万GB) | Access Volume of Mobile Internet (10 000 GB) | | | |
| 网页长度(总字节数)(GB) | Length of Webpages (GB) | 67300 | 122306 | 189160 |
| 网站数(万个) | Number of Websites (10 000 units) | 69.4 | 84.0 | 150.0 |
| **网络基础设施投资和能力** | **Infrastructure Investmen and Capacity** | | | |
| 电信固定资产投资(亿元) | Fixed Assets Investment of Telecommunication (100 million yuan) | 2097.8 | 2214.0 | 2370.1 |
| #互联网及数据通信 | Internet and Data Communication | | | |
| 移动电话基站(万个) | Base Stations of Mobile Phones (10 000 units) | 36.2 | 44.2 | 54.6 |
| 光缆线路长度(万公里) | Length of Optical Cable Lines (10 000 km) | 407.3 | 428 | 577.7 |
| 互联网宽带接入端口(万个) | Broad Band Subscribers Port of Internet (10 000 ports) | 4874.7 | 6486.4 | 8539.3 |
| IPv4地址数(万个) | Number of IPv4 Addresses (10 000 units) | 7437.0 | 9802.0 | 13527.0 |
| IPv6地址数(块/32) | Number of IPv6 Addresses (piece/32) | | | |
| 互联网国际出口带宽(Mbps) | International Internet Bandwidth (Mbps) | 136106 | 256696 | 368927 |
| **服务水平** | **Service** | | | |
| 移动电话普及率(部/百人) | Popularization Rate of Mobile Telephone (sets/100 persons) | 30.3 | 35.3 | 41.6 |
| 互联网普及率(%) | Popularization Rate of Internet (%) | 8.5 | 10.5 | 16.0 |
| 移动电话漫游国家和地区(个) | Countries( Regions)with Mobile Phone Roaming (unit) | 203 | 219 | 231 |
| 开通互联网业务的行政村比重(%) | Percentage of Administrative Village with Access to Internet (%) | | | |
| 开通互联网宽带业务的行政村比重(%) | Percentage of Administrative Village with Access to Internet by Broadband (%) | | | |
| **互联网信息服务** | **Internet Service** | | | |
| 互联网及相关服务企业数(个) | Number of Enterprises Engaged in Internet and Related Service (unit) | | | 19857 |
| 从业人数(人) | Number of Enmployed Persons (person) | | | 508371 |
| 互联网及相关服务收入(亿元) | Revenue from Internet and Related Service (100 million yuan) | | | 432.8 |

4-5-7 续表 1 continued

| 指 标 名 称 | Item | 2008 | 2009 | 2010 |
|---|---|---|---|---|
| **用户规模** | **Number of Subscribers** | | | |
| 移动电话用户(万户) | Mobile Telephone Subscribers (10 000 subscribers) | 64124.5 | 74721.4 | 85900.3 |
| #移动个性化回铃用户 | Subsctibers of Mobile Music Ring Back Tone | | 48311.0 | 57408.2 |
| 手机报用户 | Subscribers of Mobile Newspapers | | | 11189.7 |
| (固定)互联网宽带接入用户(万户) | Subscribers with Access to Internet by Broadband (10 000 subscribers) | 8287.9 | 10397.8 | 12629.1 |
| 移动互联网用户(万户) | Subscribers of Mobile Internet (10 000 subscribers) | | 37709.6 | 51520.8 |
| 宽带电视用户(万户) | Subscribers of Broadband TV (10 000 subscribers) | | | 719.0 |
| 手机电视用户(万户) | Subscribers of Mobile TV (10 000 subscribers) | | | 909.5 |
| 互联网网民人数(亿人) | Internet Users (100 million persons) | 2.98 | 3.84 | 4.57 |
| **业务使用量** | **Business Volume** | | | |
| 移动短信业务量(亿条) | Short Message Services (100 million messages) | 6996.9 | 7726.5 | 8277.5 |
| 固定互联网宽带接入时长(亿分钟) | Access Length of Fixed Internet by Broadband (100 million minutes) | | | 104017.5 |
| 移动互联网接入流量(万GB) | Access Volume of Mobile Internet (10 000 GB) | | 1175.3 | 39935.9 |
| 网页长度(总字节数)(GB) | Length of Webpages (GB) | 438898 | 1010848 | 1833476 |
| 网站数(万个) | Number of Websites (10 000 units) | 287.8 | 323.2 | 190.8 |
| **网络基础设施投资和能力** | **Infrastructure Investmen and Capacity** | | | |
| 电信固定资产投资(亿元) | Fixed Assets Investment of Telecommunication (100 million yuan) | 3068.0 | 3773.1 | 3021.6 |
| #互联网及数据通信 | Internet and Data Communication | 232.4 | 342.7 | 405.8 |
| 移动电话基站(万个) | Base Stations of Mobile Phones (10 000 units) | 69.0 | 111.1 | 139.8 |
| 光缆线路长度(万公里) | Length of Optical Cable Lines (10 000 km) | 677.8 | 829.5 | 996.2 |
| 互联网宽带接入端口(万个) | Broad Band Subscribers Port of Internet (10 000 ports) | 10890.4 | 13835.7 | 18781.1 |
| IPv4地址数(万个) | Number of IPv4 Addresses (10 000 units) | 18127.3 | 23244.6 | 27763.7 |
| IPv6地址数(块/32) | Number of IPv6 Addresses (piece/32) | | 63 | 401 |
| 互联网国际出口带宽(Mbps) | International Internet Bandwidth (Mbps) | 640287 | 866367 | 1098957 |
| **服务水平** | **Service** | | | |
| 移动电话普及率(部/百人) | Popularization Rate of Mobile Telephone (sets/100 persons) | 48.5 | 56.3 | 64.4 |
| 互联网普及率(%) | Popularization Rate of Internet (%) | 22.6 | 28.9 | 34.3 |
| 移动电话漫游国家和地区(个) | Countries( Regions)with Mobile Phone Roaming (unit) | 237 | 237 | 239 |
| 开通互联网业务的行政村比重(%) | Percentage of Administrative Village with Access to Internet (%) | | | 94.8 |
| 开通互联网宽带业务的行政村比重(%) | Percentage of Administrative Village with Access to Internet by Broadband (%) | | | 80.1 |
| **互联网信息服务** | **Internet Service** | | | |
| 互联网及相关服务企业数(个) | Number of Enterprises Engaged in Internet and Related Service (unit) | 20195 | 19558 | 20071 |
| 从业人数(人) | Number of Enmployed Persons (person) | 490731 | 591121 | 763548 |
| 互联网及相关服务收入(亿元) | Revenue from Internet and Related Service (100 million yuan) | 640.5 | 864.2 | 1223.6 |

4-5-7 续表 2 continued

| 指标名称 | Item | 2011 | 2012 | 2013 |
|---|---|---|---|---|
| **用户规模** | **Number of Subscribers** | | | |
| 移动电话用户(万户) | Mobile Telephone Subscribers (10 000 subscribers) | 98625.3 | 111215.5 | 122911.3 |
| #移动个性化回铃用户 | Subsctibers of Mobile Music Ring Back Tone | 61414.3 | 60838.4 | 60249.9 |
| 手机报用户 | Subscribers of Mobile Newspapers | 16105.7 | 9592.5 | 8746.5 |
| (固定)互联网宽带接入用户(万户) | Subscribers with Access to Internet by Broadband (10 000 subscribers) | 15000.1 | 17518.3 | 18890.9 |
| 移动互联网用户(万户) | Subscribers of Mobile Internet (10 000 subscribers) | 63432.3 | 76436.5 | 80756.3 |
| 宽带电视用户(万户) | Subscribers of Broadband TV (10 000 subscribers) | 1348.8 | 2174.3 | 2842.5 |
| 手机电视用户(万户) | Subscribers of Mobile TV (10 000 subscribers) | 5676.2 | 7085.1 | 4411.2 |
| 互联网网民人数(亿人) | Internet Users (100 million persons) | 5.1 | 5.6 | 6.2 |
| **业务使用量** | **Business Volume** | | | |
| 移动短信业务量(亿条) | Short Message Services (100 million messages) | 8790.0 | 8973.1 | 8567.0 |
| 固定互联网宽带接入时长(亿分钟) | Access Length of Fixed Internet by Broadband (100 million minutes) | 197701.8 | 278468.2 | 325447.5 |
| 移动互联网接入流量(万GB) | Access Volume of Mobile Internet (10 000 GB) | 54083.1 | 87926.1 | 126715.7 |
| 网页长度(总字节数)(GB) | Length of Webpages (GB) | 3160028 | 4902328 | 7133363 |
| 网站数(万个) | Number of Websites (10 000 units) | 229.6 | 268.1 | 320.2 |
| **网络基础设施投资和能力** | **Infrastructure Investmen and Capacity** | | | |
| 电信固定资产投资(亿元) | Fixed Assets Investment of Telecommunication (100 million yuan) | 3382.2 | 3616.2 | 3742.6 |
| #互联网及数据通信 | Internet and Data Communication | 438.4 | 417.9 | 511.1 |
| 移动电话基站(万个) | Base Stations of Mobile Phones (10 000 units) | 175.2 | 206.6 | 241.0 |
| 光缆线路长度(万公里) | Length of Optical Cable Lines (10 000 km) | 1211.9 | 1479.3 | 1745.4 |
| 互联网宽带接入端口(万个) | Broad Band Subscribers Port of Internet (10 000 ports) | 23239.4 | 32108.4 | 35945.3 |
| IPv4地址数(万个) | Number of IPv4 Addresses (10 000 units) | 33044.0 | 33053.5 | 33030.8 |
| IPv6地址数(块/32) | Number of IPv6 Addresses (piece/32) | 9398 | 12535 | 16670 |
| 互联网国际出口带宽(Mbps) | International Internet Bandwidth (Mbps) | 1389529 | 1899792 | 3406824 |
| **服务水平** | **Service** | | | |
| 移动电话普及率(部/百人) | Popularization Rate of Mobile Telephone (sets/100 persons) | 73.6 | 82.5 | 90.3 |
| 互联网普及率(%) | Popularization Rate of Internet (%) | 38.3 | 42.1 | 45.8 |
| 移动电话漫游国家和地区(个) | Countries( Regions)with Mobile Phone Roaming (unit) | 258.0 | 258.0 | 258.0 |
| 开通互联网业务的行政村比重(%) | Percentage of Administrative Village with Access to Internet (%) | 94.8 | 94.9 | |
| 开通互联网宽带业务的行政村比重(%) | Percentage of Administrative Village with Access to Internet by Broadband (%) | 84.0 | 87.9 | 91.0 |
| **互联网信息服务** | **Internet Service** | | | |
| 互联网及相关服务企业数(个) | Number of Enterprises Engaged in Internet and Related Service (unit) | 21291 | 20815 | 22099 |
| 从业人数(人) | Number of Enmployed Persons (person) | 771988 | 788256 | 839916 |
| 互联网及相关服务收入(亿元) | Revenue from Internet and Related Service (100 million yuan) | 1813.9 | 2510.7 | 3317.0 |

# 5

# 港台地区统计资料

Statistical Indicators of
Hong Kong and Taiwan, China

# 5-1-1 香港文化及创意产业增加值

## Value Added of the Cultural and Creative Industries of Hong Kong, China

单位：百万港元，% (HKD million,%)

| 项 目 | Item | 2005 | 2006 | 2007 | 2008 |
|---|---|---|---|---|---|
| **文化及创意产业增加值** | **Value-added of Cultural and Creative Industries** | **52258** | **57309** | **65117** | **63275** |
| 艺术品、古董及工艺品 | Art, Antiques and Crafts | 4223 | 4437 | 5446 | 5470 |
| 文化教育及图书馆、档案保存和博物馆服务 | Cultural Education and Library, Archive and Museum Services | | | | 984 |
| 表演艺术 | Performing Arts | 661 | 628 | 726 | 706 |
| 电影及录像和音乐 | Film, Video and Music | 2243 | 3401 | 3564 | 3122 |
| 电视及电台 | Television and Radio | 5543 | 5018 | 5232 | 4614 |
| 出版 | Publishing | 14145 | 14908 | 17445 | 15716 |
| 软件、电脑游戏及互动媒体 | Software, Computer Games and Interactive Media | 16508 | 19240 | 21253 | 18204 |
| 设计 | Design | 1001 | 1291 | 1459 | 2683 |
| 建筑 | Architecture | 3161 | 3484 | 3452 | 4941 |
| 广告 | Advertising | 3869 | 4056 | 5713 | 6075 |
| 娱乐服务 | Amusement Services | 904 | 847 | 827 | 759 |
| **文化及创意产业增加值占本地生产总值百分比** | **% of GDP** | **3.8** | **3.9** | **4.1** | **3.9** |

5-1-1 续表 continued

单位：百万港元，% (HKD million,%)

| 项 目 | Item | 2009 | 2010 | 2011 | 2012 |
|---|---|---|---|---|---|
| **文化及创意产业增加值** | **Value-added of Cultural and Creative Industries** | **63266** | **77573** | **89551** | **97829** |
| 艺术品、古董及工艺品 | Art, Antiques and Crafts | 5631 | 7121 | 10142 | 11446 |
| 文化教育及图书馆、档案保存和博物馆服务 | Cultural Education and Library, Archive and Museum Services | 976 | 1065 | 1137 | 1161 |
| 表演艺术 | Performing Arts | 824 | 862 | 872 | 932 |
| 电影及录像和音乐 | Film, Video and Music | 2741 | 2982 | 3239 | 3643 |
| 电视及电台 | Television and Radio | 4189 | 5677 | 7322 | 7043 |
| 出版 | Publishing | 12329 | 13655 | 13329 | 14066 |
| 软件、电脑游戏及互动媒体 | Software, Computer Games and Interactive Media | 21429 | 27263 | 32663 | 37755 |
| 设计 | Design | 2289 | 2932 | 3615 | 3310 |
| 建筑 | Architecture | 6674 | 7968 | 8537 | 9261 |
| 广告 | Advertising | 5250 | 6805 | 7128 | 7322 |
| 娱乐服务 | Amusement Services | 932 | 1244 | 1566 | 1891 |
| **文化及创意产业增加值占本地生产总值百分比** | **% of GDP** | **4.0** | **4.5** | **4.7** | **4.9** |

注：1. 资料来自中国香港特别行政区政府统计处。
2. 2008年之前的文化及创意产业数据不包括文化教育及图书馆、档案保存和博物馆服务，故与2008年及以后年份数据不可比(下表同)。

a)Data source: Census and Statistics Department of Hong Kong SAR.

b)Figures for 2008 and onwards are not strictly comparable with those of earlier years where data for cultural education and library, archive and museum services are not covered. The same applies to the table following.

# 5-1-2　香港文化及创意产业就业人数
# Number of Persons Engaged in the Cultural and Creative Industries of Hongkong, China

单位：人，%　　(person,%)

| 项　目 | Item | 2005 | 2006 | 2007 | 2008 |
|---|---|---|---|---|---|
| **文化及创意产业就业人数** | **Number of Persons Engaged in Cultural and Creative Industries** | **171990** | **177200** | **180620** | **191260** |
| 艺术品、古董及工艺品 | Art, Antiques and Crafts | 18020 | 18340 | 17730 | 17620 |
| 文化教育及图书馆、档案保存和博物馆服务 | Cultural Education and Library, Archive and Museum Services | | | | 7310 |
| 表演艺术 | Performing Arts | 2610 | 3010 | 3020 | 2910 |
| 电影及录像和音乐 | Film, Video and Music | 14010 | 14820 | 15670 | 15180 |
| 电视及电台 | Television and Radio | 7350 | 6600 | 6150 | 6960 |
| 出版 | Publishing | 47010 | 47540 | 47690 | 46950 |
| 软件、电脑游戏及互动媒体 | Software, Computer Games and Interactive Media | 39930 | 41540 | 42730 | 43850 |
| 设计 | Design | 9610 | 9030 | 10260 | 11100 |
| 建筑 | Architecture | 10560 | 10700 | 11410 | 12890 |
| 广告 | Advertising | 16000 | 17410 | 18120 | 18450 |
| 娱乐服务 | Amusement Services | 6890 | 8210 | 7830 | 8040 |
| **占总就业人数的百分比** | **% Share of Total Employment** | **5.1** | **5.2** | **5.2** | **5.4** |

5-1-2　续表　continued

单位：人，%　　(person,%)

| 项　目 | Item | 2009 | 2010 | 2011 | 2012 |
|---|---|---|---|---|---|
| **文化及创意产业就业人数** | **Number of Persons Engaged in Cultural and Creative Industries** | **188250** | **189430** | **192930** | **200370** |
| 艺术品、古董及工艺品 | Art, Antiques and Crafts | 16910 | 16600 | 17160 | 17730 |
| 文化教育及图书馆、档案保存和博物馆服务 | Cultural Education and Library, Archive and Museum Services | 7450 | 8410 | 8810 | 9100 |
| 表演艺术 | Performing Arts | 2910 | 3010 | 3370 | 3810 |
| 电影及录像和音乐 | Film, Video and Music | 14500 | 14270 | 14180 | 14700 |
| 电视及电台 | Television and Radio | 5790 | 5440 | 5460 | 5730 |
| 出版 | Publishing | 46500 | 45680 | 44550 | 44220 |
| 软件、电脑游戏及互动媒体 | Software, Computer Games and Interactive Media | 43790 | 44700 | 46600 | 49700 |
| 设计 | Design | 11300 | 12080 | 13150 | 14140 |
| 建筑 | Architecture | 12720 | 13310 | 14030 | 14670 |
| 广告 | Advertising | 18390 | 17820 | 17600 | 18320 |
| 娱乐服务 | Amusement Services | 7980 | 8110 | 8000 | 8230 |
| **占总就业人数的百分比** | **% Share of Total Employment** | **5.4** | **5.4** | **5.4** | **5.5** |

资料来源：中国香港特别行政区政府统计处。
Data source: Census and Statistics Department of Hong Kong SAR.

# 5-1-3 香港文化及创意产品进出口情况

# Total Exports and Imports of Cultural and Creative Goods of Hongkong, China

单位：百万港元，%　　(HKD million,%)

| 项　目 | Item | 2005 | 2006 | 2007 | 2008 |
|---|---|---|---|---|---|
| **文化及创意产品的出口** | **Exports of Cultural and Creative Goods** | **422365** | **453666** | **422756** | **439342** |
| 古董及工艺品产品 | Antiques and Crafts Goods | 9860 | 10133 | 10672 | 10496 |
| 视觉艺术及设计产品 | Visual arts and Design Goods | 44926 | 43792 | 47849 | 50010 |
| 视听及互动媒体产品 | Audio-visual and Interactive Media Goods | 316487 | 347798 | 303884 | 317928 |
| 表演艺术及节庆产品 | Performing Arts and Celebration Goods | 40125 | 39748 | 46491 | 46267 |
| 出版产品(书籍及报刊) | Publishing Goods (Books and Press) | 10967 | 12195 | 13860 | 14641 |
| **占整体出口的百分比** | **% of Total Exports of Goods** | **18.8** | **18.4** | **15.7** | **15.6** |
| **文化及创意产品的进口** | **Imports of Cultural and Creative Goods** | **357412** | **403146** | **413691** | **438975** |
| 古董及工艺品产品 | Antiques and Crafts Goods | 8703 | 9607 | 10847 | 10187 |
| 视觉艺术及设计产品 | Visual arts and Design Goods | 35187 | 34646 | 41953 | 48755 |
| 视听及互动媒体产品 | Audio-visual and Interactive Media Goods | 276249 | 320551 | 309993 | 327244 |
| 表演艺术及节庆产品 | Performing Arts and Celebration Goods | 30807 | 30904 | 42228 | 43737 |
| 出版产品(书籍及报刊) | Publishing Goods (Books and Press) | 6466 | 7438 | 8670 | 9052 |
| **占整体进口的百分比** | **% of Total Imports of Goods** | **15.3** | **15.5** | **14.4** | **14.5** |

5-1-3 续表 continued

单位：百万港元，%　　(HKD million,%)

| 项　目 | Item | 2009 | 2010 | 2011 | 2012 |
|---|---|---|---|---|---|
| **文化及创意产品的出口** | **Exports of Cultural and Creative Goods** | **371644** | **449803** | **495826** | **537874** |
| 古董及工艺品产品 | Antiques and Crafts Goods | 8363 | 9849 | 11194 | 10696 |
| 视觉艺术及设计产品 | Visual arts and Design Goods | 37235 | 44990 | 56400 | 63450 |
| 视听及互动媒体产品 | Audio-visual and Interactive Media Goods | 273635 | 334621 | 362876 | 393864 |
| 表演艺术及节庆产品 | Performing Arts and Celebration Goods | 40355 | 47294 | 52010 | 57469 |
| 出版产品(书籍及报刊) | Publishing Goods (Books and Press) | 12056 | 13049 | 13346 | 12395 |
| **占整体出口的百分比** | **% of Total Exports of Goods** | **15.1** | **14.8** | **14.9** | **15.7** |
| **文化及创意产品的进口** | **Imports of Cultural and Creative Goods** | **392782** | **477698** | **545928** | **609622** |
| 古董及工艺品产品 | Antiques and Crafts Goods | 8656 | 10946 | 15287 | 13394 |
| 视觉艺术及设计产品 | Visual arts and Design Goods | 40599 | 58888 | 91783 | 106054 |
| 视听及互动媒体产品 | Audio-visual and Interactive Media Goods | 289894 | 347103 | 370599 | 415080 |
| 表演艺术及节庆产品 | Performing Arts and Celebration Goods | 45804 | 51944 | 59015 | 66266 |
| 出版产品(书籍及报刊) | Publishing Goods (Books and Press) | 7829 | 8817 | 9244 | 8828 |
| **占整体进口的百分比** | **% of Total Imports of Goods** | **14.6** | **14.2** | **14.5** | **15.6** |

资料来源：中国香港特别行政区政府统计处。
Data source: Census and Statistics Department of Hong Kong SAR.

# 5-1-4 香港文化及创意服务输出和输入情况
# Exports and Imports of Cultural and Creative Services of HongKong, China

单位：百万港元，% (HKD million,%)

| 项 目 | Item | 2005 | 2006 | 2007 | 2008 |
|---|---|---|---|---|---|
| **文化及创意服务的输出** | **Exports of Cultural and Creative Services** | **13632** | **14628** | **16602** | **20921** |
| 广告、市场研究及公众意见调查服务 | Advertising, Market Research and Public Opinion Polling Services | 4117 | 4292 | 4770 | 4748 |
| 建筑、工程、科学及其他技术服务 | Architectural, Engineering and Other Technical Services | 2281 | 2153 | 3150 | 3988 |
| 电脑服务 | Computer Services | 1608 | 2337 | 1613 | 4754 |
| 资讯服务 | Information Services | 451 | 443 | 545 | 551 |
| 视听及有关服务 | Audio-visual and Related Services | 1907 | 2006 | 1945 | 1775 |
| 其他个人、文化及康乐服务 | Other Personal, Cultural and Recreational Services | 1023 | 1219 | 1679 | 2077 |
| 研究及发展服务 | Research and Development Services | 412 | 228 | 236 | 363 |
| 特许经营权及商标以外的知识产权使用费 | Charges for the Use of Intellectual Property Rights Other Than Franchises and Trademarks | 1833 | 1950 | 2664 | 2665 |
| **占服务输出总额的百分比** | **% of Total Exports of Services** | **3.7** | **3.5** | **3.3** | **3.8** |
| **文化及创意服务的输入** | **Imports of Cultural and Creative Services** | **15595** | **15261** | **17548** | **20297** |
| 广告、市场研究及公众意见调查服务 | Advertising, Market Research and Public Opinion Polling Services | 2557 | 2515 | 3129 | 3282 |
| 建筑、工程、科学及其他技术服务 | Architectural, Engineering and Other Technical Services | 712 | 678 | 824 | 1107 |
| 电脑服务 | Computer Services | 2884 | 2405 | 2703 | 3495 |
| 资讯服务 | Information Services | 435 | 481 | 593 | 490 |
| 视听及有关服务 | Audio-visual and Related Services | 278 | 275 | 304 | 654 |
| 其他个人、文化及康乐服务 | Other Personal, Cultural and Recreational Services | 125 | 158 | 230 | 466 |
| 研究及发展服务 | Research and Development Services | 1174 | 1757 | 1560 | 1524 |
| 特许经营权及商标以外的知识产权使用费 | Charges for the Use of Intellectual Property Rights Other Than Franchises and Trademarks | 7430 | 6992 | 8205 | 9279 |
| **占服务输入总额的百分比** | **% of Total Imports of Services** | **3.6** | **3.1** | **3.3** | **3.6** |

资料来源：中国香港特别行政区政府统计处。
Data source: Census and Statistics Department of Hong Kong SAR.

5-1-4 续表 continued

单位：百万港元，% (HKD million,%)

| 项 目 | Item | 2009 | 2010 | 2011 | 2012 |
|---|---|---|---|---|---|
| **文化及创意服务的输出** | **Exports of Cultural and Creative Services** | **19707** | **22185** | **24276** | **25917** |
| 广告、市场研究及公众意见调查服务 | Advertising, Market Research and Public Opinion Polling Services | 4902 | 5063 | 5701 | 6090 |
| 建筑、工程、科学及其他技术服务 | Architectural, Engineering and Other Technical Services | 3595 | 3745 | 3731 | 3946 |
| 电脑服务 | Computer Services | 4787 | 6307 | 6621 | 7027 |
| 资讯服务 | Information Services | 509 | 570 | 742 | 766 |
| 视听及有关服务 | Audio-visual and Related Services | 881 | 869 | 858 | 869 |
| 其他个人、文化及康乐服务 | Other Personal, Cultural and Recreational Services | 2162 | 2441 | 2820 | 2807 |
| 研究及发展服务 | Research and Development Services | 350 | 395 | 535 | 606 |
| 特许经营权及商标以外的知识产权使用费 | Charges for the Use of Intellectual Property Rights Other Than Franchises and Trademarks | 2521 | 2795 | 3268 | 3806 |
| **占服务输出总额的百分比** | **% of Total Exports of Services** | **3.9** | **3.5** | **3.4** | **3.4** |
| **文化及创意服务的输入** | **Imports of Cultural and Creative Services** | **20674** | **23544** | **24316** | **25340** |
| 广告、市场研究及公众意见调查服务 | Advertising, Market Research and Public Opinion Polling Services | 3031 | 3725 | 3984 | 4498 |
| 建筑、工程、科学及其他技术服务 | Architectural, Engineering and Other Technical Services | 1382 | 1971 | 2483 | 2544 |
| 电脑服务 | Computer Services | 3733 | 3788 | 3481 | 3706 |
| 资讯服务 | Information Services | 555 | 596 | 730 | 774 |
| 视听及有关服务 | Audio-visual and Related Services | 304 | 307 | 495 | 544 |
| 其他个人、文化及康乐服务 | Other Personal, Cultural and Recreational Services | 423 | 341 | 233 | 320 |
| 研究及发展服务 | Research and Development Services | 1135 | 908 | 917 | 1047 |
| 特许经营权及商标以外的知识产权使用费 | Charges for the Use of Intellectual Property Rights Other Than Franchises and Trademarks | 10111 | 11908 | 11993 | 11907 |
| **占服务输入总额的百分比** | **% of Total Imports of Services** | **4.4** | **4.3** | **4.2** | **4.3** |

## 5-2-1　台湾省文创产业营业额与本地生产总值

## Total Revenue of Cultural and Creative Industries and GDP of Taiwan,China

| 项　目 | Item | 2006 | 2007 | 2008 | 2009 | 2010 |
|---|---|---|---|---|---|---|
| 文创产业营业额（新台币百万元） | Total Revenue of Cultural and Creative Industries (TWD million) | 599758 | 617415 | 609137 | 569834 | 661597 |
| 本地生产总值（新台币百万元,现价） | Gross Domestic Product (current price, TWD million) | 12243471 | 12910511 | 12620150 | 12481093 | 13614221 |
| 本地生产总值(现价)年增长率(%) | Increase Rate of GDP (%) | | 5.4 | -2.2 | -1.1 | 9.1 |
| 文创营业额占本地生产总值的比率(%) | Total Revenue of Cultural and Creative Industries as % of GDP (%) | 4.9 | 4.8 | 4.8 | 4.6 | 4.9 |

资料来源：“2011台湾文化创意产业发展年报”（以下相关表同）。

Data source: Annual Report on Development of Cultural and Creative Industries of Taiwan,2011 The same applies to the relevant tables following.

## 5-2-2　台湾省文创产业营业额及增长率

## Total Revenue and Increase Rate of Cultural and Creative Industries of Taiwan,China

单位：新台币百万元　　(TWD million)

| 项　目 | Item | 2006 | 2007 | 2008 | 2009 | 2010 |
|---|---|---|---|---|---|---|
| 艺文类 Arts and Culture | 营业额 Total Revenue | 79612 | 83425 | 89912 | 75819 | 110244 |
| | 增长率(%) Increase Rate (%) | | 4.8 | 7.8 | -15.7 | 45.4 |
| 媒体类 Media | 营业额 Total Revenue | 341739 | 344035 | 337191 | 31562 | 361757 |
| | 增长率(%) Increase Rate (%) | | 0.7 | -2.0 | -6.1 | 14.3 |
| 设计类 Design | 营业额 Total Revenue | 130232 | 145737 | 139316 | 130506 | 144780 |
| | 增长率(%) Increase Rate (%) | | 11.9 | -4.4 | 6.3 | 10.9 |

# 5-2-3 按类别分台湾省文创产业营业额与增长率

# Total Revenue and Increase Rate of Cultural and Creative Industries of Taiwan,China by Category

| 类 别 | Category | 2006 | 2007 | 2008 | 2009 | 2010 |
|---|---|---|---|---|---|---|
| **营业额(新台币百万元)** | **Total Revenue (TWD million)** | | | | | |
| 艺文类 | Arts and Culture | | | | | |
| 视觉艺术 | Visual Arts | 4553 | 4602 | 4666 | 3838 | 4321 |
| 音乐及表演艺术 | Music and Performancing Arts | 6208 | 7165 | 8497 | 7629 | 8742 |
| 文化资产应用及展演设施 | Use,Exhibition and Performance of Cultural Assets | 1449 | 1319 | 1343 | 1352 | 1759 |
| 工艺 | Art and Antiques | 67401 | 70339 | 75405 | 63000 | 95423 |
| 媒体类 | Media | | | | | |
| 电影 | Films | 12379 | 12518 | 12962 | 13127 | 14602 |
| 广播电视 | Radio and Television | 99893 | 103003 | 102021 | 99962 | 109787 |
| 出版 | Press and Publication | 80005 | 83312 | 82404 | 77691 | 88668 |
| 广告 | Advertising | 132174 | 129063 | 124611 | 111247 | 132842 |
| 流行音乐及文化内容 | Pop Music and Cultural Content | 17287 | 16139 | 15193 | 14537 | 1585 |
| 设计类 | Design | | | | | |
| 产品设计 | Product Design | 50864 | 63424 | 54453 | 55619 | 64425 |
| 视觉传媒设计 | Visual and Media Design | 1094 | 1200 | 1304 | 1328 | 1630 |
| 品牌时尚设计 | Fashion Design | 105 | 138 | 121 | 145 | 187 |
| 建筑设计 | Architectural Design | 78168 | 80975 | 83428 | 73414 | 78538 |
| **增长率(%)** | **Increase Rate (%)** | | | | | |
| 艺文类 | Arts and Culture | | | | | |
| 视觉艺术 | Visual Arts | | 1.1 | 1.4 | -17.7 | 12.6 |
| 音乐及表演艺术 | Music and Performancing Arts | | 15.4 | 18.6 | -10.2 | 14.6 |
| 文化资产应用及展演设施 | Use,Exhibition and Performance of Cultural Assets | | -9.0 | 1.8 | 0.7 | 30.1 |
| 工艺 | Art and Antiques | | 4.4 | 7.2 | -16.5 | 51.5 |
| 媒体类 | Media | | | | | |
| 电影 | Films | | 1.1 | 3.6 | 13.0 | 11.2 |
| 广播电视 | Radio and Television | | 3.1 | -1.0 | -2.0 | 9.8 |
| 出版 | Press and Publication | | 4.1 | -1.1 | -5.7 | 14.1 |
| 广告 | Advertising | | -2.4 | -3.4 | -10.7 | 19.4 |
| 流行音乐及文化内容 | Pop Music and Cultural Content | | -6.6 | 5.9 | -4.3 | 9.1 |
| 设计类 | Design | | | | | |
| 产品设计 | Product Design | | 24.7 | -14.1 | 2.1 | 15.8 |
| 视觉传媒设计 | Visual and Media Design | | 9.7 | 8.7 | 1.8 | 22.7 |
| 品牌时尚设计 | Fashion Design | | 30.9 | -13.0 | 20.5 | 28.6 |
| 建筑设计 | Architectural Design | | 3.6 | 3.0 | -12.0 | 7.0 |

# 6

# 国际统计资料

International Statistical Indicators

# 6-1 世界主要国家文化产业增加值占GDP的比重
# Value-added of Industries Related to Culture as Percentage of GDP in Main Countries

| 国 家 | Country | 年 份<br>Year | 文化产业增加值占GDP的比重<br>Value-added of Industries Related to Culture as Percentage of GDP<br>(%) |
|---|---|---|---|
| 美国 | United States | 2012 | 11.25 |
| 韩国 | Korea, Rep. | 2012 | 9.89 |
| 巴西 | Brazil | 2003 | 7.90 |
| 澳大利亚 | Australia | 2011 | 6.60 |
| 新加坡 | Singapore | 2007 | 6.19 |
| 俄罗斯 | Russia Fed. | 2007 | 6.06 |
| 荷兰 | Netherlands | 2009 | 5.90 |
| 马来西亚 | Malaysia | 2008 | 5.70 |
| 罗马尼亚 | Romania | 2008 | 5.55 |
| 加拿大 | Canada | 2004 | 5.38 |
| 英国 | United Kingdom | 2012 | 5.20 |
| 菲律宾 | Philippines | 2006 | 4.82 |
| 墨西哥 | Mexico | 2006 | 4.77 |
| 阿根廷 | Argentina | 2013 | 4.70 |
| 芬兰 | Finland | 2010 | 4.60 |
| 坦桑尼亚 | Tanzania | 2012 | 4.56 |
| 保加利亚 | Bulgaria | 2011 | 4.54 |
| 泰国 | Thailand | 2012 | 4.48 |
| 印度尼西亚 | Indonesia | 2013 | 4.11 |
| 南非 | South Africa | 2011 | 4.11 |
| 乌克兰 | Ukraine | 2008 | 2.85 |
| 秘鲁 | Peru | 2009 | 2.67 |

# 6-2 世界主要国家文化从业人员占从业总人员数的比重
# Employed Persons Engaged in Industries Related to Culture as Percentage of Total Employed Persons

| 国 家 | Country | 年份 Year | 文化从业人员占从业总人员数的比重 Employed Persons Engaged in Industries Related to Culture as Percentage of Total Employed Persons (%) |
|---|---|---|---|
| 菲律宾 | Philippines | 2013 | 11.10 |
| 墨西哥 | Mexico | 2011 | 11.01 |
| 荷兰 | Netherlands | 2011 | 8.80 |
| 美国 | United States | 2011 | 8.35 |
| 澳大利亚 | Australia | 2004 | 8.00 |
| 马来西亚 | Malaysia | 2009 | 7.50 |
| 俄罗斯 | Russia Fed. | 2008 | 7.30 |
| 韩国 | Korea,Rep. | 2010 | 6.24 |
| 新加坡 | Singapore | 2010 | 6.21 |
| 坦桑尼亚 | Tanzania | 2007 | 5.63 |
| 英国 | United Kingdom | 2012 | 5.60 |
| 加拿大 | Canada | 2012 | 5.55 |
| 保加利亚 | Bulgaria | 2013 | 4.92 |
| 秘鲁 | Peru | 2010 | 4.50 |
| 巴西 | Brazil | 2009 | 4.50 |
| 罗马尼亚 | Romania | 2006 | 4.19 |
| 南非 | South Africa | 2008 | 4.08 |
| 印度尼西亚 | Indonesia | 2007 | 3.75 |
| 芬兰 | Finland | 2010 | 3.60 |
| 日本 | Japan | 2001 | 3.20 |
| 阿根廷 | Argentina | 2012 | 3.00 |
| 泰国 | Thailand | 2004 | 2.85 |
| 乌克兰 | Ukraine | 2003 | 1.90 |

# 6-3 世界创意产品进出口情况(2012年)

## Basic Statistics on Imported and Exported Creative Goods (2012)

| 类 别 | Category | 出口 Exported | | |
|---|---|---|---|---|
| | | 出口额 (亿美元) Value (USD 100 million) | 构成 (%) Percentage | 2003-2012年平均增长速度 (%) Average Increase Rate from 2003 to 2012 |
| **合计** | **Total** | **4738** | **100.0** | **8.7** |
| 工艺品 | Art Crafts | 343 | 7.2 | 5.4 |
| 音像产品 | Audio Visuals | 321 | 6.8 | 11.4 |
| 设计产品 | Design | 2849 | 60.1 | 9.3 |
| 新媒体 | New Media | 409 | 8.6 | 17.8 |
| 表演艺术 | Performing Art | 51 | 1.1 | 6.6 |
| 出版 | Publishing | 383 | 8.1 | 1.4 |
| 视觉艺术 | Visual Arts | 383 | 8.1 | 9.8 |

6-3 续表 continued

| 类 别 | Category | 进口 Imported | | |
|---|---|---|---|---|
| | | 进口额 (亿美元) Value (USD 100 million) | 构成 (%) Percentage | 2003-2012年平均增长速度 (%) Average Increase Rate from 2003 to 2012 |
| **合计** | **Total** | **4317** | **100.0** | **6.6** |
| 工艺品 | Art Crafts | 277 | 6.4 | 2.3 |
| 音像产品 | Audio Visuals | 297 | 6.9 | 9.0 |
| 设计产品 | Design | 2551 | 59.1 | 6.8 |
| 新媒体 | New Media | 459 | 10.6 | 16.7 |
| 表演艺术 | Performing Art | 52 | 1.2 | 4.6 |
| 出版 | Publishing | 381 | 8.8 | 1.5 |
| 视觉艺术 | Visual Arts | 299 | 6.9 | 6.8 |

注：1. 资料来自联合国贸发会议。
2. 上表中的创意产品包括工艺品(挂毯、庆祝用品、纸制工艺品、柳编工艺品和纱制工艺品)，音像制品(包括电影、CD、DVD和磁带)，设计(包括建筑设计、时尚设计、玻璃器皿设计、室内设计、珠宝设计和玩具设计)，新媒体(包括录制媒体和视频游戏)，表演艺术(包括乐器和乐谱)，出版制品(包括书报刊和其他印刷品)，视觉艺术(包括古董、绘画、摄影和雕刻)以及其他创意品(以下相关表同)。

a)Data source: United Nations Conference on Trade and Development.

b)Creative goods in the table above refer to art crafts (including carpets,celebration,paperware,wickerware and yarn),audio visuals (including film,CD,DVD and tapes),design (including architecture,fashion,glassware,interior,jewellery and toys),new media (including recorded media and vedio games),performing arts(inculding musical insruments and printed music),pulishing (including books,newspaper and other printed matter),visual arts (including antiques,paintings,photography and sculpture) and others. The same applies to the relevant tables following.

# 6-4 世界创意产品出口情况
# Values and Shares of Exported Creative Goods

单位：百万美元 (USD million)

| 国家(地区) | Country (Region) | 2005 | 2006 | 2007 | 2008 |
|---|---|---|---|---|---|
| **世界总出口量** | **World** | **287517.0** | **313107.8** | **364422.5** | **417285.3** |
| #中国 | China | 54850.9 | 61898.4 | 77632.3 | 90288.7 |
| 中国香港 | China, Hong Kong SAR | 26446.1 | 26959.2 | 32889.8 | 34789.7 |
| 中国澳门 | China, Macao SAR | 74.9 | 93.9 | 138.7 | 171.2 |
| 中国台湾 | China, Taiwan Province | 3107.0 | 3246.2 | | |
| 澳大利亚 | Australia | 977.1 | 984.4 | 1118.9 | 1069.8 |
| 奥地利 | Austria | 4541.3 | 5048.6 | 5727.7 | 6436.3 |
| 白俄罗斯 | Belarus | 271.4 | 298.6 | | 504.2 |
| 比利时 | Belgium | 7554.3 | 7590.8 | 9121.5 | 9628.4 |
| 巴西 | Brazil | 1044.3 | 1012.5 | | 1107.5 |
| 保加利亚 | Bulgaria | 214.4 | 240.4 | 336.3 | 377.5 |
| 加拿大 | Canada | 10423.0 | 10264.9 | 9803.7 | 9337.5 |
| 智利 | Chile | 321.3 | 343.0 | 354.4 | 378.8 |
| 哥伦比亚 | Colombia | 426.5 | 455.0 | 636.2 | 729.1 |
| 捷克 | Czech Republic | 2344.9 | 3023.0 | 4228.4 | 5639.1 |
| 丹麦 | Denmark | 3128.3 | 3246.8 | 3922.6 | 4042.6 |
| 埃及 | Egypt | | | | 595.1 |
| 爱沙尼亚 | Estonia | 227.5 | 244.2 | 311.9 | 334.5 |
| 芬兰 | Finland | 928.1 | 1026.0 | 1277.0 | 1220.7 |
| 法国 | France | 12279.3 | 13513.3 | 16357.1 | 17936.6 |
| 德国 | Germany | 21699.9 | 24644.0 | 32650.1 | 36572.9 |
| 希腊 | Greece | 632.1 | 740.2 | 831.6 | 954.3 |
| 匈牙利 | Hungary | 651.5 | 620.6 | 824.4 | 1005.4 |
| 印度 | India | 7442.5 | 8927.2 | | |
| 印度尼西亚 | Indonesia | | | | |
| 伊朗 | Iran (Islamic Republic of) | 810.1 | 841.9 | | |
| 爱尔兰 | Ireland | 2170.6 | 2201.9 | 3314.6 | 3069.1 |
| 以色列 | Israel | 526.1 | 544.8 | 587.8 | 614.4 |
| 意大利 | Italy | 20239.3 | 22656.2 | 26495.8 | 27816.2 |
| 日本 | Japan | 5861.8 | 5203.7 | 11433.7 | 11578.6 |
| 韩国 | Korea, Republic of | 3747.4 | 3840.3 | 4872.7 | 5497.2 |
| 立陶宛 | Lithuania | 397.9 | 506.7 | 694.8 | 728.7 |
| 马来西亚 | Malaysia | 2691.2 | 2996.0 | | |
| 墨西哥 | Mexico | 3536.6 | 3695.9 | | 5364.6 |
| 荷兰 | Netherlands | 6030.8 | 6658.4 | 8819.6 | 11731.9 |
| 新西兰 | New Zealand | 367.1 | 288.2 | 306.4 | 288.5 |
| 挪威 | Norway | 344.3 | 340.9 | 379.1 | 461.0 |
| 巴基斯坦 | Pakistan | 1363.1 | 1300.8 | | 1262.4 |
| 巴拿马 | Panama | 2.8 | 612.0 | | 764.3 |
| 波兰 | Poland | 3146.3 | 3510.9 | 4585.2 | 5198.9 |
| 葡萄牙 | Portugal | 784.8 | 836.8 | 1083.9 | 1116.2 |
| 罗马尼亚 | Romania | 1229.4 | 1298.5 | 1374.6 | 1454.8 |
| 俄罗斯联邦 | Russian Federation | 1213.3 | 1338.5 | 1493.5 | 1749.2 |
| 沙特阿拉伯 | Saudi Arabia | 308.5 | 521.3 | 525.2 | 500.7 |
| 新加坡 | Singapore | 2188.5 | 2516.0 | 7612.4 | 8687.8 |
| 斯洛伐克 | Slovakia | 781.8 | 829.4 | 1175.6 | 1356.4 |
| 斯洛文尼亚 | Slovenia | 637.3 | 691.2 | 849.4 | 937.9 |
| 南非 | South Africa | 369.6 | 322.7 | 340.9 | 414.1 |
| 西班牙 | Spain | 4945.5 | 5042.6 | 5918.0 | 6286.6 |
| 瑞典 | Sweden | 3192.1 | 3493.4 | 4222.7 | 4956.9 |
| 瑞士 | Switzerland | 6365.3 | 7326.7 | 9185.1 | 10386.5 |
| 泰国 | Thailand | 3725.6 | 3815.8 | 4734.0 | 5436.5 |
| 土耳其 | Turkey | 3362.4 | 3514.2 | 4533.5 | 5024.3 |
| 乌克兰 | Ukraine | | | | |
| 英国 | United Kingdom | 17964.6 | 18346.2 | 22888.2 | 21127.3 |
| 美国 | United States | 23110.3 | 26783.9 | 35278.2 | 37546.0 |
| 越南 | Viet Nam | 1579.0 | 1924.0 | | 3137.8 |

资料来源：联合国贸发组织会议。
Data source: United Nations Conference on Trade and Development.

6-4　续表　continued

单位：百万美元　　(USD million)

| 国家(地区) | Country (Region) | 2009 | 2010 | 2011 | 2012 |
|---|---|---|---|---|---|
| **世界总出口量** | **World** | **375306.4** | **416323.0** | **489813.6** | **473791.4** |
| #中国 | China | 79715.4 | 101775.2 | 129032.7 | 151181.7 |
| 中国香港 | China, Hong Kong SAR | 29806.4 | 29829.6 | 33843.4 | 34197.5 |
| 中国澳门 | China, Macao SAR | 172.7 | 6.0 | | 31.9 |
| 中国台湾 | China, Taiwan Province | 6555.7 | 8548.3 | 9569.9 | 9380.4 |
| 澳大利亚 | Australia | 891.2 | 999.8 | 1483.5 | 1340.5 |
| 奥地利 | Austria | 5233.9 | 5519.2 | 6074.4 | 5078.8 |
| 白俄罗斯 | Belarus | 352.8 | 415.8 | 511.2 | 562.9 |
| 比利时 | Belgium | 7988.5 | 7590.1 | 8385.8 | 7610.8 |
| 巴西 | Brazil | 888.5 | 904.9 | 945.5 | 917.4 |
| 保加利亚 | Bulgaria | 270.7 | 285.3 | 336.7 | 358.8 |
| 加拿大 | Canada | 6501.3 | 7005.7 | 7211.1 | 6253.9 |
| 智利 | Chile | 368.5 | 335.9 | 450.4 | 380.8 |
| 哥伦比亚 | Colombia | 514.1 | 408.2 | 448.9 | 452.1 |
| 捷克 | Czech Republic | 4777.3 | 4976.4 | 5524.4 | 5613.7 |
| 丹麦 | Denmark | 3355.8 | 3758.8 | 4073.5 | 3506.0 |
| 埃及 | Egypt | 1047.0 | 1074.6 | 1152.5 | 1144.1 |
| 爱沙尼亚 | Estonia | 297.9 | 370.5 | 516.2 | 535.4 |
| 芬兰 | Finland | 694.9 | 753.0 | 835.4 | 774.8 |
| 法国 | France | 15466.3 | 16130.7 | 19669.3 | 19774.1 |
| 德国 | Germany | 30815.9 | 29967.2 | 32892.2 | 28718.6 |
| 希腊 | Greece | 714.9 | 769.0 | 823.3 | 790.7 |
| 匈牙利 | Hungary | 868.6 | 958.8 | 1186.6 | 1142.9 |
| 印度 | India | 18155.7 | 13967.2 | 22211.9 | 25846.1 |
| 印度尼西亚 | Indonesia | | 3004.6 | 2851.5 | 3055.2 |
| 伊朗 | Iran (Islamic Republic of) | | | 1567.2 | |
| 爱尔兰 | Ireland | 2139.4 | 2065.5 | 2010.4 | 1603.8 |
| 以色列 | Israel | 468.0 | 520.0 | 613.5 | 536.3 |
| 意大利 | Italy | 20800.8 | 23146.0 | 27022.2 | |
| 日本 | Japan | 8386.1 | 8909.9 | 9745.3 | 7721.0 |
| 韩国 | Korea, Republic of | 4767.7 | 5572.0 | 6103.4 | 5763.0 |
| 立陶宛 | Lithuania | 632.0 | 764.9 | 952.9 | 1025.6 |
| 马来西亚 | Malaysia | 4703.5 | 5461.4 | 6085.5 | 5810.2 |
| 墨西哥 | Mexico | 4394.3 | 4372.7 | 4521.1 | 4491.9 |
| 荷兰 | Netherlands | 9408.9 | 9208.9 | 10196.1 | 9395.2 |
| 新西兰 | New Zealand | 245.1 | 276.3 | 316.6 | 336.5 |
| 挪威 | Norway | 358.1 | 372.6 | 425.0 | 541.9 |
| 巴基斯坦 | Pakistan | 1191.6 | 1302.4 | 1244.5 | 2355.4 |
| 巴拿马 | Panama | 674.3 | 762.7 | 872.7 | |
| 波兰 | Poland | 3938.8 | 4525.0 | 5282.1 | 5011.4 |
| 葡萄牙 | Portugal | 933.3 | 1189.0 | 1332.9 | 1406.8 |
| 罗马尼亚 | Romania | 1076.8 | 1193.8 | 1424.5 | 1302.4 |
| 俄罗斯联邦 | Russian Federation | 1348.9 | 1198.1 | 1388.3 | 1617.6 |
| 沙特阿拉伯 | Saudi Arabia | 371.4 | 589.7 | 966.9 | |
| 新加坡 | Singapore | 7555.3 | 9666.3 | 10585.1 | 11344.0 |
| 斯洛伐克 | Slovakia | 1228.9 | 1264.3 | 1358.6 | 1288.6 |
| 斯洛文尼亚 | Slovenia | 699.4 | 630.5 | 734.2 | 672.4 |
| 南非 | South Africa | 310.0 | 363.4 | 363.7 | 362.9 |
| 西班牙 | Spain | 5354.3 | 5152.5 | 6029.0 | 5922.1 |
| 瑞典 | Sweden | 4280.9 | 4169.1 | 4675.7 | 4317.2 |
| 瑞士 | Switzerland | 8510.4 | 9952.6 | 13016.7 | 13073.3 |
| 泰国 | Thailand | 4724.9 | 5848.3 | 6496.5 | 6460.4 |
| 土耳其 | Turkey | 4064.4 | 4891.9 | 6000.5 | 7360.9 |
| 乌克兰 | Ukraine | | | 770.2 | 787.0 |
| 英国 | United Kingdom | 16793.4 | 19543.5 | 20748.4 | 23082.9 |
| 美国 | United States | 32451.2 | 33942.6 | 36262.2 | 37844.4 |
| 越南 | Viet Nam | 3720.6 | 5815.9 | 6115.2 | |

# 6-5 世界创意产品进口情况
# Values and Shares of Imported Creative Goods

单位：百万美元 (USD million)

| 国家(地区) | Country (Region) | 2005 | 2006 | 2007 | 2008 |
|---|---|---|---|---|---|
| **世界总进口量** | **World** | **308093.1** | **328633.8** | **395234.1** | **438496.3** |
| #中国 | China | 3610.0 | 3969.6 | 9439.5 | 9855.9 |
| 中国香港 | China, Hong Kong SAR | 19857.0 | 21832.3 | 28362.3 | 31345.5 |
| 中国澳门 | China, Macao SAR | 365.2 | 488.6 | 624.6 | 680.4 |
| 中国台湾 | China, Taiwan Province | 2087.2 | 2064.8 | | |
| 阿尔及利亚 | Algeria | 195.2 | 179.2 | 350.7 | 446.8 |
| 阿根廷 | Argentina | 463.2 | 577.0 | 889.5 | 1086.1 |
| 澳大利亚 | Australia | 4657.6 | 4907.7 | 6439.4 | 7412.8 |
| 奥地利 | Austria | 4805.0 | 5118.3 | 6937.5 | 7312.0 |
| 比利时 | Belgium | 6672.7 | 6894.1 | 8293.7 | 9152.1 |
| 巴西 | Brazil | 658.6 | 921.8 | | 2052.5 |
| 柬埔寨 | Cambodia | 521.0 | 714.3 | 517.8 | 215.1 |
| 加拿大 | Canada | 10430.0 | 11528.9 | 14182.7 | 15313.0 |
| 智利 | Chile | 672.1 | 843.1 | 1088.2 | 1348.4 |
| 哥伦比亚 | Colombia | 383.1 | 480.6 | 691.3 | 793.3 |
| 捷克 | Czech Republic | 2016.3 | 2458.5 | 3658.0 | 4551.5 |
| 丹麦 | Denmark | 2636.0 | 3023.0 | 3891.7 | 4228.8 |
| 埃及 | Egypt | | | | 585.5 |
| 芬兰 | Finland | 1209.4 | 1336.4 | 1905.7 | 2094.6 |
| 法国 | France | 15557.4 | 16470.2 | 21571.8 | 23867.1 |
| 德国 | Germany | 20168.9 | 20201.8 | 26393.9 | 28453.2 |
| 希腊 | Greece | 2017.7 | 2126.0 | 2813.2 | 3556.3 |
| 匈牙利 | Hungary | 1121.7 | 1213.5 | 1672.2 | 1836.2 |
| 印度 | India | 1146.1 | 1522.2 | | |
| 印度尼西亚 | Indonesia | | | | |
| 爱尔兰 | Ireland | 1998.4 | 2325.6 | 2859.0 | 2830.7 |
| 以色列 | Israel | 875.7 | 929.7 | 1172.5 | 1300.7 |
| 意大利 | Italy | 9146.2 | 10090.5 | 12828.3 | 13512.7 |
| 日本 | Japan | 16032.6 | 16976.7 | 19612.2 | 19982.7 |
| 哈萨克斯坦 | Kazakhstan | 329.6 | 463.0 | | |
| 韩国 | Korea, Republic of | 2698.7 | 3248.1 | 6297.8 | 6472.6 |
| 卢森堡 | Luxembourg | 520.4 | 556.1 | 804.8 | 783.6 |
| 马来西亚 | Malaysia | 840.2 | 899.3 | | |
| 墨西哥 | Mexico | 3958.3 | 4664.1 | | 7123.1 |
| 荷兰 | Netherlands | 6033.6 | 6579.8 | 8891.3 | 13140.8 |
| 新西兰 | New Zealand | 1081.5 | 1061.0 | 1311.6 | 1273.5 |
| 挪威 | Norway | 2277.9 | 2462.8 | 3149.6 | 3482.4 |
| 巴拿马 | Panama | 181.2 | 742.7 | | 1160.7 |
| 巴拉圭 | Paraguay | 93.1 | 153.1 | 204.2 | 436.3 |
| 秘鲁 | Peru | 271.6 | 300.5 | | 610.9 |
| 波兰 | Poland | 1758.9 | 2112.8 | 3134.7 | 3970.1 |
| 葡萄牙 | Portugal | 1660.6 | 1767.5 | 2258.0 | 2312.5 |
| 罗马尼亚 | Romania | 991.2 | 1149.8 | 1614.8 | 1847.3 |
| 俄罗斯联邦 | Russian Federation | 1938.8 | 2511.3 | 3969.7 | 5411.6 |
| 沙特阿拉伯 | Saudi Arabia | 1273.5 | 1358.2 | 1635.9 | 247.6 |
| 新加坡 | Singapore | 3079.1 | 3267.9 | 5391.1 | 6207.3 |
| 斯洛伐克 | Slovakia | 597.5 | 658.5 | 948.1 | 1325.1 |
| 南非 | South Africa | 1150.1 | 1517.7 | 1748.3 | 1695.2 |
| 西班牙 | Spain | 7893.8 | 7964.6 | 10741.1 | 11090.7 |
| 瑞典 | Sweden | 3006.2 | 3269.1 | 4171.8 | 4602.0 |
| 瑞士 | Switzerland | 9867.8 | 10076.5 | 12404.3 | 14031.1 |
| 泰国 | Thailand | 1020.9 | 1146.3 | 3510.3 | 4321.6 |
| 土耳其 | Turkey | 1959.1 | 2380.0 | 3305.4 | 3613.2 |
| 乌克兰 | Ukraine | | | | |
| 英国 | United Kingdom | 24877.2 | 27192.6 | 35527.2 | 32566.1 |
| 美国 | United States | 83507.4 | 88071.9 | 99122.4 | 93417.2 |
| 越南 | Viet Nam | 760.2 | 703.3 | | 952.1 |

资料来源：联合国贸发组织会议。
Data source: United Nations Conference on Trade and Development.

6-5 续表 continued

单位：百万美元 (USD million)

| 国家(地区) | Country (Region) | 2009 | 2010 | 2011 | 2012 |
|---|---|---|---|---|---|
| **世界总进口量** | **World** | **369880.4** | **410073.5** | **453412.6** | **431703.4** |
| #中国 | China | 9377.2 | 11373.0 | 14054.1 | 14196.7 |
| 中国香港 | China, Hong Kong SAR | 27758.5 | 29511.8 | 36563.6 | 37699.3 |
| 中国澳门 | China, Macao SAR | 747.9 | 974.9 | | 2057.7 |
| 中国台湾 | China, Taiwan Province | 3169.5 | 4375.1 | 4920.1 | 4473.5 |
| 阿尔及利亚 | Algeria | 418.2 | 457.8 | 538.2 | 636.0 |
| 阿根廷 | Argentina | 796.5 | 1026.4 | 1199.3 | 954.5 |
| 澳大利亚 | Australia | 6846.8 | 7410.7 | 8309.8 | 8263.0 |
| 奥地利 | Austria | 6506.9 | 6547.4 | 7252.4 | 6614.2 |
| 比利时 | Belgium | 7712.4 | 7514.5 | 8385.9 | 7389.8 |
| 巴西 | Brazil | 1802.3 | 2382.9 | 3122.4 | 3192.6 |
| 柬埔寨 | Cambodia | 283.0 | 475.9 | 719.9 | 792.6 |
| 加拿大 | Canada | 12951.3 | 14516.5 | 14527.0 | 14636.9 |
| 智利 | Chile | 1012.4 | 1453.2 | 1703.0 | 1869.9 |
| 哥伦比亚 | Colombia | 667.0 | 815.7 | 1063.0 | 1172.9 |
| 捷克 | Czech Republic | 3625.9 | 3384.6 | 3718.8 | 3490.4 |
| 丹麦 | Denmark | 3408.9 | 3648.2 | 3721.8 | 3209.3 |
| 埃及 | Egypt | 637.5 | 816.5 | 641.1 | 675.4 |
| 芬兰 | Finland | 1687.0 | 1731.2 | 1830.7 | 1673.3 |
| 法国 | France | 20255.4 | 21219.4 | 23876.4 | 23062.1 |
| 德国 | Germany | 26600.2 | 25706.8 | 29286.5 | 26460.7 |
| 希腊 | Greece | 2461.6 | 2035.3 | 1680.4 | 1282.0 |
| 匈牙利 | Hungary | 1459.1 | 1425.2 | 1529.6 | 1280.7 |
| 印度 | India | 4140.1 | 3714.8 | 5537.1 | 8916.6 |
| 印度尼西亚 | Indonesia | | 1182.6 | 1463.0 | 1552.4 |
| 爱尔兰 | Ireland | 2162.3 | 2091.4 | 2017.8 | 1768.7 |
| 以色列 | Israel | 1098.9 | 1272.4 | 1436.7 | 1420.8 |
| 意大利 | Italy | 11244.3 | 12457.0 | 13788.2 | |
| 日本 | Japan | 18422.0 | 19161.3 | 21571.7 | 23424.2 |
| 哈萨克斯坦 | Kazakhstan | 654.7 | 623.2 | 1074.8 | 1070.7 |
| 韩国 | Korea, Republic of | 4844.2 | 6234.6 | 6840.5 | 6018.4 |
| 卢森堡 | Luxembourg | 700.0 | 608.9 | 678.5 | 596.0 |
| 马来西亚 | Malaysia | 1182.9 | 1426.7 | 1804.4 | 1972.8 |
| 墨西哥 | Mexico | 5802.2 | 6127.5 | 6247.5 | 5815.0 |
| 荷兰 | Netherlands | 10096.9 | 10423.9 | 11388.5 | 9775.2 |
| 新西兰 | New Zealand | 1111.2 | 1271.1 | 1418.5 | 1444.1 |
| 挪威 | Norway | 2878.6 | 3021.9 | 3359.6 | 3321.3 |
| 巴拿马 | Panama | 899.1 | 1074.6 | 1354.9 | |
| 巴拉圭 | Paraguay | 523.0 | 783.2 | 781.5 | 632.2 |
| 秘鲁 | Peru | 519.4 | 702.7 | 868.3 | 1049.9 |
| 波兰 | Poland | 3007.2 | 3506.5 | 3696.5 | 3342.3 |
| 葡萄牙 | Portugal | 1862.1 | 2075.2 | 1920.2 | 1559.6 |
| 罗马尼亚 | Romania | 1387.2 | 1410.2 | 1506.1 | 1258.8 |
| 俄罗斯联邦 | Russian Federation | 4312.0 | 5869.0 | 6954.9 | 8468.6 |
| 沙特阿拉伯 | Saudi Arabia | 601.6 | 2319.8 | 3071.5 | |
| 新加坡 | Singapore | 5127.7 | 6731.0 | 7631.4 | 9116.7 |
| 斯洛伐克 | Slovakia | 1185.4 | 1074.7 | 1256.9 | 1230.2 |
| 南非 | South Africa | 1447.7 | 1893.3 | 2170.4 | 2077.9 |
| 西班牙 | Spain | 8055.1 | 8533.0 | 8597.0 | 7337.2 |
| 瑞典 | Sweden | 3598.9 | 3849.3 | 4258.1 | 3828.8 |
| 瑞士 | Switzerland | 13760.1 | 16997.3 | 18773.9 | 18155.7 |
| 泰国 | Thailand | 3296.9 | 4034.0 | 4456.6 | 4084.3 |
| 土耳其 | Turkey | 2656.1 | 3259.6 | 3970.0 | 3687.4 |
| 乌克兰 | Ukraine | | | 990.1 | 1202.5 |
| 英国 | United Kingdom | 25584.4 | 27613.7 | 31012.8 | 31522.6 |
| 美国 | United States | 74247.8 | 84604.4 | 86394.1 | 88103.0 |
| 越南 | Viet Nam | 947.6 | 1406.5 | 1564.4 | |

# 6-6 世界主要国家故事影片生产情况
# Total Number of National Feature Films Produced in Main Countries

单位：部 (reel)

| 国　家 | Country | 2005 | 2006 | 2007 | 2008 |
|---|---|---|---|---|---|
| 阿根廷 | Argentina | 41 | 63 | 48 | 46 |
| 澳大利亚 | Australia | 25 | 28 | 26 | 33 |
| 奥地利 | Austria | 30 | 33 | 32 | 30 |
| 比利时 | Belgium | 46 | 69 | 37 | 38 |
| 巴西 | Brazil | 40 | 60 | 78 | 79 |
| 柬埔寨 | Cambodia | 41 | 62 | 35 | 25 |
| 加拿大 | Canada | 52 | 74 | 99 | 75 |
| 智利 | Chile | 18 | 11 | 12 | 24 |
| 古巴 | Cuba | 4 | 6 | 3 | 5 |
| 捷克 | Czech Republic | 31 | 45 | 30 | 39 |
| 丹麦 | Denmark | 31 | 33 | 29 | 34 |
| 埃及 | Egypt | 23 | 59 | 37 | 44 |
| 芬兰 | Finland | 20 | 26 | 17 | 25 |
| 法国 | France | 240 | 203 | 228 | 240 |
| 德国 | Germany | 146 | 174 | 174 | 185 |
| 希腊 | Greece | 24 | 22 | 33 | 29 |
| 匈牙利 | Hungary | 26 | 46 | 28 | 30 |
| 印度 | India | 1041 | 1091 | 1146 | 1325 |
| 印度尼西亚 | Indonesia | 50 | 60 | 77 | 88 |
| 伊朗 | Iran (Islamic Republic of) | 26 |  | 57 | 51 |
| 爱尔兰 | Ireland | 10 | 19 | 24 | 39 |
| 以色列 | Israel | 22 | 22 | 23 | 35 |
| 意大利 | Italy | 98 | 116 | 121 | 154 |
| 日本 | Japan | 356 | 417 | 407 | 418 |
| 卢森堡 | Luxembourg | 13 | 14 | 8 | 13 |
| 马来西亚 | Malaysia | 23 | 28 | 28 | 28 |
| 毛里求斯 | Mauritius |  |  |  |  |
| 墨西哥 | Mexico | 53 | 64 | 70 | 70 |
| 摩洛哥 | Morocco | 16 | 12 | 15 | 13 |
| 荷兰 | Netherlands | 51 | 38 | 42 | 62 |
| 新西兰 | New Zealand | 3 | 6 | 11 | 11 |
| 尼日利亚 | Nigeria | 872 |  | 914 | 956 |
| 挪威 | Norway | 24 | 24 | 27 | 30 |
| 菲律宾 | Philippines | 84 | 65 | 106 | 121 |
| 波兰 | Poland | 30 | 37 | 40 | 45 |
| 葡萄牙 | Portugal | 22 | 32 | 15 | 17 |
| 韩国 | Republic of Korea | 87 | 110 | 124 | 113 |
| 俄罗斯联邦 | Russian Federation | 161 | 229 | 211 | 282 |
| 新加坡 | Singapore | 8 | 10 | 14 | 17 |
| 南非 | South Africa | 11 | 10 | 9 | 10 |
| 西班牙 | Spain | 142 | 150 | 172 | 173 |
| 瑞典 | Sweden | 53 | 46 | 29 | 36 |
| 瑞士 | Switzerland | 86 | 80 | 87 | 87 |
| 泰国 | Thailand | 39 | 42 | 55 | 54 |
| 土耳其 | Turkey | 28 | 35 | 40 | 50 |
| 英国 | United Kingdom of Great Britain and Northern Ireland | 106 | 107 | 124 | 279 |
| 美国 | United States of America | 699 | 673 | 789 | 773 |
| 越南 | Viet Nam | 12 | 10 | 16 | 11 |

资料来源：联合国教科文组织。
Data source: UNESCO.

6-6 续表 continued

单位：部 (reel)

| 国 家 | Country | 2009 | 2010 | 2011 |
|---|---|---|---|---|
| 阿根廷 | Argentina | 61 | | 100 |
| 澳大利亚 | Australia | 45 | 37 | 43 |
| 奥地利 | Austria | 35 | 46 | 54 |
| 比利时 | Belgium | 47 | | |
| 巴西 | Brazil | 84 | 75 | 99 |
| 柬埔寨 | Cambodia | 28 | 26 | 13 |
| 加拿大 | Canada | 81 | 98 | 86 |
| 智利 | Chile | 14 | 14 | 23 |
| 古巴 | Cuba | 8 | 11 | 10 |
| 捷克 | Czech Republic | 45 | 37 | 45 |
| 丹麦 | Denmark | 37 | 49 | 43 |
| 埃及 | Egypt | 46 | 37 | 28 |
| 芬兰 | Finland | 25 | 42 | 42 |
| 法国 | France | 230 | 261 | 272 |
| 德国 | Germany | 216 | 189 | 212 |
| 希腊 | Greece | 37 | 18 | 43 |
| 匈牙利 | Hungary | 27 | 24 | .. |
| 印度 | India | 1288 | 1274 | 1255 |
| 印度尼西亚 | Indonesia | 80 | 82 | 84 |
| 伊朗 | Iran (Islamic Republic of) | 62 | 98 | 76 |
| 爱尔兰 | Ireland | 36 | 34 | 32 |
| 以色列 | Israel | 19 | 29 | 26 |
| 意大利 | Italy | 131 | 142 | 155 |
| 日本 | Japan | 448 | 408 | 441 |
| 卢森堡 | Luxembourg | 18 | 15 | 16 |
| 马来西亚 | Malaysia | 27 | 39 | 49 |
| 毛里求斯 | Mauritius | 19 | 16 | 30 |
| 墨西哥 | Mexico | 66 | 69 | 73 |
| 摩洛哥 | Morocco | 14 | 19 | 24 |
| 荷兰 | Netherlands | 50 | 65 | 73 |
| 新西兰 | New Zealand | 14 | 21 | 25 |
| 尼日利亚 | Nigeria | 987 | 1074 | 997 |
| 挪威 | Norway | 27 | 27 | 35 |
| 菲律宾 | Philippines | 80 | 73 | 78 |
| 波兰 | Poland | 49 | 60 | 51 |
| 葡萄牙 | Portugal | 23 | 33 | 30 |
| 韩国 | Republic of Korea | 158 | 152 | 216 |
| 俄罗斯联邦 | Russian Federation | 253 | 185 | 140 |
| 新加坡 | Singapore | 6 | 14 | 15 |
| 南非 | South Africa | 18 | 23 | 22 |
| 西班牙 | Spain | 186 | 200 | 199 |
| 瑞典 | Sweden | 41 | 54 | 43 |
| 瑞士 | Switzerland | 80 | 88 | 84 |
| 泰国 | Thailand | 37 | 49 | .. |
| 土耳其 | Turkey | 70 | 65 | 70 |
| 英国 | United Kingdom of Great Britain and Northern Ireland | 313 | 346 | 299 |
| 美国 | United States of America | 751 | 792 | 819 |
| 越南 | Viet Nam | 12 | 90 | 75 |

# 6-7 世界主要国家电影银幕情况

## Total Number of Screens in Main Countries

单位：块 (unit)

| 国 家 | Country | 2005 | 2006 | 2007 | 2008 |
|---|---|---|---|---|---|
| 阿根廷 | Argentina | 971 | 952 | 821 | 825 |
| 澳大利亚 | Australia | | | 1941 | 1980 |
| 奥地利 | Austria | 568 | 576 | 570 | 577 |
| 比利时 | Belgium | 503 | 507 | 513 | 491 |
| 巴西 | Brazil | 2045 | 2095 | 2160 | 2278 |
| 加拿大 | Canada | | 2831 | | |
| 智利 | Chile | 292 | 273 | 280 | 299 |
| 哥伦比亚 | Colombia | 444 | 475 | 439 | 472 |
| 古巴 | Cuba | 368 | 337 | 296 | 307 |
| 捷克 | Czech Republic | 667 | 701 | 681 | 689 |
| 丹麦 | Denmark | 389 | 385 | 394 | 397 |
| 埃及 | Egypt | | | 232 | 250 |
| 芬兰 | Finland | 332 | 330 | 309 | 313 |
| 法国 | France | 5308 | 5300 | 5202 | 5292 |
| 德国 | Germany | 4889 | 4848 | 4832 | 4810 |
| 希腊 | Greece | 490 | 500 | 540 | |
| 匈牙利 | Hungary | 485 | 440 | 400 | 418 |
| 印度 | India | 10500 | 11183 | 10189 | 10120 |
| 印度尼西亚 | Indonesia | | 929 | 681 | 712 |
| 伊朗 | Iran (Islamic Republic of) | 243 | 239 | 240 | 247 |
| 爱尔兰 | Ireland | 386 | 415 | 426 | 435 |
| 意大利 | Italy | 3794 | 3785 | 3087 | 3141 |
| 日本 | Japan | 2926 | 3062 | 3221 | 3359 |
| 马来西亚 | Malaysia | 265 | 287 | 353 | 453 |
| 墨西哥 | Mexico | 3536 | 3700 | 4204 | 4499 |
| 荷兰 | Netherlands | 694 | 697 | 696 | 717 |
| 挪威 | Norway | 432 | 429 | 417 | 424 |
| 菲律宾 | Philippines | | 690 | 765 | 770 |
| 波兰 | Poland | 937 | 931 | 1008 | 1043 |
| 葡萄牙 | Portugal | 519 | 479 | 546 | 572 |
| 韩国 | Republic of Korea | | | 1975 | 2004 |
| 俄罗斯联邦 | Russian Federation | 1079 | 1333 | 1576 | 1910 |
| 新加坡 | Singapore | 146 | 167 | 175 | 174 |
| 南非 | South Africa | 799 | 815 | 831 | 836 |
| 西班牙 | Spain | 4401 | 4299 | 4335 | 4208 |
| 瑞典 | Sweden | 969 | 972 | 933 | 848 |
| 瑞士 | Switzerland | 537 | 547 | 550 | 564 |
| 泰国 | Thailand | | 671 | 704 | 737 |
| 土耳其 | Turkey | 1114 | 1299 | 1464 | 1575 |
| 英国 | United Kingdom of Great Britain and Northern Ireland | 3357 | 3440 | 3514 | 3610 |
| 美国 | United States of America | 38143 | 38415 | 40077 | 40194 |

资料来源：联合国教科文组织。
Data source: UNESCO.

6-7 续表 continued

单位：块 (unit)

| 国 家 | Country | 2009 | 2010 | 2011 |
|---|---|---|---|---|
| 阿根廷 | Argentina | 832 | 799 | 792 |
| 澳大利亚 | Australia | 1989 | 1994 | 1991 |
| 奥地利 | Austria | 577 | 584 | 577 |
| 比利时 | Belgium | 481 | 461 | |
| 巴西 | Brazil | 2120 | 2206 | 2352 |
| 加拿大 | Canada | | | |
| 智利 | Chile | 301 | 311 | 320 |
| 哥伦比亚 | Colombia | 562 | 587 | 647 |
| 古巴 | Cuba | 313 | | |
| 捷克 | Czech Republic | 695 | 688 | 668 |
| 丹麦 | Denmark | 400 | 399 | 396 |
| 埃及 | Egypt | 237 | 294 | |
| 芬兰 | Finland | 300 | 289 | 283 |
| 法国 | France | 5342 | 5465 | 5465 |
| 德国 | Germany | 4734 | 4699 | 4640 |
| 希腊 | Greece | | 370 | |
| 匈牙利 | Hungary | 408 | 411 | |
| 印度 | India | 10070 | 10020 | |
| 印度尼西亚 | Indonesia | 726 | | 763 |
| 伊朗 | Iran (Islamic Republic of) | 247 | | 438 |
| 爱尔兰 | Ireland | 442 | 438 | 444 |
| 意大利 | Italy | 3208 | 3217 | |
| 日本 | Japan | 3396 | 3412 | 3339 |
| 马来西亚 | Malaysia | 485 | 571 | 639 |
| 墨西哥 | Mexico | 4568 | 4905 | 5166 |
| 荷兰 | Netherlands | 751 | 777 | 789 |
| 挪威 | Norway | 422 | 429 | 422 |
| 菲律宾 | Philippines | 770 | | 693 |
| 波兰 | Poland | 1061 | 1076 | 1122 |
| 葡萄牙 | Portugal | 577 | 562 | 558 |
| 韩国 | Republic of Korea | 2055 | 2003 | 1974 |
| 俄罗斯联邦 | Russian Federation | 2133 | 2424 | 2726 |
| 新加坡 | Singapore | 176 | 169 | 187 |
| 南非 | South Africa | 846 | 857 | |
| 西班牙 | Spain | 4105 | 4080 | 4044 |
| 瑞典 | Sweden | 848 | 832 | 830 |
| 瑞士 | Switzerland | 559 | 558 | 547 |
| 泰国 | Thailand | 752 | 757 | |
| 土耳其 | Turkey | 1810 | 1874 | 1968 |
| 英国 | United Kingdom of Great Britain and Northern Ireland | 3651 | 3651 | 3767 |
| 美国 | United States of America | 39717 | 39547 | 39641 |

# 6-8 按产业分美国文化总产出及增加值(2011年)
# Output and Value Added of Culture by Industry in America(2011)

单位：百万美元 (USD million)

| 产 业 | Industry | 总产出 Industry Output | 中间消费 Intermediate Consumption | 增加值 Value-added |
|---|---|---|---|---|
| **合 计** | **Total** | **27254842** | **12179175** | **15075667** |
| **核心文化艺术生产** | **Core Arts and Cultural Production** | **618737** | **180392** | **438345** |
| 表演艺术 | Performing Arts | 83099 | 34575 | 48525 |
| 博物馆 | Museums | 16539 | 7095 | 9444 |
| 设计服务 | Design Services | 340462 | 76501 | 263962 |
| 艺术教育 | Arts Education | 178637 | 62221 | 116415 |
| **文化艺术辅助生产** | **Supporting Arts and Cultural Production** | **2808398** | **1197561** | **1610837** |
| 艺术辅助 | Art support | 1598413 | 574256 | 1024157 |
| 信息业 | Information | 666341 | 374640 | 291700 |
| 制造业 | Manufacturing | 120478 | 75056 | 45422 |
| 批发和零售业 | Wholesale & Retail Trade | 329561 | 130538 | 199023 |
| 建筑业 | Construction | 93605 | 43071 | 50534 |
| **其他产业** | **All Other Industries** | **23827708** | **10801223** | **13026485** |

6-8 续表 continued

单位：百万美元 (USD million)

| 产 业 | Industry | 文化艺术生产卫星账户总产出 ACPSA Output | 文化艺术生产卫星账户中间消费 Consumption ACPSA Intermediate | 文化艺术生产卫星账户增加值 ACPSA Value-added |
|---|---|---|---|---|
| **合 计** | **Total** | **915865** | **411474** | **504390** |
| **核心文化艺术生产** | **Core Arts and Cultural Production** | **195827** | **60576** | **135251** |
| 表演艺术 | Performing Arts | 71567 | 29064 | 42503 |
| 博物馆 | Museums | 15127 | 6485 | 8643 |
| 设计服务 | Design Services | 97965 | 21453 | 76512 |
| 艺术教育 | Arts Education | 11167 | 3574 | 7593 |
| **文化艺术辅助生产** | **Supporting Arts and Cultural Production** | **678525** | **332859** | **345665** |
| 艺术辅助 | Art support | 145417 | 52845 | 92572 |
| 信息业 | Information | 433490 | 234811 | 198679 |
| 制造业 | Manufacturing | 33506 | 20934 | 12572 |
| 批发和零售业 | Wholesale & Retail Trade | 44605 | 14374 | 30232 |
| 建筑业 | Construction | 21506 | 9896 | 11610 |
| **其他产业** | **All Other Industries** | **41514** | **18039** | **23475** |

注：文化艺术生产卫星账户选择美国国内生产总值账户中文化艺术产品和服务的特定一部分，并提供相关信息(下表同)。

a) ACPSA(Arts and Cultural Production Satellite Account)provides information on a select group of arts and cultural goods and services that are currently in the U.S. GDP accounts. The same applies to the table following.

# 6-9 按产业分美国文化从业人员及工资收入(2011年)

# Employment and Compensation of Culture by Industry in America(2011)

| 产 业 | Industry | 从业人员 (千人) Total employment (thousands of employees) | 工资 (百万美元) Compensation (USD million) |
|---|---|---|---|
| **合 计** | **Total** | **138002** | **8303245** |
| **核心文化艺术生产** | **Core arts and cultural production** | **3979** | **300341** |
| 表演艺术 | Performing Arts | 283 | 19231 |
| 博物馆 | Museums | 130 | 6450 |
| 设计服务 | Design Services | 1509 | 174419 |
| 艺术教育 | Arts Education | 2057 | 100242 |
| **文化艺术辅助生产** | **Supporting arts and cultural production** | **19078** | **1257038** |
| 艺术辅助 | Art support | 14653 | 922925 |
| 信息业 | Information | 1615 | 142533 |
| 制造业 | Manufacturing | 619 | 33606 |
| 批发和零售业 | Wholesale & Retail Trade | 1727 | 115944 |
| 建筑业 | Construction | 464 | 42029 |
| **其他产业** | **All other industries** | **114944** | **6745866** |

6-9 续表 continued

| 产 业 | Industry | 文化艺术生产卫星账户从业人员 (千人) ACPSA employment (thousands of employees) | 文化艺术生产卫星账户工资 (百万美元) ACPSA compensation (USD million) |
|---|---|---|---|
| **合 计** | **Total** | **1957** | **289500** |
| **核心文化艺术生产** | **Core arts and cultural production** | **622** | **65576** |
| 表演艺术 | Performing Arts | 211 | 16937 |
| 博物馆 | Museums | 109 | 5918 |
| 设计服务 | Design Services | 283 | 36789 |
| 艺术教育 | Arts Education | 18 | 5931 |
| **文化艺术辅助生产** | **Supporting arts and cultural production** | **1335** | **211611** |
| 艺术辅助 | Art support | 129 | 82061 |
| 信息业 | Information | 913 | 92869 |
| 制造业 | Manufacturing | 81 | 9446 |
| 批发和零售业 | Wholesale & Retail Trade | 187 | 17578 |
| 建筑业 | Construction | 25 | 9656 |
| **其他产业** | **All other industries** | **1** | **12313** |

# 6-10 加拿大文化产业基本情况
# Basic Statistics on Culture Industries in Canada

单位：百万加元 (CAD million)

| 类 别 | Category | 2006 | 2007 | 2008 | 2009 | 2010 | 2011 | 2012 |
|---|---|---|---|---|---|---|---|---|
| **期刊出版** | **Periodical Publishing** | | | | | | | |
| 营业收入 | Operating Revenue | | 2362.1 | 2394.4 | 2182.6 | 2134.5 | 2088.0 | |
| 营业支出 | Operating Expenses | | 2094.7 | 2100.1 | 2058.9 | 1952.6 | 1940.4 | |
| **报纸出版** | **Newspaper Publishing** | | | | | | | |
| 营业收入 | Operating Revenue | 5353.8 | 5394.5 | 5434.3 | 4876.5 | 4943.1 | | 4720.5 |
| 营业支出 | Operating Expenses | 4646.2 | 4713.5 | 4767.3 | 4345.5 | 4323.4 | | 4194.7 |
| **电影和视频** | **Film and Video** | | | | | | | |
| 营业收入 | Operating Revenue | 1839.8 | 1866.3 | 1976.4 | 2047.4 | 1976.6 | 1854.9 | |
| 营业支出 | Operating Expenses | 1406.5 | 1577.9 | 1624.1 | 1625.7 | 1491.6 | 1512.4 | |
| **非商业艺术博物馆和画廊** | **Non-commercial Art Museums and Galleries** | | | | | | | |
| 营业收入 | Operating Revenue | 253.4 | 250.5 | 255.9 | 275.7 | 289.7 | | |
| 营业支出 | Operating Expenses | 247.9 | 249.8 | 266.2 | 281.0 | 287.0 | | |
| **古迹和遗址** | **Historic Parks and Sites** | | | | | | | |
| 营业收入 | Operating Revenue | 87.0 | 90.7 | 87.9 | 89.4 | 92.3 | | |
| 营业支出 | Operating Expenses | 88.6 | 90.2 | 88.5 | 87.2 | 90.3 | | |
| **动物园和植物园** | **Zoo and Botanical Garden** | | | | | | | |
| 营业收入 | Operating Revenue | 246.4 | 255.3 | 255.4 | 252.6 | 258.5 | | |
| 营业支出 | Operating Expenses | 237.0 | 248.3 | 243.5 | 243.1 | 243.3 | | |
| **游乐园(室内和室外)** | **Amusement parks and arcades (Indoor and Outdoor)** | | | | | | | |
| 营业收入 | Operating Revenue | 6665.5 | 6944.7 | 7334.8 | 7437.6 | 7536.5 | 7495.2 | 7896.1 |
| 营业支出 | Operating Expenses | 6324.5 | 6570.1 | 6838.3 | 7059.2 | 7197.3 | 7175.0 | 7561.7 |

资料来源：加拿大国家统计局。
Data source: Statistics Canada.

# 6-11　澳大利亚文化产业增加值基本情况(2008年)
# The Added Value of Cultural Industries in Australia(2008)

单位：百万澳元　　(AUD million)

| 类　别 | Category | 产出 Output | 雇员薪金 Employee Salary | 营业盈余 Operating Surplus | 产品税减补贴 Product Taxes Less Subsidies | 增加值 Value-added |
|---|---|---|---|---|---|---|
| **合　计** | **Total** | **131932** | **40207** | **24019** | **1545** | **65772** |
| 博物馆 | Museum | 1145 | 337 | 238 | -23 | 503 |
| 文化遗址 | Cultural Heritage | 2194 | 421 | 604 | -42 | 983 |
| 图书馆和档案馆 | Libraries and Archives | 1303 | 442 | 283 | 14 | 739 |
| 文学和印刷品 | Literature and Prints | 22971 | 6361 | 6158 | 250 | 12770 |
| 表演艺术 | Performing Arts | 3140 | 692 | 663 | -59 | 1346 |
| 设计 | Designing | 55027 | 19194 | 6662 | 791 | 26647 |
| 广播、电子和数字传媒、电影 | Broadcasting, Electronic and Digital Media，Film | 18235 | 3659 | 3503 | 179 | 7341 |
| 音乐作曲和出版发行 | Composing and Publishing | 323 | 73 | 28 | 4 | 105 |
| 视觉艺术和工艺品 | Visual Arts and Crafts | 3834 | 1227 | 537 | 58 | 1823 |
| 时尚产品 | Fashion Products | 20164 | 6627 | 4887 | 329 | 11843 |
| 其他文化产品制造和销售 | Manufacture and Sales of Other Cultural Products | 2540 | 508 | 350 | 36 | 893 |
| 文化辅助活动 | Cultural Support Activities | 1057 | 666 | 105 | 9 | 779 |

资料来源：澳大利亚国家统计局。
Data source: Australian Bureau of Statistics.

# 6-12　英国文化产业增加值基本情况
# The Added Value of Cultural Industries in UK

单位：亿英镑　　(GBP 100 million)

| 类　别 | Category | 2008 | 2009 | 2010 | 2011 | 2012 |
|---|---|---|---|---|---|---|
| **合　计** | **Total** | **617.8** | **583.9** | **598.3** | **652.8** | **714.0** |
| 广告和营销 | Advertising and Marketing | 83.5 | 69.7 | 68.4 | 81.0 | 102.3 |
| 建筑设计 | Architecture | 35.7 | 32.1 | 26.4 | 32.2 | 34.9 |
| 工艺品 | Art and Antiques | 2.0 | 2.2 | 2.7 | 2.7 | 2.5 |
| 产品、图表和时尚设计 | Designer Fashion | 18.6 | 18.9 | 20.5 | 25.0 | 24.9 |
| 电影、电视、视频、广播和摄影 | Video, Film and Photography | 88.0 | 69.2 | 79.7 | 99.8 | 97.5 |
| 信息技术、软件和计算机服务 | Software, Computer Games and Electronic Service | 260.2 | 264.0 | 269.9 | 279.4 | 309.0 |
| 出版 | Publishing | 92.6 | 89.7 | 95.8 | 92.3 | 97.1 |
| 音乐、表演艺术和视觉艺术 | Music and the Visual and Performing Arts | 37.4 | 37.8 | 34.3 | 40.4 | 45.7 |
| **文化产业增加值占总增加值的比重(%)** | **The Added Value of Cultural Industries as % of Total Value-added(%)** | **4.7** | **4.6** | **4.5** | **4.8** | **5.2** |

资料来源：英国文化、传媒和体育部。
Data source: UK Department for Culture, Media and Sport.

# 6-13 德国文化产业基本情况
## Basic Statistics on Culture Industries in Germany

| 类 别 | Category | 企业数量(个) Number of Enterprises(unit) | | |
|---|---|---|---|---|
| | | 2000 | 2004 | 比2000年增加(%) Increase compared to 2000(%) |
| **合 计** | **Total** | **2909150** | **2957173** | **1.7** |
| #出版和唱片产业 | Publishing Industry and Phonographic Industry | 9375 | 9544 | 1.8 |
| 电影产业和电视生产 | Film Industry and TV production | 7535 | 8225 | 9.2 |
| 广播和电视公司 | Broadcasting/TV Company | 751 | 839 | 11.7 |
| 表演艺术和视觉艺术以及文学和音乐 | Performing/Visual Art，Literature and Music | 35008 | 36672 | 4.8 |
| 新闻机构 | Journalists and News Agency | 12441 | 14910 | 19.8 |
| 博物馆商店和艺术品展览等 | Museum Shop，Art Exhibition，etc. | 1096 | 1242 | 13.3 |
| 书籍和报纸零售交易 | Retail of Book Trade and Newspapers | 8191 | 7698 | -6 |
| 建筑设计公司 | Architectural Office | 38727 | 37233 | -3.9 |
| 设计公司 | Design Office | 30897 | 35029 | 13.4 |
| 广告 | Advertising | 20059 | 17977 | -10.4 |
| 软件和游戏 | Software and Games | 21482 | 30783 | 43.3 |
| **占全国企业数的比重(%)** | **as % of National Total** | **6.4** | **6.8** | |

6-13 续表 continued

| 类 别 | Category | 营业额(亿欧元) Total Revenue(EUR 100 million) | | |
|---|---|---|---|---|
| | | 2000 | 2004 | 比2000年增加(%) Increase compared to 2000(%) |
| **合 计** | **Total** | **41529** | **43475** | **4.7** |
| #出版和唱片产业 | Publishing Industry and Phonographic | 409 | 369 | -9.9 |
| | Industry | 100 | 69 | -31 |
| 电影产业和电视生产 | Film Industry and TV production | | | |
| 广播和电视公司 | Broadcasting/TV Company | 76 | 79 | -8.5 |
| 表演艺术和视觉艺术以及文学和音乐 | Performing/Visual Art，Literature and Music | 57 | 58 | 1.4 |
| 新闻机构 | Journalists and News Agency | 17 | 18 | 8.5 |
| 博物馆商店和艺术品展览等 | Museum Shop，Art Exhibition，etc. | 4 | 5 | 25.4 |
| 书籍和报纸零售交易 | Retail of Book Trade and Newspapers | 40 | 38 | -4.1 |
| 建筑设计公司 | Architectural Office | 83 | 67 | -18.6 |
| 设计公司 | Design Office | 132 | 116 | -12.7 |
| 广告 | Advertising | 165 | 138 | -16.5 |
| 软件和游戏 | Software and Games | 177 | 215 | 21.6 |
| **占全国企业营业额的比重(%)** | **as % of National Total** | **3.1** | **2.7** | |

资料来源：联合国教科文组织。
Data source: UNESCO.

# 6-14 法国文化产业增加值及构成
## Value-added of Cultutal Industries and Its Composition in France

| 年 份<br>Year | 文化产业<br>Cultural Industries | 表演艺术<br>Performancing Arts | 音 像<br>Video and Audio-visual | 文化遗产<br>Cultural Heritage |
|---|---|---|---|---|
| 增加值(亿欧元)<br>Value-added (EUR 100 million) | | | | |
| 2011 | 399.8 | 73.8 | 96.8 | 47.3 |
| 构 成(%)<br>Composition (%) | | | | |
| 2005 | 100.0 | 17.7 | 25.2 | 8.8 |
| 2010 | 100.0 | 18.4 | 24.7 | 11.3 |
| 2011 | 100.0 | 18.5 | 24.2 | 11.8 |

6-14 续表 continued

| 年 份<br>Year | 文化教育<br>Cultural Education | 出 版<br>Publishing | 视觉艺术<br>Visual Arts | 建筑设计<br>Architecture | 广 告<br>Advertising |
|---|---|---|---|---|---|
| 增加值(亿欧元)<br>Value-added (EUR 100 million) | | | | | |
| 2011 | 17.3 | 58 | 23.8 | 39.2 | 43.6 |
| 构 成(%)<br>Composition (%) | | | | | |
| 2005 | 4.3 | 18.3 | 6.6 | 8.3 | 10.8 |
| 2010 | 4.4 | 15.1 | 5.9 | 9.2 | 11 |
| 2011 | 4.3 | 14.5 | 6.0 | 9.8 | 10.9 |

注：1.资料来自法国国家统计局。
2.上表数据按现价计算。
a) Data source:INSEE.
b) Data in the table above is calculated in current price.

# 6-15 西班牙核心文化产业增加值
## Value-added of Core Cultural Industries in Spain

| 类 别 | Category | 2008 | 2009 | 2010 | 2011 |
|---|---|---|---|---|---|
| **合 计(亿欧元)** | **Total (EUR 100 million)** | **295** | **284** | **285** | **278** |
| 文化遗产、档案馆和图书馆 | Heritage，Archives and Libraries | 20 | 21 | 21 | 21 |
| 书籍、报刊 | Books, Newspapers and Magazines | 108 | 104 | 108 | 107 |
| 造型艺术 | Plastic Arts | 48 | 44 | 40 | 40 |
| 表演艺术 | Performing Arts | 23 | 24 | 24 | 24 |
| 视听和多媒体 | Audio-visual and Media | 77 | 74 | 74 | 69 |
| 跨学科文化 | Interdisciplinary Culture | 17 | 17 | 17 | 17 |
| **构 成（%）** | **As % of Total Value-added(%)** | **100** | **100** | **100** | **100** |
| 文化遗产、档案馆和图书馆 | Heritage，Archives and Libraries | 6.9 | 7.4 | 7.3 | 7.5 |
| 书籍、报刊 | Books, Newspapers and Magazines | 36.8 | 36.5 | 37.9 | 38.7 |
| 造型艺术 | Plastic Arts | 16.4 | 15.6 | 14.1 | 14.3 |
| 表演艺术 | Performing Arts | 7.9 | 8.5 | 8.5 | 8.6 |
| 视听和多媒体 | Audio-visual and Media | 26 | 26.1 | 26.1 | 24.7 |
| 跨学科文化 | Interdisciplinary Culture | 5.9 | 6 | 6.1 | 6.2 |
| **占GDP的比重(%)** | **As % of GDP(%)** | **3** | **2.9** | **3** | **2.9** |
| 文化遗产、档案馆和图书馆 | Heritage，Archives and Libraries | 0.2 | 0.2 | 0.2 | 0.2 |
| 书籍、报刊 | Books, Newspapers and Magazines | 1.1 | 1.1 | 1.1 | 1.1 |
| 造型艺术 | Plastic Arts | 0.5 | 0.5 | 0.4 | 0.4 |
| 表演艺术 | Performing Arts | 0.2 | 0.3 | 0.3 | 0.3 |
| 视听和多媒体 | Audio-visual and Media | 0.8 | 0.8 | 0.8 | 0.7 |
| 跨学科文化 | Interdisciplinary Culture | 0.2 | 0.2 | 0.2 | 0.2 |

注：1.资料来自西班牙文化部。
2.按2008年不变价计算。

a) Data source: Ministry of Culture, Spain.

b) Data in the table above is calculated at constant price base on year of 2008.

# 6-16 日本文化产业基本情况
# Basic Statistics on Culture Industries in Japan

| 类 别 | Category | 企业数量(个) Number of Enterprises(unit) | |
|---|---|---|---|
| | | 1996 | 2001 |
| **合 计** | **Total** | **169535** | **176017** |
| 广告 | Advertising | 12252 | 11833 |
| 建筑和工程服务 | Architectural and Engineering Service | 64917 | 63545 |
| 古董销售 | Retail of Antique | 9886 | 14293 |
| 漆器 | Lacquer | 3458 | 2837 |
| 设计 | Designing | 10210 | 10010 |
| 电影和视频 | Film and Video | 4651 | 4813 |
| 视听产品的生产、销售和租赁 | Production, Sales and Leasing of Visual Products | 16383 | 13496 |
| 音乐和表演艺术 | Music and Performing Arts | 22734 | 24296 |
| 出版发行 | Publishing | 7926 | 7305 |
| 计算机软件 | Software and Computer | 13128 | 19658 |
| 电视和广播 | TV and Broadcasting | 1953 | 1795 |
| 艺术家、学术和文化组织 | The Artist, Academic and Cultural Organization | 2037 | 2136 |
| **占全国企业数的比重（%）** | **as % of Total Number of Enterprises** | **2.5** | **2.8** |

6-15 续表 continued

| 类 别 | Category | 从业人员数量(人) Engaged Persons (person) | |
|---|---|---|---|
| | | 1996 | 2001 |
| **合 计** | **Total** | **1740284** | **1878029** |
| 广告 | Advertising | 149996 | 154381 |
| 建筑和工程服务 | Architectural and Engineering Service | 568481 | 517131 |
| 古董销售 | Retail of Antique | 26041 | 45166 |
| 漆器 | Lacquer | 14814 | 10762 |
| 设计 | Designing | 47068 | 46861 |
| 电影和视频 | Film and Video | 65153 | 75288 |
| 视听产品的生产、销售和租赁 | Production, Sales and Leasing of Visual Products | 134842 | 119002 |
| 音乐和表演艺术 | Music and Performing Arts | 76948 | 77542 |
| 出版发行 | Publishing | 177569 | 169395 |
| 计算机软件 | Software and Computer | 397886 | 584253 |
| 电视和广播 | TV and Broadcasting | 69782 | 67438 |
| 艺术家、学术和文化组织 | The Artist, Academic and Cultural Organization | 11704 | 10810 |
| **占全国从业人员数的比重(%)** | **as % of Total Engaged Persons** | **2.9** | **3.2** |

资料来源：日本统计局《2001年基本单位普查》。
Data source: Statistics Bureau, Japan《Census of Basic Unit(2001)》.

## 6-17　韩国内容产业基本情况(2008年)

## Basic Statistics on Content Industry in Korea(2008)

| 类　别 | Category | 企业数量(个) Number of Enterprises (unit) | 从业人员数量(人) Engaged Persons (person) | 销售额(百万美元) Total Sales (million USD) | 出口额(千美元) Exports (thousand USD) | 进口额(千美元) Imports (thousand USD) |
|---|---|---|---|---|---|---|
| **合　计** | **Total** | **123917** | **501527** | **54500** | **2400000** | **4300000** |
| 游戏 | Games | 29293 | 42730 | 4671 | 1093685 | 386920 |
| 卡通 | Cartoon | 10180 | 10709 | 603 | 4135 | 5937 |
| 音乐 | Music | 40121 | 75648 | 2064 | 16468 | 11484 |
| 动画 | Animation | 276 | 3924 | 337 | 80583 | 6132 |
| 广播 | Broadcasting | 1504 | 34393 | 9733 | 171533 | 78389 |
| 人物形象 | Character Image | 1521 | 21092 | 4249 | 228250 | 198679 |
| 其他 | Others | 41022 | 313031 | 32843 | 805346 | 3612459 |

资料来源：韩国内容产业振兴院。
Data source: KOCCA.

## 6-18　印度娱乐传媒业营业额基本情况

## Business Revenue of Entertainment and Media Industry in India

单位：10亿卢比　　(INR billion)

| 类　别 | Category | 2010 | 2011 | 2012 | | |
|---|---|---|---|---|---|---|
| | | | | 营业额 Business Revenue | 构成(%) as % of Total Revenue | 比上年增长(%) Increase compared to last year(%) |
| **合　计** | **Total** | **685** | **805** | **965** | **100.0** | **19.9** |
| 电视 | Television | 294 | 340 | 383 | 39.7 | 12.6 |
| 出版印刷 | Publishing and Printing | 178 | 190 | 212 | 22.0 | 11.6 |
| 互联网 | Internet | 74 | 116 | 171 | 17.7 | 47.4 |
| 电影 | Film | 88 | 96 | 112 | 11.6 | 16.7 |
| 户外广告 | Outdoor Advertising | 14 | 16 | 17 | 1.8 | 6.3 |
| 广播 | Broadcasting | 13 | 14 | 15 | 1.6 | 7.1 |
| 音乐 | Music | 10 | 12 | 13 | 1.3 | 8.3 |
| 游戏 | Games | 8 | 11 | 18 | 1.9 | 63.6 |
| 互联网广告 | Internet Advertising | 8 | 10 | 23 | 2.4 | 130.0 |

资料来源：PWC数据公司。
Data source: PWC Data Centre.

# 附录一

## Appendix 1

# 中国入选世界文化遗产项目

Items Listing in World Cultural Heritage of China

# 1.中国入选“世界遗产名录”的文化和自然遗产项目

| 序号 | 名　称 | 项目 | 批准时间 |
|---|---|---|---|
| 1 | 泰山 | 文化与自然双重遗产 | 1987.12 |
| 2 | 敦煌莫高窟 | 文化遗产 | 1987.12 |
| 3 | 周口店“北京人”遗址 | 文化遗产 | 1987.12 |
| 4 | 长城[1] | 文化遗产 | 1987.12 |
| 5 | 秦始皇陵及兵马俑 | 文化遗产 | 1987.12 |
| 6 | 明清皇宫[2] | 文化遗产 | 1987.12 |
| 7 | 黄山 | 文化与自然双重遗产 | 1990.12 |
| 8 | 黄龙国家级名胜区 | 自然遗产 | 1992.12 |
| 9 | 武陵源国家级名胜区 | 自然遗产 | 1992.12 |
| 10 | 九寨沟国家级名胜区 | 自然遗产 | 1992.12 |
| 11 | 武当山古建筑群 | 文化遗产 | 1994.12 |
| 12 | 曲阜孔庙、孔府及孔林 | 文化遗产 | 1994.12 |
| 13 | 承德避暑山庄及周围寺庙 | 文化遗产 | 1994.12 |
| 14 | 布达拉宫和大昭寺[注3] | 文化遗产 | 1994.12 |
| 15 | 峨眉山—乐山风景名胜区 | 文化与自然双重遗产 | 1996.12 |
| 16 | 庐山风景名胜区 | 文化景观 | 1996.12 |
| 17 | 苏州古典园林 | 文化遗产 | 1997.12 |
| 18 | 平遥古城 | 文化遗产 | 1997.12 |
| 19 | 丽江古城 | 文化遗产 | 1997.12 |
| 20 | 天坛 | 文化遗产 | 1998.11 |
| 21 | 颐和园 | 文化遗产 | 1998.11 |
| 22 | 武夷山 | 文化与自然双重遗产 | 1999.12 |
| 23 | 大足石刻 | 文化遗产 | 1999.12 |
| 24 | 皖南古村落：西递、宏村 | 文化遗产 | 2000.11 |
| 25 | 明清皇家陵寝[注4] | 文化遗产 | 2000.11 |
| 26 | 龙门石窟 | 文化遗产 | 2000.11 |
| 27 | 青城山和都江堰 | 文化遗产 | 2000.11 |
| 28 | 云冈石窟 | 文化遗产 | 2001.12 |
| 29 | “三江并流” | 自然遗产 | 2003.7 |
| 30 | 高句丽王城、王陵及贵族墓葬 | 文化遗产 | 2004.7 |
| 31 | 澳门历史城区 | 文化遗产 | 2005.7 |
| 32 | 四川大熊猫栖息地 | 自然遗产 | 2006.7 |

续表

| 序号 | 名 称 | 项目 | 批准时间 |
| --- | --- | --- | --- |
| 33 | 殷墟 | 文化遗产 | 2006.7 |
| 34 | 中国南方喀斯特 | 自然遗产 | 2007.6 |
| 35 | 开平碉楼与古村落 | 文化遗产 | 2007.6 |
| 36 | 福建土楼 | 文化遗产 | 2008.7 |
| 37 | 三清山 | 自然遗产 | 2008.7 |
| 38 | 五台山 | 文化景观 | 2009.6 |
| 39 | 登封“天地之中”历史建筑群 | 文化遗产 | 2010.7 |
| 40 | 中国丹霞 | 自然遗产 | 2010.8 |
| 41 | 杭州西湖文化景观 | 文化景观 | 2011.6 |
| 42 | 元上都遗址 | 文化遗产 | 2012.6 |
| 43 | 云南澄江帽天山化石地 | 自然遗产 | 2012.7 |
| 44 | 云南红河哈尼梯田 | 文化景观 | 2013.6 |
| 45 | 新疆天池 | 自然遗产 | 2013.6 |
| 46 | 丝绸之路：长安-天山走廊的路网 | 文化遗产 | 2014.6 |
| 47 | 大运河 | 文化遗产 | 2014.6 |

注：1. 2002 年 11 月辽宁九门口水上长城获批加入此项世界文化遗产。

2. 明清皇宫：包括北京故宫（北京）和沈阳故宫（辽宁），分别于 1987 年 12 月和 2004 年 7 月获批。

3. 2001 年 12 月拉萨的罗布林卡获批加入此项世界文化遗产。

4. 明清皇家陵寝：明显陵（湖北钟祥市）、清东陵（河北遵化市）、清西陵（河北易县）于 2000 年 11 月获批，明孝陵（江苏南京市）、明十三陵（北京昌平区）于 2003 年 7 月获批，盛京三陵（辽宁沈阳市）于 2004 年 7 月获批。

5. 丝绸之路：长安-天山走廊的路网为中国、哈萨克斯坦和吉尔吉斯斯坦三国联合申报并共有的项目。

## 2.中国入选世界“非物质文化遗产代表作名录”的项目

| 序号 | 名　称 | 批准时间 |
|---|---|---|
| 1 | 昆曲 | 2001 |
| 2 | 古琴艺术 | 2003 |
| 3 | 新疆维吾尔木卡姆艺术 | 2005 |
| 4 | 蒙古族长调民歌[注] | 2005 |
| 5 | 中国传统桑蚕织技艺 | 2009 |
| 6 | 福建南音 | 2009 |
| 7 | 南京云锦织造技艺 | 2009 |
| 8 | 宣纸传统制作技艺 | 2009 |
| 9 | 侗族大歌 | 2009 |
| 10 | 粤剧 | 2009 |
| 11 | 《格萨尔》史诗 | 2009 |
| 12 | 龙泉青瓷传统烧制技艺 | 2009 |
| 13 | 青海热贡艺术 | 2009 |
| 14 | 藏戏 | 2009 |
| 15 | 新疆《玛纳斯》 | 2009 |
| 16 | 甘肃花儿 | 2009 |
| 17 | 西安鼓乐 | 2009 |
| 18 | 中国朝鲜族农乐舞 | 2009 |
| 19 | 中国书法 | 2009 |
| 20 | 中国篆刻 | 2009 |
| 21 | 中国剪纸 | 2009 |
| 22 | 中国传统木结构营造技艺 | 2009 |
| 23 | 端午节 | 2009 |
| 24 | 妈祖信俗 | 2009 |
| 25 | 中国雕版印刷技艺 | 2009 |
| 26 | 蒙古族呼麦 | 2009 |
| 27 | 中医针灸 | 2010 |
| 28 | 京剧 | 2010 |
| 29 | 中国皮影 | 2011 |
| 30 | 中国珠算 | 2013 |

注：该项目为与蒙古国共同申报。

## 3.中国列入“急需保护的非物质文化遗产名录”的项目

| 序号 | 名　称 | 批准时间 |
|---|---|---|
| 1 | 羌年庆祝习俗 | 2009 |
| 2 | 黎族传统纺染织绣技艺 | 2009 |
| 3 | 中国木拱桥传统营造技艺 | 2009 |
| 4 | 麦西来甫 | 2010 |
| 5 | 帆船水密舱壁制作 | 2010 |
| 6 | 木版活字印刷术 | 2010 |
| 7 | 赫哲族伊玛堪说唱 | 2011 |

# 4.中国世界文化遗产预备名单

| 序号 | 名 称 |
|---|---|
| 1 | 北京中轴线（含北海）（北京市） |
| 2 | 大运河（北京市、天津市、河北省、江苏省、浙江省、安徽省、山东省、河南省） |
| 3 | 中国白酒老作坊：杏花村汾酒老作坊（山西省汾阳市）、成都水井街酒坊（四川省成都市）、泸州老窖作坊群（四川省泸州市）、古蔺县郎酒老作坊（四川省泸州市）、剑南春酒坊及遗址（四川省绵竹市）、宜宾五粮液老作坊（四川省宜宾市）、红楼梦糟房头老作坊（四川省宜宾市）、射洪县泰安作坊（四川省射洪县） |
| 4 | 辽代木构建筑：应县木塔（山西应县）、义县奉国寺大雄殿（辽宁义县） |
| 5 | 关圣文化建筑群（山西省运城市） |
| 6 | 山陕古民居：丁村古建筑群（山西省襄汾县）、党家村古建筑群（陕西省韩城市） |
| 7 | 阴山岩刻（内蒙古自治区巴彦淖尔市） |
| 8 | 辽代上京城和祖陵遗址（内蒙古自治区赤峰市） |
| 9 | 红山文化遗址：牛河梁遗址（辽宁省朝阳市）；红山后遗址、魏家窝铺遗址（内蒙古自治区赤峰市） |
| 10 | 中国明清城墙：兴城城墙（辽宁省兴城市）、南京城墙（江苏省南京市）、临海台州府城墙（浙江省临海市）、寿县城墙（安徽省寿县）、凤阳明中都皇城城墙（安徽省凤阳县）、荆州城墙（湖北省荆州市）、襄阳城墙（湖北省襄阳市）、西安城墙（陕西省西安市） |
| 11 | 侵华日军第七三一部队旧址（黑龙江省哈尔滨市） |
| 12 | 金上京遗址（黑龙江省哈尔滨市） |
| 13 | 扬州瘦西湖及盐商园林文化景观（江苏省扬州市） |
| 14 | 无锡惠山祠堂群（江苏省无锡市） |
| 15 | 江南水乡古镇：甪直（江苏省苏州市）、周庄（江苏省昆山市）、千灯（江苏省昆山市）、锦溪（江苏省昆山市）、沙溪（江苏省太仓市）、同里（江苏省吴江市）、乌镇（浙江省桐乡市）、西塘（浙江省嘉善县）、南浔（浙江省湖州市）、新市（浙江省德清县） |
| 16 | 丝绸之路（河南省、陕西省、甘肃省、青海省、宁夏回族自治区、新疆维吾尔自治区）；海上丝绸之路（江苏省南京市、扬州市，浙江省宁波市，福建省泉州市、福州市、漳州市，山东省蓬莱市，广东省广州市，广西壮族自治区北海市） |
| 17 | 良渚遗址（浙江省杭州市） |
| 18 | 青瓷窑遗址（浙江省慈溪市、龙泉市） |
| 19 | 闽浙木拱廊桥（浙江省泰顺县、景宁县、庆元县；福建省寿宁县、周宁县、屏南县、政和县） |
| 20 | 鼓浪屿（福建省厦门市） |
| 21 | 三坊七巷（福建省福州市） |
| 22 | 闽南红砖建筑（福建省厦门市、南安市） |
| 23 | 赣南围屋（江西省赣州市） |
| 24 | “明清皇家陵寝”扩展项目：潞简王墓（河南省新乡市） |
| 25 | 黄石矿冶工业遗产（湖北省黄石市） |
| 26 | 土司遗址：唐崖土司遗址（湖北省咸丰县）、容美土司遗址（湖北省鹤峰县）；老司城遗址（湖南省永顺县）；海龙屯遗址（贵州省遵义市） |
| 27 | 凤凰区域性防御体系（湖南省凤凰县） |
| 28 | 侗族村寨（湖南省通道侗族自治县、绥宁县；广西壮族自治区三江县；贵州省黎平县、榕江县、从江县） |

续表

| 序号 | 名　称 |
| --- | --- |
| 29 | 南越国遗迹（广东省广州市） |
| 30 | 灵渠（广西壮族自治区兴安县） |
| 31 | 花山岩画文化景观（广西壮族自治区崇左市） |
| 32 | 白鹤梁题刻（重庆市涪陵区） |
| 33 | 钓鱼城遗址（重庆市合川区） |
| 34 | 蜀道：金牛道广元段（四川省广元市） |
| 35 | 古蜀文明遗址：金沙遗址、古蜀船棺合葬墓（四川省成都市），三星堆遗址（四川省广汉市） |
| 36 | 藏羌碉楼与村寨（四川省甘孜藏族自治州、阿坝藏族羌族自治州） |
| 37 | 苗族村寨（贵州省台江县、剑河县、榕江县、从江县、雷山县、锦屏县） |
| 38 | 万山汞矿遗址（贵州省铜仁市） |
| 39 | 哈尼梯田（云南省元阳县） |
| 40 | 普洱景迈山古茶园（云南省澜沧拉祜族自治县） |
| 41 | 芒康盐井古盐田（西藏自治区芒康县） |
| 42 | 统万城（陕西省靖边县） |
| 43 | 西夏陵（宁夏回族自治区银川市） |
| 44 | 坎儿井（新疆维吾尔自治区吐鲁番地区） |
| 45 | 志莲净苑与南莲园池（香港特别行政区） |

注：2012年9月更新。

Appendix 2

# 主要统计指标解释

Explanatory Notes on Main Statistical Indicators

# 主要统计指标解释

**国内生产总值(GDP)**　指按市场价格计算的一个国家（或地区）所有常住单位在一定时期内生产活动的最终成果。国内生产总值有三种表现形态，即价值形态、收入形态和产品形态。从价值形态看，它是所有常住单位在一定时期内生产的全部货物和服务价值与同期投入的全部非固定资产货物和服务价值的差额，即所有常住单位的增加值之和。

对于一个地区来说，称为地区生产总值或地区 GDP。

**人口数**　年度统计的年末人口数指每年 12 月 31 日 24 时的人口数。年度统计的全国人口总数内未包括香港、澳门特别行政区和台湾省以及海外华侨人数。

**城镇人口和乡村人口**　城镇人口是指居住在城镇范围内的全部常住人口；乡村人口是除上述人口以外的全部人口。

**就业人员**　指在 16 周岁及以上，从事一定社会劳动并取得劳动报酬或经营收入的人员。

**法人单位**　指有权拥有资产、承担负债，并独立从事社会经济活动（或与其他单位进行交易）的组织。法人单位应同时具备以下条件：（1）依法成立，有自己的名称、组织机构和场所，能够独立承担民事责任；（2）独立拥有（或授权使用）资产或者经费，承担负债，有权与其他单位签订合同；（3）具有包括资产负债表在内的账户，或者能够根据需要编制账户。法人单位包括五种类型：企业法人、事业单位法人、机关法人、社会团体和其他成员组织法人、其他法人。

**全社会固定资产投资**　是以货币形式表现的在一定时期内全社会建造和购置固定资产的工作量以及与此有关的费用的总称。

**城镇居民家庭可支配收入**　指家庭成员得到可用于最终消费支出和其他非义务性支出以及储蓄的总和，即居民家庭可以用来自由支配的收入。它是家庭总收入扣除交纳的个人所得税、个人交纳的社会保障支出以及记账补贴后的收入。计算公式为：

城镇居民家庭可支配收入=家庭总收入-交纳个人所得税-个人交纳的社会保障支出-记账补贴

**农村居民家庭纯收入**　指农村住户当年从各个来源得到的总收入相应地扣除所发生的费用后的收入总和。计算公式为：

农村居民家庭纯收入=总收入-家庭经营费用支出-税费支出-生产性固定资产折旧-赠送农村内部亲友支出。

**恩格尔系数**　指食品支出在消费支出中所占的比例。计算公式为：

$$\text{恩格尔系数}=\frac{\text{食品支出}}{\text{消费支出}}\times 100\%$$

**货物进出口总额**　指实际进出我国国境的货物总金额。出口货物按离岸价格统计，进口货物按到岸价格统计。

**财政收入**　指国家财政参与社会产品分配所取得的收入，是实现国家职能的财力保证。主要包括：（1）各项税收：包括国内增值税、国内消费税、进口货物增值税和消费税、出口货物退增值税和消费税、营业税、企业所得税、个人所得税、资源税、城市维护建设税、房产税、印花税、城镇土地使用税、土地增值税、车船税、船舶吨税、车辆购置税、关税、耕地占用税、契税、烟叶税等。（2）非税收入：包括专项收入、行政事业性收费、罚没收入和其他收入。财政收入按现行分税制财政体制划分为中央本级收入和地方本级收入。

**财政支出**　指国家财政将筹集起来的资金进行分配使用，以满足经济建设和各项事业的需要。财政支出根据政府在经济和社会活动中的不同职权，划分为中央财政支出和地方财政支出。

**旅游收入** 指游客在中国（大陆）境内旅行、游览过程中用于交通、参观游览、住宿、餐饮、购物、娱乐等全部花费。

**入境游客** 指报告期内来中国（大陆）观光、度假、探亲访友、就医疗养、购物、参加会议或从事经济、文化、体育、宗教活动的外国人、港澳台同胞等游客（即入境旅游人数）。统计时，入境游客按每入境一次统计 1 人次。入境游客包括入境过夜游客和入境一日游游客。

**国内游客** 指报告期内在中国（大陆）观光游览、度假、探亲访友、就医疗养、购物、参加会议或从事经济、文化、体育、宗教活动的中国（大陆）居民人数，其出游的目的不是通过所从事的活动谋取报酬。统计时，国内游客按每出游一次统计 1 人次。

**文化及相关产业** 指为社会公众提供文化产品和文化相关产品的生产活动的集合。《文化及相关产业分类(2012)》规定文化及相关产业包括文化产品的生产、文化产品生产的辅助生产、文化用品的生产和专用设备的生产等。按业态不同，可分为文化制造业、文化批零业和文化服务业。

**核心文化产品** 依据联合国教科文组织（UNESCO）制订的文化贸易统计框架，文化产品贸易划分为核心层和相关层两个层次。核心文化产品具体范围包括：文化遗产、印刷品、声像制品、视觉艺术品、视听媒介和其他六个类别。

**规模以上文化制造业企业** 指《文化及相关产业分类(2012)》所规定行业范围内，年主营业务收入在 2000 万元及以上的工业企业法人。

**R&D（研究与试验发展）** 指在科学技术领域，为增加知识总量、以及运用这些知识去创造新的应用而进行的系统的、创造性的活动，包括基础研究、应用研究、试验发展三类活动。

**R&D 人员全时当量** 指报告期企业 R&D 全时人员（全年从事 R&D 活动累积工作时间占全部工作时间的 90%及以上人员）工作量与非全时人员按实际工作时间折算的工作量之和。

**R&D 经费内部支出** 指企业在报告年度用于内部开展 R&D 活动的实际支出。包括用于 R&D 项目（课题）活动的直接支出，以及间接用于 R&D 活动的管理费、服务费、与 R&D 有关的基本建设支出以及外协加工费等。不包括生产性活动支出、归还贷款支出以及与外单位合作或委托外单位进行 R&D 活动而转拨给对方的经费支出。

**限额以上文化批零业企业** 指《文化及相关产业分类(2012)》所规定行业范围内，年主营业务收入在 2000 万元及以上的批发业企业法人和年主营业务收入在 500 万元及以上的零售业企业法人。

**规模以上文化服务业企业** 指《文化及相关产业分类(2012)》所规定行业范围内，从业人员在 50 人及以上或年主营业务收入在 500 万元及以上的服务业企业法人。

**文化服务业事业单位** 指《文化及相关产业分类(2012)》所规定行业范围内，执行事业单位会计制度的法人，不包括实行企业化管理的事业单位。

**文化服务业其他单位** 指《文化及相关产业分类(2012)》所规定行业范围内，执行民间非营利组织和其它会计制度的法人。

**少年儿童读物** 指供初中及初中以下少年儿童阅读的书籍。

**出版物纯销售** 指向读者实际销售的出版物以及直接向国外出口的出版物。

**版权合同登记** 指根据国际条约和中国有关法律法规，申请人到著作权行政管理部门登记著作权质权等各类授权合同的行为。

**作品自愿登记** 指作者、其他享有著作权的公民、法人或者非法人单位和专有权所有人及其代理人，自愿到著作权行政管理部门登记应予以保护作品的行为。

**版权输出和引进** 指以受版权保护的作品的财产权为标的物，与国外的出版单位等相关机构进行的交易行为，其内容涉及图书、报刊、影视、动漫、戏剧、音乐、软件等。

**广播（电视）节目综合人口覆盖率** 指根据国家广电总局制定的《广播电视人口覆盖率统计技术标准和方法》进行统计调查的，在对象区内能接收到中央、省、地市、或县通过无线、有线或卫星等各种技术方式转播的各级广播（电视）节目的人口数占全部总人口的比重。

**有线广播电视用户数**　指通过广播电视有线传输网收看电视节目的家庭用户数，包括接收模拟信号和接收数字信号的有线电视用户数。不包括宾馆、单位、写字楼等集体用户。

**数字电视用户数**　指通过广播电视有线传输网收看数字信号电视节目的家庭用户数。

**全年广播（电视）节目制作时间**　指广播电视节目制作机构全年自采、自编、自录的及合作制作、加工制作的各类广播（电视）节目（包括直播节目）的总时长。

**公共广播（电视）节目套数**　指经国家广电总局批准的、广播电视播出机构开办的不向听众收取收听（收看）费用，以为大众提供公共广播（电视）服务为主要目的，用固定频率（频道）播出，并编有整套自办节目时间表的广播（电视）节目套数。

**全年公共广播（电视）节目播出时间**　指广播电视播出机构自办节目频率（频道）内公共节目全年播出的时间（含节目重复播出时间）。

**艺术表演团体**　指由文化部门主办或实行行业管理（经文化市场行政部门审批或已申报登记并领取相关许可证），专门从事表演艺术等活动的各类专业艺术表演团体，含民间职业剧团。不包括群众业余文艺表演团体。

**艺术表演场馆**　指由文化部门主办或实行行业管理（经文化市场行政部门审批或已申报登记并领取相关许可证），有观众席、舞台、灯光设备，公开售票、专供文艺团体演出的文化活动场所。

**博物馆**　指为了研究、教育、欣赏的目的，收藏、保护、展示人类活动和自然环境的见证物，向公众开放，非营利性、永久性社会服务机构，包括以博物馆（院）、纪念馆（舍）、美术（艺术）馆、科技馆、陈列馆等专有名称开展活动的单位。

**总藏量**　指公共图书馆已编目的古籍、图书、期刊和报纸的合订本、小册子、手稿，以及缩微制品、录像带、录音带、光盘等视听文献资料数量之和。

**藏品**　指文博机构根据收藏品的文化属性、自然属性等情况，所划分的文物藏品、标本藏品、模型藏品（含具有收藏、展示价值的雕塑、绘画等艺术作品）和复制品藏品的总和。本指标所统计的藏品是指报告期末，该机构已经整理并登记入账的藏品数。

**国家综合档案馆**　指归口中央或地方各级档案行政管理部门直接管理的，按行政区划或历史时期设置的，收集和管理所辖范围内多种门类档案的档案馆。

**国家级风景名胜区**　指经国务院审定公布的风景名胜区。

**娱乐场所**　指以营利为目的，并向公众开放、消费者自娱自乐的歌舞、游艺等场所，以及各地文化行政部门依据相关规定管理并发放《娱乐场所经营许可证》的其它娱乐场所。

**网吧**　指通过计算机等设备向公众提供互联网上网服务的营业性娱乐文化服务场所。

**动漫企业**　指经文化部、财政部、国家税务总局三部门联合认定的从事漫画创作、动画创作、网络动漫（含手机动漫）创作、动漫舞台创作、动漫软件开发和动漫衍生产品研发等动漫业务的企业。

**移动个性化回铃用户**　指报告期末电信企业开通的、可由用户自己选择回铃音的移动电话用户。包括使用套餐由电信企业提供多种回铃音的移动电话用户。

**互联网宽带接入用户**　指报告期末在电信企业登记注册，通过 xDSL、FTTx+LAN、FTTH/O 以及其他宽带接入方式和普通专线接入公众互联网的用户。

**互联网普及率**　指报告期末互联网网民占行政区域总人口的比率。互联网网民是指通过定期调查进行估算的过去半年内使用过互联网的 6 周岁及以上中国居民。

**网页长度（总字节数）**　指报告期内中国所有网站所含网页的总长度。网站是指以域名本身或者“www.+域名”为网址的 web 站点，其中包括中国的国家顶级域名.CN 和类别顶级域名（gTLD）下的 web 站点，该域名的注册者位于中国境内。

**网站数**　指报告期内中国所有网站的总数量。网站是指以域名本身或者“www.+域名”为网址的 web 站点，其中包括中国的国家顶级域名.CN 和类别顶级域名（gTLD）下的 web 站点，该域名的注册者位于中国境内。

**互联网宽带接入端口** 指用于接入互联网用户的各类实际安装运行的接入端口的数量，包括 xDSL 用户接入端口、LAN 接入端口、FTTH/O 端口及其他类型接入端口等，不包括窄带拨号接入端口。

**互联网国际出口带宽** 指基础电信企业与其他国家和地区相连的网络出口带宽总数。

**互联网及相关服务企业数** 指获得工业和信息化部或省、自治区、直辖市通信管理局颁发的《增值电信业务经营许可证》、在中国大陆境内经营全国或区域性增值电信业务的服务商数。

**互联网及相关服务收入** 指企业经营《增值电信业务经营许可证》中注册的业务所获得的收入总和。

**更多指标解释可参见《中国统计年鉴》和相关专业统计年鉴。**

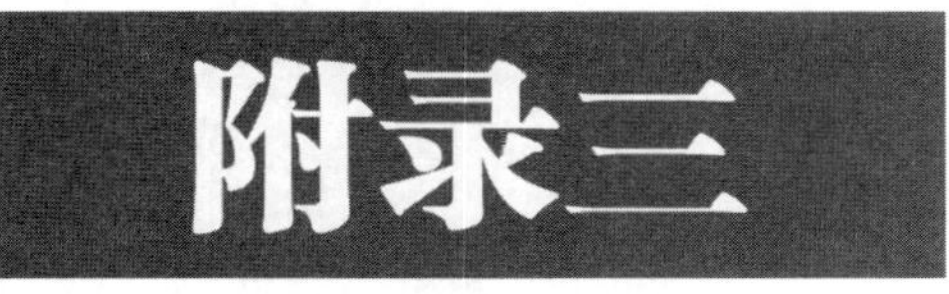


Appendix 3

# 文化及相关产业分类(2012)

Classification of Culture and Related Industries (2012)

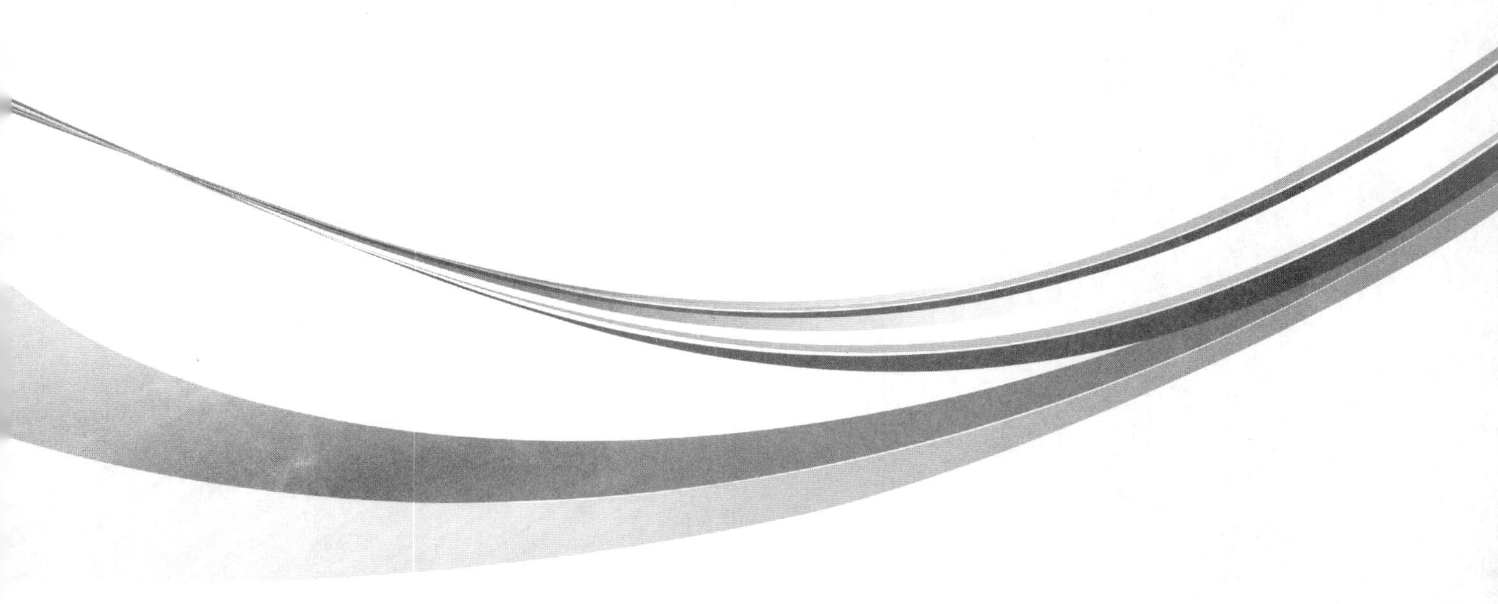

# 文化及相关产业分类(2012)

## 一、目的和作用

（一）为深入贯彻落实党的十七届六中全会关于深化文化体制改革、推动社会主义文化大发展大繁荣的精神，建立科学可行的文化及相关产业统计制度，制定本分类。

（二）本分类为界定我国文化及相关单位的生产活动提供依据，为当前的社会主义文化建设、文化宏观管理提供参考，为文化及相关产业统计提供统一的定义和范围。

## 二、定义和范围

（一）定义

本分类规定的文化及相关产业是指为社会公众提供文化产品和文化相关产品的生产活动的集合。

（二）范围

根据以上定义，我国文化及相关产业的范围包括：

1．以文化为核心内容，为直接满足人们的精神需要而进行的创作、制造、传播、展示等文化产品（包括货物和服务）的生产活动；

2．为实现文化产品生产所必需的辅助生产活动；

3．作为文化产品实物载体或制作（使用、传播、展示）工具的文化用品的生产活动(包括制造和销售)；

4．为实现文化产品生产所需专用设备的生产活动(包括制造和销售)。

## 三、分类原则

（一）以《国民经济行业分类》为基础

本分类以《国民经济行业分类》（GB/T 4754—2011）为基础，根据文化及相关单位生产活动的特点，将行业分类中相关的类别重新组合，是《国民经济行业分类》的派生分类。

（二）兼顾部门管理需要和可操作性

根据我国文化体制改革和发展的实际，本分类在考虑文化生产活动特点的同时，兼顾政府部门管理的需要；立足于现行的统计制度和方法，充分考虑分类的可操作性。

（三）与国际分类标准相衔接

本分类借鉴了联合国教科文组织的《文化统计框架—2009》的分类方法，在定义和覆盖范围上可与其衔接。

## 四、分类方法

本分类依据上述分类原则，将文化及相关产业分为五层。

第一层包括文化产品的生产、文化相关产品的生产两部分，用“第一部分”、“第二部分”表示；

第二层根据管理需要和文化生产活动的自身特点分为10个大类，用“一”、“二”……“十”表示；

第三层依照文化生产活动的相近性分为 50 个中类，在每个大类下分别用“（一）”、“（二）”、

“（三）”……表示；

第四层共有 120 个小类，是文化及相关产业的具体活动类别，直接用《国民经济行业分类》（GB/T 4754—2011）相对应行业小类的名称和代码表示。对于含有部分文化生产活动的小类，在其名称后用“*”标出。

第五层为带“*”小类下设置的延伸层。通过在类别名称前加“—”表示，不设代码和顺序号，其包含的活动内容在表 2 中加以说明。

## 五、文化及相关产业分类表

## 表 1　文化及相关产业的类别名称和行业代码

| 类　别　名　称 | 国民经济行业代码 |
|---|---|
| **第一部分　文化产品的生产** | |
| **一、新闻出版发行服务** | |
| **（一）新闻服务** | |
| 新闻业 | 8510 |
| **（二）出版服务** | |
| 图书出版 | 8521 |
| 报纸出版 | 8522 |
| 期刊出版 | 8523 |
| 音像制品出版 | 8524 |
| 电子出版物出版 | 8525 |
| 其他出版业 | 8529 |
| **（三）发行服务** | |
| 图书批发 | 5143 |
| 报刊批发 | 5144 |
| 音像制品及电子出版物批发 | 5145 |
| 图书、报刊零售 | 5243 |
| 音像制品及电子出版物零售 | 5244 |
| **二、广播电视电影服务** | |
| **（一）广播电视服务** | |
| 广播 | 8610 |
| 电视 | 8620 |
| **（二）电影和影视录音服务** | |
| 电影和影视节目制作 | 8630 |
| 电影和影视节目发行 | 8640 |
| 电影放映 | 8650 |
| 录音制作 | 8660 |
| **三、文化艺术服务** | |
| **（一）文艺创作与表演服务** | |
| 文艺创作与表演 | 8710 |
| 艺术表演场馆 | 8720 |
| **（二）图书馆与档案馆服务** | |
| 图书馆 | 8731 |
| 档案馆 | 8732 |
| **（三）文化遗产保护服务** | |
| 文物及非物质文化遗产保护 | 8740 |
| 博物馆 | 8750 |
| 烈士陵园、纪念馆 | 8760 |
| **（四）群众文化服务** | |
| 群众文化活动 | 8770 |
| **（五）文化研究和社团服务** | |
| 社会人文科学研究 | 7350 |
| 专业性团体（的服务）* | 9421 |
| —学术理论社会团体的服务 | |
| —文化团体的服务 | |

续表

| 类　别　名　称 | 国民经济行业代码 |
| --- | --- |
| **（六）文化艺术培训服务** | |
| 文化艺术培训 | 8293 |
| 其他未列明教育 * | 8299 |
| 一美术、舞蹈、音乐辅导服务 | |
| **（七）其他文化艺术服务** | |
| 其他文化艺术业 | 8790 |
| **四、文化信息传输服务** | |
| **（一）互联网信息服务** | |
| 互联网信息服务 | 6420 |
| **（二）增值电信服务（文化部分）** | |
| 其他电信服务 * | 6319 |
| 一增值电信服务(文化部分) | |
| **（三）广播电视传输服务** | |
| 有线广播电视传输服务 | 6321 |
| 无线广播电视传输服务 | 6322 |
| 卫星传输服务 * | 6330 |
| 一传输、覆盖与接收服务 | |
| 一设计、安装、调试、测试、监测等服务 | |
| **五、文化创意和设计服务** | |
| **（一）广告服务** | |
| 广告业 | 7240 |
| **（二）文化软件服务** | |
| 软件开发 * | 6510 |
| 一多媒体、动漫游戏软件开发 | |
| 数字内容服务 * | 6591 |
| 一数字动漫、游戏设计制作 | |
| **（三）建筑设计服务** | |
| 工程勘察设计 * | 7482 |
| 一房屋建筑工程设计服务 | |
| 一室内装饰设计服务 | |
| 一风景园林工程专项设计服务 | |
| **（四）专业设计服务** | |
| 专业化设计服务 | 7491 |
| **六、文化休闲娱乐服务** | |
| **（一）景区游览服务** | |
| 公园管理 | 7851 |
| 游览景区管理 | 7852 |
| 野生动物保护 * | 7712 |
| 一动物园和海洋馆、水族馆管理服务 | |
| 野生植物保护 * | 7713 |
| 一植物园管理服务 | |
| **（二）娱乐休闲服务** | |
| 歌舞厅娱乐活动 | 8911 |
| 电子游艺厅娱乐活动 | 8912 |
| 网吧活动 | 8913 |
| 其他室内娱乐活动 | 8919 |
| 游乐园 | 8920 |
| 其他娱乐业 | 8990 |

续表

| 类　别　名　称 | 国民经济行业代码 |
|---|---|
| （三）摄影扩印服务 | |
| 摄影扩印服务 | 7492 |
| 七、工艺美术品的生产 | |
| （一）工艺美术品的制造 | |
| 雕塑工艺品制造 | 2431 |
| 金属工艺品制造 | 2432 |
| 漆器工艺品制造 | 2433 |
| 花画工艺品制造 | 2434 |
| 天然植物纤维编织工艺品制造 | 2435 |
| 抽纱刺绣工艺品制造 | 2436 |
| 地毯、挂毯制造 | 2437 |
| 珠宝首饰及有关物品制造 | 2438 |
| 其他工艺美术品制造 | 2439 |
| （二）园林、陈设艺术及其他陶瓷制品的制造 | |
| 园林、陈设艺术及其他陶瓷制品制造 * | 3079 |
| —陈设艺术陶瓷制品制造 | |
| （三）工艺美术品的销售 | |
| 首饰、工艺品及收藏品批发 | 5146 |
| 珠宝首饰零售 | 5245 |
| 工艺美术品及收藏品零售 | 5246 |
| **第二部分　文化相关产品的生产** | |
| 八、文化产品生产的辅助生产 | |
| （一）版权服务 | |
| 知识产权服务 * | 7250 |
| —版权和文化软件服务 | |
| （二）印刷复制服务 | |
| 书、报刊印刷 | 2311 |
| 本册印制 | 2312 |
| 包装装潢及其他印刷 | 2319 |
| 装订及印刷相关服务 | 2320 |
| 记录媒介复制 | 2330 |
| （三）文化经纪代理服务 | |
| 文化娱乐经纪人 | 8941 |
| 其他文化艺术经纪代理 | 8949 |
| （四）文化贸易代理与拍卖服务 | |
| 贸易代理 * | 5181 |
| —文化贸易代理服务 | |
| 拍卖 * | 5182 |
| —艺（美）术品、文物、古董、字画拍卖服务 | |
| （五）文化出租服务 | |
| 娱乐及体育设备出租 * | 7121 |
| —视频设备、照相器材和娱乐设备的出租服务 | |
| 图书出租 | 7122 |
| 音像制品出租 | 7123 |
| （六）会展服务 | |
| 会议及展览服务 | 7292 |
| （七）其他文化辅助生产 | |
| 其他未列明商务服务业 * | 7299 |
| —公司礼仪和模特服务 | |

续表

| 类 别 名 称 | 国民经济行业代码 |
|---|---|
| —大型活动组织服务 | |
| —票务服务 | |
| **九、文化用品的生产** | |
| **（一）办公用品的制造** | |
| 文具制造 | 2411 |
| 笔的制造 | 2412 |
| 墨水、墨汁制造 | 2414 |
| **（二）乐器的制造** | |
| 中乐器制造 | 2421 |
| 西乐器制造 | 2422 |
| 电子乐器制造 | 2423 |
| 其他乐器及零件制造 | 2429 |
| **（三）玩具的制造** | |
| 玩具制造 | 2450 |
| **（四）游艺器材及娱乐用品的制造** | |
| 露天游乐场所游乐设备制造 | 2461 |
| 游艺用品及室内游艺器材制造 | 2462 |
| 其他娱乐用品制造 | 2469 |
| **（五）视听设备的制造** | |
| 电视机制造 | 3951 |
| 音响设备制造 | 3952 |
| 影视录放设备制造 | 3953 |
| **（六）焰火、鞭炮产品的制造** | |
| 焰火、鞭炮产品制造 | 2672 |
| **（七）文化用纸的制造** | |
| 机制纸及纸板制造 * | 2221 |
| —文化用机制纸及纸板制造 | |
| 手工纸制造 | 2222 |
| **（八）文化用油墨颜料的制造** | |
| 油墨及类似产品制造 | 2642 |
| 颜料制造 * | 2643 |
| —文化用颜料制造 | |
| **（九）文化用化学品的制造** | |
| 信息化学品制造 * | 2664 |
| —文化用信息化学品的制造 | |
| **（十）其他文化用品的制造** | |
| 照明灯具制造 * | 3872 |
| —装饰用灯和影视舞台灯制造 | |
| 其他电子设备制造 * | 3990 |
| —电子快译通、电子记事本、电子词典等制造 | |
| **（十一）文具乐器照相器材的销售** | |
| 文具用品批发 | 5141 |
| 文具用品零售 | 5241 |
| 乐器零售 | 5247 |
| 照相器材零售 | 5248 |
| **（十二）文化用家电的销售** | |
| 家用电器批发 * | 5137 |
| —文化用家用电器批发 | |
| 家用视听设备零售 | 5271 |

续表

| 类　别　名　称 | 国民经济行业代码 |
| --- | --- |
| （十三）其他文化用品的销售 | |
| 其他文化用品批发 | 5149 |
| 其他文化用品零售 | 5249 |
| 十、文化专用设备的生产 | |
| （一）印刷专用设备的制造 | |
| 印刷专用设备制造 | 3542 |
| （二）广播电视电影专用设备的制造 | |
| 广播电视节目制作及发射设备制造 | 3931 |
| 广播电视接收设备及器材制造 | 3932 |
| 应用电视设备及其他广播电视设备制造 | 3939 |
| 电影机械制造 | 3471 |
| （三）其他文化专用设备的制造 | |
| 幻灯及投影设备制造 | 3472 |
| 照相机及器材制造 | 3473 |
| 复印和胶印设备制造 | 3474 |
| （四）广播电视电影专用设备的批发 | |
| 通讯及广播电视设备批发 * | 5178 |
| —广播电视电影专用设备批发 | |
| （五）舞台照明设备的批发 | |
| 电气设备批发 * | 5176 |
| —舞台照明设备的批发 | |

## 表2 对延伸层文化生产活动内容的说明

| 序号 | 类别名称及代码 | | 文化生产活动的内容 |
|---|---|---|---|
| | 小类 | 延伸层 | |
| 1 | 专业性团体（的服务）（9421） | 学术理论社会团体的服务 | 包括党的理论研究、史学研究、思想工作研究、社会人文科学研究等团体的服务。 |
| | | 文化团体的服务 | 包括新闻、图书、报刊、音像、版权、广播、电视、电影、演员、作家、文学艺术、美术家、摄影家、文物、博物馆、图书馆、文化馆、游乐园、公园、文艺理论研究、民族文化等团体的服务。 |
| 2 | 其他未列明教育（8299） | 美术、舞蹈、音乐辅导服务 | 包括美术、舞蹈和音乐等辅导服务。 |
| 3 | 其他电信服务（6319） | 增值电信服务(文化部分) | 包括手机报、个性化铃音、网络广告等业务服务。 |
| 4 | 卫星传输服务（6330） | 传输、覆盖与接收服务 | 包括卫星广播电视信号的传输、覆盖与接收服务。 |
| | | 设计、安装、调试、测试、监测等服务 | 包括卫星广播电视传输、覆盖、接收系统的设计、安装、调试、测试、监测等服务。 |
| 5 | 软件开发（6510） | 多媒体、动漫游戏软件开发 | 包括应用软件开发及经营中的多媒体软件和动漫游戏软件开发及经营活动。 |
| 6 | 数字内容服务（6591） | 数字动漫、游戏设计制作 | 包括数字动漫制作和游戏设计制作等服务。 |
| 7 | 工程勘察设计（7482） | 房屋建筑工程设计服务 | 包括房屋（住宅、商业用房、公用事业用房、其他房屋）建筑工程设计服务。 |
| | | 室内装饰设计服务 | 包括住宅室内装饰设计服务和其他室内装饰设计服务。 |
| | | 风景园林工程专项设计服务 | 包括各类风景园林工程专项设计服务。 |
| 8 | 野生动物保护（7712） | 动物园和海洋馆、水族馆管理服务 | 包括动物园管理服务，放养动物园管理服务，鸟类动物园管理服务，海洋馆、水族馆管理服务。 |
| 9 | 野生植物保护（7713） | 植物园管理服务 | 包括各类植物园管理服务。 |
| 10 | 园林、陈设艺术及其他陶瓷制品制造（3079） | 陈设艺术陶瓷制品制造 | 包括室内陈设艺术陶瓷制品、工艺陶瓷制品、陶瓷壁画、陶瓷制塑像和其他陈设艺术陶瓷制品的制造。 |
| 11 | 知识产权服务（7250） | 版权和文化软件服务 | 版权服务包括版权代理服务，版权鉴定服务，版权咨询服务，海外作品登记服务，涉外音像合同认证服务，著作权使用报酬收转服务，版权贸易服务和其他版权服务。文化软件服务指与文化有关的软件服务，包括软件代理、软件著作权登记、软件鉴定等服务。 |
| 12 | 贸易代理（5181） | 文化贸易代理服务 | 包括文化用品、图书、音像、文化用家用电器和广播电视器材等国际国内贸易代理服务。 |
| 13 | 拍卖（5182） | 艺（美）术品、文物、古董、字画拍卖服务 | 包括艺（美）术品拍卖服务，文物拍卖服务，古董、字画拍卖服务。 |
| 14 | 娱乐及体育设备出租（7121） | 视频设备、照相器材和娱乐设备的出租服务 | 包括视频设备出租服务，照相器材出租服务，娱乐设备出租服务。 |
| 15 | 其他未列明商务服务业（7299） | 公司礼仪和模特服务 | 公司礼仪服务包括开业典礼、庆典及其他重大活动的礼仪服务。模特服务包括服装模特、艺术模特和其他模特等服务。 |
| | | 大型活动组织服务 | 包括文艺晚会策划组织服务，大型庆典活动策划组织服务，艺术、模特大赛策划组织服务，艺术节、电影节等策划组织服务，民间活动策划组织服务，公益演出、展览等活动的策划组织服务，其他大型活动的策划组织服务。 |
| | | 票务服务 | 包括电影票务服务，文艺演出票务服务，展览、博览会票务服务。 |

续表

| 序号 | 类别名称及代码 | | 文化生产活动的内容 |
|---|---|---|---|
| | 小类 | 延伸层 | |
| 16 | 机制纸及纸板制造(2221) | 文化用机制纸及纸板制造 | 包括未涂布印刷书写用纸制造，涂布类印刷用纸制造，感应纸及纸板制造。 |
| 17 | 颜料制造(2643) | 文化用颜料制造 | 包括水彩颜料、水粉颜料、油画颜料、国画颜料、调色料、其他艺术用颜料、美工塑型用膏等制造。 |
| 18 | 信息化学品制造(2664) | 文化用信息化学品的制造 | 包括感光胶片的制造，摄影感光纸、纸板及纺织物制造，摄影用化学制剂、复印机用化学制剂制造，空白磁带、空白磁盘、空盘制造。 |
| 19 | 照明灯具制造(3872) | 装饰用灯和影视舞台灯制造 | 包括装饰用灯（圣诞树用成套灯具、其他装饰用灯）和影视舞台灯的制造。 |
| 20 | 其他电子设备制造(3990) | 电子快译通、电子记事本、电子词典等制造 | 包括电子快译通、电子记事本、电子词典等电子设备的制造。 |
| 21 | 家用电器批发(5137) | 文化用家用电器批发 | 包括电视机、摄录像设备、便携式收录放设备、音响设备等的批发。 |
| 22 | 通讯及广播电视设备批发(5178) | 广播电视电影专用设备批发 | 包括广播设备、电视设备、电影设备、广播电视卫星设备等的批发。 |
| 23 | 电气设备批发(5176) | 舞台照明设备的批发 | 包括各类舞台照明设备的批发。 |